MICHAEL COLLINS PIPER

JUGEMENT FINAL

Le chaînon manquant
de l'assassinat de Kennedy

Volume II

MICHAEL COLLINS PIPER

(1960-2015)

FINAL JUDGMENT

The Missing Link in the JFK Assassination Conspiracy

Première édition (1993) The Wolfe Press

Sixième édition (2005) American Free Press

dont la présente traduction est tirée.

JUGEMENT FINAL

Le chaînon manquant

de l'assassinat de Kennedy

Volume II

Traduit de l'américain et publié par

OMNIA VERITAS LTD

www.omnia-veritas.com

© Omnia Veritas Ltd – 2018

Tous droits réservés. Aucune partie de cette publication ne peut être reproduite par quelque moyen que ce soit sans la permission préalable de l'éditeur.

ANNEXE 1 13

OÙ ÉTAIT GEORGE ? GEORGE BUSH, LA CIA, ET L'ASSASSINAT DE KENNEDY GHWB A-T-IL PARTICIPÉ AU MEURTRE DE JFK ? 13

INITIATION *14*
LE PREMIER BOULOT DE GEORGE À LA CIA ? *15*
LES DEUX GEORGES *15*
LES OPÉRATIONS ANTI-CASTRISTES *17*
LA CONNEXION AVEC LE MOSSAD *18*
LA DISSIMULATION *19*
UNE MENACE CONTRE JFK ? *20*
ISRAËL ENCORE…. *20*
L'ADL ENCORE *21*
OÙ ÉTAIT GEORGE ? *22*

ANNEXE 2 23

LA CONNEXION « NAZIE » DE LEE HARVEY OSWALD LES LIENS PEU CONNUS DU PRÉTENDU ASSASSIN AVEC LES AGENTS SECRETS DU RÉSEAU NÉO-NAZI 23

FRANKHAUSER ET OSWALD *29*
VAN LOMAN ET LA CONNEXION AVEC JIM HARRIS *32*

ANNEXE 3 34

LES COMMUNISTES AUX MAINS SANGLANTES GUY BANISTER & KENT ET PHOEBE COURTNEY LES CHEFS DE LA CLIQUE DE DROITE PRO-ISRAËL DE LA NOUVELLE-ORLÉANS 34

LES CONNEXIONS D'OSWALD AEC L'ADL ET LE FBI *36*
JACK RUBY ET SES LIENS AVEC L'ADL et LE FBI *38*
LES COURTNEY ET ISRAËL *39*
GARRISON ET LA "DROITE" *41*
L'ATTAQUE CONTRE JUGEMENT FINAL *42*
UNE AUTRE CONNEXION avec "ISRAËL" ? *44*
LA CONNEXION AVEC BARRY SEAL *45*
LA VUE D'ENSEMBLE DE "LA NOUVELLE ORLÉANS" (« THE BIG EASY ») *46*

ANNEXE 4 47

LES AGENTS D'INFLUENCE, UN SUJET GÊNANT : LA PRÉSENCE JUIVE DANS LA COMMISSION WARREN 47

    LES AVOCATS JUIFS *49*
    LES AUTRES *52*
    LA CONNEXION DE GÉRALD FORD AVEC LE MOSSAD et LANSKY *56*
    FISHER, ROSENBAUM ET LA PÈGRE *58*
    LA CONNEXION AVEC BILDERBERG *61*
    JOHN McCLOY *63*
    QUELQUES CONCLUSIONS *63*

ANNEXE 5 65

LES BILLETS VERTS DE JFK LA VÉRITÉ AU SUJET DE LA CONNEXION DE LA RÉSERVE FÉDÉRALE. UN BRIN DE VÉRITÉ ET BEAUCOUP DE DÉSINFORMATION 65

    CE QUE MARRS A DÉCLARÉ…. *66*
    MAUVAISE INFORMATION *67*
    ET MAINTENANT POUR LES FAITS…. *67*
    METTRE LES CHOSES AU CLAIR *69*
    LA "DROITE" ET LA RÉSERVE FÉDÉRALE *69*
    LES PREUVES RÉFUTENT LE MYTHE…. *71*

ANNEXE 6 73

REPRÉSAILLES ? LES DÉCÈS ÉTRANGES DE WILLIAM COLBY ET DE JOHN PAISLEY AVAIENT-ILS UN LIEN AVEC L'ASSASSINAT DE JFK ? 73

    ISRAËL, LA SOURCE DE FRICTION *74*
    UN ESPRIT TORDU…. *74*
    COLBY contre ISRAËL *75*
    UN SÉRIEUX REVERS *75*
    COLBY ET LES ARABES *76*
    LA PRISE DE POUVOIR DE LA CIA PAR LE LOBBY ISRAÉLIEN *76*
    QUI A TUÉ COLBY ? *78*
    UNE AUTRE MORT ÉTRANGE *79*
    PAISLEY ET OSWALD *79*
    PAISLEY ET ANGLETON *80*
    PAISLEY contre ISRAËL *81*
    L'EQUIPE-A contre L'EQUIPE-B *81*
    PAISLEY contre L'EQUIPE-B *82*

LA DÉSINFORMATION ISRAÉLIENNE *82*
LA CAMPAGNE D'UN HOMME SEUL *83*
INMAN ET PAISLEY *84*
UN AUTRE CRITIQUE D'ISRAËL *84*
LES CONNEXIONS DE CASEY *85*
DOMMAGES COLLATERAUX *86*
LA CONNEXION AVEC ANGLETON *86*

ANNEXE 7 87

« GORGE PROFONDE » DALLAS ET LE WATERGATE JAMES JESUS ANGLETON, ISRAËL ET LA CHUTE DE RICHARD M. NIXON 87

NIXON : "APPORTEZ-MOI LES DOSSIERS..." *87*
NIXON CROISE LES ISRAÉLIENS *89*
"LES MÊMES FORCES" S'OPPOSERENT À JFK ET NIXON *91*
LA CONNEXION DE VESCO AVEC LA PERMINDEX *91*
NIXON ET L'ASSASSINAT DE JFK *93*
LES CAMBRIOLEURS D'ANGLETON ? *95*
"GORGE PROFONDE" FAIT SON ENTRÉE *96*
ANGLETON ET LE WASHINGTON POST *96*
LE MOSSAD À LA MAISON BLANCHE ? *99*
UNE OPÉRATION DE CONTRE-ESPIONNAGE *101*
LA VRAIE "CONNEXION AVEC DALLAS ET LE WATERGATE" *102*
LE COMPLOT POUR « AVOIR LA PEAU » D'AGNEW *104*
AGNEW ET ISRAËL *105*
L'ASSASSINAT DE JOHN CONNALLY *106*
ENCORE UN AUTRE ASSASSINAT... .... *108*
DEUX PRÉSIDENTS, DEUX COUPS D'ÉTAT - LES MÊMES COMPLOTEURS .. *109*

ANNEXE 8 110

LA BATAILLE DES LIVRES : UN COMMENTAIRE SUR LES PRINCIPAUX OUVRAGES PUBLIÉS SUR L'ASSASSINAT DE JFK 110

L'HISTOIRE "OFFICIELLE" *111*
MARK LANE *111*
UN APERÇU DES PREUVES *112*
L'APPROCHE "FICTIVE" *114*
ÉTUDES DE L'AFFAIRE GARRISON *114*
LES OUVRAGES "DÉCALÉS" *116*

ÉTAIT-CE VRAIMENT "UNE ERREUR MORTELLE" ? *117*
FLETCHER PROUTY *119*
LA POLITIQUE DE JFK AU MOYEN-ORIENT *119*
"LA MAFIA A TUÉ JFK" *120*
ROBERT MORROW *120*
HUGH McDONALD *121*
L'IMAGINATION D'HARRISON LIVINGSTONE *122*
L'AFFAIRE GÉRALD POSNER *123*
LES CONTRADICTIONS DE POSNER *124*
LES INSULTES DE POSNER *124*
LES DÉFORMATIONS DE LA VÉRITÉ PAR POSNER *125*
LA PLUS GRANDE IMPOSTURE DE POSNER *126*
SEYMOUR HERSH *127*
FAITES-VOUS VOTRE PROPRE JUGEMENT FINAL *129*

ANNEXE 9 .... **130**

Quiproquo ? La connexion de Pékin avec la conspiration d'assassinat de JFK - L'alliance nucléaire secrète d'Israël avec la Chine communiste. 130

ISRAËL ET LA CHINE ROUGE : LA CONNEXION NUCLÉAIRE *131*
LE PLAN DE JFK POUR ATTAQUER LA CHINE *131*
LE DÉBUT NUCLÉAIRE DE LA CHINE - ET CELUI D'ISRAEL ? *135*
LA GRANDE QUESTION (SANS RÉPONSE) *136*
LE RÊVE DE BEN-GOURION *137*
L ALLIANCE NUCLÉAIRE SECRÈTE *139*
LE COMPLOT CHINOIS POUR ISRAËL *140*
LE MOSSAD ET LA CHINE *141*
LA CONNEXION AVEC LA PERMINDEX *142*
LA CONNEXION FRANÇAISE D'EISENBERG *144*
LA VÉRITÉ FAIT SURFACE *145*
LE LOBBY ISRAÉLIEN RÉAGIT *146*
LE RÊVE DE BEN-GOURION S'EST RÉALISÉ *147*

ANNEXE 10 .... **150**

« Le côté obscur d'Israël » Le renseignement israélien a-t-il été impliqué dans l'assassinat de Yitzhak Rabin ? 150

JOHN F. KENNEDY Jr. PARLE *152*
L'ASSASSINAT COMME ARME POLITIQUE *153*

ÉPILOGUE 155

LE CAMOUFLAGE PERMANENT 155

MARWELL ET LE MOSSAD *156*
LA CONNEXION AVEC POSNER *158*
PUBLICATION DE DÉFORMATIONS *159*
LE LOBBY ISRAÉLIEN RÉPOND *161*
QU'EN EST-IL DES "CHERCHEURS" TRAVAILLANT SUR L'AFFAIRE JFK ? *164*
DES INDICES MENANT À ISRAËL… *166*
CONCLUSIONS ANALOGUES *168*
RÉPONDRE À LA QUESTION "POURQUOI ?" *168*
QU'EN EST IL DE LA FAMILLE DE KENNEDY ? *169*
LE « JUGEMENT FINAL » DES MÉDIAS *172*
UNE DEMANDE DE DÉBAT *173*
LES "PREUVES" DE PRITIKIN *176*
« CERTAINS DOGMES DE FOI » *176*
LA "VRAIE HISTOIRE" DE L'ASSASSINAT DE JFK ? *179*
QUELQUES REMARQUES FINALES… *181*

POST-SCRIPTUM 183
BIBLIOGRAPHIE 186
CONCERNANT LES SOURCES 197
JUGEMENT PAR DÉFAUT 198

QUESTIONS, RÉPONSES ET RÉFLEXIONS AU SUJET DU CRIME DU SIÈCLE 198

UNE NOTE D'INTRODUCTION PAR MICHAEL COLLINS PIPER 198

LE MOT FINAL ? 298

LE LIVRE QU'ILS ONT ESSAYÉ D'INTERDIRE : RÉFLEXION SUR LE PASSÉ, LE PRÉSENT ET L'AVENIR DE JUGEMENT FINAL ET SA THÈSE CONTROVERSÉE 298

"LE TERRAIN CACHÉ" *299*
UN "CHERCHEUR" COMBAT LA RECHERCHE *300*
CHANGER L'ORIENTATION DE LA DISCUSSION *301*
"LE MINUSCULE PETIT ISRAËL NE FERAIT PAS CELA !" *302*
ET REVOICI LES NAZIS *303*
LE PROBLÈME D'ISRAËL AVEC LA PERMINDEX *304*
"LA DÉPOSITAIRE" VS "L'AUTEUR" *305*

SHERMAN A-T-IL LU LE LIVRE ?	*306*
LES RATÉS DE LA GROSSE ARTILLERIE	*307*
CLAY SHAW — PLUS MOSSAD QUE CIA…	*309*
UNE FOIS DE PLUS - LE MINUSCULE PETIT ISRAËL SANS DÉFENSE…	*309*
DÉBATTRE DE CE DONT LE LIVRE NE PARLE PAS	*310*
UNE CRITIQUE CONVENABLE…	*311*
QUELQUES CRITIQUES AMICALES…	*312*
GARRISON CONTINUE D'ÊTRE DÉNIGRÉ.	*314*
TOUTE LA NOUVELLE DÉSINFORMATION, FAÇON CIA-MOSSAD.	*316*
OÙ EST ANGLETON ? OÙ EST ISRAËL ?	*317*
LE PLAISIR DES COUPS TORDUS.	*320*
LE RETOURNEMENT MÉDIATIQUE ACTUEL.	*322*
LES KENNEDY, CES ENFANTS TERRIBLES…	*325*
LA VERSION OFFICIELLE.	*327*
L'AFFAIRE SCHAUMBURG.	*328*
L'ADL, UNE FOIS DE PLUS	*329*
DES METHODES D'ÉTAT POLICIER.	*331*
ISRAËL "MENACÉE" PAR JFK	*336*
JFK S'EST CONCENTRÉ SUR ISRAËL…	*339*
LA PRESSION DE JFK SUR ISRAËL CONTINUE.	*340*
« SI KENNEDY AVAIT SURVÉCU… »	*342*
LES BIBLIOTHÉCAIRES MENTEURS.	*342*
L'ISRAËL ET LA BOMBE : DE JFK À LBJ.	*344*
LES ESPRITS NON-CORROMPUS PÈSENT DANS LA BALANCE	*346*
BILL CLINTON INTERVIENT - À LA MANIERE DE JFK	*348*
L'AFFAIRE LEWINSKY.	*348*
LA "DROITE" DE QUI ?	*349*
LA PRESSION DES MÉDIAS SUR CLINTON.	*351*
CHANTAGE DU MOSSAD ?	*352*
LE CRAN D'ARRÊT D'HILLARY ?	*353*
LE MENTOR DE CLINTON.	*353*
LE RABBIN contre LE GÉNÉRAL	*354*
LE DERNIER FRÈRE.	*354*
LE LIVRE QUI NE DISPARAITRA PAS	*355*

INDEX 357

Un militant pour la paix juif israélien approuve *Jugement Final* 368

Pourquoi le lobby israélien rejette-t-il quarante ans d'enquêtes bien intentionnées menées par des chercheurs en matière d'assassinat de JFK ? 369

« Une autre coïncidence » impliquant Israël ? Le Rabbin de Jack Ruby et la Commission Warren. 371

Comment le Mossad s'est habilement caché à la vue de tous : « L'empreinte incontournable » dans le complot JFK 373

Le groupe sans lendemain des exilés cubains était il une façade du Mossad ? L'histoire étrange de Paulino Sierra et Peter Dale Scott 375

Le lien du Mossad avec les renseignements généraux de la Nouvelle-Orléans ; L'histoire longtemps étouffée de Fred (Efraim) O'Sullivan 378

Penn Jones, un chercheur chevronné et respecté, a déclaré : Le Mossad « une question complètement négligée » dans l'affaire JFK 380

UN DÉFI AUX LECTEURS..**382**
AUTRES PUBLICATIONS..**387**

Illustrations de la couverture :
Meyer Lansky (à gauche), James Jesus Angleton (à droite).

ANNEXE 1

Où était George ?
George Bush, la CIA, et l'assassinat de Kennedy
GHWB a-t-il participé au meurtre de JFK ?

Quand le sénateur Edward M. Kennedy a cyniquement demandé : "Où était George ?" lors d'un discours enflammé à la Convention nationale démocratique de 1988, le sénateur a-t-il laissé entendre, peut-être, qu'il savait quelque chose que nous ne savions pas ? Kennedy demandait-il vraiment :"Où était George Herbert Walker Bush le 22 novembre 1963 ?"

De nouvelles preuves récentes suggèrent fortement non seulement que George Bush a été un agent de la CIA pendant la majeure partie de sa vie d'adulte - depuis ses années de lycée en fait - mais qu'il a aussi eu des liens particulièrement étroits avec les circonstances entourant l'assassinat de JFK et le camouflage de haut niveau qui a suivi.

Dans son best-seller *Plausible Denial*, l'auteur Mark Lane a rendu un grand service au public américain en rééditant, sous forme d'annexes, deux articles importants parus dans le magazine *The Nation*, mais qui avaient reçu peu de succès en dehors des cercles d'élite qui lisent ce journal.

Par conséquent, des centaines de milliers d'Américains ont appris quelque chose qu'ils n'auraient peut-être pas su autrement : la preuve indiscutable que George Herbert Walker Bush était un agent de la CIA le 23 novembre 1963.

Les articles de *The Nation*, rédigés par Richard McBride (publiés dans les numéros du 16 au 23 juillet et du 13 au 20 août 1988) ont pris note d'un mémorandum du FBI déclassifié daté du 29 novembre 1963. La note de service, du directeur du FBI J. Edgar Hoover, a été adressée au directeur du Bureau des renseignements et de la recherche du Département d'État. Le sujet était "Assassinat du président John F. Kennedy - 22 novembre 1963." La note se lisait comme suit :

Notre bureau de Miami (Floride), le 23 novembre 1963, a indiqué que le bureau du Coordonnateur des affaires cubaines à Miami a indiqué que le département d'État estimait qu'un groupe anti-castriste malavisé pourrait tirer parti de la situation actuelle et entreprendre un raid non autorisé contre Cuba, croyant que l'assassinat du président John F. Kennedy pourrait annoncer un changement dans la politique américaine, ce qui est faux.

Nos sources et nos informateurs, qui connaissent bien les affaires cubaines dans la région de Miami, nous informent que le sentiment général de la communauté cubaine anti- castriste est un sentiment de stupéfaction et, même parmi ceux qui n'étaient pas tout à fait d'accord avec la politique du président concernant Cuba, le sentiment est que la mort du président représente une grande perte non seulement pour les États-Unis, mais pour toute l'Amérique latine. Ces sources ne connaissent aucun plan d'action non autorisée contre Cuba.

Un informateur qui a fourni des informations fiables dans le passé et qui est proche d'un petit groupe pro-Castro à Miami a fait savoir que ces personnes craignent que l'assassinat du Président ne se traduise par de fortes mesures répressives à leur encontre et, bien que pro-Castro, regrettent l'assassinat.

L'essentiel de l'information ci-dessus a été fournie oralement à George Bush de la CIA et au capitaine William Edwards de la Defense Intelligence Agency, le 23 novembre 1963, par M. W. T. Forsyth de ce Bureau.[1]

Des copies de la note de service de M. Hoover ont été distribuées à un certain nombre de personnes, y compris, entre autres, le directeur de la CIA (John McCone) et ont été signalées à l'attention du "directeur adjoint, Plans". (Il s'agissait de Richard Helms).

Il va sans dire que l'existence de ce mémorandum posait un problème à George Bush, qui avait prétendu n'avoir jamais travaillé à la CIA avant sa nomination au poste de directeur de l'agence en 1976. Cependant, les porte-parole de Bush ont suggéré qu'il devait y avoir un autre "George Bush" travaillant pour la CIA à l'époque en question et que c'est lui qui avait été mentionné dans la note controversée de Hoover.

Richard McBride, l'auteur des articles de *The Nation*, a fait quelques vérifications pour découvrir qu'il y avait effectivement un George William Bush qui avait travaillé pour la CIA à l'époque - durant une très courte période - et seulement en tant que chercheur et analyste subalterne. George William Bush raconta à McBride qu'il n'avait jamais participé à une réunion d'information inter-agences et qu'il ne connaissait aucune des personnes mentionnées dans le mémorandum. Bref, ce George Bush n'était pas le George Bush du mémorandum.[2]

INITIATION

Où était George Herbert Walker Bush le 23 novembre 1963 ? De toute évidence, il travaillait comme il l'avait été depuis un certain temps déjà, comme agent de la CIA.

---

[1] *Washington Post*, 18 Mai 1999. L'affaire en question était Globe International v. Khawar, 98-1491.
[2] Mark Lane. *Rush to Judgment*. (New York : Thunder's Mouth Press, 1992), pp. XXV-XXVI.

De nouvelles recherches suggèrent que Bush était déjà avec la CIA pendant ses années d'université à Yale.

Anthony Kimery, un journaliste d'investigation qui a étudié les relations de George Bush avec la CIA, note que : "Le recruteur salarié à temps plein de la CIA à Yale était l'entraîneur Allen" "Skip" "Waltz, un ancien officier du renseignement naval qui avait une bonne vision de Bush. En tant que membre de l'Association de sport de premier cycle de Yale et du Conseil des diacres de premier cycle, Bush a dû travailler en étroite collaboration avec Waltz sur les programmes d'athlétisme de l'université où l'entraîneur a choisi la plupart des hommes qu'il a dirigé à la CIA. Il est inconcevable que Waltz n'ait pas essayé de recruter Bush, disent d'anciens fonctionnaires de l'Agence recrutés à Yale."[3]

C'était lorsqu'il était étudiant à Yale que Bush était membre de la fraternité secrète Skull and Bones qui est connue comme terrain de recrutement de la CIA depuis de nombreuses années.

(L'un des camarades de Bush « membre de la fraternité » était l'étudiant de Yale, William F. Buckley Jr, lui-même ancien membre de la CIA dont les liens particuliers avec des acteurs clés du complot d'assassinat de JFK ont été abordés dans le chapitre 9.)

LE PREMIER BOULOT DE GEORGE À LA CIA ?

Qui plus est, c'est un autre membre de la fraternité, Henry Neil Mallon, président de longue date du conseil d'administration de Dresser Industries, basé à Houston, qui donna à Bush son premier emploi dans le secteur pétrolier. Mallon, un camarade de classe et ami proche du père de Bush, le sénateur Prescott Bush, plaça le jeune Bush en tant que vendeur chez International Derrick and Equipment Company (IDECO), une filiale de Dresser.

Cependant, comme le remarque Anthony Kimery : "Le travail de Bush qui consistait à fourguer des services d'IDECO, y compris derrière le rideau de fer, était une curieuse responsabilité, compte tenu de l'inexpérience de Bush dans l'industrie pétrolière ou dans les relations internationales".[4] Tout cela, bien sûr, suggère que Bush, en fait, travaillait comme agent de la CIA sous couvert de Dresser Industries, qui, selon les sources de Kimery, « servait couramment de couverture de la CIA. »[5]

LES DEUX GEORGES

---

[3] Mark Lane. *Plausible Denial*. (New York : Thunder's Mouth Press, 1991), p. 331.
[4] *Covert Action Information Bulletin*, été 1992.
[5] *Ibid*.

C'est Henry Mallon qui avait apparemment présenté Bush à un ingénieur pétrolier international qui est apparu plus tard comme l'un des véritables "hommes mystères" dans l'assassinat de JFK : l'ami de Lee Harvey Oswald, George De Mohrenschildt, dont nous avons étudié les liens avec la CIA au chapitre 9, soupçonné d'être un agent de la CIA.

Les deux Georges se sont tellement bien connus, en fait, que le carnet d'adresses de De Mohrenschildt incluait non seulement l'adresse et le numéro de téléphone du domicile de Bush à Midland, au Texas, où Bush a vécu de 1953 à 1959, mais aussi le surnom d'enfance du pétrolier, "Poppy". Kimery déclare que ses sources prétendent que Bush et De Mohrenschildt ont continué à se rencontrer secrètement à Houston après que Bush ait quitté Midland pour établir le bureau de Houston de sa Zapata Off-Shore Oil Company.

(Kimery souligne que dans son témoignage à la Commission Warren, De Mohrenschildt a admis qu'il avait fait de fréquents voyages à Houston à partir de la fin des années 50, mais qu'il avait donné de vagues explications quant à l'objet des voyages.)

Les recherches de Kimery suggèrent que la relation entre Bush et De Mohrenschildt est née non seulement de leurs intérêts communs dans le secteur pétrolier, mais aussi de leurs expériences mutuelles dans le domaine du renseignement.

Selon Kimery, De Mohrenschildt faisait partie du réseau de l'espion (et plus tard directeur de la CIA) Allen Dulles dirigé à l'intérieur de la communauté du renseignement nazie et plus tard a commencé à travailler pour la CIA « opérant sous l'apparence d'un consultant géologue pétrolier spécialisé dans les transactions entre les compagnies américaines et les nations du bloc de l'Est avec lesquelles [De Mohrenschildt] était remarquablement bien connecté. »[6]

Par conséquent, il n'est donc pas surprenant que George Bush et George De Mohrenschildt, agents de la CIA, travaillant dans le bloc de l'Est dans le secteur pétrolier aient finalement travailler ensemble. Selon l'ancien fonctionnaire de la CIA Victor Marchetti (qui s'est spécialisé dans les affaires soviétiques pour la CIA), "Il est inconcevable que la CIA n'ait pas interrogé Bush après chaque réunion [que Bush avait avec des représentants du bloc de l'Est]. « Les hommes d'affaires comme [Bush] étaient régulièrement interrogés."[7]

Tous ces échanges entre Bush et De Mohrenschildt semblent être d'innocentes manigances faites en secret entre deux espions du nom de George si ce n'était que plus on retrace les connexions de Bush, plus on découvre que l'agent de la CIA est encore plus profondément empêtré dans les circonstances entourant l'assassinat de John F. Kennedy.

---

[6] *Ibid.*

[7] *Ibid.*

LES OPÉRATIONS ANTI-CASTRISTES

En effet, les éléments de preuve suggèrent fortement que Bush ait été un acteur majeur dans la lutte de la CIA pour détruire Fidel Castro. Selon Anthony Kimery, "les anciens combattants de la CIA qui ont participé à la guerre contre Castro affirment que M. Bush a non seulement laissé la CIA utiliser Zapata comme façade pour mener certaines de ses opérations (y compris l'utilisation de plusieurs plateformes de forage en mer), mais soutiennent que M. Bush a personnellement servi d'intermédiaire par lequel l'Agence finançait les services contractuels."[8]

Kimery soutient qu'il avait plusieurs sources qui soutiennent, indépendamment, que Bush était en effet profondément impliqué dans les opérations de la CIA, en particulier dans les Caraïbes et dans la campagne contre Castro. Cela semble aller de pair avec les informations fournies par le Colonel Fletcher Prouty qui souligne que non seulement le nom de code top-secret de la CIA pour l'invasion de la Baie des Cochons était "Operation Zapata" (comme la société de Bush) mais également que deux des navires utilisés dans l'opération étaient baptisés le *Houston* (base d'attache de Bush) et le *Barbara* (nom de l'épouse de Bush).[9]

Les liens de Bush avec les opérations de la CIA contre Castro vont cependant encore plus loin. Selon Kimery, "Il y a des preuves qu'avant la nomination de Bush comme Directeur de la CIA en 1976, il connaissait bien le légendaire espion Theodore George "Ted" Shackley, qui s'est joint à l'Agence en 1951. Quand Bush est arrivé à Langley, il était clair pour les anciens initiés de l'Agence qu'il y avait un lien entre ces deux hommes qui remontait à de nombreuses années."[10]

C'est bien sûr le même Theodore Shackley que nous avons rencontré pour la première fois au chapitre 8 en tant qu'ami du programme secret de développement nucléaire israélien. Shackley exerçait les fonctions de chef du bureau de la CIA à Miami, à l'époque principal bureau de la CIA dans le monde et base des opérations de la CIA contre Castro co-dirigée avec le syndicat des hommes de main de Meyer Lansky.

(Il convient de noter, ne serait-ce qu'en passant, que le Mossad israélien avait conservé l'une de ses plus grandes bases nord-américaines à Miami, quartier général de Meyer Lansky depuis longtemps.)[11]

Nous avons appris de l'ancienne agent Marita Lorenz (chapitre 9 et chapitre 16) que c'était de la base de la CIA à Miami qu'un convoi de deux voitures transportant des cubains anti-castristes et plusieurs personnalités de la CIA avait été envoyé à Dallas, arrivant juste avant l'assassinat du président John F. Kennedy.

---

[8] *Ibia*.
[9] *Ibia*.
[10] Mark Lane. *Plausible Denial*. pp. 32-33.
[11] Bulletin d'information sur les mesures secrètes.

Kimery cite un ancien agent de la CIA qui était impliqué dans les opérations anti-castristes :"Vous avez le vieux George chéri qui aide l'opération de la Compagnie (la CIA) contre Castro et Shackley, responsable de la station de Miami qui dirige le spectacle. Comment croyez-vous qu'ils se connaissent, mon ami ? C'était une relation très proche, c'est toujours le cas."[12]

Et, comme nous l'avons noté dans le chapitre 12, c'est Shackley, encore une fois, qui était le chef du bureau de la CIA au Laos pendant la guerre du Vietnam, à une époque où la CIA et le syndicat de Lansky menaient conjointement des opérations lucratives de narco-trafic.

Kimery souligne qu'en 1976, peu de temps après être devenu Directeur de la CIA, sans demander conseil, M. Bush promut Shackley au poste de directeur adjoint associé des opérations. À ce poste, il était le commandant en second du [Directeur adjoint des opérations], le troisième poste le plus puissant de la CIA et l'un des plus importants de tout le gouvernement."[13]

LA CONNEXION AVEC LE MOSSAD

Après avoir quitté la CIA, comme nous l'avons noté dans le chapitre 12, l'ami de Bush, Shackley, s'est ensuite lancé dans le commerce international d'armes et a travaillé en étroite collaboration avec l'Aviation Trade and Service Company, une création de Shaul Eisenberg, figure du Mossad israélien.

Par ailleurs, Bush, développait également des liens étroits avec Israël, liens qui, bien sûr, avaient été consolidés au cours de son service en tant que directeur de la CIA. En 1979, Bush, candidat républicain de l'époque, assista à la Conférence de Jérusalem sur le terrorisme international, un événement organisé par le gouvernement israélien et auquel participait la plupart des hauts responsables du renseignement israélien. Les délégués des États-Unis à la conférence étaient tous des amis infaillibles d'Israël, démocrates et républicains.[14]

Le major-général George Keegan, ancien chef du renseignement de l'U. S. Air Force, et le professeur Richard Pipes, professeur à Harvard, accompagnaient Bush. Keegan et Pipes faisaient partie d'un groupe d'élite formé par Bush alors qu'il était directeur de la CIA et opéraient sous le nom de "Team B." (l'équipe B)[15].

L'équipe B de Bush était un nouvel organe secret de surveillance de la CIA, chargé de réévaluer, critiquer ou rejeter les rapports des services secrets de la CIA. Toutefois il est important de noter que l'équipe B était composée d'une clique de hauts fonctionnaires qui étaient liés les uns aux autres principalement par leur dévouement à la défense des intérêts d'Israël.

---

[12] T*he Spotlight*, 22 Mars 1982.
[13] Bulletin d'information sur les mesures secrètes.
[14] *Ibia*.
[15] Bulletin d'information sur les mesures secrètes. Hiver 1990.

Parmi les membres les plus notables figuraient Richard Perle, qui est finalement devenu secrétaire adjoint à la défense chargé de la politique de sécurité internationale et le vieil associé de Perle, Stephen Bryen, un ancien membre du personnel du Sénat qui avait été forcé de démissionner de son poste après qu'on ait découvert qu'il avait transmis des secrets de défense américains au Mossad israélien.[16]

Le fait que Bush ait dû être associé si étroitement à ce petit groupe d'adeptes d'Israël est fascinant, particulièrement compte tenu des conflits ultérieurs de Bush avec le Mossad israélien, que nous avons d'abord étudié au chapitre 2.

LA DISSIMULATION

Pour sa part, c'est pendant que Bush était directeur de la CIA que le Comité sénatorial du renseignement examinait les liens entre Jack Ruby, Lee Harvey Oswald, la CIA, le crime organisé et les opérations anti-castristes menées par la CIA et ses collaborateurs de la mafia. Comme le commente Anthony Kimery : « Etant relié à ces opérations, Bush était maintenant responsable de ce que la CIA voulait et ne voulait pas divulguer."

« En tant que Directeur de la CIA [Bush] fit obstacle aux demandes d'information spécifique de l'enquêteur du comité dans les dossiers de l'Agence sur Oswald et Ruby et minimisa les révélations sur l'implication de la CIA. Des mémorandums écrits par Bush sur l'enquête du Comité du renseignement sur les liens d'Oswald et Ruby avec la CIA et le crime organisé montrent qu'il était particulièrement intéressé par l'enquête du Comité non seulement sur ce que la CIA savait des événements de Dallas et qu'elle n'avait pas rapporté à la Commission Warren, mais aussi dans quelle mesure, le cas échéant, l'Agence était complice du meurtre de Kennedy. »[17]

Kimery cite un ancien agent de la CIA et vétéran de la Baie des Cochons qui prétend avoir été associé à Bush dans les opérations anti-castristes de la CIA au début des années 60 : « Bush était inquiet à propos de quelque chose pendant ces enquêtes quand il était Directeur de la CIA, d'accord. Il craignait que l'on découvre qu'il travaillait pour la Compagnie (la CIA) et qu'il était lié à tout le bazar de la CIA à la fin des années 50 et au début des années 60. »[18]

Dans le magazine *Spy*, David Robb souligne que lorsqu'on a demandé à Bush en Janvier 1992, si oui ou non, il s'était penché sur l'assassinat de JFK au moment où il était directeur de la CIA, Bush répondit, "Non, je n'avais aucun intérêt à le faire..."[19] Toutefois, Robb identifia une note de service du 15 septembre 1976 adressée au directeur adjoint du renseignement central, qui se lit comme suit :

---

[16] *Ibid.*
[17] *The Spotlight*, 21 Juin 1982.
[18] Bulletin d'information sur les mesures secrètes. été 1992.
[19] *Ibid.*

"Un récent article de Jack Anderson faisait allusion à un télégramme de la CIA datant de novembre 1963 (?), dont l'objet était l'observation par un journaliste britannique de Jack Ruby rendant visite à [Santo] Trafficante en prison. Ce télégramme existe-t-il ? Si c'est le cas, j'aimerais le voir. C'est le même télégramme que celui que Mike Hadigan, avocat de la minorité pour le SSC [Comité spécial du Sénat] avait demandé."[20]

Le mémo était signé "GB" au-dessus du nom dactylographié "George Bush". De toute évidence, George Bush était juste un peu plus curieux au sujet des enquêtes sur l'assassinat de JFK qu'il ne voulait nous le faire croire.

UNE MENACE CONTRE JFK ?

Et, curieusement, il y a cette information intéressante déterrée par le magazine *Spy* suggérant que Bush avait un intérêt démesuré pour le bien-être de John F. Kennedy. Selon *Spy* : « Les notes internes du FBI indiquent que le 22 novembre 1963, " l'homme d'affaires réputé "George H. W. Bush a indiqué par téléphone qu'il voulait raconter certains ouï-dire qu'il avait entendus au cours des dernières semaines, date et source inconnues. Il a dit qu'un certain James Parrott avait parlé de tuer le président quand il était venu à Houston. »[21]

Parrott était un jeune républicain de 24 ans qui manifestait régulièrement contre les fonctionnaires de l'administration Kennedy quand ils venaient à Houston. Le FBI a également appris que les services secrets avaient été avertis - en 1961 - que Parrott avait dit qu'il "tuerait le président Kennedy s'il s'approchait de lui". Parrott nie les charges. L'espion demande - pas vraiment de manière satirique - "Bush n'était-il qu'un bon à rien égaré ? Ou essayait-il d'écarter le FBI de la piste ?"[22]

ISRAËL ENCORE....

C'est après que George Bush eut quitté la CIA en 1977 qu'il continua d'entretenir des liens étroits avec des intérêts économiques qui, à leur tour, entretenaient des liens étroits avec Israël et son lobby dans notre pays.

De retour à Houston, M. Bush fut nommé président du comité exécutif de la First International Bank of Houston, l'entreprise familiale des héritiers du milliardaire du Texas H. L. Hunt.

Les Hunt étaient propriétaires de 15% de la majorité des parts de la Gulf Resources and Chemical Corporation, une société basée à Houston qui contrôlait la

---

[20] *Spy*, Août 1992.
[21] *Ibid*.
[22] *Ibid*.

moitié de l'approvisionnement mondial en lithium, un composant essentiel dans la production de bombes à hydrogène.

Parmi les membres du conseil d'administration de la Gulf Resources se trouvait George A. Butler, président de la Post Oak Bank de Houston, contrôlée par un W. S. Farish, III, souvent décrit comme l'un des plus proches confidents de Bush.

La Gulf Resources avait acquis la Lithium Corporation of America comme filiale en propriété exclusive quelques années auparavant. Parmi les administrateurs de la Gulf Resources et de la Lithium Corporation figurait John Roger Menke, qui était également administrateur de l'Hebrew Technical Institute d'Israël.

Tout cela est important dans la mesure où c'est durant cette période qu'Israël poursuivit son développement secret d'armement nucléaire, le plus grand problème du conflit entre John F. Kennedy et le premier ministre israélien David Ben-Gourion, dont il a été question en détail au chapitre 5.[23]

L'ADL ENCORE

Il n'est donc peut-être pas surprenant que Robert Allen, le président de Gulf Resources - un goy qui n'avait pas la réputation de contribuer aux causes juives - ait reçu le prix de la "Torch of Liberty" décerné par la Ligue Anti-Diffamation (ADL) du B'nai B'rith, la soi-disant organisation des "droits civiques" faisant office de branche du renseignement américain pour le Mossad israélien.

(C'est au chapitre 8 que nous avons rencontré pour la première fois un autre bénéficiaire de la Torch of Liberty, le truand Morris Dalitz, un vieil associé de premier plan de Meyer Lansky et un investisseur de la société Permindex qui, comme nous l'avons vu au chapitre 15, joua un rôle central dans le complot d'assassinat de JFK.

Il convient également de souligner qu'un autre directeur de la Gulf Resources et de la Lithium Corp. était Samuel H. Rogers qui, à son tour, était directeur de la Archer Daniel Midland Corp appartenant à l'industriel Dwayne Andreas.[24]

Il se trouve que ledit Andreas était un important soutien financier de l'ADL depuis de nombreuses années et qu'il était étroitement associé à deux hauts fonctionnaires nationaux de l'ADL, Burton Joseph, président national de 1976-1978 et Max M. Kampelman, vice-président honoraire national de l'ADL.[25]

L'ensemble de ces éléments pris conjointement place George Bush au centre d'un vaste réseau de sociétés internationales ayant des liens de longue date avec Israël et ses principaux appuis financiers, incluant une société s'intéressant tout particulièrement à la mise au point d'armes nucléaires.

---

[23] *Ibid.*
[24] Webster Griffin Tarpley et Anton Chaitkin. *George Bush : The Unauthorized Biography* [Washington, D.C. : Executive Intelligence Review, 1992], pp. 247-248.
[25] *Ibid.*

Le lien avec Hunt, qui boucle la boucle de l'ensemble des interactions, est également intéressant, dans la mesure où, depuis des années, les chercheurs en charge de l'assassinat de JFK ont tenté, sans succès, d'identifier le regretté H. L. Hunt comme le cerveau derrière l'assassinat de JFK, vraisemblablement poussé par sa dure opposition conservatrice aux positions progressistes de Kennedy en matière de politique intérieure et étrangère.

Ce que ceux qui ont pointé du doigt Hunt n'ont pas réussi à faire, cependant, c'est de retracer la connexion de Hunt à la Gulf Resources Corp. et ses liens étroits avec Israël.

Ces faits ne prouvent ni ne réfutent le rôle joué par H. L. Hunt ou George Bush, seuls ou ensemble, dans le complot d'assassinat de JFK. Cependant, ils mettent en évidence le rôle étrange et peu remarqué joué par Israël et ses partisans haut placés dans les cercles toujours convergents qui entourent le complot d'assassinat de JFK. Pour mémoire, ils méritent d'être signalés.

OÙ ÉTAIT GEORGE ?

Quoi qu'il en soit, les associés les plus proches de Bush pendant ses années à la CIA, comme nous l'avons vu, et ses activités, ont tous à maintes reprises relié Bush à des circonstances qui lient la CIA et le Syndicat du crime organisé de Meyer Lansky dans des co-entreprises, non seulement dans les complots d'assassinat contre Castro du début des années 60, mais également dans les opérations conjointes de la CIA et de Lansky dans le trafic de drogue en Asie du Sud-Est. Les liens de Bush avec le lobby israélien consolident donc le cercle.

Les preuves que nous avons examinées ici donnent à penser que George Bush en sait peut-être plus sur l'assassinat de John F. Kennedy qu'il ne serait disposé à l'admettre. La question de savoir si Bush a l'intention de révéler ce qu'il sait est une toute autre affaire.

ANNEXE 2

La connexion « nazie » de Lee Harvey Oswald
Les liens peu connus du prétendu assassin avec les agents secrets du réseau néo-nazi

Parmi ceux dont les noms figuraient dans le carnet d'adresses de Lee Harvey Oswald figurait un certain Daniel Burros. En 1963, Burros était secrétaire national du parti nazi américain de George Lincoln Rockwell. Deux ans seulement après l'assassinat de JFK, Burros meurt mystérieusement suite à de multiples blessures par balle. Cependant, malgré les circonstances étranges de la mort de Burros, il fut jugé suicidaire.

La mort bizarre de Burros a eu lieu au domicile de son proche collaborateur, l'énigmatique et omniprésent Roy Frankhauser, un agent d'infiltration fédéral de longue date des Minutemen, du Ku Klux Klan et du Parti communiste des États-Unis. Il se trouve que Frankhauser prétend avoir été associé à Lee Harvey Oswald avant l'assassinat de John F. Kennedy.

L'histoire du lien possible entre Lee Harvey Oswald et Daniel Burros n'a jamais été exploré dans aucun autre ouvrage sur l'assassinat de JFK. Pourtant, les preuves, comme nous le verrons, suggèrent que la connexion entre Oswald et Burros est beaucoup plus complexe que ce que l'on pourrait croire.

Bien que les chercheurs aient longtemps été occupés à compiler, recompiler, éditer et rééditer des listes de "morts mystérieuses" parmi les personnes ayant des liens - à la fois réels et parfois imaginés - avec l'assassinat de JFK, le nom de Burros n'apparaît jamais.

Les circonstances de la mort de Dan Burros semblent bizarres. Juste un jour avant la mort du leader "nazi" en octobre 1965, le *New York Times* avait révélé qu'il était né de parents juifs. Cette révélation a été le déclencheur ostensible qui a conduit Burros au "suicide" à Reading, en Pennsylvanie, dans la maison de son collègue "nazi", Roy Frankhauser.

Bien que la mort de Burros ait été clamée dans les médias comme l'histoire d'un gentil garçon juif qui avait perdu la boule, le fait est que certains membres de la résistance nazie américaine ont longtemps estimé que Burros n'était pas un apostat juif, mais, au lieu de cela, un informateur et un agent provocateur de la Ligue Anti-Diffamation (ADL) du B'nai B'rith opérant dans les rangs de la soi-disant "droite raciste".

Au cours de sa courte carrière dans la pègre du monde politique, Dan Burros était connu pour avoir été étroitement associé aux informateurs infiltrés de l'ADL et fut peut-être lui-même un de ces informateurs, bien qu'il soit peu probable que nous connaissions un jour la vérité.

Ce que l'on sait, cependant, c'est que Burros était un personnage clé du National Renaissance Party, un petit groupe néo-nazi fondé par feu James H. Madole et basé à New York. Bien que Madole fut apparemment un nazi invétéré, c'est un fait établi que son organisation a été infiltrée, financée en partie et manipulée par des agents du réseau d'espionnage de l'ADL.

L'agent de l'ADL au sein du PNR était un certain Emmanuel Trujillo qui s'appelait également Mana Truhill. De son côté, Truhill travaillait en étroite collaboration avec Sanford Griffith, à l'époque chef des espions de l'ADL.

Deux militants de "droite" de l'époque des années 50 - l'auteur Eustace Mullins et l'homme d'affaires DeWest Hooker (cité au chapitre 4) - ont confirmé à l'auteur que l'ADL jouait effectivement un rôle actif dans l'"infiltration" des groupes de droite à l'époque et que ledit Griffith était une figure familière qui gravitait autour de la droite à cette époque.

À l'apogée de l'organisation de Madole, manipulée par l'ADL, le célèbre éditeur new-yorkais Lyle Stuart avait accusé publiquement l'ADL de financer des groupes nazis américains - tels que l'équipe de Madole - à des fins insidieuses. Il est intéressant de constater que Daniel Burros faisait lui-même partie intégrante de ce cercle spécial manipulé par l'ADL. Mais il y a bien plus à dire sur la connexion avec Oswald et Burros.

Certains chercheurs se sont concentrés sur les liens de l'inspecteur privé de la Nouvelle-Orléans et agent de la CIA Guy Banister avec Robert De Pugh et le groupe paramilitaire connu sous le nom de Minutemen comme preuve que les "extrémistes de droite" étaient peut-être derrière l'assassinat de JFK. Comme nous l'avons noté en détail dans le chapitre 15, cependant, il y a des preuves solides qui suggèrent que Banister était également utilisé par la Ligue Anti-Diffamation (ADL) du B'nai B'rith dans ses propres opérations d'enquête contre les groupes gauchistes de défense des droits civils.

Les preuves concernant les Minutemen, cependant, suggèrent que les Minutemen étaient, à toutes fins pratiques, un groupe d'extrémistes de droite infiltrés par le gouvernement - peut-être même contrôlés par le gouvernement. C'est le lien des Minutemen, dans la connexion avec Oswald et Burros, qui ouvre la porte à certains faits très inhabituels sur un étrange individu nommé Roy Frankhauser qui semble être associé à la fois avec Oswald et Burros.

John George et Laird Wilcox, dans *Nazis, Communists, Klansmen, and Others on the Fringe*, nous ont fourni une mine d'informations sur les opérations de Frankhauser notamment à l'intérieur des Minutemen. Voici ce que George et Wilcox ont écrit au sujet de l'infiltration des Minutemen par le gouvernement et du rôle du Roy

Frankhauser. La version longue de la citation directe de George et Wilcox est la suivante :

"Les Minutemen, en fait, faisaient partie des groupes d'extrême-droite les plus infiltrés. Selon Eric Norden, dans son long essai sur la droite paramilitaire paru dans le numéro de juin 1969 du magazine *Playboy*, la quasi-totalité des affaires des Minutemen ont été élucidées avec l'aide d'espions et d'informateurs du gouvernement.

« Un de ces informateurs était un cauchemar appelé Roy Frankhauser, une taupe du gouvernement dont l'alliance avec [Robert] De Pugh [des Minutemen] avait commencé au début des années 60, peu de temps après que l'organisation ait été formée. Frankhauser était bien connu pour avoir invoqué le cinquième amendement trente-trois fois lorsqu'il fut interrogé au sujet de sa participation au sein du Ku Klux Klan par la Commission des Activités Non-Américaines en 1965. Ne connaissant pas le rôle de Frankhauser, Norden l'avait longuement interviewé pour son article. Frankhauser, que De Pugh avait nommé coordinateur régional, décrivait les Minutemen de Norden comme une organisation néo-nazie à craindre et avec laquelle il fallait compter :

« Hitler avait les Juifs, nous avons les nègres. Nous devons bien entendu, mettre l'accent sur la question des nègres, parce que c'est ce qui préoccupe les masses, mais nous n'oublions pas le Juif. Si les Juifs savaient ce qui allait arriver - et croyez-moi, cela approche aussi sûrement que l'aube se lève - ils se rendraient compte que ce qui va se passer en Amérique fera passer l'Allemagne nazie pour un pique-nique du dimanche. Nous allons construire de meilleures chambres à gaz, en plus grand nombre, et cette fois il n'y aura pas de réfugiés. »

« Norden note que Frankhauser, après avoir fait cette déclaration, "fit une pause et sembla réfléchir pendant quelques secondes", puis poursuivit : "Bien sûr, il y a de bons Juifs, vous savez, des Juifs comme Dan Burros, qui était un ami. Certains de mes meilleurs amis sont Juifs. Dan Burros est l'un des Américains les plus patriotes et dévoués que vous n'ayez jamais rencontré dans votre vie. »

"Norden commenta : 'Frankhauser resta silencieux. Burros était un fanatique nazi américain qui avait servi comme lieutenant [dans le parti nazi américain] de [George Lincoln] Rockwell pendant des années, puis avait démissionné en 1962 pour éditer un magazine appelé *Kill* et est finalement devenu un chef du Klan. Il s'était précipité dans la maison de Frankhauser en octobre 1965 brandissant un numéro du *New York Times* qui exposait son ascendance juive, saisit sur le mur un pistolet chargé et se fit sauter la cervelle."

"Ce que Norden n'a pas dit, c'est que certains mordus de complot pensent que Frankhauser avait eu plus qu'une simple implication dans le meurtre, bien qu'aucune décision n'ait jamais été prise sur ce fait et que la mort ait été jugée suicidaire. Une autre théorie, également non confirmée, est que Frankhauser a pu encourager le suicide de Burros étant donné que sa couverture avait été démasquée. Burros est mort de trois blessures par balle, ce qui est inhabituel dans un véritable suicide. De Pugh, qui a examiné le pistolet, a dit qu'il était peu probable que Burros se soit suicidé.

"D'autres associés de Frankhauser se sont aventurés dans des opinions connexes. Ce qui est également possible, c'est qu'en 1965, Frankhauser travaillait comme informateur du gouvernement ainsi que Dan Burros, peut-être sous la direction de Frankhauser. Au moment d'écrire ces lignes, Frankhauser réside toujours dans la maison de Reading, en Pennsylvanie, où le décès est survenu ; des taches de sang sont encore incrustées dans le plafond.

« Mais Frankhauser était-il un informateur du gouvernement et un agent provocateur si tôt dans sa carrière ? Frankhauser le nie, mais son dossier de l'armée américaine suggère le contraire. Au cours d'une longue entrevue sous serment qui eut lieu du 13 au 18 juillet 1957, les dossiers de l'Armée de terre révèlent ce qui suit :

« '(FRANKHAUSER) a pris une décision pour infiltrer des organismes tels que le parti néo-nazie, le parti communiste, et le Ku Klux Klan, pour déterminer leurs motifs, identifier les chefs, et rapporter cette information à l'organisme de renseignement compétent du Gouvernement des États-Unis dans le cas où leurs objectifs étaient considérés comme contraires à l'intérêt des États-Unis. FRANKHAUSER a indiqué qu'il avait créé une couverture qui prévoyait de faire croire aux gens qu'il était un vrai communiste ou nazi et la création d'une organisation qui devait être une grande unité bien organisée, mais qui était composée d'un seul homme -FRANKHAUSER. L'objectif de FRANKHAUSER à Fort Bragg était de réunir les Klans du Nord et ceux du Sud pour donner au gouvernement des États-Unis l'occasion de détruire ces organisations.'

"Au cours des années 60, les Minutemen ont été impliqués dans trois grands actes terroristes dans lesquels Frankhauser était l'informateur éventuel, directement ou indirectement, qui avait renseigné le FBI.

"En 1973, après la libération de De Pugh, Frankhauser est devenu chef des services secrets des Minutemen... En octobre 1973, De Pugh fut conférencier d'honneur à la réunion annuelle du conseil d'administration du Liberty Lobby à Kansas City, Missouri. Il avait été libéré de prison six mois plus tôt. Frankhauser, en tant que directeur de la sécurité, était son fidèle compagnon et avait vécu avec la famille De Pugh à Norborne [Missouri] pendant plusieurs semaines - travaillant tout ce temps pour l'ATF (« Bureau de l'alcool, du tabac, des armes à feu et explosifs ») comme informateur infiltré.

"Le passé de Roy Frankhauser est beaucoup plus complexe. Selon des documents de l'armée américaine publiés sous la Loi sur la liberté d'accès à l'information en 1988, Frankhauser était empêtré dans de graves problèmes personnels bien avant d'entrer dans l'armée. Victime d'un foyer brisé et d'une mère alcoolique, considérée par les responsables de l'école et divers employeurs comme instable sur le plan émotionnel et peu fiable, il s'enrôle dans l'armée américaine le 6 novembre 1956. Longtemps collectionneur d'objets de collection nazis et sympathisant du Ku Klux Klan alors qu'il n'était encore qu'un jeune homme, il était impliqué dans un certain nombre de complots boiteux qui l'ont immédiatement porté à l'attention des autorités de l'armée.

"Les rapports militaires précisaient que Frankhauser s'était enrôlé dans l'armée et s'était porté volontaire pour être affecté en Allemagne. Il a mis au point un plan pour se faire déclarer officiellement mort afin de pouvoir quitter l'armée et rejoindre le mouvement néo-nazi, dans l'espoir d'accéder à un poste à haute responsabilité.

"Le 2 juillet 1957, Frankhauser déclara qu'il avait l'intention de déserter l'armée américaine et de joindre les forces révolutionnaires à Cuba. En fait, il a déserté et est arrivé à Miami, en Floride, le 5 juillet 1957. Peu après, il a été placé en détention provisoire et est retourné dans son unité militaire. Les dossiers de l'Armée de terre indiquent que Frankhauser a été libéré le 18 novembre 1957 en vertu des dispositions de l'AR-635209 (inapte au service militaire).

"Le rôle assez incroyable de Frankhauser en tant qu'informateur du gouvernement est largement prouvé. Il est apparu pour la première fois en juillet 1975 lorsque le *Washington Star* a fait un reportage sur son rôle dans une opération d'infiltration au Canada autorisée par le Conseil de sécurité nationale, Frankhauser a été chargé d'infiltrer l'organisation terroriste "Black September". Le *CBS Evening News* du 28 juillet 1975 a fait un reportage sur Frankhauser au cours duquel le présentateur Fred Graham fit la remarque suivante :

« Les témoignages sous serment d'agents fédéraux [affirment] que Frankhauser a effectué une série de missions d'infiltration pour le gouvernement, y compris une mission approuvée par le Conseil de sécurité nationale de la Maison-Blanche.

Une source gouvernementale a déclaré que Frankhauser avait une incroyable capacité à infiltrer les groupes de droite et de gauche, qu'il pouvait encore aider à faire condamner ceux qui avaient fourni les explosifs qui avaient fait sauter des autobus scolaires à Pontiac dans le Michigan en 1971."

"Frankhauser a fini par se heurter à ses supérieurs de l'ATF (« Bureau de l'alcool, du tabac, des armes à feu et explosifs ») en allant trop loin dans ses plans de piégeage sans qu'ils n'aient été autorisés par l'ATF au préalable. Le 28 février 1974, il est finalement inculpé de vol d'explosifs, et il se sert alors de sa relation avec l'agence pour se défendre. Il est finalement reconnu coupable et condamné à une période de probation, au terme de laquelle l'ATF eut un moyen de renforcer sa coopération et de mettre un frein à son comportement erratique (ou du moins, c'est ce qu'ils croyaient). Un télex du FBI du 17 juin 1974, a révélé que :

"Frankhauser a proposé, par l'entremise de son avocat que, s'il est autorisé à plaider coupable et à recevoir une probation pour les accusations actuelles d'attentat, il présentera aux agents fédéraux les personnes qui l'ont approché au sujet de ses activités.

Selon le *Washington Star*, "Edward N. Slamon, le superviseur de Frankhauser au sein de l'ATF, avait écrit plusieurs notes internes décrivant Frankhauser comme « un excellent agent de pénétration et un excellent indic. »

"L'implication de Roy Frankhauser en tant qu'agent provocateur et agent d'infiltration du gouvernement a commencé dans les années 60 et s'est poursuivie épisodiquement jusqu'en 1986, date à laquelle il a été mis en accusation avec Lyndon LaRouche et plusieurs autres accusés dans l'affaire Boston LaRouche concernant la fraude par carte de crédit et d'autres accusations. Frankhauser, qui établit son premier contact avec l'organisation LaRouche en 1975, était devenu leur directeur de la sécurité ! Le 10 décembre 1987, Frankhauser a été reconnu coupable d'avoir comploté pour entraver une enquête fédérale sur le groupe."[26]

[FIN DE CITATION]

Tout à propos de ce complot est bien entendu intéressant. Le fait que Dan Burros soit mort dans des circonstances mystérieuses dans la maison d'un agent infiltré de longue date est tout aussi intéressant.

Il est probablement pertinent de noter que Peter Dale Scott, a longtemps avancé l'argument selon lequel Lee Harvey Oswald " travaillant pour un enquêteur privé sous contrat avec le gouvernement fédéral, enquêtait sur l'utilisation de courriers interétatiques de ventes d'armes illégales [et avait remarqué que] "... le parti nazi américain, en 1963, faisait l'objet d'une enquête du gouvernement américain... pour son achat d'armes par correspondance."[27]

Le fait qu'Oswald était peut-être en contact avec Burros (et il y a eu des rumeurs non corroborées selon lesquelles Oswald lui-même aurait pu se trouver dans la région de Washington, D. C. - en particulier à Arlington, en Virginie, où Burros et le parti nazi américain avaient leur siège social) et que Burros était à son tour étroitement associé à un informateur infiltré du BATF vient s'ajouter à la pertinence de l'argument de Scott. Cependant, comme nous l'avons noté au chapitre 15, il est plus que probable qu'Oswald était en fait en train d'intervenir - par l'entremise du bureau de Guy Banister - pour le compte de l'ADL qui, à son tour, rendait compte régulièrement au FBI et à d'autres organismes gouvernementaux.

On sait, d'après les documents officiels du ministère de la Justice qui ont été publiés en vertu de la Loi sur la liberté d'accès à l'information, que les activités d'infiltration de Frankhauser parrainées par le gouvernement - dans au moins un cas - ont été financées par une organisation communautaire juive. En l'occurence, le centre communautaire juif de Reading, en Pennsylvanie.[28] Il est donc fort probable

---

[26] *Executive Intelligence Review*. Dope, Inc. (1992 edition), p. 608.
[27] John George et Laird Wilcox. *Nazis, Communists, Klansmen and Others on the Fringe*. (New York : Prometheus Books, 1992), pp. 285-290.
[28] Peter Dale Scott. *Deep Politics and the Death of JFK*. (Berkley, California : University of California Press, 1993), pp. 248-250.

que l'ADL ait également joué un rôle dans les activités de Frankhauser. Mais le complot s'épaissit. Il y a un lien encore plus explosif entre Frankhauser et l'assassinat de JFK.

FRANKHAUSER ET OSWALD

Ce qu'aucun chercheur n'a encore jamais signalé, à une exception près, c'est que le même Roy Frankhauser a affirmé avoir rencontré à plusieurs reprises non seulement Lee Harvey Oswald mais aussi John et Ruth Paine, le couple texan qui a joué un rôle clé dans les derniers mois de la vie de Lee Harvey Oswald.

Un article sur la connexion de Frankhauser avec Oswald, écrit par Scott M. Thompson et publié dans le numéro du 20 novembre 1975 de la revue *New Solidarity*, est republié ici dans sa partie pertinente.

L'inclusion de ces données par l'auteur de *Jugement Final* n'est en aucun cas destinée à servir d'approbation des informations qui y sont liées, mais il s'agit simplement de fournir un dossier aussi complet que possible de tous les aspects peu connus de la recherche sur le complot d'assassinat de JFK qui peuvent être examinés par des personnes indépendantes qui sont vraiment intéressées à découvrir la vérité. L'article (dont voici une version longue de la citation) dit ceci :

"Dans une série d'entrevues exclusives avec l'IPS (entreprise internationale de sécurité) au cours du dernier mois, l'ancien agent du Conseil de sécurité nationale Roy Frankhauser a fourni des informations qui démontrent de façon concluante que le Conseil de sécurité nationale a planifié et coordonné l'assassinat du président John F. Kennedy en novembre 1963. Frankhauser a fourni des détails sur de nombreuses équipes d'assassinats organisées pour les Kennedy et d'autres opérations par des agents connus de la CIA et du FBI au sein de groupes allant du Parti ouvrier socialiste de gauche (SWP) et du Parti communiste (États-Unis) à des groupes de droite tels que l'équipe paramilitaire des Minutemen.

"Les préparatifs de l'assassinat incluaient également des groupes d'exilés cubains (Gusanos), le parti nazi américain et des agents de la CIA tels que G. Gordon Liddy, Frank Sturgis et E. Howard Hunt, le voleur du Watergate reconnu coupable et proche associé de William F. Buckley. Au début de l'année 1963, Frankhauser déclara à l'IPS : « L'ordre est tombé de tuer Kennedy et les équipes dirigées par des agents ont commencé à surgir partout ».

« Frankhauser confirme que deux agents dans la périphérie du Parti Socialiste Ouvrier (SWP), qui avait également des liens étroits avec le parti communiste aux États-Unis, participaient directement à l'opération Kennedy. Frankhauser rencontra les deux, Ruth et John Paine, en 1960, quand il infiltrait le SWP à New York en tant qu'agent du Mississippi White Citizens Council et du gouverneur du Mississippi, Patterson. Les Paines étaient tous deux étroitement liés à Lee Harvey Oswald (qui s'est décrit comme le "pigeon" dans le meurtre de Kennedy quelques instants avant d'être abattu à la prison de Dallas) via la Commission Warren et des enquêteurs indépendants de l'assassinat.

"Dans les mois qui ont précédé l'assassinat, les Paines vivaient avec Marina et Lee Harvey Oswald à Dallas. C'est Ruth Paine qui a élaboré la couverture "radicale" d'Oswald. C'est elle qui a conduit Oswald à Mexico pour qu'il puisse être photographié par la CIA devant l'ambassade soviétique. Elle a également emmené Oswald à la Nouvelle-Orléans où ils ont ouvert ensemble une franchise du SWP, Fair Play for Cuba, avec l'approbation des dirigeants nationaux du SWP.

À New York, les Paines avaient recruté Frankhauser dans une organisation secrète paramilitaire de " gauche " après un certain nombre de réunions occasionnelles du SWP. Ils affirment à Frankhauser que le groupe avait trois objectifs : 1) sortir Martin Luther King de prison s'il devait être arrêté ; 2) tuer le shérif d'Alabama "Bull" Connor, à l'époque opposant notoire de l'intégration ; et 3) assassiner le président Eisenhower si la révolution ne pouvait pas être fomentée "légalement". Les Paines ont demandé à Frankhauser d'étudier de manière intensive le document du SWP, *Militant*, afin "d'apprendre le jargon de la gauche".

"L'entraînement militaire effectif de ce groupe a eu lieu au camp Midvale, dans les montagnes de Ramapo, au nord du New Jersey. A cette époque, Midvale était un camp contrôlé par le Parti communiste américain. Bien que tous les rapports de Frankhauser sur cette opération aient été remis par le bureau du gouverneur Patterson au FBI du Mississippi, aucune arrestation n'a eu lieu.

"C'est au cours de cette même période que Frankhauser rencontre pour la première fois Oswald lors d'une réunion de l'International Scientific Socialist à New York à laquelle les Paines l'avaient emmené.

"La deuxième rencontre de Frankhauser avec Oswald a eu lieu dans un camp d'entraînement de la CIA près du lac Ponchartrain en Louisiane.

"À partir de 1961, les agents du Conseil de sécurité national (NCS) lancèrent une opération au sein de la droite des Minutemen, fondée un an plus tôt pour se préparer à la "guérilla" contre [ce que les Minutemen croyaient être une] prise de contrôle communiste des États-Unis. [Cela] a transformé l'organisation en un pôle clé du NCS pour le recrutement et la coordination de la frange psychotique des groupes de droite en un essaim d'équipes d'assassinats, dont certains ont été spécialement sélectionnés et formés pour l'assassinat de Kennedy.

"Cette prise de contrôle des Minutemen a été réalisée sous les auspices de l'Opération COINTELPRO du FBI et de l'Opération Scorpion de la CIA, et en peu de temps, l'ensemble du comité exécutif national des Minutemen était composé d'agents - à l'exception du fondateur de l'organisation, Robert De Pugh, qui est resté un pigeon sous le contrôle du FBI depuis lors.

"Frankhauser, à l'époque correspondant de la CIA, était déployé au sein des Minutemen, devenant finalement directeur du renseignement de la côte Est et directeur du contre-espionnage national.

« Frankhauser déclara que parmi les personnages clés du côté des Minutemen dans l'opération d'assassinat de Kennedy, se trouvait Ken Duggan, qui était directeur adjoint du contre-espionnage des Minutemen sous Frankhauser. Également correspondant de la CIA, Duggan travaillait au sein du réseau de terroristes fascistes catholiques de la famille Buckley, recrutant des Gusanos pour l'invasion avortée de la baie des cochons. Duggan a également recruté et formé plusieurs équipes pour préparer l'assassinat de Kennedy.

"Duggan, qui a plus tard dénoncé les Buckley, a été assassiné à la prison de Rikers Island à New York il y a environ un mois. Il a été incarcéré à la suite d'un coup monté d'une accusation de tentative de meurtre portée par un certain George Wilkie, un protégé des chefs de l'opération du Parti conservateur des Buckley.

"Deux agents des Minutemen du Connecticut, Vincent De Palma et Eugene Tabbett, ont également participé au profilage et à la sélection des membres de l'équipe d'assassinat de Kennedy ainsi que d'autres équipes d'assassinat. De Palma avait été l'un des principaux experts en assassinat de la CIA en Amérique latine avant d'être placé au FBI. Le FBI, à son tour, l'a utilisé au sein des Minutemen où il est rapidement devenu une figure nationale. Tabbett avait travaillé pour le FBI au sein du Bureau des renseignements du Klan avant de rejoindre De Palma dans le Connecticut.

« L'assignation à témoigner de [Frankhauser] de 1964 devant la Commission Warren a été annulée par le FBI pour des raisons de" sécurité nationale ". À ce moment-là, Frankhauser était menacé par deux agents du FBI basés à Reading, en Pennsylvanie, Kaufman et Davis, qui lui avaient déclaré que "si vous divulguez des informations sur les Paines à la Commission, vous aurez de sérieux ennuis avec le FBI". Un jour avant leur visite, Frankhauser faillit être touché par deux balles tirées à travers la fenêtre de sa maison de Reading. »[29] **[FIN DE CITATION]**

La part de vérité dans ce qu'affirme Frankhauser dépasse la portée de ce livre. Cependant, les chercheurs qui se sont marchés dessus en enquêtant sur la vie de Lee Harvey Oswald ont été particulièrement défaillants en ignorant délibérément les connexions de Frankhauser et de Frankhauser & Burros, avec Lee Harvey Oswald. Ils contribueraient nettement à leurs propres recherches et à la recherche de la vérité en approfondissant ces questions - si ces chercheurs recherchent la vérité.

Il est intéressant de noter, et pas seulement en passant, les connexions dudit Ken Duggan, qui selon Frankhauser avait des liens avec certains aspects du complot d'assassinat de JFK. Parmi ceux avec qui Ken Duggan était associé, se trouvaient nul autres que les deux frères cubains, Guillermo et Ignacio Novo.

C'est au chapitre 9 et au chapitre 16 que nous avons pris connaissance du voyage des frères Novo à Dallas, au Texas, en compagnie de l'agent de la CIA Marita Lorenz,

---

[29] Lettre de Robert Curran procureur de l'Eastern District de Pennsylvanie à Roy Frankhauser 21 Novembre 1973.

ainsi que Frank Sturgis, agent de longue date de la CIA et également agent du Mossad. À leur arrivée à Dallas, un jour avant l'assassinat du président, les Novos et leurs associés avaient rencontré non seulement E. Howard Hunt, officier de la CIA, mais également Jack Ruby, qui ensuite tua Lee Harvey Oswald.

Les frères Novo n'ont pas seulement, d'une manière ou d'une autre, été impliqués dans les circonstances entourant la conspiration de JFK, mais furent par la suite condamnés pour le meurtre du diplomate chilien Orlando Letelier. Comme nous l'avons vu au chapitre 9, Michael Townley, leur complice dans le crime, avait été agent pour Investors Overseas Service. L'IOS, bien sûr, était dirigée par le financier Bernard Cornfeld, homme de main de Tibor Rosenbaum, vétéran représentant du Mossad, l'une des figures clés de la Permindex, la sombre corporation liée à toutes les principales forces derrière l'assassinat de JFK.

De plus, comme nous l'avons noté au chapitre 9, c'est dans le bureau de James L. Buckley, alors sénateur de New York (frère de William F. Buckley, Jr.) que les Novos avaient comploté l'assassinat de Letelier.

Comme nous l'avons noté au chapitre 16, il semble probable qu'il y avait au moins plusieurs équipes d'assassinats en place ou proches de Dealey Plaza avant et pendant l'assassinat de JFK, qui faisaient tous partie d'une opération à plusieurs niveaux de type « fausse bannière ». Les allégations de Frankhauser concordent en effet tout à fait avec les conclusions de *Jugement Final*.

VAN LOMAN ET LA CONNEXION AVEC JIM HARRIS

L'auteur est redevable à Van Loman, qui a attiré mon attention sur l'ampleur de la relation peu remarquée entre Oswald et Burros. Loman avait une connexion particulière avec le monde du renseignement. Adolescent, Loman adopta comme figure paternelle et mentor le sournois et vif, Jim Harris de Cincinnati, homme à tout faire originaire de l'Ohio, dont la carrière brillante prit fin avec sa mort en décembre 1994.

Bien que Harris se soit publiquement fait passer pour le Grand Dragon du Klux Klan de l'Ohio, il était en fait, depuis longtemps, un informateur du FBI de J. Edgar Hoover et un agent de la CIA, comme il se décrit lui-même, collaborant activement aux complots de la CIA et de la mafia contre Castro - voire plus. Parmi les principaux associés de Harris, il y avait nul autre que Roy Frankhauser, son collègue agent du renseignement. C'est par Harris que Loman a rencontré Roy Frankhauser il y a de nombreuses années. Merci à Van Loman d'avoir souligné l'importance de la connexion avec Oswald et Burros.

Si l'on creuse trop profondément dans cette question peu explorée, on commencera inévitablement à déterrer des roches sous lesquelles se cachent les tentacules de l'ADL et de ses collaborateurs du renseignement américain. Cela explique peut-être pourquoi certains chercheurs ont complètement évité ce déplaisant mystère.

L'auteur estime que le lien avec Oswald et Burros est en effet une autre voie que les enquêteurs en charge de l'affaire JFK devraient explorer plus avant et qui, en fin de compte, ajoute d'autres preuves convaincantes qui consolident les fondements sur lesquels se fonde notre jugement final.

ANNEXE 3

Les communistes aux mains sanglantes
Guy Banister & Kent et Phoebe Courtney
Les chefs de la clique de droite Pro-Israël de la Nouvelle-Orléans

Il n'y a aucun doute là-dessus. L'ancien agent du FBI et agent de la CIA, Guy Banister, était un anti communiste virulent et un véritable homme de droite. Tout le monde le sait. Ce que la plupart des gens ne savent pas, c'est que les associés les plus connus de Banister, Kent et Phoebe Courtney, étaient de fervents partisans d'Israël et largement soupçonnés d'être des agents de la Ligue Anti-Diffamation (ADL) du B'nai B'rith. La vérité sur les Courtney jette un nouvel éclairage sur le lien entre Banister et le complot d'assassinat contre JFK. Il y a beaucoup plus à dire sur le volet Nouvelle-Orléans de la conspiration.

Les chercheurs en matière d'assassinat de JFK (en particulier ceux de ce que l'on pourrait appeler "la bande libérale") ont consacré beaucoup de temps et d'énergie à "détecter" les connexions "d'extrême droite" de divers partis (coupables et innocents) qui ont été liés au complot d'assassinat contre JFK sous une forme ou une autre. Les chercheurs qui s'entendent pour dire que l'ancien agent du FBI et agent de la CIA, Guy Banister de la Nouvelle-Orléans, a joué un rôle particulier en piégeant Lee Harvey Oswald en tant que "pigeon" de l'assassinat aime à citer les liens de "droite" de Banister.

Le lien le plus souvent noté est celui de Banister avec un couple extravagant - anticommunistes actifs - Kent et Phoebe Courtney, fondateurs d'une organisation connue sous le nom de la Société conservatrice de l'Amérique (Conservative Society of America). Mme Courtney aurait même commandé ses steaks « communiste rouge sang », et nous la remercions pour le titre de cette annexe.

Les Courtney auraient prétendu, après l'assassinat, qu'Oswald avait tenté d'obtenir un emploi dans leur journal, *The Independent American*, pendant son séjour à la Nouvelle-Orléans l'été précédant l'assassinat[30]. Cependant, ce qui est le plus souvent souligné par les chercheurs libéraux cherchant à trouver une "conspiration de

---

[30] *New Solidarity newspaper,* 20 Novembre 1975.

droite" derrière l'assassinat de JFK, c'est qu'après la mort de Banister, au moins une partie de ses dossiers personnels sont entrés en possession de Kent Courtney.[31]

En réalité c'est plutôt important - bien que les chercheurs "libéraux" ne comprendraient certainement pas pourquoi, dans la mesure où leur parti pris évident et leur incompréhension de la dynamique des labyrinthes politiques du "droit" américain les empêchent d'y voir clair. Cela étant dit, pourquoi donc la réception des dossiers de Banister par Courtney est-elle importante à la lumière de la thèse présentée dans les pages de *Jugement Final* ?

Le fait est que pendant plusieurs années avant l'assassinat du Président Kennedy (et jusqu'à ce jour) de nombreux vétérans de la "droite" américaine ont cru que Kent et Phoebe Courtney étaient des agents "infiltrés" de droite, payés par la Ligue Anti-Diffamation (ADL) du B'nai B'rith, la branche américaine du Mossad israélien.

Bien que les Courtney aient été des opposants communistes, ils avaient suscité beaucoup de méfiance et de dissensions parmi leurs collègues "conservateurs" en s'opposant et en attaquant activement des personnalités de "droite" qui avaient été accusées d'"antisémitisme" par l'ADL.

L'exemple le plus remarquable et le plus facilement prouvé de cette situation remonte peut-être à 1960, lorsqu'un large groupe de conservateurs américains s'apprêtaient à former un troisième parti pour se présenter à l'élection présidentielle de 1960. Avant cette réunion, Mme Courtney a envoyé des lettres à une trentaine de personnes et organisations les informant qu'elles n'étaient pas les bienvenues à la réunion dite du "Nouveau Parti".

Toutes les personnes et organisations visées par Mme Courtney étaient des personnes et des organisations qui avaient été classées comme "antisémites" par l'ADL. Il va sans dire que l'action de Mme Courtney suscita une vive controverse parmi les milieux conservateurs et, dans le numéro de février 1960 de *Right,* un centre d'informations et de points de vue sur le mouvement de "droite", Verne P. Kaub, le président de l'American Council on Christian Laymen, publia une "Lettre ouverte à Phoebe Courtney" en réponse à son allégation selon laquelle les "ennemis" - du moins comme Mme Courtney le prétend- auraient "infiltré des organisations patriotiques dans le but de créer la dissension".[32]

Kaub répondit à Mme Courtney : « C'est exactement l'inverse. Ces gens ne sont pas des ennemis. Les infiltrés sont des représentants d'organisations et d'influences communistes et sionistes. Ce sont ces forces de tromperie et de dissension... qui soulèvent le faux cri de l'antisémitisme, recourant ainsi à la pire forme possible de sectarisme.

"Franchement, dit Kaub à Mme Courtney, je pensais que vous étiez bien trop maligne pour croire que vous pourriez tromper les patriotes américains en acceptant le mensonge comme étant la vérité en "inversant complètement le tableau" et en

---

[31] Dick Russell. *The Man Who Knew Too Much.* (New York : Carroll & Graf, 1992), p. 397.
[32] *Right,* Février 1960.

tentant de faire croire que l'ADL, par exemple, est une organisation de patriotes blancs comme neige, alors que, comme vous le savez bien, l'ADL... étiquette tous les vrais patriotes chrétiens de nazis et antisémites."

Pour sa part, d'un point de vue éditorial le *Right* ajouta : "Il est clair que les Courtney sont sous contrôle casher. Courtney a admis qu'il allait prendre « tout l'argent qu'il pourrait » provenant des « sources juives de gauche. » De plus, les éditeurs new-yorkais, Simon & Schuster, sont accusés d'apporter leur contribution aux Courtney, et Phoebe ne nie pas cette accusation. Cette équipe est rouge comme pas deux, et n'est qu'une façade pour la Ligue Anti-Diffamation. Quand l'ADL paie les violons, elle choisit la musique »[33]

D'ailleurs, il y avait des rumeurs très répandues au sein de la « droite » que non seulement les Courtney étaient financés par la famille Stern de la Nouvelle-Orléans, mais aussi que Mme Courtney était apparentée aux Sterns. Paquita De Shishmareff, une ancienne dirigeante de "droite", faisait partie de ceux qui pensaient que c'était vrai, mais il y en avait beaucoup d'autres.[34] Quoi qu'il en soit, les rumeurs reflètent la perception générale de la « droite » d'où venaient les Courtney.

LES CONNEXIONS D'OSWALD AEC L'ADL ET LE FBI

Dans le chapitre 15, nous avons abordé l'étroite association de Guy Banister avec A. I. (Bee) Botnick qui dirigeait le bureau de l'ADL à la Nouvelle-Orléans, financé par la famille Stern, qui se décrit comme un " super chasseur de communiste ". Nous avons également étudié la possibilité très réelle que les activités de Lee Harvey Oswald à la Nouvelle-Orléans s'inscrivaient en fait dans le cadre d'une enquête de l'ADL confiée à l'agence de détectives privés de Banister. Dans ce contexte, il convient donc de rappeler d'autres détails intéressants qui ont été perdus dans le débat sur la question de savoir qui manipulait Lee Harvey Oswald avant l'assassinat du président Kennedy.

En 1962, Ned Touchstone, rédacteur en chef de la maison d'édition Bossier Press à Bossier City, Louisiane, a enquêté sur l'attentat à la bombe contre une loge noire maçonnique en Louisiane. Alors que le reste des médias ont dépeint le crime comme étant l'acte du KKK, Touchstone a estimé que, puisque la plupart des chefs du KKK dans la région étaient francs-maçons il était peu probable qu'ils aient détruit une loge maçonnique. Bien que le FBI ait tenté de l'intimider pour qu'il abandonne son enquête, Touchstone avait entendu parler du "pilote aux cheveux de travers",[35] (par la suite identifié comme étant David Ferrie, l'associé de Banister) qui avait fait atterrir un avion dans la région avant l'explosion.

Ainsi, un an avant l'assassinat de JFK, Touchstone a conclu que Ferrie avait travaillé en tant qu'agent de COINTELPRO, le programme de contre-espionnage du

---

[33] *Ibid.*
[34] Interview de Tony Blizzard. Mars 1997.
[35] *The Councilor*, 16 Août 1975.

FBI en association avec le contact ADL de Banister, Botnick, qui travaillait en effet en étroite collaboration avec le FBI dans le cadre de l'attentat à la bombe.

Cependant, le 15 mars 1964, Touchstone avait identifié de façon indépendante la liaison entre Ferrie et l'assassinat de JFK[36], ce qui était d'autant plus pertinent en raison des liens qu'il entretenait avec Oswald et Banister.

Bien que les détracteurs de complot tels que Gerald Posner (auteur de *Case Closed*), relié à la CIA, aient tenté de nier qu'Oswald avait des liens avec l'agent de la CIA David Ferrie, il y a des preuves photographiques réfutant Posner et les détracteurs. On a découvert récemment une photographie de 1955 d'un jeune Oswald en compagnie de Ferrie, alors commandant d'Oswald dans la Patrouille aérienne civile.[37]

Pourtant, les découvertes de Touchstone sont restées sous silence précisément (ou, du moins en partie) parce qu'elles indiquaient directement les liens de l'ADL avec ces figures clés de la conspiration d'assassinat de JFK qui, à leur tour, étaient également liées au complot du FBI et de la CIA dans le même laps de temps.

Et bien qu'il y ait eu des discussions sur la possibilité qu'Oswald ait été une sorte d'informateur du FBI et sur sa relation avec l'agent James Hosty du FBI à Dallas, Ray et Mary LaFontaine, auteurs d'*Oswald Talked*, ont finalement rapporté que Hosty était "un enquêteur des groupuscules d'extrême droite"[38] et "des agitateurs de droite".[39]

Il ne fait donc aucun doute que Hosty, en fait, travaillait en étroite collaboration avec la Ligue Anti-Diffamation, l'une des « sources » les plus appréciées du FBI en ce qui concerne les "groupuscules d'extrême droite" et les "agitateurs de droite". L'ADL aurait certainement été l'un des principaux contacts de Hosty.

Ainsi, non seulement nous avons Guy Banister et David Ferrie, tous deux étroitement liés à l'ADL, qui travaillent avec Oswald à la Nouvelle-Orléans avant l'assassinat, mais nous avons également un agent du FBI lié à l'ADL à Dallas (Hosty) impliqué dans une sorte de complot avec Oswald, dont les détails réels ne seront probablement jamais connus.

Donc, dans ce sens, nous pouvons donc à juste titre dire que d'une manière ou d'une autre, Lee Harvey Oswald avait effectivement une "connexion avec l'ADL" et donc une "connexion israélienne".

La grande question est donc de savoir ce que l'ADL savait au sujet de Lee Harvey Oswald et quand l'a-t-elle su ? Quelles informations Oswald avait-il obtenu de Guy Banister ? Quelles informations Oswald a-t-il obtenu de Hosty ? Banister utilisait-il vraiment Oswald dans le cadre d'une enquête de l'ADL ?

---

[36] *Ibid.*, 15 Avril 1978.
[37] Ray et Mary LaFontaine. *Oswald Talked*. (Gretna, Louisiana : Pelican Press, 1996), p. 54.
[38] *Ibid.* p. 143.
[39] *Ibid.*, p. 175.

Ou, osons le dire, Oswald était-il juste embauché par l'ADL depuis le début ? L'ADL finançait-elle les activités d'Oswald pour le compte de Banister et/ou Hosty ? Cela explique-t-il pourquoi il n'existe aucun document qui "prouve" qu'Oswald était employé par le FBI ? Encore une fois, ce ne sont que des questions.

JACK RUBY ET SES LIENS AVEC L'ADL et LE FBI

Par ailleurs il convient de noter que si de nombreux chercheurs se tournent vers les "groupes haineux d'extrême droite" comme source possible du complot contre JFK, ces mêmes chercheurs ne se souviennent pas que ces mêmes groupes ont été fortement infiltrés par l'opération du FBI COINTELPRO. Par exemple, William Sullivan, le fonctionnaire du FBI qui dirigeait COINTELPRO, avait estimé que pour 25 membres du Ku Klux Klan, il y avait 3 agents de COINTELPRO parmi eux. Prenons le cas de Jack Ruby, le gérant de boîte de nuit de Dallas qui a tué Lee Harvey Oswald.

Les chercheurs disent que Ruby connaissait environ la moitié des 1200 membres de la police de Dallas et qu'il divertissait souvent des groupes de plus de 30 personnes à la fois dans son club. Les chercheurs affirment que 50% des flics de Dallas étaient soit membres du KKK, soit des Minutemen ou d'autres groupes d'extrême droite. D'après les chiffres avancés par Sullivan et les chercheurs, il n'est donc pas étonnant de constater que nombre des contacts "d'extrême droite" de Ruby au sein de la police de Dallas étaient en fait des agents de COINTELPRO. Et s'ils étaient des agents de COINTELPRO, ils avaient certainement des liens étroits avec l'ADL.

Mais pour en revenir aux tristement célèbres "associés d'extrême droite" de Guy Banister - Kent et Phoebe Courtney - nous pouvons conclure, sur la base de l'association étroite de Banister avec "Bee" Botnick du bureau de la Nouvelle-Orléans de l'ADL, qu'il n'est pas exclu que les bons amis de Banister, Kent et Phoebe Courtney, recevaient également une aide secrète - peut-être un financement - de la part de l'ADL.

En fait, par leurs actions, les Courtney étouffaient les tendances "antisémites" au sein de la "droite" américaine, ce que l'ADL avait précisément cherché à faire depuis sa création. Ainsi, à toutes fins utiles, les Courtney agissaient en tant qu'agents de l'ADL. Et il est hautement improbable qu'ils se seraient associés si étroitement à Guy Banister s'ils l'avaient perçu comme faisant partie des "détracteurs" auxquels ils s'opposaient si vivement.

Les Courtney étaient de fervents supporters de l'ancien patron de Guy Banister au FBI, J. Edgar Hoover - et ils ont certainement noté la déclaration de Hoover dans son opus magnum anticommuniste de 1958, *Masters of Deceit,* selon lequel " une partie de l'opposition la plus efficace au communisme aux États-Unis est venue d'organisations juives telles que ... la Ligue anti diffamation et une foule d'autres groupes juifs."⁴⁰ C'est pourquoi l'ADL aurait été en tout point dans les bonnes grâces de Kent et Phoebe Courtney. (Dans le chapitre 7, nous avons évoqué en détail des connexions entre l'ADL et Hoover.)

LES COURTNEY ET ISRAËL

Cependant, il y a un autre aspect important qui doit être noté : Kent et Phoebe Courtney, étaient en réalité de dévoués partisans d'Israël. Leur perception de l'état du Moyen-Orient était remarquablement semblable à celle de James Angleton de la CIA et à ceux qui avaient ce mode de pensée proclamant Israël comme une sorte de rempart contre l'agression soviétique - une théorie qui a perdu beaucoup de son éclat après la chute de l'Union soviétique perçue comme cible de la guerre froide par les anticommunistes américains.

Quoi qu'il en soit, Kent Courtney a exposé cette théorie dans un éditorial d'une autre de ses revues, *The Patriot Tribune*, qu'il publia à Pineville, en Louisiane. Dans un éditorial du 28 mai 1970 intitulé " Israël peut arrêter l'expansion russe ", Courtney dissipa tout doute quant à son soutien à la cause sioniste. Il écrit, en partie :

"Israël - la patrie historique et idéologique des Juifs - est aussi le sanctuaire de tous les chrétiens. Aujourd'hui, Israël est entouré d'ennemis qui ont subi une défaite époustouflante en juin 1967. Israël se trouve au carrefour traditionnel de l'histoire et si Israël s'effondre, tout ce qui se rapporte à l'histoire chrétienne en Israël sera détruit par les Arabes vindicatifs, et les communistes athées et nihilistes seront sataniquement ravis de la destruction de tous les symboles et sanctuaires du christianisme...

"Israël est aujourd'hui dos à la mer et entouré d'ennemis, et les Arabes se sont promis les uns aux autres et au monde qu'ils repousseront tous les Juifs à la mer dans une guerre d'anéantissement. Et les Russes communistes, qui eux-mêmes persécutent continuellement les Juifs à l'intérieur de l'Union soviétique, fournissent maintenant les canons antiaériens, les avions de chasse, les bombardiers, les chars d'assaut, l'artillerie, les pilotes et les techniciens que les Arabes non entraînés et incontrôlés ne peuvent utiliser efficacement."⁴¹

Le but de l'Union soviétique, déclara Courtney, était la conquête du monde sans engager leurs propres troupes dans une confrontation directe avec les États-Unis. Selon Courtney, le président de l'époque, Richard Nixon, pouvait :

"Préserver la civilisation occidentale en fournissant les armes de défense, voire les armes du salut aux forces de défense indomptables, courageuses et hautement qualifiées d'Israël...

---

[40] J. Edgar Hoover. *Masters of Deceit*. (New York : Henry Holt & Company, 1958), pp. 238-239.
[41] *Patriot Tribune*, Pineville, Louisiana, 28 Mai 1970.

"Si M. Nixon souhaite établir la paix de notre vivant, il fournira des armes, des munitions et une force morale à tous les pays anticommunistes désireux de lutter contre l'agression impérialiste communiste russe. Et l'endroit où le président Nixon doit commencer, c'est Israël. »[42]

Telles étaient alors les paroles de Kent Courtney, l'"extrémiste de droite" que certains chercheurs qualifient de preuves des liens de Guy Banister avec l'"extrémiste de droite". Cependant, de toute évidence, nous pouvons également affirmer, sur la base de l'affinité idéologique de Courtney pour Israël, que la preuve que Courtney (et son ami Banister) étaient des sympathisants de la cause sioniste est tout aussi logique.

Cela ne veut pas dire que Banister était au courant d'un lien avec le Mossad derrière le complot d'assassinat de JFK. Loin de là. (Bien qu'il aurait pu l'être.)

Ce que cela suggère, cependant, c'est que Banister évoluait très clairement dans des cercles favorables aux intérêts d'Israël. Et à la lumière de l'image classique présentée par les enquêteurs concernant Banister (et les Courtney), les données que nous venons d'analyser présentent en effet une image bien différente, jamais vue dans aucune étude sur le complot d'assassinat de JFK.

La théorie de Courtney au sujet d'Israël (reflétant celle de James Angleton à la CIA) fut adoptée par un grand nombre au sein de la « droite » en Amérique et elle a été - comme nous l'avons vu dans notre annexe sur George Bush et ses alliés pro-israéliens sur l'"équipe B" de la CIA - la théorie directrice derrière une grande partie de la prolifération d'armes aux États-Unis pendant l'ère Reagan des années 80.

Il est sans intérêt de savoir si les Courtney ont réellement été des informateurs ou des agents de l'ADL, car il ne fait aucun doute (comme nous l'avons vu) qu'ils partagent la même vision du monde que l'ADL.

Il est également sans intérêt de savoir si Mme Courtney (comme on le prétend) était apparentée d'une certaine façon à la famille Stern de la Nouvelle-Orléans. Le fait est qu'ils se déplaçaient dans les mêmes cercles - bien plus que ce que la plupart des gens croient.

Finalement, on peut se demander si Edgar et Edith Stern de la Nouvelle-Orléans, étaient vraiment si "libéraux" que ça après tout.

Comme nous l'avons vu au chapitre 15 et au chapitre 17, c'est la WDSU, l'empire de la radio et de la télévision, la voix médiatique de Stern à la Nouvelle-Orléans, qui joua un rôle crucial en encourageant la théorie pendant l'été 1963 (et plus tard, après l'assassinat) que Lee Harvey Oswald était un "agitateur pro-Castro". De plus, il s'avère à présent que les Sterns étaient membres - ainsi que d'importants soutiens financiers - du Conseil de l'information des Amériques de la Nouvelle-Orléans, dirigé par le célèbre anti-communiste Alton Ochsner Sr. qui entretenait depuis longtemps des liens

---

[42] *Ibid.*

étroits avec la communauté du renseignement[43]. Ochsner lui-même avait siégé au conseil d'administration de l'Association de politique étrangère de la Nouvelle-Orléans avec Clay Shaw, l'ami intime de Stern[44], qui a également siégé au conseil d'administration de la Permindex, qui était vraiment au cœur du complot d'assassinat de JFK.

Ainsi, bien qu'il soit peu probable qu'Edith Stern aurait comme Phoebe Courtney - ordonné ses steaks « communiste rouge sang », il semble qu'Edith et Phoebe avait quelques intérêts en commun, l'un d'entre eux étant un fort soutien à la cause sioniste. Et cela jette définitivement un nouvel éclairage sur la connexion avec Courtney, même si ce n'est pas quelque chose qui s'accorde avec la perception courante qu'on se fait de Kent et Phoebe Courtney.

GARRISON ET LA "DROITE"

Et ce qui est particulièrement intéressant à noter, c'est quelque chose que les chercheurs "libéraux" ont du mal à expliquer quand ils essaient de suggérer que les "extrémistes de droite" étaient derrière l'assassinat de JFK : En fait, ce n'est nul autre que *The Councilor,* une revue franchement antisémite et antisioniste publiée par Ned Touchstone, qui était en fait à l'origine d'une grande partie des premiers travaux qui ont mis en évidence les liens entre David Ferrie et Lee Harvey Oswald avant l'assassinat de JFK[45], ce qui apporta beaucoup de soutien à l'enquête de Jim Garrison qui a mené à l'inculpation de Clay Shaw, un ami de la famille Stern lié au Mossad.

Bien que de nombreux comptes rendus de l'enquête de Garrison suggèrent que Garrison considérait la conspiration de JFK comme une sorte de conspiration de "droite", il rejeta cette thèse lorsqu'il déclara à Paris Flammonde : "Ce n'est pas vraiment la droite... c'est presque une sorte de truc centriste. C'est un pouvoir qui s'est développé au sein du gouvernement.[46] "L'une des choses qui m'a vraiment aidé à le voir, c'est quand j'ai commencé à remarquer que nous recevions de l'aide de personnes qui étaient des Minutemen et des membres de la John Birch Society. En voyant cela, je me suis rendu compte que les aspects du complot de la droite étaient

---

[43] Edward T. Haslam. *Mary, Ferrie & the Monkey Virus.* (Albuquerque, New Mexico : Wordsworth Communications, 1995), p. 184. (Citant Arthur Carpenter, *"Social Origins of Anticommunism : The Information Council of the Americas,* " Louisiana History, Printemps 1989, p. 129).

[44] *Ibid.*, p. 183.

[45] James Di Eugenio. *Destiny Betrayed.* (New York : Sheridan Square Press, 1992, p. 206. Voir aussi *Touchstone's Councilor* de 1964, également du 1 Juin 1967, 12 Sept.-3 Oct. 1973, 12 Sept.1968, 1 Jan 1974, etc.

[46] Paris Flammonde. *The Kennedy Conspiracy.* (New York : Meredith Press, 1969), p. 280.

plus dans l'apparence que dans la réalité. On a continué à creuser et on a fini avec un compartiment de la CIA."[47]

Garrison ajouta que la CIA avait en fait pénétré de nombreux groupes et les avait utilisés à des fins malhonnêtes dans la conspiration d'assassinat[48], bien que Garrison, pourrait-on noter, aurait tout aussi bien pu dire que le Mossad israélien - par le biais de l'ADL - avait fait de même. Si Garrison avait alors été conscient du nombre de facteurs cachés à l'époque documentés dans *Jugement Final*, il aurait peut-être en effet découvert les liens du Mossad que nous avons découvert ici et qu'il a (évidemment) décelé par lui-même ensuite.

L'ATTAQUE CONTRE JUGEMENT FINAL

Ce qui est intéressant (mais comme nous le verrons, qui n'est pas surprenant), c'est que les mêmes individus - Ellen Ray et Bill Schaap - dont les mémoires de Garrison, *On the Trail of the Assassins*, furent publié par Sheridan Square Press, font partie de ceux qui ont tenté de discréditer *Jugement Final*, malgré le fait que ce dernier soit d'accord avec les conclusions fondamentales de Garrison.

Le numéro de *Covert Action Quarterly* de l'automne 1994 (revue éditée par Ray et Schaap) présentait une attaque de plein fouet contre le *Spotlight*, le journal hebdomadaire national pour lequel j'ai travaillé pendant environ vingt et un ans. Ce qui était particulièrement intéressant dans cet article, c'est que l'attaque du CAQ a incité *The Spotlight* à faire connaître en grande pompe la publication de *Jugement Final* en janvier 1994 - ce qui a entraîné, pourrait-on ajouter, la vente de près de 8000 exemplaires dans un délai de deux semaines.

Bien que CAQ comporte beaucoup de données utiles et se dépeigne comme une voix « indépendante » critique de la CIA et de ses méfaits (et est, en fait, citée dans les pages de *Jugement Final*), le CAQ prend soin de ne jamais mentionner (autrement qu'en passant) la relation incestueuse de la CIA avec le Mossad, même lorsque le Mossad a été engagé étroitement aux côtés de la CIA dans plusieurs des affaires que le CAQ prétend disséquer pour le compte de la CIA.

Bien que le CAQ ait mentionné que Mark Lane, l'enquêteur du meurtre de JFK le plus connu, absolument pas "extrémiste de droite » comme chacun s'accordera à dire, avait représenté *The Spotlight*, le CAQ n'a jamais mentionné un seul fois l'éblouissante destruction de l'agent E. Howard Hunt par Lane dans l'affaire de diffamation de Hunt contre *The Spotlight* (analysée au chapitre 9 et au chapitre 16 de *Jugement Final*).

---

[47] *Ibid.*
[48] *Ibid.*

En fait, les résultats du travail de Lane dans cette affaire n'ont jamais été mentionnés dans le CAQ. C'est pour le moins inhabituel, compte tenu du rôle prétendu du CAQ en tant que chien de garde de la CIA.

Qu'est-ce qui explique alors le parti pris de CAQ contre *The Spotlight* et contre *Jugement Final* en particulier ? Cela a peut-être quelque chose à voir avec le fait que l'Institut d'Analyse des Médias (un organisme de surveillance des médias également parrainé par Ellen Ray et Bill Schaap) a reçu un financement substantiel d'une fondation influente connue sous le nom de Stern Family Fund, subventionnée par la même famille Stern dont nous avons tant entendu parler dans ce livre.[49]

On a laissé entendre que Ray et Schaap, les éditeurs du CAQ, se sentaient obligés de publier l'attaque contre *The Spotlight* parce que bon nombre de leurs lecteurs juifs étaient bouleversés par un précédent rapport du CAQ sur le scandale de l'espion de l'ADL à San Francisco en 1993.[50] En visant *The Spotlight*, le CAQ a été en mesure d'assurer aux lecteurs qu'il n'adoptait pas une position envers l'ADL semblable à celle du *Spotlight*, qui était le pionnier de la couverture des opérations d'espionnage de l'ADL. En fait, le CAQ ne pouvait ignorer l'affaire du scandale des espions de l'ADL, dans la mesure où même les médias "grand public" (y compris le magazine *Editor & Publisher*) avaient diffusé des reportages sur le scandale.

De plus, parce que de nombreux groupes et individus « progressistes », comme ils se décrivent, avaient découvert que, parce qu'ils étaient la cible des opérations d'espionnage de l'ADL, le CAQ - en vertu de sa prétention d'être une voix pour ces mêmes progressistes - était obligé de commenter l'affaire.

Cependant, comme nous l'avons mentionné précédemment, le CAQ est par ailleurs réticent à oser critiquer le Mossad. Par conséquent, les efforts du CAQ pour discréditer le *Spotlight* et sa publicité concernant *Jugement Final* ne sont pas vraiment surprenants, surtout compte tenu du soutien financier que les éditeurs du CAQ ont reçu de la famille Stern, élément central du complot de la Nouvelle-Orléans documentée dans ce livre.

Non seulement il semble que les Stern soient présents au sein de la « droite » à la Nouvelle-Orléans, grâce à leur association avec l'INCA, mais ils sont aussi présents à « gauche » grâce à leur financement de l'Institut d'Analyse des Médias associé au CAQ. Il est intéressant de constater que les Stern sont vraiment intimement liés, à bien des égards, aux circonstances entourant l'assassinat de John F. Kennedy.

(NOTE FINALE CONCERNANT LE CAQ : Depuis la rédaction de ce livre, le CAQ s'est vu changé de direction et a critiqué plus ouvertement Israël et les complots du Mossad. Nous devons donc rendre à César ce qui revient à César.)

---

[49] *American Journalism Review*, Avril 1993.
[50] *Covert Action Quarterly*, été 1993.

UNE AUTRE CONNEXION avec "ISRAËL" ?

Bien que les détails du séjour de Lee Harvey Oswald à la Nouvelle-Orléans, dans la sphère d'influence de Banister-Courtney-Shaw-Stern, aient été abondamment documentés, il reste encore quelques mystères. Par exemple, quand Oswald a demandé une chambre à la Nouvelle-Orléans, il raconta ce que Priscilla McMillan, auteure connectée à la CIA, décrit de façon quelque peu gratuite dans son livre sur Oswald comme "un autre de ses mensonges drôles et inutiles".[51]

Selon McMillan, Oswald a dit qu'il " travaillait pour la Leon Israel Company de 300 Magazine Street."[52] Selon McMillan, "la compagnie existait, mais ce n'était pas la compagnie qui l'avait embauché."[53] Ce que nous savons, c'est que la compagnie Leon Israel était impliquée dans l'importation de café. Ce que nous ne savons pas, c'est pourquoi Lee Harvey Oswald a dit qu'il y travaillait. Une autre chose que nous ne savons pas non plus, c'est pourquoi les chercheurs n'ont pas consacré plus de temps et d'énergie à explorer l'histoire et les antécédents de cette entreprise. Bien qu'ils aient déployé beaucoup d'efforts pour étudier pratiquement tous les autres détails insignifiants sur les événements entourant le séjour d'Oswald à la Nouvelle-Orléans, il n'y a que très peu ou pas grand-chose qui a été raconté sur cette compagnie Leon Israel.

Les preuves suggèrent que la principale figure derrière la Leon Israel Company, Samuel Israel Jr., était en effet liée à Clay Shaw et à l'International Trade Mart pendant la période entourant l'assassinat de JFK - et peut-être même pendant bien plus longtemps.

Selon *Who's Who in America* (l'édition de 1964-65), Israël était plus qu'un simple importateur de café. Non seulement Israël a été vice-président du Conseil des commissaires du Port de la Nouvelle-Orléans et du Conseil des intérêts portuaires du Lower-Mississippi (ce qui le placerait certainement dans la sphère d'association immédiate du Clay Shaw), mais Israël a également remporté, d'une manière tout aussi intrigante, la Médaille du mérite française pour son service dans le corps de transport de l'armée américaine en Europe[54].

Cela aurait été à l'époque où Shaw lui-même était en poste en France, remportant des décorations des français pour son service là-bas. On peut donc faire valoir que Shaw et Israël se connaissaient bien et que leurs relations remontent peut-être à la Seconde Guerre mondiale.

Est-il possible qu'Oswald se soit fait promettre un emploi à la Leon Israel Company - organisé par Clay Shaw lui-même - ou que, contrairement à McMillan,

---

[51] Priscilla Johnson McMillan. *Marina and Lee.* (New York : Harper & Row Publishers, 1977), p. 385.
[52] *Ibid.*
[53] *Ibid.*
[54] *Who's Who in America* (édition de 1964-1965)

Oswald, en fait, ait été employé (en quelque sorte) par la Leon Israel Company ? Si oui, à quoi était-il employé ?

Cette compagnie jouait-elle un rôle encore inconnu dans la manipulation des activités d'Oswald à la Nouvelle-Orléans ? Ce ne sont là que quelques questions intéressantes auxquelles il faut répondre.

LA CONNEXION AVEC BARRY SEAL

Il y a encore une dernière question relative à la connexion avec la Nouvelle-Orléans qui mérite d'être mentionnée. Au printemps 2000, le producteur indépendant Dan Hopsicker a sorti une vidéo remarquable, *In Search of the American Drug Lords : Barry and the Boys - from Dallas to Mena*,[55] se concentrant sur l'enquête de trois ans menée par Hopsicker sur le pilote et trafiquant de drogue de la CIA, Barry Seal, surtout connu pour son rôle dans les opérations de blanchiment d'argent et de drogue de la CIA à partir du minuscule aéroport de Mena, dans l'Arkansas, dans les années 80, dans le cadre des tristement célèbres opérations de blanchiment d'argent de l'Iran-Contra (trop peu connues du public américain) qui impliquaient énormément Israel et le Mossad.[56]

Dans son film, Hopsicker démontre non seulement que Lee Harvey Oswald avait des liens de longue date avec David Ferrie (malgré l'effort de réfuter ce fait) mais aussi que c'est Ferrie qui avait recruté Seal au sein du complot de la CIA, Ferrie ayant eu des liens de haut niveau avec le renseignement remontant datant de son service en tant que pilote pendant la Seconde Guerre mondiale.

De plus, Hopsicker a découvert de nouvelles informations qui suggèrent que Seal aurait pu être un pilote d'évasion pour un ou plusieurs des assassins de JFK. Ferrie lui-même n'était donc peut-être pas un pilote d'évasion en soi (comme on l'a longtemps soupçonné) mais il coordonnait plutôt le rôle de Seal à cet égard, un rôle qui expliquerait la fameuse course folle de Ferrie à travers la Louisiane jusqu'au Texas immédiatement après l'assassinat.

Et bien que Hopsicker n'explore pas la connexion avec le Mossad, le fait est que la CIA et le Mossad ont travaillé en étroite collaboration dans le commerce mondial de la drogue, utilisant ses ressources pour financer leurs opérations internationales

---

[55] Hopsicker avait également un manuscrit non publié à l'époque, *Barry and the Boys*, traitant de la carrière de Barry Seal, que Hopsicker avait mis à la disposition de Michael Collins Piper au début de l'année 2000. Le livre a depuis lors été publié. Voir www.madcowprod.com pour plus de détails.

[56] Le lien entre Israël et l'Iran-contra est décrit en détail dans *The Iranian Triangle : The Untold Story of Israel's Role in the Iran-Contra Affair*, de Samuel Segev. (New York: The Free Press, 1988)

conjointes. Il est donc concevable que cela nous permette d'établir un autre lien encore indéterminé avec le Mossad en ce qui concerne les activités de David Ferrie.

LA VUE D'ENSEMBLE DE "LA NOUVELLE ORLÉANS" (« THE BIG EASY »)

Voici le genre de détails - pris ensemble - qui brossent un tableau parfaitement conforme à la thèse de *Jugement Final* et qui démontrent que le lien avec la Nouvelle-Orléans est essentiel pour comprendre les forces derrière le complot entourant Lee Harvey Oswald avant le meurtre du président Kennedy. Contrairement à ce que certains chercheurs pourraient soutenir, les preuves ne font pas du tout état d'une conspiration "de droite", mais plutôt d'une conspiration ayant des liens multiples avec la CIA et le Mossad israélien.

ANNEXE 4

Les agents d'influence, un sujet gênant : La présence juive dans la Commission Warren

Les faits sont les faits : sur les 22 avocats de la Commission Warren, neuf étaient juifs. Un autre était marié à une femme juive. Plusieurs autres avaient des liens avec le lobby israélien. Qui plus est, l'un des membres les plus actifs de la commission, Gerald R. Ford - était le protecteur d'une figure longtemps liée au Mossad et au Syndicat du crime de Lansky. Un autre membre de la commission, John McCloy, était intimement associé à certaines des familles les plus puissantes de l'élite juive. Si la Commission Warren avait été sincère dans son enquête sur la conspiration de JFK - et si elle avait découvert une connexion israélienne -, l'immense "présence juive" au sein de la commission aurait pu fournir les moyens de dissimuler cette connexion.

Bien que la Commission Warren ait été damnée aux quatre coins du monde pendant près de quarante ans, peu de gens savent qui a vraiment tiré les ficelles dans les coulisses alors que ce corps délibérant désormais tristement célèbre menait sa prétendue enquête sur l'assassinat de John F. Kennedy - ou à quand remontent les véritables origines de la commission.

Le 22 novembre 1964, le *Washington Post* publia un article de soutien élogieux à propos du rapport de la Commission Warren écrit par Eugene Rostow, alors doyen de la Yale Law School. Mais ce que ni le *Post* ni Rostow n'ont mentionné dans cette imposture aux lecteurs, *c'est que c'est Rostow lui-même qui a été la première personne à suggérer au Président Johnson qu'une commission telle que la Commission Warren soit créée !*

Rostow et le *Post* ont pu s'en tirer à bon compte parce que la vérité est que le rôle central de Rostow dans la création de la commission n'a été publiquement détaillé que trente ans après l'assassinat de JFK. Pendant ces trente années, l'"idée" de commission avait été attribuée à d'autres. Cependant, en 1993, les transcriptions des conversations téléphoniques enregistrées à la Maison-Blanche furent publiées pour la première fois.

Selon le chercheur Donald Gibson, les transcriptions révèlent que "l'idée d'une commission présidentielle pour rendre compte de l'assassinat du président Kennedy a d'abord été suggérée par Eugene Rostow lors d'un appel téléphonique à Bill Moyers, l'assistant de LBJ dans l'après-midi du 24 novembre"[57], quelques minutes après l'assassinat de Lee Harvey Oswald par Jack Ruby.

Alors que de nombreux chercheurs soulignent les liens de Rostow avec "la politique étrangère de la classe dirigeante", ils ne mentionnent pas la politique étrangère spécifique qui a été d'un intérêt particulier pour Rostow tout au long de sa carrière.

En fait, la principale préoccupation de Rostow en matière de politique étrangère a été les intérêts d'Israël, à tel point que Rostow a même été membre du conseil d'administration de l'Institut juif pour les affaires de sécurité nationale, qui a été décrit comme étant "dirigé par des individus étroitement liés aux intérêts israéliens et peut être considéré comme une quasi organisation de lobbying pour l'État d'Israël."[58]

Ainsi, la vérité est que, dès sa création, les origines de la Commission Warren ont été liées à la pression exercée par une personnalité influente au sein de l'élite dirigeante du lobby israélien - un petit détail très intéressant en effet.

Et parce que nous savons maintenant qu'il y avait des documents de renseignements américains " très secrets " qui circulaient après l'assassinat, indiquant que la presse arabe prétendait que " les sionistes " étaient derrière l'assassinat du président[59] - citant, par exemple, le fait que Jack Ruby était juif -, nous pouvons à juste titre supposer qu'il s'agissait de « vilaines rumeurs » dans la presse étrangère que la Commission Warren avait été créée pour réprimer.

Ce que peu de chercheurs n'ont jamais pris la peine d'examiner - ou du moins d'aborder publiquement -, ce sont les antécédents des 22 avocats qui étaient en fait chargés de l'enquête quotidienne et de la préparation du rapport final et qui, depuis les coulisses, ont filtré les données jusqu'aux grands noms qui ont apposé leur signature sur le rapport.

Les faits démontrent qu'il y avait une "présence juive" importante à ce niveau du personnel qui aurait pu avoir un impact substantiel sur le traitement de toute preuve de l'implication du Mossad ou des liens de personnes du Mossad qui ont fait l'objet d'un examen minutieux au cours de l'enquête, en supposant que la déclaration de la Ligue Anti-Diffamation (ADL) de B'nai B'rith, selon laquelle - les Juifs américains sont "sensibles" aux préoccupations de l'État d'Israël - soit vraie.

Pour mémoire, cet auteur ne croit pas à la théorie selon laquelle tous les Juifs américains sont nécessairement partisans d'Israël ou obligés de l'être. En fait, pour réitérer ce qui a déjà été dit ici, certains des critiques les plus virulents d'Israël et de ses méfaits ont été des Américains d'origine juive.

Cependant, dans la mesure où l'ADL, qui n'a cessé d'attaquer *Jugement Final,* prétend parler au nom des préoccupations de la communauté juive et affirme que la

---

[57] Donald Gibson. *"The Creation of the Warren Commission.* » Sondage, Mai- Juin 1996.
[58] Edward Herman. *The Terrorism Industry.* (New York : Random House, 1989), p. 89.
[59] Divers documents publiés par la Commission de révision des dossiers d'assassinats en 1997 et disponibles sur Internet à l'adresse nsa. govidocs/efoidreleasedijfichtml.

thèse de ce livre est "offensante" pour la communauté juive, nous accepterons donc l'affirmation de l'ADL selon laquelle les Juifs américains sont sensibles aux préoccupations d'Israël. Par conséquent, il n'est pas illogique de prétendre qu'au cas où des preuves établissant un lien entre le Mossad israélien et l'assassinat du JFK seraient apparues, les Juifs américains faisant partie du personnel de la commission seraient constitutionnellement enclins à dissimuler toute preuve qui aurait pu en découler.

Tout cela étant dit, examinons - à défaut d'une meilleure façon de le décrire - la "présence juive" particulièrement omniprésente au sein du personnel de la Commission Warren au niveau de l'enquête.

Pour ce faire, nous commençons par l'édition du 28 novembre 1988 du *National Law Journal*, dans laquelle David A. Kaplan fait la couverture d'un article intitulé « L'enquête JFK - 25 ans après". L'histoire comprenait des résumés biographiques des avocats de la Commission Warren, décrivant les 22 avocats du personnel de la Commission comme "les meilleurs et les plus brillants de leur génération".[60]

Qui étaient-ils ? Quels étaient leurs liens politiques ? Comment ont-ils intégré le personnel de la Commission ? Kaplan répond à certaines de ces questions, mais pas à toutes. Ce qui suit est un résumé des détails de Kaplan et d'autres renseignements facilement accessibles dans le domaine public. On ne peut que se demander ce qu'il reste à dire de plus.

LES AVOCATS JUIFS

Tout d'abord, un bref aperçu des statistiques de base : sur les quatorze conseils adjoints, cinq étaient juifs. Un autre était marié à une femme juive. Sur les sept "autres membres du personnel" (avocats et auxiliaires juridiques) nommés dans l'article de Kaplan, quatre étaient juifs. Cela signifie que sur les 22 avocats en question, près de la moitié d'entre eux (y compris le membre du personnel dont l'épouse était juive) pourraient être décrits comme constituant une "présence juive" au sein de la commission. Cependant, comme nous le verrons, les liens politiques d'autres avocats salariés laissent à penser que la "présence juive" était encore plus importante. Voici donc les avocats juifs de la Commission Warren :

Norman Redlich. Adjoint du premier avocat en chef de la Commission, J. Lee Rankin, Redlich est l'auteur du dernier document douteux connu sous le nom de Rapport de la Commission Warren. Il s'est impliqué à un haut niveau dans les affaires de la communauté juive avant d'entrer au service de la Commission Warren, après avoir été recruté comme membre du comité du Congrès juif américain sur le droit et

---

[60] David Kaplan, *"The JFK Probe-25 Years Later." The National Law Journal*, 28 Novembre 1988.

l'action sociale en 1962 ; plus tard, il a été membre du conseil de surveillance du Séminaire théologique juif. De 1966 à 1974, il a travaillé au bureau du conseil de la société New York City. En 1974, Redlich a succédé à son parrain, le conseiller juridique de la Corporation J. Lee Rankin (auparavant le premier conseiller juridique de la Commission Warren, à découvrir plus loin).

Melvin Aron Eisenberg. Avant et après l'enquête de la Commission Warren, Eisenberg était associé au sein du cabinet d'avocats new-yorkais Kaye, Scholer, Fierman, Hays & Handler, qui a un passé étroitement lié avec les problématiques juives et peut généralement être décrit comme un cabinet d'avocats "juif". Cette société a autrefois représenté John Rees, un sombre agent conservateur, connu pour ses liens avec les services secrets israéliens. Sur la Commission Warren, Eisenberg a été l'assistant de Norman Redlich et a également été responsable de l'analyse des preuves scientifiques de la balistique. Les passionnés de l'affaire JFK qui passent des heures interminables à réexaminer des sujets tels que "d'où venaient les tirs" peuvent remercier Eisenberg pour sa contribution à leur débat, bien qu'Eisenberg ait été occulté de l'infamie par son collègue de la Commission Warren, Arlen Specter.

Arlen Specter. Specter a été procureur adjoint démocrate pendant les cinq années qui ont précédé son accession à la renommée nationale en tant que créateur inventif (avec Redlich) de la théorie décriée et farfelue de la "balle unique", qui soutient qu'une balle tirée par Lee Harvey Oswald aurait réussi à faire des pirouettes balistiques particulièrement remarquables tout en passant à la fois par John F. Kennedy et le gouverneur John Connally du Texas, puis serait ressortie immaculée. Aujourd'hui, Specter est non seulement un fervent adepte du rapport de la Commission Warren, mais il est aussi l'un des principaux stratèges législatifs du lobby israélien au Congrès. Specter voyage fréquemment aux frais des contribuables américains pour des "affaires officielles" en Israël, où sa sœur d'origine américaine a élu domicile.

(Note intéressante : Avant de reconnaître toute l'importance du comportement scandaleux de Specter au sein de la Commission Warren, l'auteur - en tant qu'étudiant universitaire - a eu une petite contribution au succès de la campagne sénatoriale de Specter en 1980 en Pennsylvanie et, plus tard, - à ma grande surprise - j'étais invité [sans l'avoir demandé] à soumettre mon curriculum vitae pour un éventuel emploi au sein du personnel de Specter à Washington - une offre que j'ai sagement rejetée.)

David W. Belin. Jusqu'à sa récente disparition, Belin restait sans doute l'ancien membre du personnel qui a défendu la Commission Warren avec le plus de véhémence. Décrit comme un "avocat républicain respecté du Midwest qui ajoutait une diversité géographique au personnel"[61], associé du prestigieux cabinet Des Moines

---

[61] *Ibia.*

avant son arrivée à la Commission, Belin apparaît en 1975 comme directeur administratif de la soi-disant "Commission Rockefeller" instituée par l'ancien associé de la Commission Warren de Belin, le président Gerald Ford. Ostensiblement chargé d'enquêter sur les méfaits de la CIA, Belin s'est révélé un précieux défenseur des intérêts de la CIA. Dans l'enquête de 1975, une des principales préoccupations de Belin, selon James Di Eugenio, enquêteur travaillant sur l'affaire JFK, était de réfuter l'idée que E. Howard Hunt de la CIA était lié aux événements de Dallas.[62] Ce faisant, Belin supprimait effectivement l'implication de Hunt à Dallas avec Frank Sturgis, un agent connu de la CIA et du Mossad qui prétendait avoir joué un rôle dans l'assassinat.

Samuel A. Stern. En tant qu'ancien légiste du Président de la Commission Earl Warren de 1955-1956, Stern était donc bien placé pour influencer le chef de la commission sur le plan privé. Avocat au sein du cabinet d'avocats américain Wilmer, Cutler & Pickering à Washington, puis auprès du cabinet Dickstein, Shapiro & Morin, Stern avait "une pratique internationale étendue, en particulier dans le domaine du financement d'entreprises dans les pays émergents".[63] "En conséquence, Stern a quasiment toujours eu des liens avec la communauté du renseignement dans le cadre de ses activités internationales. (Le Mossad, pour mémoire, est également actif dans les "pays émergents ».)

Murray J. Laulicht. Membre du personnel subalterne, ce jeune avocat n'est arrivé à la Commission Warren que quelques heures après avoir obtenu son diplôme de la faculté de droit de l'Université Columbia. Il a été recommandé par un ami d'enfance, le procureur Nathan Lewin, qui était alors adjoint spécial au bureau du solliciteur général des États-Unis. Les deux hommes étaient « allés en colo ensemble ».[64] Dans les années qui suivirent, le parrain de Laulicht, Lewin, devint avocat à Washington, il était connu pour sa relation étroite avec le lobby israélien.

Richard M. Mosk. Mosk était le fils du juge Stanley Mosk de la Cour suprême de Californie, l'un des membres les plus en vue de la puissante communauté juive de Los Angeles. Plus tard membre de deux cabinets d'avocats "juifs", Mosk a servi de 1981 à 1984 en tant que membre du Tribunal des réclamations Iran-États-Unis à La Haye, statuant sur les revendications contre le critique islamique fondamentaliste le plus féroce d'Israël après la chute du Shah d'Iran, qui comme nous avons vu au chapitre 18 était un proche allié du Mossad et de la CIA qui a créé conjointement la redoutable SAVAK du Shah.

---

[62] James Di Eugenio. *Destiny Betrayed*. (New York : Sheridan Square Press, 1992), p. 349.
[63] Kaplan. *Ibid*.
[64] *Ibid*.

Stuart R. Pollak. Ancien juriste adjoint du juge en chef Warren, Pollak a par la suite travaillé au ministère de la Justice et comme avocat dans un cabinet privé à San Francisco, qui selon Sherman Skolnick, le célèbre combattant juif contre la corruption, était un "bureau" américain clé pour le Mossad israélien. En 1993, l'unité de renseignement et de propagande du Mossad - l'ADL - a révélé qu'elle dirigeait son meilleur informateur infiltré, Roy Edward Bullock, depuis San Francisco. (L'auteur est celui qui a exposé Bullock pour la première fois en 1986 comme étant un agent de l'ADL, à la grande consternation de l'ADL.)

Lloyd L. Weinreb. Après avoir travaillé pour le juge John M. Harlan de la Cour suprême des États-Unis de 1963 à 1964, avant de se joindre au personnel de la Commission Warren, M. Weinreb a aidé Norman Redlich dans la révision et la préparation finale du rapport de la Commission. Après un bref passage à la division criminelle du ministère de la Justice, Weinreb est devenu professeur de droit à Harvard.

LES AUTRES

Les autres avocats de la Commission Warren qui n'étaient pas juifs avaient néanmoins, dans de nombreux cas, des liens très nets avec des intérêts politiques et des individus qui, à leur tour, étaient en accord avec les intérêts du puissant lobby israélien. Examinons-les.

J. Lee Rankin. L'avocat en chef de la Commission Warren, Rankin connaissait Warren depuis l'époque où Rankin était solliciteur général des États-Unis sous le président Eisenhower. Ancien avocat à Lincoln, Nebraska Rankin s'est ensuite établi comme avocat à Manhattan et a ensuite été conseiller juridique de la ville de New York de 1965 à 1972 - un poste clé dans la ville américaine où le pouvoir et l'influence des juifs sont suprêmes. (C'est Rankin qui a introduit son jeune collègue de la Commission Warren - ledit Redlich au bureau du conseiller juridique, ce qui lui facilita la succession au poste lorsque Rankin prit sa retraite.)

Howard P. Willens. « Jeune prodige » du ministère de la Justice décrit avec Norman Redlich, comme étant - "un employé sans dossier",[65] Willens "a aidé" le Président de la Commission à recruter le personnel de la Commission et a été "l'assistant administratif clé de l'enquête".[66] Bien qu'il ne soit pas juif, sa femme était juive donc par conséquent, Willens peut être considéré comme l'un des membres de la commission sensible aux préoccupations juives.

---

[65] *Ibid.*
[66] *Ibid.*

Joseph A. Ball. D'après le *National Law Journal*, il était "l'un des meilleurs avocats américains de sa génération",[67] Ball était un vieil ami du Président de la Commission, qui connaissait Warren des « cercles politiques de Californie ». En bref, Ball était un copain politique du Président de la Commission et certainement pas du genre à faire des vagues. Ball était censé être l'"expert" de la commission en ce qui concernait Lee Harvey Oswald et, en vertu de ce statut peut être considéré à juste titre comme l'un des grands faiseurs de mythes de tous les temps.

Albert E. Jenner, Jr. Acteur majeur de la communauté juridique de Chicago, Jenner a été personnellement recruté pour la Commission par Earl Warren, Jenner était un membre chevronné d'un groupe de la Commission qui a élaboré le faux profil de Lee Harvey Oswald, le "désaxé solitaire" qui n'avait aucun lien avec la CIA ou d'autres services de renseignements. Jenner avait une connexion intéressante de son côté. Au moment où Jenner fut nommé à la commission, il a été le procureur personnel de Henry Crown, magnat de la construction et de l'immobilier de Chicago.[68] Milliardaire juif, Crown a été un contributeur important des causes juives, y compris de l'Institut Wiezmann en Israël,[69] force majeure dans les programmes d'armes nucléaires israéliens (auxquels JFK s'est farouchement opposé). Bien que très « réputé » au cours des dernières années de sa vie, Crown avait acquis une grande partie de son influence à Chicago grâce à ses liens avec le crime organisé.[70] Crown investit une grande partie de sa fortune dans des contrats de défense et était un actionnaire important de la General Dynamics Corporation (que Jenner représentait également) qui faisait l'objet d'une enquête du ministère de la Justice de Kennedy avant l'assassinat de JFK.[71] Et comme nous l'avons noté au chapitre 15, la famille Bronfman - parrains de Louis Bloomfield de la Permindex, société du Mossad - était également d'importants actionnaires de General Dynamics. Jenner a par la suite été le principal avocat de l'opposition au sein du comité judiciaire de la Chambre des représentants des États-Unis pendant le scandale du Watergate, et il a certainement été pleinement à l'écoute du complot de la CIA concernant l'affaire (que nous examinerons à l'annexe 7). Quoi qu'il en soit, il est clair que Jenner, lui aussi, peut être considéré - par son association avec Crown - comme faisant partie de la "présence juive" à la Commission Warren.

---

[67] *Ibid.*
[68] Peter Dale Scott. *Deep Politics and the Death of JFK.* (Berkeley, California : University of California Press, 1993), p. 341.
[69] *Moment,* Décembre 1996.
[70] Ovid Demaris. *Captive City.* (New York : Lyle Stuart, 1969), pp. 214-222.
[71] Scott, *Ibid.*, p. 20.

Wesley J. Liebeler. Ancien avocat new-yorkais, Liebeler a travaillé en étroite collaboration avec Albert Jenner pour dissimuler les antécédents de Lee Harvey Oswald au sein de la communauté du renseignement, bien qu'au cours des années à venir, il soit devenu un expert dans le domaine moins fascinant de la législation antitrust (ce qui suggère que l'analyse des complots du renseignement n'a jamais été son domaine d'expertise au départ).

Leon D. Hubert, Jr. Ancien procureur de la Nouvelle-Orléans qui aurait pu découvrir des détails sur le séjour de Lee Harvey Oswald à la Nouvelle-Orléans, Hubert a plutôt été chargé d'enquêter sur les activités de Jack Ruby à Dallas. Bien qu'il ait été recommandé à la commission par l'un de ses membres, le représentant Hale Boggs, Hubert, comme Boggs, était dubitatif au sujet de nombreuses conclusions de la commission. Il est intéressant de noter que Boggs, qui est décédé dans un accident d'avion en 1972, fut autrefois décrit comme un « coursier »[72] de l'amie intime de Clay Shaw connectée au Mossad, Edith Stern, chef de l'empire médiatique WDSU à la Nouvelle-Orléans, qui avait contribué à créer l'image publique de Lee Harvey Oswald en tant qu'« agitateur pro-Castro ». Ainsi, Boggs et Hubert étaient en position de restreindre les enquêtes sur le dispositif Shaw-Banister-Ferrie de la Nouvelle-Orléans, qui était étroitement lié aux opérations d'entraînement des exilés cubains de Lake Ponchartrain de Frank Sturgis, l'agent de la CIA et du Mossad.

Burt W. Griffin. Jeune recrue de l'équipe de la commission de Leon Hubert chargée d'enquêter sur les antécédents de Jack Ruby, M. Griffin était un ancien assistant du procureur américain et avocat pratiquant à Cleveland. Ultérieurement, juge de première instance à Cleveland, Griffin à l'instar d'Hubert a finalement exprimé des doutes sur les conclusions de la commission, mais n'a jamais exprimé ses réserves.

William T. Coleman, Jr. Au moment de sa nomination à la Commission, M. Coleman était l'un des avocats noirs les plus éminents du pays, associé au cabinet d'avocats "politique" de Dilworth, Paxon, Kalish, Levy & Coleman, dirigé par l'ancien maire démocrate de Philadelphie, Richardson Dilworth. Coleman a grimpé peu à peu l'échelle politique et juridique en étant stagiaire en 1948 à 1949 pour le juge de la Cour suprême Felix Frankfurter, un des leaders les plus ardents de la communauté juive en Amérique. Le stage de M. Coleman a eu lieu au moment même où l'État d'Israël a été créé. Au sein de la Commission Warren, Coleman était le principal membre d'une équipe qui examinait les "conspirations étrangères

---

[72] *The Councilor.* 1er Juin 1967.

possibles"[73] derrière l'assassinat du président Kennedy. Il n'a révélé aucune conspiration de la sorte.

W. David Slawson. Diplômé de Princeton et titulaire d'une maîtrise en physique théorique, Slawson a essentiellement travaillé comme assistant de William Coleman - de onze ans son aîné - dans « la recherche des théories de conspiration. »[74] Il va sans dire qu'il s'agissait là d'un poste très improbable, pour le moins peu probable, pour un jeune homme ayant une formation en physique et chargé d'enquêter sur les complots étrangers qui auraient pu être à l'origine de l'assassinat. Slawson a abandonné son étude du complot international après avoir quitté la commission Warren et s'est spécialisé dans les domaines beaucoup moins théoriques et hautement non scientifiques des contrats et de l'antitrust en tant que professeur de droit à l'Université de Californie du Sud.

Francis W.H. Adams. Ancien commissaire de police de la ville de New York de 1954 à 1955, Adams aurait probablement dû être un enquêteur de premier plan pour la commission. Il semble cependant qu'Adams n'ait été qu'une façade. Adams était censé faire équipe avec Arlen Specter pour suivre les activités du président Kennedy à Dallas et enquêter sur le cortège motorisé, mais selon le *National Law Journal* Adams était "rarement présent"[75] au point que Warren, le président de la Commission l'ait pris pour un médecin-légiste qui témoignait devant la commission.

Recommandé à la commission par Robert Wagner, le maire de New York, connu depuis longtemps pour ses relations étroites avec la communauté juive new-yorkaise, on pourrait suggérer avec raison qu'Adams serait particulièrement en accord avec les préoccupations politiques juives compte tenu de sa prestigieuse nomination passée en tant que commissaire de police de New York.

Alfredda Scobey. Seule femme de la commission, elle était sans doute la moins connue de tous les membres du personnel. Légiste du neveu du sénateur Richard Russell (D-Ga.), juge de Géorgie, membre de la Commission Warren, Mme Scobey, alors âgée de 51 ans et considérablement plus âgée que la quasi-totalité de ses collègues, avait été nommée au sein du personnel suite à la recommandation de Russell. Elle était sa "représentante" puisque le sénateur n'assistait pas à beaucoup des réunions de la commission. Étant donné que Russell a par la suite été reconnu comme l'un des "dissidents" de la Commission Warren, Mme Scobey a dû être très vigilante dans ses observations. Parmi tous les membres du personnel de la Commission - et peut-être précisément à cause de sa vigilance - Mme Scobey ne s'est jamais hissée à

---

[73] *The National Law Journal, Ibid.*
[74] *Ibid.*
[75] *Ibid.*

une place importante, elle retourna travailler comme auxiliaire juridique jusqu'à sa retraite.

Charles N. Shaffer, Jr. Également presque oublié en tant que membre du personnel de la Commission Warren, Shaffer fut assistant du procureur général des États-Unis avant et après la Commission Warren. Shaffer doit son heure de gloire à son client le plus célèbre, John Dean, figure du Watergate qui aida à faire tomber l'administration Nixon. Finalement, comme nous le verrons à l'annexe 7, le scandale du Watergate a été beaucoup plus important que ce que l'on pourrait croire et il est effectivement lié à l'assassinat de Kennedy, mais pas de la façon dont tant de chercheurs semblent le croire. La réapparition de Shaffer dans le Watergate n'est peut-être pas une coïncidence.

John Hart Ely. Un autre des employés subalternes peu connus - seulement 24 ans à l'époque - ce diplômé de Yale fut récompensé pour son service à la Commission Warren suite à un stage sous la direction de Warren le président de la commission après que la commission ait fermé boutique. Ely est devenu doyen de la prestigieuse Stanford Law School.

De toute évidence, il y avait bel et bien une "présence juive" proprement dite au sein du personnel de la Commission Warren dans presque tous les aspects clés de ses enquêtes. Et même là où un membre du personnel de Warren n'était pas nécessairement juif, beaucoup de ces employés avaient d'autres liens qui les rendaient "sensibles" aux préoccupations juives. Ce n'est pas un sujet plaisant et il suscite certainement des accusations d'"antisémitisme", mais c'est un sujet qui mérite d'être examiné, surtout à la lumière de ce qui est suggéré dans *Jugement Final*.

LA CONNEXION DE GÉRALD FORD AVEC LE MOSSAD et LANSKY

Cependant, la "présence juive" à la Commission Warren a une autre facette intéressante - et qui n'a jamais été explorée ailleurs à la connaissance de l'auteur.

Bien que les chercheurs se soient acharnés sans relâche sur le fait que le membre de la Commission Warren (et plus tard président des États-Unis) Gerald Ford, alors membre républicain du Congrès du Michigan, était l'informateur frais et dispo de J. Edgar Hoover, qui avait fourni des conclusions confidentielles au FBI tout au long de la commission, un argument tout aussi convaincant peut être avancé selon lequel Ford était au moins un intermédiaire potentiel du syndicat de Lansky et du Mossad.

Cette affirmation surprenante, à première vue, peut sembler un peu extraordinaire aux yeux de certains, mais regardons les faits. Au moment où Ford fut nommé à la commission, l'un de ses alliés politiques les plus proches et l'un de ses principaux soutiens financiers était une figure de Detroit nommée Max Fisher. Juste après l'arrivée de Ford à la présidence en 1974 - au lendemain du scandale du Watergate -, on a décrit Fisher comme l'un des "hommes mystères derrière Gerald Ford", qui "disait au président ce qu'il fallait faire et quand le faire".[76] Et à la lumière de son statut dans les intérêts politiques croissants de Ford, nous savons qu'en 1963 - quand Ford fut nommé à la commission Warren, Fisher fut également en mesure de dire à Ford "quoi faire et quand le faire".

Qui est Max Fisher ? Voici comment Gerald Ford a décrit Fisher dans ses mémoires. Fisher, a-t-il dit, était "un homme d'affaires éminent de Detroit qui était président de l'Agence juive pour Israël. Max a toujours été un républicain et un ami proche. Il avait servi d'ambassadeur officieux entre les États-Unis et Israël pendant des années, et ses contacts au plus haut niveau des deux gouvernements nous avaient souvent aidés à surmonter les malentendus"[77].

Le portrait de Fisher d'Edward Tivnan dans *The Lobby : Jewish Political Power et American Foreign Policy* est encore plus détaillé et montre le grand rôle de Fisher au sein du lobby juif en Amérique. Tivnan décrit Fisher comme, entre autres choses :"un ancien chef du Conseil des Fédérations juives et des caisses des prévoyance, président de l'United Jewish Appeal, membre du Comité exécutif du Comité des Juifs américains, un important donateur du Parti républicain."[78]

En ce qui concerne le statut de Fisher à la fois ici aux États-Unis et en Israël, Jean Baer écrit admirablement dans son livre, *The Self Chosen,* que Fisher" a servi de conseiller financier officieux du gouvernement israélien et a été appelé "probablement le plus important républicain du pays".[79]

Bien qu'il y ait de nombreux socialistes du GOP (le parti républicain américain) qui contestent l'affirmation de Baer selon laquelle Fisher serait "le républicain le plus en vue du pays", le correspondant israélien Wolf Blitzer avait probablement plus de recul lorsqu'il déclarait, en 1985, que Fisher avait "depuis longtemps été le juif le plus influent du Parti républicain"[80] - assurément un statut unique, aux yeux de tous - et parmi ceux qui, selon Blitzer, "sensibilisèrent les dirigeants nationaux républicains aux préoccupations de la communauté juive américaine".[81]

Dans la puissance juive : À l'intérieur de l'établissement juif américain, J.J. Goldberg décrit le principal ange financier de Ford comme l'un des "deux dirigeants les plus importants de la communauté juive organisée… [et] un des hommes les plus

---

[76] *The National Police Gazette*, Décembre 1974.
[77] Gerald R. Ford. *A Time to Heal · The Autobiography of Gerald R. Ford.* (New York : Harper & Row, 1979), p. 248.
[78] Edward Tivnan : *The Lobby : Jewish Political Power and American Foreign Policy.* (New York : Simon & Schuster, 1987), p. 79.
[79] Jean Baer. *The Self Chosen.* (New York : Arbor House, 1982), p. 313.
[80] Wolf Blitzer. *Between Washington and Jerusalem.* (New York : Oxford University Press, 1985), p. 132.
[81] *Ibid.*, p. 157.

riches d'Amérique... [qui] a toujours insisté sur le fait qu'il ne parlait pas pour lui-même, mais pour la communauté juive américaine et ses dirigeants élus."[82] Donc clairement, comme nous pouvons le voir, Fisher était vraiment quelqu'un à ne pas sous estimer, c'est le moins qu'on puisse dire.

Fait plus intéressant encore, dans le contexte des luttes de JFK avec Israël que nous avons abordées dans *Jugement Final*, Goldberg cite Fisher en disant que, même si les électeurs juifs étaient plus enclins politiquement au parti démocrate, "Kennedy n'expédierait pas d'armes"[83] à Israël (bien que Fisher ait ajouté, à tort, que Lyndon Johnson ne l'a pas fait non plus), ce qui laisse entendre que cette figure puissante de la communauté juive américaine n'était guère satisfaite de l'attitude de JFK envers la nation étrangère préférée de Fisher.

FISHER, ROSENBAUM ET LA PÈGRE

Mais les antécédents politiques et financiers moins publics de Fisher - avant qu'il n'ait pris de l'importance - sont beaucoup plus intéressants, surtout au vu de son accès à la Commission Warren par l'entremise de Gerald Ford.

Au moment de l'assassinat de JFK, Fisher était en fait un associé de Tibor Rosenbaum, figure historique du Mossad, instigateur de la société Permindex (dont il a été question en détail au chapitre 15) qui joua un rôle central dans la conspiration d'assassinat.

En 1957, en partenariat avec la Swiss-Israel Trade Bank de Tibor Rosenbaum, Fisher acquiert une participation majoritaire dans le conglomérat israélien Paz, détenu depuis longtemps par la famille Rothschild en Europe, qui conserve le monopole des intérêts pétrochimiques et pétroliers israéliens.[84]

(Comme nous l'avons noté au chapitre 7 - assez significativement - l'un des partenaires de Rosenbaum au sein de la Swiss-Israel Trade Bank était Shaul Eisenberg, une figure de longue date du Mossad et l'un des principaux instigateurs du programme israélien de bombes nucléaires. Mais, comme nous le verrons à l'annexe 9, il reste encore beaucoup d'autres aspects concernant Eisenberg qui seront abordés plus tard.

Cependant, les liens de Fisher avec Israël remontent beaucoup plus loin et sont beaucoup plus profonds. Le mentor de Fisher - quant à son rôle dans la promotion des intérêts d'Israël - n'était nul autre que le général Julius Klein, l'ancien officier de l'armée américaine qui a joué un rôle majeur dans la création du Mossad israélien et qui a plus tard été président de la Swiss-Israel Trade Bank. Klein lui-même décrit

---

[82] J. J. Goldberg. *Jewish Power: Inside the American Jewish Establishment*. (Reading, Massachusetts : Addison-Wesley Publishing Company, Inc., 1996), pp. 169-170.
[83] *Ibid*.
[84] *Ibid*., pp. 465-466.

Fisher comme "mon protégé que j'ai toujours... tenu informé des affaires des services du renseignement."[85]

À la fin des années 40 et au début des années 50, Fisher s'est rendu en Israël avec Klein et a participé à la formation des forces armées et des services de renseignement israéliens dans le cadre des activités du Sonneborn Institute, auxquelles nul autre que le major Louis Bloomfield n'était associé. Plus tard, bien sûr, Bloomfield agira en tant que président et président du conseil d'administration de la Permindex, l'entreprise de Tibor Rosenbaum.[86]

Dans le chapitre 8, nous avons discuté de l'Institut Sonneborn, qui a été créé pour fournir des armes, de l'argent et d'autres formes d'assistance tactique à la résistance juive en Palestine, avant la création d'Israël en 1948. Comme nous l'avons noté, l'Institut avait non seulement des connexions considérables avec le renseignement mais avait également des liens très étroits avec le Syndicat de Lansky.

Il ne sera donc pas surprenant pour le lecteur d'apprendre que l'un des contacts de Fisher dans le pétrole et la contrebande d'armes à la Haganah juive par l'intermédiaire de Sonneborn était Morris Dalitz, personnage montant du Syndicat de Lansky, qui faisait partie à l'époque du gang Purple de Detroit, et l'un des principaux revendeurs du Middle West dans le domaine du surplus militaire.[87] Dalitz lui-même allait plus tard devenir investisseur principal de la Permindex et deviendrait l'un des personnages le plus important du syndicat du crime.

(Dans le chapitre 10, nous avons d'abord fait connaissance avec Dalitz et abordé le lien étrange entre Dalitz et Robert Blakey, directeur du Comité de la Chambre des représentants. Dans le chapitre 14, nous avons exploré plus avant la manière dont Blakey, tout en proclamant que "la mafia a tué JFK", a pointé du doigt les figures de la pègre italo-américaine éloignant l'attention des membres juifs du syndicat de Lansky.

Il est intéressant de savoir que Fisher et Dalitz avaient dû travailler ensemble à ce moment-là, vu qu'au début des années 30 - près de 20 ans auparavant -, Fisher avait été "coursier" pour le gang Purple de Dalitz à Detroit, transportant les recettes aux contrebandiers de la famille Bronfman au Canada en paiement anticipé des prochaines expéditions de marchandises illicites.[88] La relation entre Fisher et Dalitz permet de boucler la boucle. Les deux hommes d'affaires qui s'étaient hissés vers la prospérité dans le monde sinistre du Syndicat du crime de Lansky étaient maintenant impliqués dans des activités secrètes (et sans doute rentables) pour faire avancer la cause d'Israël.

---

[85] *Executive Intelligence Review*. Dope, Inc. (Washington, DC : Executive Intelligence Review, 1992), p. 502.
[86] *Ibid.*, p. 505.
[87] *Ibid.*, p. 507.
[88] *Ibid.*, p. 503.

Les activités de Fisher sur la scène publique au nom d'Israël l'amenèrent à la respectabilité publique. Jusque-là, il était simplement connu comme un homme prospère, un petit magnat du pétrole. Cependant, en 1957, lorsqu'il intégra le conglomérat Paz d'Israël en tant que partenaire de Tibor Rosenbaum et Shaul Eisenberg, le destin et l'influence politique de Fisher progressèrent considérablement.

En 1964 - alors que le député Gerald Ford du Michigan était alors membre de la Commission Warren - Max Fisher était l'ange financier incontesté de Ford et du Parti républicain du Michigan.

Par ailleurs, la fortune de Fisher continua de progresser, tout comme son influence au sein du Parti républicain à l'échelle nationale et sur la scène internationale juive. En 1975, l'influent M. Fisher prit la présidence de United Brands, anciennement United Fruit.[89] (Le rôle de United Fruit dans le coup d'État de 1954 au Guatemala - travaillant en collaboration avec la CIA - est discuté, entre autres, par David Wise et Thomas B. Ross dans leur livre, *The Invisible Government* - un des premiers à dénoncer la CIA - qui se réfère à cette mésaventure en Amérique centrale comme "la guerre des bananes de la CIA."[90]

Max Fisher, l'ami commun de Tibor Rosenbaum et Gerald Ford, est encore aujourd'hui, l'un des hommes les plus puissants d'Amérique, voire dans le monde. Mais Ford et Rosenbaum avaient un autre ami commun intéressant. Et, comme nous le verrons, cet ami commun - comme Max Fisher - joua un rôle central dans l'avancement de la carrière politique de Gerald Ford à un moment crucial.

Dans leur sympathique biographie de Meyer Lansky, les auteurs Dennis Eisenberg, Uri Dan et Eli Landau présentent un chapitre entier consacré à Tibor Rosenbaum, associé de Lansky du Mossad, et abordent les liens hauts en couleur et fascinants de Rosenbaum au niveau international. Ils soulignent à propos de Rosembaum :

"Un autre de ses bons amis en haut lieu était le prince Bernhard, consort de la reine des Pays-Bas, qui l'invita au palais royal en Hollande pour donner des conférences aux grands banquiers néerlandais sur les bonnes pratiques commerciales. Là aussi, un scandale s'en suivit lorsque le prince vendit un château, le Warmelo, pour 400 000 dollars à une entreprise liechtensteinoise, Evlyma, Inc. appartenant à Rosenbaum [BCI]. La raison pour laquelle ce château fut vendu au banquier suisse pour ce qu'on appelle un prix ridiculement bas n'a jamais été claire."[91]

(Il va sans dire que l'origine de cet étrange accord entre Bernhard et Rosenbaum apporte de l'eau au moulin des théoriciens du complot. S'agissait-il d'un pot de vin

---

[89] *Ibid.*, p. 509.
[90] David Wise et Thomas B. Ross. *The Invisible Government.* (New York : Random House, 1964), pp. 168-171.
[91] Dennis Eisenberg, Uri Dan et Eli Landau. *Meyer Lansky : Mogul of the Mob.* (New York : Paddington Press Ltd., 1979), p. 272.

de Bernhard à Rosenbaum en échange d'une faveur - telle que Rosenbaum orchestrant un assassinat, utilisant ses relations avec le Mossad, pour Bernhard et ses associés ?

(Ou était-ce plutôt, peut-être, un règlement de Bernhard suite à un chantage de Rosenbaum qui, avec ses sources du Mossad, aurait pu trouver des informations compromettantes sur le prince controversé qui était connu pour être un arriviste et un trafiquant de la pire espèce ?

Quoi qu'il en soit - à la même époque où Bernhard était impliqué dans le complot avec Tibor Rosenbaum - il amenait également Gerald Ford dans les plus hauts cercles de l'élite internationale.

LA CONNEXION AVEC BILDERBERG

Bernhard, fondateur du rassemblement annuel international privé, connu sous le nom des réunions de Bilderberg, invita le député du Michigan (juste récemment nommé à la Commission Warren) à assister à la réunion de Bilderberg de 1964 qui s'est tenue à Williamsburg, en Virginie, du 20 au 22 mars de cette année-là. Les réunions se tenaient régulièrement dans le monde entier depuis 1954, du nom de l'hôtel Bilderberg en Hollande, où s'était tenue la première réunion de ce genre.

Le 11 avril 1964, le sénateur Jacob Javits (R-N. Y.) prit la parole au Sénat pour annoncer qu'il avait assisté à la réunion de 1964 à Williamsburg, en Virginie. Gerald Ford était le seul autre membre du Congrès à s'être joint à lui à la réunion, selon une liste de participants que Javits publia dans le dossier du Congrès. John J. McCloy, qualifié d'"avocat et diplomate", participait également à la réunion."[92] McCloy, avec Ford, était aussi à cette époque membre de la Commission Warren.

Cette rencontre internationale - qui s'est terminée quatre mois exactement après la mort du président Kennedy - n'a pas pu manquer de s'intéresser à l'impact de l'assassinat de JFK sur les affaires mondiales. Qui plus est, il ne fait aucun doute que les ramifications d'une éventuelle conspiration d'assassinat - en particulier celle émanant d'une source étrangère (qu'il s'agisse du Cuba de Castro, du KGB soviétique ou du Mossad) - ont également fait l'objet de discussions. Par conséquent, il est fort peu probable que les deux membres de la Commission Warren présents n'aient pas discuté de l'enquête en cours dans le cadre de la réunion officieuse qui s'est déroulée sur trois jours.

Bien que le sujet de Bilderberg et son impact sur les affaires du monde dépasse le cadre de ce livre - et ait été analysé dans une bien meilleure perspective ailleurs (surtout dans le journal *The Spotlight* et maintenant dans *American Free Press*), il ne fait aucun doute que Bernhard avait propulsé Ford dans des rangs plus élevés qu'il ne l'avait jamais été auparavant.

---

[92] *Congressional Record*, 11 Avril 1964.

Parmi ceux qui assistent aux réunions d'élite de Bilderberg - généralement pas plus de 100 à 120 personnes - figurent les personnes les plus riches et les plus puissantes du monde. Les réunions de Bilderberg, bien que " menées " par Bernhard, sont financées conjointement par les familles Rockefeller et Rothschild, dont les représentants sont très présents, ainsi que par une poignée de personnalités politiques des États-Unis et d'Europe de l'Ouest, rejointes par des personnalités choisies parmi de grandes fondations, le monde universitaire et le monde du travail.

De grands noms des médias sont également présents, tout en prêtant serment de garder le secret et de ne jamais rendre compte des discussions privées qui ont eu lieu pendant la conférence. Par exemple : l'ancien agent de la CIA William F. Buckley Jr., a été invité à la réunion de Bilderberg à Cesme, en Turquie, en 1975[93], mais le magazine "conservateur" *National Review* de Buckley a toujours assuré à ses lecteurs qu'il n'y avait rien de "conspiratoire" au sujet du groupe Bilderberg.

(Les liens de la famille de Buckley avec les intérêts pétroliers israéliens, abordés au chapitre 9, sont intéressants, d'autant plus que, comme nous l'avons vu, la famille Rothschild a d'abord dominé l'industrie pétrolière israélienne, puis a vendu des intérêts substantiels de son conglomérat Paz à Tibor Rosenbaum et à Max Fisher, le bienfaiteur de Gerald Ford au Michigan.)

Quoi qu'il en soit, Gerald Ford lui-même était conscient du grand honneur que lui avait fait le prince Bernhard lorsqu'il avait été invité à assister à cette rencontre. "Vous n'appartenez pas vraiment à l'organisation ; et vous recevez une invitation du Prince", s'était vanté Ford en 1965.[94] (qui fut, en 1966, une fois de plus invité par le bon ami de Tibor Rosenbaum, le Prince Bernhard, à assister à cet important conclave international).[95]

Toutefois, la première participation de Ford à la réunion Bilderberg en 1964, n'était en réalité pas sa première fois. En 1961, Ford avait également été invité à assister à un rassemblement Bilderberg au Québec, mais en raison d'une lourde charge de travail et de problèmes familiaux, ses enfants "souffraient de la scarlatine", le jeune membre du Congrès Ford n'avait pas pu assister à ce conciliabule réservé à l'élite.[96]

Ainsi, il ne faut pas un gros effort d'imagination - ni quelconque « théorie du complot » — pour suggérer que c'est précisément à cause de son service au sein de la Commission Warren (couplé en même temps avec son entrée dans l'élite de Bilderberg) que l'ascension de Gerald Ford à un poste plus élevé fut assurée. D'autres

---

[93] Liberty Lobby. *Spotlight on the Bilderbergers.* (Washington, DC : Liberty Lobby, 1997), p. 33.
[94] *The Danbury News-Times*, 21 Juin 1974.
[95] *Congressional Record*, 15 Septembre 1971.
[96] Une lettre datée du 21 février 1961 de Gerald Ford (signée "Jerry") à Gabriel Hauge, figure de longue des réunions Bilderberg fiché parmi les papiers privés de Hauge à l'Université Stanford.

chercheurs l'avaient eux-mêmes suggéré, mais ils n'ont jamais exploré les liens de Ford comme nous l'avons fait ici.

De ce point de vue, comme dans d'autres aspects relatifs au complot et à la dissimulation de l'assassinat de JFK, *Jugement Final* ne mâche pas ses mots en examinant la vue d'ensemble : l'autre face du puzzle.

Cependant, les liens profonds de la classe dominante bancaire internationale et de l'élite sioniste dans les affaires de la Commission Warren se trouve dans le curriculum vitae d'un autre membre de la commission.

JOHN McCLOY

Nous serions négligents de ne pas discuter des autres liens intéressants (et peu connus) de John McCloy le collègue de Ford participant à la réunion de Bilderberg en 1964 (et membre de la Commission Warren). Bien qu'il ait été considéré par les chercheurs comme faisant partie de ce que l'on appelle l'« Establishment WASP », McCloy lui-même avait des liens étroits avec les plus hauts gradés de l'élite juive qui jouaient un rôle majeur dans le lobby pro-israélien en Amérique et en tant que mécènes d'Israël. Non seulement McCloy était-il administrateur de l'Empire Trust[97], une co-entreprise financière regroupant des familles juives internationales aussi puissantes que les Lehman, Loebs et les Bronfmans[98], mais "sa carrière avait longtemps été intimement liée aux Warburgs[99]", dans la mesure où il possédait des biens en copropriété avec eux[100], mais il était également conseiller juridique pour les membres de la famille.[101] Sa relation était si proche des Warburgs que sa mère qui était coiffeuse, coiffait Frieda Warburg, l'une des grandes dames de la famille.[102] Les Warburgs apparaissaient comme des figures majeures aux côtés dudit Max Fisher, mentor de Gerald Ford et de son partenaire d'affaires, Shaul Eisenberg, dans les affaires financières d'Israël. Et en 1964, leur proche associé John McCloy était convenablement en poste à la Commission Warren, soigneusement placée pour dissimuler tout lien israélien avec l'affaire JFK qui pouvait émerger.

QUELQUES CONCLUSIONS

Nous pouvons être assurés, compte tenu de la fidélité de Ford envers Max Fisher, que si Fisher et ses amis de la mafia et du Mossad voulaient obtenir des « tuyaux » concernant l'enquête de la Commission Warren, Ford était disposé et capable de

---

[97] Malachi Martin. *The Keys of This Blood*. (New York : Simon & Schuster, 1990), p. 335.
[98] Stephen Birmingham. *Our Crowd*. (New York : Harper & Row, 1967), p. 378.
[99] Ron Chernow. *The Warburgs*. (NewYork : Vintage Books, 1994), pp.575- 576.
[100] *Ibid.*, p. 619.
[101] *Ibid.*, p. 576.
[102] *Ibid.*

fournir ce dont ils avaient besoin. Des conclusions similaires peuvent à juste titre être tirées au sujet de John McCloy, compte tenu de ses liens étroits avec la famille Warburg et d'autres intérêts intimement liés au destin de l'État d'Israël.

Y avait-il une "influence juive" ou une "présence juive" à la Commission Warren ? Oui, très certainement. Qu'est-ce que cela signifie pour les conclusions de la commission ? Très simplement : si la théorie avancée dans *Jugement Final* est correcte, à savoir que le Mossad israélien a joué un rôle dans l'assassinat du président John F. Kennedy, alors le mécanisme de dissimulation était en place depuis le tout début. La Commission Warren n'aurait jamais pu déterminer la vérité.

ANNEXE 5

Les Billets Verts de JFK
La vérité au sujet de la connexion de la Réserve Fédérale. Un brin de vérité et beaucoup de désinformation

Jugement Final fut le premier livre à documenter le fait que la dynastie Kennedy avait effectivement l'intention de briser le monopole financier de la Réserve Fédérale sur le système monétaire américain. Cependant, il y a encore ceux qui - en toute sincérité - diffusent par inadvertance des informations erronées sur le complot d'assassinat de JFK en prétendant que JFK - par décret - a réintroduit des billets américains (« U.S Notes ») non contrôlés par la Réserve Fédérale dans l'économie américaine pendant son administration. Oui, les U.S Notes ont été émis sous l'administration Kennedy - cela ne fait aucun doute - mais il y a bien plus à raconter.

L'histoire selon laquelle « La réserve Fédérale a tué JFK » est une partie de la légende de la controverse sur le complot d'assassinat de JFK. En même temps, cependant, il y a beaucoup de désinformation sur ce sujet et j'essaierai ici d'aborder la question, même si je suis certain que peu importe ce que je dis, il y aura ces "vrais croyants" qui ne s'intéresseront pas aux faits, ne serait-ce que parce que les faits contredisent ce qu'ils ont toujours cru depuis longtemps comme étant article de foi.

Juste après le communiqué de la première édition de *Jugement Final* j'ai reçu plusieurs lettres de mécontentement des lecteurs qui disaient essentiellement ceci :

Pourquoi ne déclarez-vous pas dans *Jugement Final* que le président Kennedy a émis un décret qui a introduit de la monnaie fiduciaire (parfois appelée "billets verts") dans l'économie américaine, contournant ainsi le monopole anticonstitutionnel de l'argent de la Réserve fédérale américaine, contrôlé par les banques internationales ? En agissant ainsi, JFK a créé une vraie brèche dans l'armure de la Fed. C'est certainement la principale raison pour laquelle il a été assassiné, mais vous ne mentionnez la Fed qu'en passant. Même Jim Marrs en parle dans son livre *Crossfire*.

À ma grande surprise, je recevais des plaintes de la sorte malgré le fait que dans le chapitre 4 de *Jugement Final*, j'avais démontré - pour la première fois - les intentions de la famille Kennedy de se battre contre la Fed. Joe Kennedy l'avait souligné lors d'une réunion privée avec DeWest Hooker, un de mes vieux amis intimes, homme d'affaires international et leader patriotique de longue date, quelques années avant que JFK ne soit élu président.

Il ne fait donc aucun doute que les Kennedy ont été prudents quant aux méthodes de la Fed et désireux de les mettre en conformité quand ils le pouvaient. C'est un fait. Cependant, franchement, il semble assez évident que JFK était politiquement assez astucieux pour savoir qu'il ne pouvait pas prendre de mesures sérieuses contre la Fed pendant son premier mandat alors qu'il faisait face à une campagne de réélection difficile. Au cours de son deuxième mandat, cependant, il se peut fort bien qu'il ait pris de telles initiatives.

Lorsqu'il discutait des intentions de la famille vis-à-vis de la Fed, Joe Kennedy parlait à long terme. Il savait qu'il serait impossible de détrôner la Fed et ses régulateurs au sein de la communauté bancaire internationale du jour au lendemain. C'est pourquoi le but ultime de la famille Kennedy était de consolider leur pouvoir et de mettre à nu la Fed.

Le fait est que, comme je le souligne d'ailleurs dans *Jugement Final*, des billets américains (U.S Notes) exempts d'intérêts ont été émis pendant l'administration Kennedy. J'en ai eu quelques-uns entre les mains, mais voici ce qu'il faut retenir : ils ont été émis conformément à une politique fédérale de longue date qui consiste à émettre régulièrement un certain nombre de billets américains. Ces billets auraient été émis peu importe qui était président à l'époque, à moins, bien sûr, qu'un président populiste ne soit arrivé au pouvoir et n'ait complètement assommé la Réserve fédérale. Mais ce n'est pas arrivé.

CE QUE MARRS A DÉCLARÉ….

Maintenant, pour ceux qui ont cité le livre de Marrs comme source concernant cette histoire, je vais répéter, mot pour mot, ce que Marrs a dit (et c'est ce que d'autres défenseurs de cette théorie prétendent) :

« Un autre aspect négligé concernant la tentative de Kennedy de réformer la société américaine concerne l'argent. Kennedy avait apparemment estimé qu'en retournant à la Constitution, qui stipule que seul le Congrès doit frapper les pièces et réglementer la monnaie, la flambée de la dette nationale pourrait être réduite en ne payant pas d'intérêts aux banquiers de la Réserve Fédérale, qui impriment de l'argent en papier [et] puis le prêtent au gouvernement avec des taux d'intérêt.

"Il décide d'intervenir dans ce domaine le 4 juin 1963, en signant le décret 11 110 qui demandait l'émission de 4.292.893.815$ en billets américains par l'entremise du Trésor américain plutôt que par le système traditionnel de la Réserve fédérale américaine. Le même jour, Kennedy signa un projet de loi modifiant l'adossement de l'argent à l'or pour les billets de un et deux dollars, ajoutant de la force à la monnaie américaine affaiblie… Un certain nombre de « billets Kennedy » ont effectivement été émis - l'auteur a un billet de cinq dollars en sa possession portant la mention " United States Note "- mais ont été rapidement retirés après la mort de Kennedy."[103]

MAUVAISE INFORMATION

Donc les lecteurs attentifs du livre de Marrs se tourneront sans doute vers ses notes de référence pour trouver sa source concernant cette information. Je suis désolé d'annoncer qu'il cite mon ancien journal, *The Spotlight*, plus précisément son numéro du 31 octobre 1988 (page 2), comme source de cette information.

La raison pour laquelle je m'excuse, c'est parce que dans le tout prochain numéro, notre journal hebdomadaire a publié une correction apologétique de la part du rédacteur en chef indiquant que l'information était erronée et qu'elle n'aurait jamais dû être publiée.

Un rédacteur en chef subalterne inexpérimenté avait inséré un bref article dans une colonne du journal et il avait échappé aux autres rédacteurs en chef.

L'information, en fait, était basée sur des informations erronées qui circulaient depuis quelques années parmi une sélection d'autres bulletins d'information qui avaient été réimprimés mot pour mot, aveuglément. Notre rédacteur en chef adjoint avait vu l'histoire, l'avait trouvée stimulante et l'avait imprimée.

À présent, suite à ce que nous avons rapporté, l'histoire a pris une autre dimension, surtout depuis que Jim Marrs l'a citée et que des milliers d'autres ont vu l'interprétation de Marrs et l'ont acceptée comme un fait. Depuis lors, Marrs a été cité à maintes reprises, en particulier sur Internet.

ET MAINTENANT POUR LES FAITS....

Donc, en fait, la question est de savoir si le décret (EO) 11, 110, signé par JFK le 4 juin 1963 et prétendument abrogé par LBJ dans les heures qui ont suivi le décès de JFK, a approuvé plus de 4 milliards de dollars en U.S Notes, émis directement par le Trésor, au lieu des billets de la Réserve Fédérale qui rapportent des intérêts aux banques de la Réserve fédérale.

En fait, c'est l'administration Reagan - et non LBJ - qui a finalement abrogé E0 11, 110. Et ce E0 traitait de certificats argent - et non pas des « billets verts » - lorsque Reagan signa l'OT 12 608, qui révoqua plusieurs décrets désuets.

Le décret no 11.110 portait sur l'octroi au secrétaire du Trésor du pouvoir d'édicter des règles et règlementations visant à permettre au secrétaire d'agir sans l'approbation présidentielle sur les ventes de lingots d'argent. En tant que président, JFK a révoqué ces deux amendements avec l'EO 11, 110.

---

[103] Jim Marrs, *Crossfire*. (New York : Carroll & Graf, 1995), p. 275.

Je le répète, l'émission de « billets verts » (techniquement connus sous le nom de United States Notes) n'a même pas fait l'objet de l'OE 11, 110 de JFK.

Les billets verts émis sous l'administration Kennedy ont été émis en vertu d'une loi fédérale de longue date exigeant qu'un certain nombre de U.S notes soient toujours en circulation via le département du Trésor.

Pour ceux qui ne connaissent pas bien les subtilités de la finance et la controverse de la Réserve fédérale, voici une brève description des billets américains (U.S Notes) rédigée par feu Gertrude Coogan, qui étudiait la question de l'argent depuis longtemps :

"Les billets américains (U.S notes) sont le genre de monnaie pour laquelle le banquier privé ne demande pas d'intérêts aux contribuables. Ils sont de l'argent réel et passent aujourd'hui comme une monnaie qui a totalement cours légal. Si toute la monnaie utilisée dans ce pays était émise par le gouvernement des États-Unis, il n'y aurait pas de périodes où le volume d'argent diminue soudainement pour une raison "mystérieuse". Les billets américains sont exempts d'intérêts à leur création et ne peuvent être révoqués."[104] Bref, les billets américains ne procurent aucun profit aux banques privées, contrairement aux billets de la Réserve Fédérale.

Toutefois, pour mémoire, nous citerons ici l'explication exacte des raisons pour lesquelles 1) les billets américains ont effectivement été émis à l'époque de Kennedy et pourquoi 2) les billets américains semblent maintenant "retirés" de la circulation.

Le fait est qu'une loi du Congrès, adoptée le 31 mai 1878, a déclaré que le Trésor américain est tenu de maintenir en circulation en tout temps 322.539.016$ en billets américains.

Cependant, comme l'a admis Rudy Villareal, alors directeur de la Division des opérations de change au département du Trésor, dans un entretien accordé en 1982 au *Spotlight*, le Trésor lui-même n'émettait pas de billets américains en circulation, bien qu'il ait été mandaté à cet effet depuis longtemps par la loi du Congrès. Il déclara que les billets américains étaient placés dans ce qu'on appelle le coffre-fort des émissions, mais, comme l'a fait remarquer le *Spotlight*, "il semblerait que, selon une sorte de magie sémantique, les bureaucrates considèrent ces billets immobilisés comme de la monnaie "en circulation".[105]

En fait, il semble bien que la dernière fois que les billets américains ont été introduits dans l'économie, c'était pendant l'administration de JFK, mais, je le répète, ce n'était pas par le décret spécial du président, qui est si souvent cité par ceux qui disent que " La Réserve fédérale a tué JFK ".

Au lieu de cela, l'émission de billets américains pendant l'ère Kennedy a été faite en vertu d'une loi déjà en vigueur. Ceux qui citent un décret exécutif de JFK qui, en fait, fait référence aux certificats argent, commettent une grave erreur et -

---

[104] *The Spotlight*, 15 Février 1982 et 20 Avril 1992.
[105] *Ibia.*

involontairement ou non - ne rendent pas service aux recherches sérieuses sur le complot d'assassinat de JFK. Je ne saurais trop insister sur ce fait.

Le *Spotlight* a publié ces histoires pour essayer de contrecarrer la mauvaise information qu'il a contribuer à faire circuler, juste pour découvrir qu'il y avait tant de personnes impliquées dans l'histoire et si déterminées à prouver que « La réserve Fédérale avait tué JFK » qu'ils se sont offusqués quant aux efforts du *Spotlight* pour rétablir les faits.

METTRE LES CHOSES AU CLAIR

Je me contenterai de dire que le *Spotlight* ne faisait partie d'aucun "camouflage" de l'implication de la Fed. Au lieu de cela, le *Spotlight* essayait d'obtenir la vérité, quel qu'en soit le prix, et essayait d'empêcher les patriotes sincères et les critiques de la Fed de se mettre dans l'embarras en diffusant des informations erronées qui ne feraient que les faire passer pour des imbéciles et donner d'autres munitions à la Fed quand elle cherche à discréditer ses critiques.

J'espère en effet que cela remettra les pendules à l'heure. Il ne fait aucun doute, comme je l'ai dit, que la future dynastie Kennedy avait de grands projets pour détruire le monopole de la Réserve fédérale sur l'argent des États-Unis, mais le OT 11 110 ne faisait absolument pas partie de ce plan à long terme.

Cette histoire continue de refaire surface malgré les efforts déployés par le *Spotlight* et d'autres pour remettre les pendules à l'heure, cette histoire a sa propre existence et j'ai vraiment peur que l'histoire ne soit jamais enterrée.

En conclusion de cette vue d'ensemble à propos du "lien" entre la Réserve fédérale et l'assassinat de JFK, il convient sans doute ici d'aborder, une fois de plus, mais sous un angle différent, la faille fondamentale de la théorie (populaire parmi les chercheurs "libéraux" en charge de l'assassinat de JFK) selon laquelle la conspiration derrière l'assassinat était par essence "de droite".

Le livre très informatif de Walt Brown, *Treachery in Dallas*, est sans doute le meilleur exemple qui montre comment cette théorie est vraiment erronée (et comment la théorie elle-même est basée sur une mauvaise compréhension de ce qui constitue précisément la pensée de '"droite" en Amérique), ce livre est l'une des meilleures initiatives les plus récentes pour comprendre le puzzle JFK.

LA "DROITE" ET LA RÉSERVE FÉDÉRALE

Bien que Brown semble être tout à fait sincère et n'essaie certainement pas de faire circuler la mauvaise information, il met en évidence un mobile de "droite" pour l'assassinat du président Kennedy qui n'est tout simplement pas un mobile de "droite". Brown se penche sur la question épineuse de la position de JFK par rapport au monopole privé sur l'argent, connu sous le nom de Réserve fédérale américaine, et répète le mythe populaire que nous avons disséqué plus haut.

Dans *Treachery in Dallas* Brown écrit : « Quand les « billets américains » apparaissent en 1962, ça a coûté beaucoup d'argent aux grandes entreprises, ainsi qu'aux intérêts bancaires, parce que le gouvernement, et non les banques, était devenu courtier. Ces « billets américains » ont disparu, après le 22 novembre, aussi soudainement qu'ils étaient apparus. »[106] Il ajoute encore :

La « haute finance » aux États-Unis a pris bonne note du fait que Kennedy avait constaté au début de l'émission des « billets américains », monnaie qui a été introduite dans notre économie au fur et à mesure que le besoin s'est fait sentir, que de tous les groupes, le Trésor public américain, était le groupe constitutionnellement obligé de le faire. D'autres fonds avaient été « transférés » dans le système par la Réserve fédérale, dont il n'est pas fait mention dans la Constitution, qui est muette sur les sociétés privées contrôlant l'émission de la monnaie américaine".[107]

Alors que l'analyse de base de Brown sur la façon dont la Fed fonctionne est fondamentale (mais objectivement erronée quant aux détails réels de la raison pour laquelle les billets américains ont été émis), Brown commet une erreur monumentale lorsqu'il cite l'émission de billets américains comme faisant partie de sa preuve qu'il y avait un mobile de "droite" motivant le désir d'élimination de John F. Kennedy de la Maison-Blanche.

Le fait est que la perception que Brown a de ce qui constitue la "droite" par rapport à la "gauche" (ou n'importe quel parti, d'ailleurs) dans la politique américaine est évidemment hors de propos, car si Brown avait fait un semblant d'enquête, il aurait trouvé que c'est la "droite" américaine qui était si farouchement critique à l'égard de la Réserve Fédérale.

À quelques rares exceptions près, comme les deux populistes texans de gauche, le représentant Wright Patman et le représentant Henry Gonzalez, ainsi que le représentant Jerry Voorhis, le démocrate californien que Richard Nixon a affronté pour sa réélection à la Chambre des représentants, les critiques les plus farouches et les plus véhéments concernant la Réserve fédérale et sa manipulation de l'argent étaient des populistes de "droite", allant du Père Charles Coughlin, prêtre de la radio des années 30 au Colonel James "Bo" Gritz, le héros largement décoré de la guerre du Vietnam qui s'est présenté comme candidat indépendant aux élections de 1992. Gritz affirma que la première chose qu'il ferait lorsqu'il serait élu président serait de rétablir le décret de JFK sur l'émission des billets américains dans l'économie. Mais, comme nous l'avons vu, il n'existait pas de décret de ce type.

La position de JFK à l'égard de la Réserve fédérale était donc une position de "droite", plus qu'une position "libérale" ou "progressiste", surtout compte tenu du

---

[106] Walt Brown. *Treachery in Dallas*. (New York : Carroll & Graf, 1995), p. 85.
[107] Brown, p. 318.

fait que - comme nous l'avons vu plus tôt dans *Jugement Final* au chapitre 4 - le père de JFK lui avait appris tous les rudiments de « droite » concernant cette question.

Il est intéressant de noter que ledit Jim Marrs introduit également la théorie selon laquelle « la réserve Fédérale a tué JFK » - ma description du mythe, et non la sienne - dans son chapitre de *Crossfire* intitulé "Rednecks and Oilmen-Right wing Extremists and Texas Millionaires » (Les Rednecks et les pétroliers, les extrémistes de droite et les millionnaires du Texas), comme s'il y avait une certaine relation entre les intérêts des « extrémistes de droite" et les contrôleurs de la Réserve fédérale. Encore une fois, comme nous l'avons vu, cela est fondé au mieux sur une mauvaise perception et au pire sur de mauvaises recherches, mais cela brouille davantage les pistes sur un élément déjà controversé concernant un sujet général encore plus controversé.

La Réserve fédérale a certainement le pouvoir de manipuler les "extrémistes de droite" à ses propres fins. Cependant, comme nous l'avons vu dans notre annexe sur Guy Banister et ses associés de "droite", on peut déceler une connexion "de droite" (pour ainsi dire) avec la conspiration d'assassinat de JFK, mais il y a certainement beaucoup plus à dire que ce que Brown, Marrs et d'autres comprennent clairement (ou peuvent oser dire).

Les intérêts bancaires qui profitent du monopole de la Réserve fédérale sont, il convient de le souligner, étroitement liés à la dynastie européenne Rothschild, comme en témoignent des ouvrages tels que l'étude monumentale d'Eustace Mullins, *The Federal Reserve Conspiracy*, qui est sans aucun doute l'ouvrage le plus important sur le sujet et qui a été la pierre angulaire de tous les écrits ultérieurs sur le sujet.

Ainsi, lorsque l'on se rappelle que la famille Rothschild, en fait, a été l'un des principaux mécènes de l'État d'Israël, on peut donc facilement suggérer que même la théorie selon laquelle "la réserve Fédérale a tué JFK" a son propre légitime accent de vérité, dans la mesure où le rôle du Mossad israélien, en liaison avec la CIA et la mafia de Lansky, renvoie en effet à un lien entre Rothschild et la Réserve fédérale avec le complot d'assassinat...

LES PREUVES RÉFUTENT LE MYTHE....

Un dernier point important mérite d'être mentionné : dans la section photo de *Jugement Final* il y a une illustration d'un billet américain de 1966. J'ai tenu entre mes mains ce billet américain de 1966. Il est authentique. Il est en possession d'un ancien critique du Système de la Réserve Fédérale.

Le simple fait que ce billet américain de 1966 existe prouve qu'il existe un mythe absolu selon lequel aucun billet américain n'a été émis après 1963. C'est donc un mythe que le président Johnson ait retiré tous les billets américains de la circulation à son entrée en fonction après le décès de JFK.

En fin de compte, ceux qui recherchent vraiment les faits sur le complot d'assassinat de JFK ne rendent aucun service en promulguant de fausses informations sur le lien avec la Réserve fédérale. Je suis donc heureux de pouvoir profiter de cette occasion pour tenter de remettre les pendules à l'heure.

ANNEXE 6

Représailles ?
Les décès étranges de William Colby et de John Paisley Avaient-ils un lien avec l'assassinat de JFK ?

La mort de l'ancien directeur de la CIA, William Colby, dans un étrange "accident" de bateau au printemps 1996, a apporté beaucoup d'eau au moulin des théoriciens du complot. La mort de Colby rappelait celle, tout aussi bizarre, de l'ancien fonctionnaire de la CIA John Paisley en 1978. Colby et Paisley étaient tous deux des critiques acerbes de l'influence israélienne au sein de la CIA et Colby se préparait - avant sa mort - à entreprendre un travail actif pour la cause arabe. Il existe en effet de solides preuves historiques suggérant que les deux hommes sont morts précisément à cause de leur opposition à Israël. Et, du moins dans le cas de Paisley, il y a un lien particulier entre l'assassinat de JFK et celui de Paisley qui doit absolument être approfondi.

Le numéro du 20 août 1996 du *Sun*, un journal à scandale, présentait un « flash special » intéressant qui annonçait que "La mort du chef de la CIA devait enfin lever le voile sur l'assassinat de JFK".[108] Le tabloïd annonça que l'ancien directeur de la CIA William Colby prévoyait de dénoncer l'assassinat du président Kennedy. Bien que le tabloïd n'ait fourni aucune preuve que ce soit le cas, il ne fait aucun doute que l'étrange disparition de Colby a donné à de nombreuses personnes - et pas seulement aux prétendus "théoriciens du complot"- une raison de marquer une pause. Colby avait en effet fait des remarques mystérieuses sur l'assassinat de JFK dans une interview juste avant sa mort, il y a donc sans doute lieu de se méfier.

Cependant, comme nous le verrons plus loin, il y a de solides preuves qui laissent entendre que, si William Colby avait effectivement des tuyaux sur l'assassinat du président Kennedy et savait que les services de renseignements israéliens étaient effectivement impliqués, Colby aurait probablement été l'ancien haut responsable du renseignement le plus susceptible de tirer la sonnette d'alarme.

Sur quelle base peut-on faire une telle affirmation ? Le fait est que, alors qu'il occupait le poste de directeur de la CIA, William Colby était considéré comme hostile aux intérêts d'Israël, à tel point que c'est Colby qui avait en fait congédié James Jesus Angleton, l'agent du Mossad depuis longtemps en place à la CIA, qui a été consigné

---

[108] *The Sun*, 20 Août 1996.

dans *Jugement Final* comme étant l'acteur clé de la CIA dans le complot d'assassinat de JFK.

ISRAËL, LA SOURCE DE FRICTION

De toute évidence, la plupart des articles de presse de l'époque, décrivant le licenciement d'Angleton par Colby, ne racontaient pas toute l'histoire. Toutefois, selon Wolf Blitzer, correspondant de longue date du *Jerusalem Post* à Washington :
"*CBS News* rapporta en 1975 qu'Angleton avait perdu son emploi en décembre 1974 à cause de conflits politiques sur Israël et non à cause des affirmations d'espionnage intérieur de la CIA, comme cela avait été rapporté à l'origine... On a dit qu'Angleton s'était également disputé avec le directeur de la CIA, William Colby, au sujet des questions de politique du Moyen-Orient."[109]
En fait, selon Blitzer, il a fallu attendre une semaine avant que le *New York Times* ne publie pour la première fois un article de Seymour Hersh affirmant que la CIA se livrait à de l'espionnage intérieur et que Colby avait dit à Angleton qu'il ne pouvait plus s'occuper du bureau israélien de la CIA, après quoi Angleton démissionna - en réalité chassé par Colby.[110]

UN ESPRIT TORDU...

Dès 1967, le comportement d'Angleton était devenu si bizarre que, lors d'un de ses voyages en Israël, John Denley Walker, le chef du bureau de la CIA en Israël, croyait qu'Angleton était "au bord d'une dépression nerveuse".[111] Cependant, à son départ de la CIA en décembre 1974, il semble qu'Angleton ait peut-être dépassé les bornes.

Le journaliste de *CBS News,* Daniel Schorr, a décrit sa rencontre avec Angleton peu de temps après qu'il est été congédié par Colby. D'après Schorr, Angleton "divaguait, la conversation était décousue. Il était allé trente fois en Israël. Il n'avait jamais rencontré Howard Hunt..."[112] (Encore une fois, le refus d'Angleton d'admettre qu'il connaissait Hunt, dont nous avons parlé au chapitre 16.) Angleton ajouta : "Pendant vingt-deux ans, je me suis occupé des dossiers israéliens. Israël était le seul pays sain d'esprit au Moyen-Orient."[113] Alors que les délires d'Angleton se

---

[109] Wolf Blitzer. *Between Washington and Jerusalem.* (New York : Oxford University Press, 1985), p. 89.
[110] *Ibia.*
[111] David Wise. *Molehunt.* (New York : Avon Books, 1992), p. 257.
[112] *Ibia.*, p. 272.
[113] *Ibia.*

poursuivaient, Schorr décida qu'Angleton "était vraiment fou. »[114] Schorr déclara qu'Angleton "continuait à parler comme si je n'étais pas là. Il parlait comme s'il examinait son propre esprit."[115]

C'est ainsi que le plus grand partisan d'Israël au sein de la CIA avait complètement pété les plombs - et que le nouveau directeur de la CIA, William Colby, était perçu comme hostile aux amis d'Angleton en Israël.

COLBY contre ISRAËL

Wolf Blitzer a décrit combien de hauts responsables américains du renseignement n'avaient pas partagé l'enthousiasme d'Angleton pour Israël, citant Colby comme exemple précis : « Un grand nombre [de personnages du renseignement] se préoccupaient beaucoup plus de la position des États-Unis dans le monde arabe. Leur évaluation de l'intérêt national des États-Unis concorde davantage avec le point de vue arabiste traditionnel du département d'État qu'avec le courant de pensée d'Angleton...

"En 1975, par exemple, les responsables israéliens du renseignement s'inquiétaient de plus en plus de ce qui semblait être une tendance de plus en plus pro-arabe chez plusieurs analystes supérieurs de la CIA. Le témoignage à huis clos de novembre 1975 sur l'équilibre des armes au Moyen-Orient offert par le directeur sortant de la CIA, William Colby, fut l'une des premières indications de cette attitude.

"Colby, qui venait d'être démis de ses fonctions par le président Ford, mais à qui on avait demandé de rester en fonction jusqu'à ce que son successeur désigné, l'ambassadeur George Bush, revienne de Chine et obtienne la confirmation du Sénat, a soutenu dans son témoignage que l'équilibre des pouvoirs au Moyen-Orient changeait en faveur d'Israël. Son témoignage, qui conteste les chiffres avancés par les responsables Israéliens, est largement considéré comme ayant porté atteinte à la demande de 1,5 milliards de dollars d'aide militaire pour Israël que l'administration a elle-même présentée au Congrès au cours de cet exercice.

UN SÉRIEUX REVERS

"La cause d'Israël au sein de la bureaucratie de la CIA, bien sûr, avait subi un sérieux revers plus tôt dans l'année lorsque Colby avait congédié Angleton... dont la position ferme contre les Soviétiques l'avait amené à croire que les intérêts nationaux américains exigeaient un Israël fort au Moyen-Orient pour contrer les avancées soviétiques croissantes... [et en conséquence][... Le témoignage controversé de Colby

---

[114] *Ibid.*
[115] *Ibid.*

contre Israël était une autre expression des mêmes attitudes qui avaient inspiré Angleton de la CIA.

"Daniel Schorr, le correspondant de Washington qui travaillait pour CBS en 1975, rapporta qu'il y avait une forte faction pro-arabe au sein de la CIA et seulement une petite faction pro-israélienne, et il déclara que ce groupe pro-arabe avait fortement influencé les décisions... De sorte que le secrétaire d'État Henry Kissinger tenta d'affaiblir les arguments de Colby sur l'équilibre des armements au Moyen-Orient"[116], citant des erreurs antérieures dans les évaluations de la CIA relatives au Moyen-Orient qui étaient perçues comme étant "pro-arabes" dans leur position.

C'est ainsi que William Colby lui-même fut finalement renvoyé de la CIA, après avoir fui Israël et son lobby à Washington. Il n'est donc pas surprenant pour les lecteurs d'apprendre que, peu de temps avant sa mort "accidentelle", Colby avait entamé des négociations en vue d'entreprendre un travail de consultant de haut niveau pour les intérêts arabes - un petit détail intéressant qui semble avoir été oublié dans une grande partie des spéculations entourant la mort de Colby.

COLBY ET LES ARABES

Au printemps 1996, Colby contacta un journaliste chevronné qu'il savait être respectueux avec les plus hauts responsables Arabes de la diplomatie, de l'armée et du renseignement et demanda au journaliste de faire en sorte que Colby rencontre un haut responsable arabe.[117]

(L'auteur de *Jugement Final* a appris la rencontre de Colby avec le responsable arabe après la disparition initiale de Colby, mais avant que le cadavre de Colby refasse surface le 5 mai 1996. La source d'information de l'auteur était le journaliste qui avait organisé la réunion.)

Selon un ancien administrateur fédéral de la sécurité qui assista à l'une des réunions, Colby et son associé arabe "avaient des préoccupations communes". Les deux hommes savaient que leurs gouvernements respectifs étaient infiltrés et manipulés par des agents israéliens. Tous deux avaient longtemps combattu ce mouvement."[118] À la suite de ces réunions, Colby accepta d'aller travailler comme conseiller confidentiel auprès des intérêts arabes. *On ne peut qu'imaginer la réaction d'Israël face à cette décision d'un ancien directeur de la CIA s'alignant sur les intérêts de leurs ennemis jurés, les Arabes.*

LA PRISE DE POUVOIR DE LA CIA PAR LE LOBBY ISRAÉLIEN

---

[116] *Ibid.*, pp. 91-92.
[117] Entretien de l'auteur avec Andrew St. George, le journaliste qui a organisé la rencontre.
[118] *The Spotlight*, 20 Mai 1996.

Il est intéressant de noter en outre que la mort de Colby est survenue à un moment critique, alors que le lobby israélien à Washington était engagé dans un effort important en coulisses pour accroître considérablement le pouvoir de la CIA et de son directeur de l'époque, John Deutch, réfugié juif d'origine belge, figure de Washington connue depuis longtemps pour ses liens étroits avec les services secrets israéliens.

Les mesures dites de "réforme" - conçues pour accroître le pouvoir du directeur de la CIA - étaient d'une telle nature qu'un véritable réformateur de la CIA comme William Colby aurait certainement fait figure de critique très bruyant et très médiatisé à l'encontre de ces propositions, d'autant plus que le lobby israélien était très clairement à l'œuvre en coulisses.

Le 24 avril 1996, soit deux jours avant que Colby ne disparaisse, un vote peu remarqué du comité sénatorial jeta les bases d'une proposition bizarre et sans précédent de restructuration du système de renseignement civil et militaire des États-Unis.

Le sénateur Arlen Specter - le tristement célèbre ancien procureur de la Commission Warren - maintenant président républicain de la commission sénatoriale du renseignement (et grand partisan d'Israël au Congrès) a fait voter une mesure visant à étendre la responsabilité du directeur de la CIA pour qu'il contrôle les budgets de tous les services de renseignement américains, dont la plupart étaient alors du ressort des divisions militaires.

Selon la proposition de Specter (qui a été entièrement endossée par Deutch), le directeur de la CIA aurait également été autorisé à jouer un rôle majeur dans la nomination des directeurs des divers services de renseignement, y compris ceux du Pentagone. Cela permettrait à Deutch de contrôler non seulement la CIA, mais aussi l'Agence nationale de sécurité, le Bureau national de reconnaissance et l'Agence de renseignement de la défense, ainsi que l'Armée de terre, la Marine, la Force aérienne et les groupes de renseignement maritime.[119]

Le 25 avril, même le *Washington Post* fut amené à se prononcer (à juste titre) sur le fait qu'"un changement aussi radical risquerait de se heurter à une forte opposition, non seulement de la part des services militaires eux-mêmes, mais aussi d'autres comités du Congrès sous la supervision du Pentagone". Le Comité sénatorial des services armés avait déjà envoyé une lettre à Specter disant qu'il souhaitait retarder toute mesure prise à l'égard des réformes qui limiteraient les pouvoirs du Pentagone, comme la proposition de confier au directeur de la CIA un rôle dans la nomination des dirigeants de l'organisme."[120]

Assurément, cette proposition était inhabituelle, c'est le moins que l'on puisse dire, mais elle s'inscrivait pleinement dans la foulée d'un effort continu (à l'époque) visant à accroître l'influence de la CIA et de son directeur actuel, John Deutch.

---

[119] *The Spotlight*, 13 Mai 1996.
[120] *The Washington Post*, 25 Avril 1996.

Après avoir pris ses fonctions à la CIA, Deutch fut salué par de nombreux articles élogieux dans les médias grand public qui proclamaient qu'il y avait - comme l'a chanté le magazine *Parade* dans un article de couverture favorable - une "nouvelle CIA"[121] sous le contrôle de Deutch. Cette analyse était en fait vraie, dans la mesure où jamais auparavant (pas même à l'époque de James Angleton) les services secrets israéliens n'avaient eu une telle influence à tous les niveaux de la CIA.

De même, le numéro du 6 mai 1996 du *Time* (propriété de la famille Bronfman, principaux mécènes d'Israël) mettait en vedette un article de quatre pages sur "le formidable John Deutch"[122], que le magazine de Bronfman a acclamé comme étant "le plus puissant chef de la CIA à ce jour",[123] concluant en disant que "ce qui est bon pour John Deutch est bon pour la CIA".[124]

En fait, au bout du compte, la prise de pouvoir de la CIA orchestrée par les sympathisants israéliens à Washington a finalement été rejetée, mais, entre-temps, bien sûr, l'homme qui aurait été l'un de ses opposants les plus efficaces, William Colby, avait été éliminé de la scène.

QUI A TUÉ COLBY ?

Après la découverte du corps de Colby, l'un de ses associés arabes a donné son point de vue sur la disparition de Colby : "Cherchez du côté des Juifs"[125], a-t-il fait remarquer. On prétend également, que Mme Colby n'était pas dupe, elle ne pensait pas que le décès de son mari ait été un accident. Cependant, en tant que diplomate expérimentée, connaissant les voies dangereuses du monde du renseignement, elle n'a aucun intérêt à dévoiler publiquement ses soupçons et ne le fera probablement jamais.

Il est donc fort peu probable que les vrais points de vue de Colby sur l'assassinat de JFK ne soient jamais rendus publics. Cependant, nous connaissons son point de vue sur Israël et son influence sur l'élaboration des politiques américaines.

Ce n'est probablement pas une coïncidence alors, que l'un des protégés de Colby des jours où Colby servait au Vietnam pour la CIA soit comme son mentor - un critique acerbe du complot israélien. John De Camp, ancien officier de l'armée au Vietnam qui a servi sous Colby et qui est maintenant un éminent avocat anti-conformiste du Nebraska, avait déjà eu affaire au lobby israélien pendant les années où il (De Camp) servait dans la législature du Nebraska.

De Camp se souvient des paroles d'avertissement de Colby, qui méritent sans doute d'être soulignées ici, particulièrement au vu de la disparition de Colby :

---

[121] *Parade*, 19 Novembre 1995.
[122] *Time*, 6 Mai 1996.
[123] *Ibid.*
[124] *Ibid.*
[125] Entrevue de l'auteur avec Andrew St. George qui a organisé la rencontre.

"Parfois, il y a des forces et des événements tellement grands, tellement puissants, avec tant d'enjeux pour certaines personnes ou institutions que vous ne pouvez rien faire contre elles, peu importe le mal ou le tort qu'elles représentent et peu importe à quel point vous êtes dévoué ou sincère ou quelles que soient les preuves dont vous disposez. C'est simplement une des dures réalités de la vie à laquelle vous devez faire face."[126]

UNE AUTRE MORT ÉTRANGE

Les paroles de Colby sont assez frappantes quand on considère que la mort de Colby dans l'eau a renvoyé à beaucoup d'autres morts étranges similaires et à une mort qui, en fait, peut être en quelque sorte vraiment reliée à la conspiration d'assassinat de JFK et qui implique une autre tentative de résister au complot israélien à Washington de la part d'un fonctionnaire de la CIA.

Nous nous référons à la mort -le meurtre- de John Paisley, ancien directeur adjoint de longue date de la C.I.A du bureau de la recherche stratégique, qui fut retrouvé flottant dans la baie de Chesapeake le 1er novembre 1978, mort d'une balle dans la tête. Bien que sa mort ait été considérée comme un "suicide", peu de gens y ont cru à l'époque et peu le croient aujourd'hui.

Ce n'est pas seulement les circonstances similaires à la mort des deux hommes que les observateurs ont trouvé si intrigantes. Ce qui est plus marquant, c'est que Paisley, comme Colby, avait résolument tenté de résister au complot israélien de haut niveau. Paisley avait découvert et tenté de bloquer - une importante opération israélienne de pénétration ciblant le Bureau du Budget des dépenses national de la CIA, où étaient compilés les comptes rendus des renseignements de haut niveau qui guident les décisions présidentielles américaines.

Qui plus est, il ne fait aucun doute que Paisley - peut-être même plus que Colby - avait de bonnes raisons d'être au courant des secrets du renseignement longtemps cachés concernant la manipulation par la CIA de l'assassin présumé de JFK, Lee Harvey Oswald. Ce n'est donc probablement pas une coïncidence si Paisley est décédé à un tournant décisif de l'enquête du Comité de la Chambre des représentants sur les assassinats, au moment où le comité explorait - ou du moins faisait semblant d'explorer - des liens possibles de la CIA avec Lee Harvey Oswald et l'assassinat du président Kennedy.

PAISLEY ET OSWALD

Bien que le nom de Paisley n'ait jamais été mentionné au cours de l'enquête de la Commission, un de ses rapports disait qu'un ex-employé de la CIA avait révélé que

---

[126] John De Camp. *The Franklin Cover-Up*. (Lincoln, Nebraska : AWT, Inc., 1996), pp. IX-X.

"la CIA conservait un grand volume d'informations sur la fabrique [soviétique] de postes radio dans laquelle Oswald avait travaillé". L'information était conservée au Bureau de la recherche et des rapports"[127] - qui aurait été le bureau de Paisley à l'époque. *Donc, si Oswald était en fait un agent de la CIA alors qu'il se faisait passer pour un " déserteur " en Union soviétique, comme beaucoup l'ont suggéré, si quelqu'un était au courant c'était bien John Paisley.*

PAISLEY ET ANGLETON

Il y a un autre détail concernant l'histoire Paisley qui vaut probablement la peine d'être noté : selon Tad Szulc, le journaliste chevronné du renseignement, le jeune Paisley âgé de 25 ans avait été recruté au sein de la CIA en 1948 lorsqu'il s'était rendu en Palestine comme opérateur radio pour la mission de maintien de la paix des Nations Unies. Et selon Szulc, ce n'était nul autre que James Angleton, l'ami d'Israël à la CIA qui avait recruté Paisley à ce moment-là.[128]

C'est intéressant dans la mesure où, selon le journaliste Jim Hougan, "sous serment devant le Sénat et autour d'un verre avec un membre de la famille de Paisley, Angleton a juré qu'il n'avait jamais rencontré Paisley"[129]. Cependant, comme le souligne Hougan, il y en a beaucoup qui trouvent "incroyable"[130] qu'Angleton et Paisley, tous deux officiers de carrière de la CIA ayant des responsabilités de contre-espionnage impliquant l'Union soviétique, ne se soient jamais rencontrer.

Le refus d'admettre avoir connu Paisley de la part d'Angleton rappelle son refus similaire (documenté au chapitre 16 de *Jugement Final*) d'admettre avoir connu E. Howard Hunt alors que tous les éléments de preuve indiquent le contraire.

Dick Russell, un ancien enquêteur ayant travaillé sur l'assassinat de JFK, s'est penché sur l'affaire Paisley. Et alors que Russell prit soin de ne jamais évoquer la possibilité d'un lien israélien avec l'assassinat de JFK, Russell en est venu à la conclusion suivante au sujet de la mort de Paisley : "Quoi que Paisley ait fait durant ses dernières années, jusqu'au moment de sa disparition, *cela remonte apparemment à l'époque de Kennedy*. Et je ne crois pas que le moment de sa disparition, qui a eu lieu alors que le Congrès se concentrait sur ce que la CIA et les Soviétiques savaient au sujet de Lee Harvey Oswald, soit une coïncidence."[131] (souligné par l'auteur)

---

[127] Russell, p. 208.
[128] Dick Russell. *The Man Who Knew Too Much*. (New York : Carroll & Graf), p. 209. Citation d'un article de Tad Szulc dans le *New York Times Magazine*, 7 janvier 1979.
[129] Jim Houghan. *Secret Agenda : Watergate, Deep Throat and the CIA*. (New York : Random House, 1984), p. 318.
[130] *Ibia*.
[131] *Ibia*., p. 214.

PAISLEY contre ISRAËL

Dans quoi Paisley était-il impliqué juste avant sa mort ? La réponse à cette question s'oriente directement vers la résolution de la question de savoir qui a tué Paisley et pourquoi. Et cela se rapporte encore une fois - précisément - aux conclusions auxquelles nous sommes parvenus dans *Jugement Final* concernant la question de savoir qui a tué John F. Kennedy et pourquoi.

Bien que la mort de John Paisley ait fasciné ceux qui avaient répertorié les guerres secrètes entre la CIA et le KGB (dont faisait partie James Angleton), il est tout à fait remarquable que ceux qui se sont penchés sur la mort de Paisley aient été réticents, comme Dick Russell, à discuter de ce qui est très clairement le lien du Mossad avec l'affaire.

Au cours des années qui ont précédé la disparition de Paisley, les factions bellicistes du gouvernement israélien exerçaient de fortes pressions à Washington pour obtenir davantage d'aide à l'armement et d'apports de liquidités par le biais du programme d'aide étrangère des États-Unis. Des partisans loyaux d'Israël, comme le sénateur Henry Jackson (D-Wash.), ont soutenu qu'Israël avait besoin de plus de puissance militaire pour protéger le Moyen-Orient contre "l'agression soviétique"- un argument qui réjouissait les anticommunistes intransigeants des deux partis politiques.[132]

Cependant, les analystes américains du renseignement se moquaient des cris alarmistes d'Israël. Dirigés par des analystes chevronnés du Bureau du Budget des dépenses national, ils ont rassuré la Maison-Blanche en affirmant que, du moins pour le moment, les Soviétiques n'avaient ni l'intention ni la capacité d'attaquer une cible importante et vitale des États-Unis, comme les États du Golfe riches en pétrole.[133]

L'EQUIPE-A contre L'EQUIPE-B

Néanmoins, les alliés d'Israël à Washington ont tenté de contrebalancer les conclusions du Conseil National du Renseignement. Ainsi, sous la pression politique, le président Gerald Ford a accepté, au milieu de l'année 1976 (alors que George Bush était directeur de la CIA), d'instituer un soi-disant "audit" des données de renseignement fournies par les propres agents de renseignement nationaux de la CIA (qui deviendra l'« Équipe A ») par un comité d'experts "indépendants" - connu sous le nom de l'« Équipe B ».[134]

Le moteur principal derrière le concept d'un tel audit était Leo Cherne, un vétéran du lobby israélien qui avait aussi des liens de longue date avec la famille Bush.

---

[132] *The Spotlight*, 5 Février 1996.
[133] *Ibid.*
[134] *Ibid.*

En 1962, Cherne, Prescott Bush Senior et Prescott Bush Junior, père et frère du futur directeur de la CIA, ainsi qu'un autre futur directeur de la CIA, William Casey, fondèrent le Centre de Renseignement de Stratégie Nationale, qui a servi de centre de distribution d'"informations" approuvées par la CIA et envoyées à quelque 300 journaux à l'échelle internationale.[135]

Cependant, comme nous l'avons noté dans l'annexe 1 de *Jugement Final*, l'Équipe B, le groupe nouvellement constitué et soi-disant "indépendant", dirigé par le professeur Richard Pipes de Harvard, un fervent partisan d'Israël, est devenu un avant-poste de l'influence israélienne. Et, bien sûr, compte tenu de son attachement familial au parrain de l'équipe B, Leo Cherne, le directeur de la CIA George Bush est devenu un défenseur des conclusions de l'équipe B, ce qui n'est pas surprenant.

PAISLEY contre L'EQUIPE-B

C'est John Paisley, récemment retraité de la CIA, qui fut chargé d'assurer la liaison et de fournir des conseils entre l'équipe A interne à la CIA et l'équipe B. Cependant, Paisley n'a pas été enthousiasmé par les actions menées par l'équipe B. Selon Meade Rowington, un ancien analyste du contre-espionnage américain : "Il est vite devenu clair pour Paisley que ces intellectuels cosmopolites essayaient simplement de discréditer les recommandations de la CIA et de les remplacer par une vision alarmiste des intentions soviétiques favorisées par les estimateurs israéliens."[136]

Par conséquent, au cours des deux années suivantes, M. Paisley a lancé sa propre campagne contre la tentative israélienne de manipuler l'élaboration des politiques américaines. Il a également commencé à parler aux journalistes et aux enquêteurs du Congrès de Washington, exposant ce qu'il voyait. Selon l'un des amis de Paisley, "Il a rencontré des physiciens et d'autres scientifiques qui savaient qu'Israël exagérait énormément les capacités militaires et les plans de guerre soviétiques. Mais on lui a dit en privé, à maintes reprises, qu'on ne pouvait rien y faire."[137]

Au début de 1978, l'équipe B avait terminé son examen des procédures et des programmes de la CIA et publié un long rapport qui critiquait sévèrement presque tous les renseignements américains trouvés au cours des années précédentes sur la puissance militaire soviétique et ses utilisations prévues.

LA DÉSINFORMATION ISRAÉLIENNE

---

[135] *George Bush : The Unauthorized Biography*. Webster Tarpley et Anton Chaitkin. (Washington, DC : Executive Intelligence Review, 1992), p. 80.
[136] *The Spotlight*, 5 Février 1996.
[137] *Ibid.*

Le rapport de l'équipe B, influencée par Israël, a déclaré que les Soviétiques développaient secrètement une capacité dite de "première frappe", parce que la doctrine stratégique soviétique supposait qu'une attaque sournoise de ce type en ferait les vainqueurs d'un échange nucléaire avec les États-Unis. L'équipe B a rejeté les estimations d'analystes tels que Paisley et d'autres qui ont estimé que Moscou n'était pas susceptible de déclencher un conflit nucléaire à moins d'être attaqué. Au bout du compte, bien sûr, les conclusions de l'équipe B l'ont emporté et la conséquence directe a été qu'il y a eu une quasi reprise de la course aux armements et une nouvelle infusion massive d'aide militaire américaine et autre en faveur d'Israël dans les années 1980.[138]

S'appuyant sur des estimations frauduleuses fournies par les services de renseignements israéliens, le rapport de l'équipe B était fondé sur la mise en garde selon laquelle l'Union soviétique manquait profondément d'énergie. En conséquence, l'équipe B prévoyait qu'à partir de 1980, la production pétrolière soviétique connaîtrait de graves pénuries, ce qui obligerait Moscou à importer jusqu'à 4, 5 millions de barils par jour pour ses besoins essentiels. Affamés de pétrole - comme le prétendait la désinformation israélienne - les Soviétiques envahiraient l'Iran ou un autre État du Golfe riche en pétrole, même si cela signifiait une confrontation nucléaire avec les États-Unis.[139]

LA CAMPAGNE D'UN HOMME SEUL

Rien de tout ceci n'était un tant soit peu vrai - et John Paisley et d'autres le savaient. Néanmoins, Paisley poursuivit sa campagne personnelle pour contrer les distorsions, les exagérations et l'influence israélienne derrière les arguments de l'équipe B. Bien que le rapport final de l'équipe fût secret, l'accès étant réservé à une poignée de chefs de gouvernement, Paisley aurait mis la main sur une copie du rapport à l'été 1978 et se serait mis au travail en rédigeant une critique détaillée qui aurait détruit cette désinformation israélienne.[140] Mais Paisley a été assassiné avant même d'avoir pu accomplir sa tâche.

Selon Richard Clement, qui dirigeait le Comité inter-agences sur la lutte contre les erreurs pendant l'administration Reagan : "Les Israéliens n'avaient aucun scrupule à « terminer » des responsables américains clé du renseignement qui menaçaient de les dénoncer. Ceux d'entre nous qui connaissent le cas de Paisley savent qu'il a été tué par le Mossad. Mais personne, même pas au Congrès, ne veut le dire publiquement."[141]

---

[138] *Ibid.*
[139] *Ibid.*
[140] *Ibid.*, 4 Mars 1996.
[141] *Ibid.*

INMAN ET PAISLEY

Orlando Trommer, un agent de sécurité fédéral à la retraite, a déclaré : "Bien sûr, Paisley avait raison."[142] Trommer a déclaré que lorsqu'il a entendu l'ex-amiral Bobby Ray Inman, un ancien directeur adjoint de la CIA (et, comme Paisley, un critique de l'équipe B) appeler publiquement à la dissolution de la CIA et lui ôter ses fonctions de collecte de renseignements, Trommer s'est dit : "Je sais ce qu'il à voulu dire. C'en est une pour toi, John."[143]

Les lecteurs se rappelleront que lorsque le président Bill Clinton a nommé l'amiral Inman susmentionné au poste de secrétaire à la Défense, M. Inman a soudainement retiré son nom de toute considération lors d'une conférence de presse tenue le 18 janvier 1994.

À ce moment-là, Inman a dit, en termes non équivoques, qu'il se retirait parce qu'il n'avait aucun désir de se soumettre à ce qu'il appelait le "nouveau maccarthysme".[144] Autrement dit, Inman a déclaré qu'il était attaqué dans les médias - en particulier par le chroniqueur syndiqué William Safire - parce qu'il (Inman) avait fui Safire et le lobby israélien des années avant.

UN AUTRE CRITIQUE D'ISRAËL

Inman expliqua comment, en 1981, lorsque les Israéliens bombardèrent le réacteur nucléaire irakien, il (Inman) avait découvert qu'en 1981, les Israéliens avaient pu accomplir leur acte précisément parce qu'ils avaient eu accès à des fichiers de haut niveau de reconnaissance par satellite du Pentagone. À ce moment-là, Inman, alors directeur intérimaire de la CIA pendant l'absence de William Casey, directeur de la CIA, donna des ordres limitant l'accès israélien à ces renseignements stratégiques nationaux. En réponse, selon Inman : "Le ministre de la Défense [israélien] le Général Sharon était tellement furieux qu'il est venu aux États Unis pour protester auprès de Weinberger."[145] Mais Weinberger, lui-même critique d'Israël, avait soutenu Inman.

Puis, après le retour de Casey le directeur de la CIA aux États-Unis, William Safire - un ami de longue date et ancien directeur de campagne de Casey lorsque Casey fit une tentative infructueuse pour le Congrès - s'était plaint à Casey qui annula la décision d'Inman. D'après Inman, "à partir de ce moment-là, si vous retracez la couverture médiatique [d'Inman], ça a été agressif."[146]

---

[142] *Ibia.*, 5 Février 1996.
[143] *Ibia.*
[144] Communiqué de presse de Bobby Ray Inman, 18 janvier 1994.
[145] *Ibia.*
[146] *Ibia.*

LES CONNEXIONS DE CASEY

Une remarque intéressante au sujet de William Casey : en tant que directeur de la CIA, Casey était un précieux allié d'Israël à Washington et c'est sous sa direction que la CIA s'est empêtrée dans la tristement célèbre affaire Iran-Contra, dans laquelle Israël fut un acteur de premier plan.

Les liens de Casey suggèrent en quelque sorte un lien de longue date non seulement avec les services de renseignements israéliens, mais aussi avec d'autres éléments qui sont apparus au cours des enquêtes sur le complot d'assassinat de JFK. Selon l'écrivain du crime organisé Dan Moldea, Casey était le fondateur, l'avocat général et membre du conseil d'administration de Multiponics, une entreprise agro-industrielle qui possédait quelque 44 000 acres de terres agricoles dans plusieurs États du Sud, dont la Louisiane.[147] L'un des associés de Casey dans l'entreprise était un Carl Biehl que Moldea décrit comme "un associé des figures de la pègre de la famille du crime de Carlos Marcello à la Nouvelle-Orléans".[148] (Dans le chapitre 10, nous avons bien entendu examiné en détail le lien du syndicat de Marcello et Lansky.)

Ce qui est particulièrement intéressant, cependant, c'est que lorsque l'entreprise Multiponics de Casey et l'associé de Marcello fit faillite en 1971, elle devait quelque 20,6 millions de dollars à divers créanciers, dont nul autre que Bernard Cornfeld de Investors Overseas Services[149], que nous avons découvert au chapitre 7 et qui jouait un rôle de premier plan dans les activités internationales de Tibor Rosenbaum en matière de blanchiment d'argent pour le Mossad. (Et nous devons nous demander, évidemment, si l'accord de l'IOS de Casey n'était pas, en fait, une sorte d'entreprise secrète - voire les moyens de se faire rembourser par le Mossad déguisé en un prêt qui a mal tourné. C'est de la spéculation, mais il y a matière à réflexion.

Plus tard, après que Casey soit devenu directeur de la CIA, il a nommé au poste de directeur adjoint des opérations en charge de l'action secrète et de la collecte de renseignements clandestins outre-mer (l'ancien poste occupé par James Angleton) une figure tout aussi intéressante : un certain Max Hugel, un fonctionnaire de la Corporation informatique des données Centronics.

Selon Dan Moldea : "Une partie de Centronics était détenue jusqu'en 1974 par Caesar's World, la société de jeu de casino, qui a fait l'objet d'une enquête fédérale pour propriété cachée présumée de la mafia, lorsque Brother International Corporation, l'ancienne société de Hugel, a racheté les parts de Caesar's World dans Centronics. Centronics avait aussi une relation de cabinet-conseil avec le truand Moe Dalitz et ses casinos de Las Vegas."[150]

---

[147] Dan Moldea. *Dark Victory*. (New York : Viking Press, 1986), p. 294.
[148] *Ibid.*
[149] *Ibid.*
[150] *Ibid.*, p. 295.

Au chapitre 10 et au chapitre 15, ainsi que dans notre annexe sur la Commission Warren, nous avons examiné l'histoire de Moe Dalitz et de ses liens intimes avec le syndicat de Lansky et la Permindex de Tibor Rosenbaum, qui était liée au complot d'assassinat de JFK. Nous trouvons maintenant une autre connexion avec Dalitz aux plus hauts niveaux de la CIA.

DOMMAGES COLLATERAUX

Inutile de dire qu'il y a eu une influence très longue, catégorique et déterminante du Mossad au sein de la CIA et nous pouvons donc comprendre pourquoi, lorsque le directeur adjoint de la CIA, l'amiral Bobby Ray Inman, a eu raison de remettre en question l'influence du Mossad, il s'est fait rejeter par William Casey à plus d'une occasion.

Bien qu'il n'ait (apparemment) aucune incidence directe sur l'assassinat de JFK, le conflit que Bobby Ray Inman a eu avec Israël et son puissant lobby à Washington illustre bien ce qui peut arriver aux hauts responsables américains qui s'en prennent à Israël en remettant en question son pouvoir et son influence sur l'élaboration des politiques américaines. Inman, à sa façon, fut autant victime des guerres secrètes en coulisses avec Israël que ses prédécesseurs William Colby, John Paisley et John F. Kennedy.

S'il existe en fait un lien direct entre la mort de Colby et de Paisley et celle de John F. Kennedy, nous ne le saurons probablement jamais. Mais les faits concernant leur mort indiquent tous un lien avec Israël. Pour cette seule raison, il convient de le noter ici dans *Jugement Final*.

LA CONNEXION AVEC ANGLETON

Soyez assurés que nous n'avons toutefois pas encore vu le dernier allié d'Israël à la CIA, ni la némésis de Colby, James Angleton, dans les pages de *Jugement Final*. Dans l'annexe 7, nous explorerons son rôle méconnu dans cet autre coup d'État connu sous le nom de "Watergate". Et nous verrons bien qu'il y a effectivement un lien entre le Watergate et l'assassinat de JFK - et ce lien, c'est Angleton.

ANNEXE 7

« Gorge profonde » Dallas et le Watergate James Jesus Angleton, Israël et la chute de Richard M. Nixon

Depuis la chute de Richard Nixon en 1974, la connexion avec Dallas et le Watergate a été à l'origine d'une quantité incroyable de désinformation et d'informations mensongères. Il y a effectivement une connexion avec Dallas et le Watergate, mais même les plus intrépides des chercheurs semblent avoir manqué quelque chose. La véritable connexion avec Dallas et le Watergate est le rôle longtemps caché de James Jesus Angleton, l'homme d'Israël au sein de la CIA- le principal moteur de la CIA non seulement derrière l'assassinat de JFK, mais aussi derrière la démission forcée de Richard M. Nixon.

Depuis des années, un large éventail de chercheurs se sont efforcés de trouver une "connexion avec Dallas et le Watergate". Peter Dale Scott et Carl Oglesby ont longuement écrit sur le sujet. Beaucoup d'autres se sont également penchés sur le sujet. Les chercheurs semblent principalement se concentrer sur une seule chose : le fait que l'"ancien" membre de la CIA, E. Howard Hunt, le chef de l'équipe qui a cambriolé le siège du parti démocrate au complexe Watergate à Washington, avait été le contact de la CIA avec les exilés anti-castristes cubains pendant les années des complots d'assassinat de la CIA contre Fidel Castro.

Cependant, comme nous le verrons dans cet appendice, il y a beaucoup plus à la "connexion Dallas-Watergate" qu'il n'y paraît, et si l'on en croit la vérité, le vrai lien est le rôle caché joué par l'allié d'Israël au sein de la CIA, James Jesus Angleton, non seulement dans l'assassinat du président Kennedy, mais aussi dans l'intrigue du Watergate qui a mené à la chute de Richard Nixon.

En fait, comme nous le verrons, Nixon - comme JFK - avait commencé à s'en prendre aux Israéliens et comme JFK - était pris pour cible en vue d'être éliminé.

NIXON : "APPORTEZ-MOI LES DOSSIERS…"

Au vu de ce que nous savons aujourd'hui du conflit acharné de John F. Kennedy avec Israël au sujet de son intention déterminée de mettre au point un arsenal nucléaire, il est très intéressant d'apprendre, selon la journaliste Leslie Cockburn, que "lorsque Nixon est arrivé au pouvoir, la deuxième chose qu'il a demandé à J. Edgar Hoover de faire pour lui, c'était : "Apportez-moi les dossiers sur l'espionnage nucléaire israélien".[151] Et si l'on considère les liens étroits qui unissent Hoover à la Ligue Anti-Diffamation (ADL) du B'nai B'rith, l'intermédiaire du renseignement américain pour le Mossad israélien, on ne peut s'empêcher de se demander si la nouvelle de l'intérêt particulier de Nixon pour ce sujet n'est pas parvenue jusqu'au quartier général du Mossad à Tel-Aviv.

Même si, en tant que président, Richard Nixon était généralement perçu comme un ami d'Israël, la communauté juive américaine en général avait des soupçons quant à Nixon. Il remporta difficilement la présidence en 1968, battant de justesse Hubert Humphrey, un fervent partisan d'Israël qui était très populaire parmi les électeurs juifs.

Toutefois, en 1972, Nixon fut réélu avec une écrasante majorité dans l'un des plus grands bouleversements populaires de l'histoire américaine et, à ce stade, Nixon décida à l'évidence qu'il avait un mandat légitime pour commencer à exercer une véritable influence.

En fait, selon ce que l'ancien chef de cabinet de la Maison-Blanche, H. R. Haldeman, a écrit dans son livre *The Ends of Power*, le président avait l'intention de refondre toute la bureaucratie fédérale et de la placer sous le contrôle direct de ses propres loyalistes triés sur le volet dans le cercle restreint de la Maison-Blanche - des collègues de longue date dignes de confiance qui ne faisaient pas partie de l'élite de la classe dirigeante.

"La réorganisation", déclara Haldeman, est l'histoire secrète du Watergate. Cette réorganisation à l'hiver 1972 - très peu connue du public américain - a fini par pousser à l'action les grands blocs de pouvoir de Washington contre Nixon.

"Alors que le si détesté Nixon se mettait de plus en plus à contrôler le pouvoir exécutif de la Maison-Blanche, car il en avait le mandat constitutionnel, ils voyaient tous qu'il représentait un danger. Ce qu'ils craignaient était réel. Nixon avait vraiment l'intention de prendre les rênes du gouvernement en main, et si les membres du Congrès avaient eu connaissance d'une conversation présidentielle du 15 septembre 1972, ils auraient été encore plus craintifs."[152]

Selon Haldeman, Nixon déclara :" Nous allons faire du ménage. Il est temps pour une nouvelle équipe. Point. Je vais [dire au peuple américain] que nous ne l'avons pas fait auparavant, mais maintenant nous avons un mandat. Et l'un des mandats est de faire le nettoyage que nous n'avons pas fait en 1968."[153] Haldeman décrivait le ménage proposé comme suit : « Non seulement [Nixon] contrôlerait étroitement toutes les rênes du gouvernement par l'intermédiaire de huit hauts dirigeants à la Maison Blanche, mais il installerait ses propres « agents » à des postes clés dans toutes les agences du gouvernement. »[154]

---

[151] Leslie Cockburn à propos de notes de C-SPAN, 1 Septembre 1991.
[152] H. R. Haldeman. *The Ends of Power*. (New York : Times Books, 1978), pp. 168-169.
[153] *Ibid.*, p. 172.
[154] *Ibid.*, p. 191.

De toute évidence, Nixon avait de grands projets : il allait en fait s'affirmer et tenter de prendre le contrôle du pouvoir exécutif et de ses innombrables agences. Il va sans dire que ce geste a mis beaucoup de membres de la communauté juive américaine mal à l'aise. Des rumeurs sur les "listes" de Nixon de Juifs occupant des postes de haut rang dans le pouvoir exécutif et les agences commencèrent à circuler, alimentant les soupçons de longue date à propos de Nixon. Et pendant que tout cela se déroulait aux États-Unis, le déclenchement des événements au Moyen-Orient donnaient un nouveau ton à la perception qu'Israël avait du président américain.

NIXON CROISE LES ISRAÉLIENS

Après sa victoire massive aux élections de 1972, Nixon a dépassé les limites en ce qui concerne le soutien qu'il fait apporter à Israël.

En 1973, l'administration Nixon a eu connaissance de l'attaque projetée contre Israël par la Syrie et l'Égypte trente heures avant que les États-Unis n'informent Israël.[155]

Selon les critiques pro-israéliens de Nixon, John Loftus et Mark Aarons, l'état-major de Nixon "avait au moins deux jours d'avance pour avertir qu'une attaque était imminente"... mais personne à la Maison Blanche de Nixon n'a prévenu les Juifs jusqu'aux dernières heures du jour de l'attaque."[156]

Loftus et Aarons déclarent que, "Bien que nos sources pensent que l'incompétence, et non la malveillance, ait été la raison qui à retarder l'avertissement, Nixon avait certainement un motif de vengeance... Nixon était bien conscient qu'à part J. Edgar Hoover, seuls les Israéliens en savaient assez sur son passé pour lui causer des dommages politiques majeurs.[157]

"Comme le montrent les enregistrements du Watergate, Nixon avait terriblement peur des Juifs. Il dressa des listes de ses ennemis et suivit les Juifs américains au sein de son administration... Quel qu'en soit le motif, en septembre et octobre 1973, la Maison Blanche de Nixon a fermé les yeux sur les plans de Sadate en vue d'une attaque surprise contre les Juifs."[158]

Il y a d'autres preuves qu'officieusement Nixon s'efforçait de déjouer la puissance et l'influence du lobby israélien, malgré la perception répandue aujourd'hui que Nixon était en quelque sorte un "ami" d'Israël.

Par exemple, le journaliste britannique respecté Alan Hart a noté que dès 1973 le secrétaire d'État de Nixon, Henry Kissinger, avait prévenu le gouvernement d'Israël que Nixon se préparait probablement à couper les vivres à Israël.

---

[155] John Loftus et Mark Aarons. *The Secret War Against the Jews.* (New York : St. Martins Press, 1994), p. 309.
[156] *Ibia.*
[157] *Ibia.*
[158] *Ibia.*, pp. 309-310.

La vérité est que, comme Hart le souligna, Nixon s'était activement aligné (officieusement) avec le roi Feisal d'Arabie Saoudite pour tenter de résoudre une fois pour toutes le conflit israélo-palestinien.

M. Hart expliqua les efforts déployés par Nixon (par l'intermédiaire des bons offices du roi Feisal) pour engager le dirigeant palestinien Yasser Arafat dans des négociations détournées en vue d'un règlement global de la paix au Moyen-Orient. Cependant, lorsque Kissinger apprit l'existence des négociations (qui avaient d'abord été menées dans son dos), il est intervenu et a mis un frein à l'effort de paix de Nixon et Feisal, qu'il considérait évidemment comme une menace pour Israël.

En outre, Hart avait noté que, selon ses sources, à un moment donné, Nixon lui-même avait déclaré au roi Feisal que si les Israéliens et leur lobby américain continuaient à contrarier les efforts de Nixon pour régler le conflit au Moyen-Orient, il avait la ferme intention - lui Nixon - de déchirer le discours qu'il avait préparé sur l'état de l'Union et de se rendre à la télévision et à la radio nationales afin d'expliquer au peuple américain comment Israël et son lobby américain constituaient le véritable obstacle à la paix.

(Pour un aperçu complet de ces questions - et beaucoup plus sur l'intrigue d'Israël - voir le livre d'Alan Hart de 1984, *Arafat-Terrorist or Peacemaker ?* Publié par Sidgwick & Jackson à Londres)

Manifestement, il y a eu beaucoup plus de rebondissements en coulisses pendant les années fatidiques de 1973 et 1974, au cours desquelles le scandale du Watergate a commencé à s'intensifier et, finalement, à faire tomber Richard Nixon. Lui, comme John F. Kennedy avant lui, était engagé dans une guerre secrète avec Israël et, au fur et à mesure que ce chapitre se déroulera, nous verrons précisément comment les mêmes forces qui ont affaibli JFK ont finalement étripé Nixon.

En fait, il y a des preuves que des plans de haut niveau pour s'opposer à Nixon étaient déjà en cours - même avant sa grande victoire de réélection en 1972.

Dans une entrevue du 24 mars 1974 avec Walter Cronkite de CBS, le financier international Robert Vesco (qui vivait alors en exil au Costa Rica, fuyant les poursuites aux États-Unis) avait des allégations intéressantes qui n'avaient presque jamais été notées.

La partie pertinente de la transcription de l'entrevue est éloquente :

> CRONKITE : M. Vesco, vous avez dit... que six mois avant le cambriolage du Watergate, les démocrates vous avaient présenté un plan de destitution du président. Pouvez-vous nous dire quel était ce plan ?
>
> VESCO : Permettez-moi de vous corriger un instant. Je ne crois pas avoir dit que les démocrates sont venus me voir. J'ai dit que c'était un groupe. Je ne crois pas avoir identifié qui. Le plan consistait essentiellement, comme je l'ai dit plus tôt, à tenter d'obtenir des chefs d'inculpation contre certains hauts fonctionnaires, en les utilisant comme tremplin pour obtenir l'opinion

publique en leur faveur en utilisant les médias dans une large mesure. L'objectif était d'inverser le résultat de l'élection présidentielle de 1972.[159]

Vesco affirma que le "groupe" qu'il avait rencontré comprenait trois personnes dont les noms étaient bien connus et qui avaient occupé des postes élevés dans des administrations antérieures qu'il ne nomma pas. Selon lui, les conspirateurs l'avaient approché parce qu'ils croyaient qu'il connaissait (ou qu'il avait accès à) d'autres informations concernant une secrète contribution en espèces au Parti républicain qui pouvait servir à créer un scandale susceptible d'être utilisé pour faire tomber l'administration Nixon.

"LES MÊMES FORCES" S'OPPOSERENT À JFK ET NIXON

Ce qui est encore plus curieux, particulièrement au vu de ce que nous aborderons plus tard, c'est que Vesco a également dit (suite à la démission de Nixon en 1974) que « les forces qui m'ont menacé sont les mêmes politiquement que celles qui ont éliminé le président Kennedy puis le président Nixon et qui veulent éliminer tous les associés de Nixon ».[160]

Bien que dans *The Yankee and Cowboy War*, l'enquêteur Carl Oglesby commente que Vesco « n'était pas très clair idéologiquement"[161] en suggérant que les mêmes forces qui ont éliminé JFK étaient aussi derrière le renvoi de Nixon, il semble au contraire que Vesco avait effectivement plutôt raison. Parce qu'Oglesby ne prend jamais en considération le fait que le "libéral démocrate" (Kennedy) et le "républicain conservateur" (Nixon) sont entrés en conflit avec Israël et son lobby américain et parce qu'il est aveuglé par la dichotomie "libéralo-conservatrice", Oglesby ne parvient donc pas à comprendre la vue d'ensemble. Il est clair que, comme l'a dit Vesco, les forces qui le menaçaient étaient « les mêmes politiquement » qui ont assassiné John F. Kennedy avant de se retourner contre Richard Nixon.

LA CONNEXION DE VESCO AVEC LA PERMINDEX

Vesco est en fait une très bonne une source sur cet aspect peu compris de la « connexion avec Dallas et le Watergate. » En fait, l'ascension de Vesco au pouvoir dans le monde financier est survenue lorsqu'il a pris le contrôle de l'Investors Overseas Service (IOS) appartenant à l'extravagant financier Bernard Cornfeld[162] qui, comme

---

[159] Cité par Carl Oglesby dans *The Yankee and Cowboy War : Conspiracies From Dallas to Watergate*. (Kansas City, Kansas : Sheed, Andrews & McMeel, 1976), pp. 269-270.
[160] *Boston Globe*, 6 Décembre 1974. Cité dans *Oglesby*, p. 270.
[161] *Oglesby*. p. 270.
[162] Robert Hutchison. *Vesco*. (New York : Praeger Publishers, 1974)

nous l'avons vu au chapitre 7 et au chapitre 15, faisait partie intégrante du réseau de la Permindex lié à l'assassinat de Kennedy et mis en place par Tibor Rosenbaum, agent supérieur du Mossad de longue date.

Et comme nous l'avons noté au chapitre 9, c'est Michael Townley - qui était en réalité agent de l'IOS au moment de l'assassinat de JFK - qui fut plus tard condamné pour le meurtre du diplomate chilien Orlando Letelier. Les co-conspirateurs de Townley dans ce crime étaient les exilés cubains (et agents de la CIA) Guillermo et Ignacio Novo qui, comme nous l'avons vu, sont arrivés à Dallas le 21 novembre 1963 et se sont entretenus avec E. Howard Hunt, membre de la CIA, ils ont manifestement joué un rôle avec Hunt dans les circonstances entourant les événements de Dallas liés à la conspiration d'assassinat.

Vesco lui-même s'est empêtré dans les intérêts arabes au lendemain du scandale financier de l'IOS qui suivit, à tel point que le journaliste d'investigation Jim Hougan a commenté de façon ironique (et sage) que Vesco "aurait pu facilement convaincre les Arabes que l'IOS était un instrument politique d'Israël, en indiquant les investissements de plusieurs millions de dollars dans des obligations et des biens israéliens, et ses liens avec des sionistes aussi réputés que Cornfeld, Rosenbaum, Rothschild...

« Avec quelques pros de Madison Avenue de son côtés », déclara Hougan, « Vesco aurait pu manipuler les sentiments nationalistes du Moyen-Orient, émergeant dans la vision arabe comme un réfugié politique, victime d'une sinistre conspiration sioniste. Après tout, comme [Vesco] aimait à le souligner, tous ses ennuis pouvaient être attribués à ces « putains » de bâtards de juifs (sic) de la SEC (organisme fédéral américain de réglementation et de contrôle des marchés financiers). Et il y aurait eu une certaine justice immanente dans l'éventualité où Vesco aurait réussi avec ce stratagème »,[163] a-t-il ajouté.

Donc, compte tenu des liens intimes de Vesco avec le réseau Permindex derrière le complot d'assassinat de JFK, il est probable en effet que Vesco ait eu connaissance des faits sur la complicité du Mossad avec la CIA dans l'affaire JFK et qu'il utilisait donc son influence pour frapper ceux qui tentaient de le ramener aux États-Unis pour qu'il soit jugé.

Avec le consentement de Fidel Castro, il finit par se réfugier à Cuba, un pays anti-sioniste, et là, il fit sans aucun doute entendre à Castro ce qu'il - lui Vesco - savait de l'affaire JFK.

Ceci, bien sûr, aurait été particulièrement intéressant pour Castro dans la mesure où les comploteurs derrière l'assassinat de JFK ont fait tout leur possible pour "déguiser" l'assassin présumé du président, Lee Harvey Oswald, en sympathisant de Castro. En fin de compte, Castro a naturellement fini par se brouiller avec Vesco et le célèbre "financier fugitif" a été emprisonné par son vieil hôte, accusé d'implication dans le commerce de la drogue.

---

[163] Jim Hougan. *Spooks*. (New York : William Morrow & Company, 1978), p. 227.

Le destin final de Vesco reste à voir, mais il ne fait aucun doute que ses allégations selon lesquelles les forces derrière le Watergate auraient également été à l'origine du complot d'assassinat de JFK sont très pertinentes et crédibles, d'autant plus que nous savons qu'au moment où le scandale du Watergate a commencé à se dérouler, le sujet de l'assassinat de Kennedy semblait préoccuper Richard Nixon.

NIXON ET L'ASSASSINAT DE JFK

Les chercheurs qui ont été à la recherche de la très discuté « Connexion avec Dallas et le Watergate », citent souvent les mémoires de l'ancien chef de cabinet de la Maison-Blanche de Nixon, H. R. Haldeman, dans lequel Haldeman expliqua comment Nixon avait cherché à ce que la CIA intervienne pour empêcher le scandale naissant du Watergate d'aller plus loin. Nixon indiqua à Haldeman comment il (Haldeman) devait approcher Richard Helms, alors directeur de la CIA, et convaincre Helms de coopérer.

Nixon conseilla à Haldeman de rappeler à Helms qu'E. Howard Hunt, l'ancien membre de la CIA, était l'un des cambrioleurs du Watergate. "Hunt... dévoilera beaucoup de choses, " déclara Nixon.

« Si vous ouvrez cette crapule, un sacré tas de choses vont en sortir... dites-leur que nous pensons qu'il serait très préjudiciable d'aller plus loin. Cela implique ces Cubains, Hunt, et beaucoup d'entourloupes qui n'ont rien à voir avec nous."[164]

Haldeman déclara à l'époque, qu'il n'avait aucune idée de ce que "Nixon" entendait par "entourloupes". Mais Nixon ajouta : " Quand on les gens de la CIA disent " Le problème, c'est que cela va rouvrir toute l'affaire de la baie des Cochons. Ils devraient donc appeler le FBI et, pour le bien du pays, ne pas aller plus loin dans cette affaire. Point final."[165]

Plus tard, lors d'une réunion subséquente, Nixon a de nouveau abordé ce thème mystérieux en disant :"Dites-leur que si ça sort, cela donnera une mauvaise image de le CIA, une mauvaise image de Hunt, et il est probable que ça fera sauter toute la baie des Cochons, ce qui serait très malheureux pour la CIA".[166]

Effectivement, Haldeman est allé voir Helms et a transmis ce message. La réaction du directeur de la CIA a étonné Haldeman qui l'a expliqué dans ses mémoires : « Agitation dans la pièce, Helms agrippant sa chaise penchée vers l'avant et criant : "La Baie des Cochons n'a rien à voir avec cela. Je ne m'inquiète pas pour la baie des cochons." Selon Haldeman : "Je me suis juste assis là. J'ai été absolument choqué par

---

[164] Haldeman, p. 33.
[165] *Ibid.*
[166] *Ibid.*

la réaction violente de Helms. Encore une fois, je me demandais ce qu'était cette dynamite dans l'histoire de la Baie des Cochons ?"[167] (souligné par Haldeman).

Ce qui est intéressant, c'est que Haldeman déclara que plus tard, après qu'il ait commencé à faire coïncider les choses, il conclut qu'" il semble que dans toutes ces références de Nixon à la Baie des Cochons, il faisait en fait référence à l'assassinat de Kennedy."[168]

(Peu de temps avant sa mort, et des années après la publication des mémoires, Haldeman prétendit que le co-auteur de ses mémoires, Joe DiMona, avait inséré dans ses mémoires la référence à la « Baie des Cochons » et à l'assassinat de Kennedy, qu'elle avait été publiée à son insu et que ce n'était tout simplement pas vrai. Haldeman n'a toutefois pas expliqué pourquoi il n'avait jamais lu ses propres mémoires avant leur publication ou pourquoi il n'a jamais rejeté les affirmations douteuses - mais souvent remarquées - de son coauteur immédiatement après la publication du livre)

D'autres croyaient que la CIA était l'instigatrice du scandale du Watergate. Même le *Washington Post* (qui est devenu la principale voix médiatique dans l'affaire du Watergate) rapporta :

> "Charles W. Colson (un des meilleurs conseillers de Nixon) a fait une série d'allégations surprenantes au sujet des craintes de Nixon sur l'implication de la CIA dans le scandale du Watergate. Colson a dépeint le président comme un quasi prisonnier du Bureau ovale de présumés conspirateurs de haut rang des cercles du renseignement, contre lesquels il n'ose pas agir par crainte de répercussions politiques internationales et nationales. Sa crainte fondamentale était que la CIA avait planifié les cambriolages du Watergate. Le mobile : discréditer le cercle restreint des conseillers du président :"[169]

Il semble en effet que Nixon faisait du chantage à la CIA au sujet de son implication dans l'assassinat de JFK et qu'il a tenté d'utiliser cette information contre la CIA pour exercer une influence politique après le début de l'affaire du Watergate. Cependant, il est très vraisemblable que, depuis le premier jour, l'effraction ratée du Watergate était en fait un coup monté destiné à échouer. Et la CIA était derrière ce coup monté.

Nombreux ont été les enquêteurs qui se sont penchés sur l'affaire du Watergate, y compris Carl Oglesby, qui ont conclu que les cambrioleurs du Watergate étaient en fait infiltrés par un "agent double" ou des agents qui ont délibérément fait en sorte que les cambrioleurs du Watergate se fassent prendre sur le fait : Un morceau de ruban adhésif de masquage "accidentellement" laissé au-dessus d'un loquet de porte -

---

[167] *Ibid.*, p. 38.
[168] *Ibid.*, p. 39.
[169] Cité dans *the Richmond, California Independent-Gazette*, 27 Juin 1974.

horizontalement plutôt que verticalement, ce qui a permis de le découvrir - a alerté la sécurité du Watergate que des manigances étaient en cours d'exécution.

LES CAMBRIOLEURS D'ANGLETON ?

Bien que l'on ait laissé entendre que E. Howard Hunt lui-même était l'un de ceux qui ont aidé à "bousiller" le cambriolage - un point vue tenu par G. Gordon Liddy et certainement Eugenio Martinez,[170] deux des autres cambrioleurs - James McCord était probablement l'autre agent double qui était directement responsable du simulacre de l'enregistrement.

Bien qu'il n'ait pas été connu du public avant le scandale du Watergate, McCord n'était pas un "agent de la CIA" ordinaire. Il n'avait pas seulement été le haut fonctionnaire de sécurité de la CIA en Europe, il avait également été plus tard responsable de la sécurité au siège de la CIA à Langley,[171] il ne s'agissait pas de postes insignifiants. Pourtant, apparemment en "retraite", l'expert en sécurité de haut rang de la CIA a réussi à "bousiller" un cambriolage de pacotille.

McCord lui-même déclara plus tard que Nixon avait tenté "d'obtenir le contrôle politique de la CIA"[172] et cela ne lui avait pas plu - ni à James Angleton, l'allié du Mossad et chef du contre-espionnage de la CIA. En fait, et c'est très important, McCord était un ami intime d'Angleton,[173] et, en tant que vieil agent de sécurité de la CIA, McCord travaillait directement avec Angleton. De plus, en tant que chrétien citant la Bible, McCord partageait le dévouement d'Angleton envers Israël.

Donc, non seulement les éléments de preuve suggèrent que l'opération du Watergate contre Nixon avait été déclenchée au moins en partie parce que Nixon était (comme JFK avant lui) une menace pour Israël, mais que les origines du Watergate remontaient directement au bureau d'Angleton à la CIA.

En plus, le fait que nous trouvions également un ancien agent du Mossad, l'agent de la CIA Frank Sturgis, et son ancien partenaire de la CIA E. Howard Hunt, de retour dans la boucle lors du cambriolage raté est également significatif.

Comme nous allons le voir maintenant, c'est Angleton qui a orchestré - par l'entremise d'un agent de la Maison-Blanche - les fuites constantes vers le *Washington Post* qui ont mené à la frénésie médiatique nationale dont on se souvient aujourd'hui sous le nom de "Watergate".

---

[170] Eugenio Martinez. *"Mission Impossible"* in *Nixon : An Oliver Stone Film,* publié par Eric Hamburg. (New York : Hyperion Books, 1995), voir pp. 61- 72.
[171] *Oglesby*, pp. 282-284.
[172] Deborah Davis. *Katharine the Great.* (New York : Sheridan Square Press, 1991), p. 259.
[173] *George Bush : The Unauthorized Biography.* Webster Tarpley et Anton Chaitkin. (Washington, DC : Executive Intelligence Review, 1992), p. 251.

"GORGE PROFONDE" FAIT SON ENTRÉE

La source de la Maison-Blanche qui a fourni aux jeunes journalistes du *Washington Post* Robert Woodward et Carl Bernstein la corde dont ils avaient besoin pour pendre Richard Nixon pour le camouflage du Watergate a été surnommée "Gorge profonde".

Pendant des années, on a spéculé sur la véritable identité de "Gorge profonde" et l'un des candidats dont le nom a souvent été mentionné - bien qu'il le nie - est le général Alexander Haig, qui a été chef de cabinet de la Maison-Blanche au moment de la disparition de Nixon.

Parmi ceux qui identifient Haig comme étant "Gorge profonde", citons lesdits écrivains pro-israéliens, John Loftus et Aarons. Ils spéculent qu'en octobre 1973, Haig (lui-même ardent défenseur d'Israël) devint amer suite aux accès de colère et d'agressivité anti-juifs du président Nixon et encore plus fâché que Nixon ait failli laisser Israël être victime d'une attaque arabe surprise, il « prit le taureau par les cornes"[174] et devint "Gorge Profonde" dans le but de la faire à Nixon et de le forcer à quitter son poste.

C'est une théorie intéressante, ne serait-ce que parce qu'elle souligne le fait qu'il y avait des sources pro-israéliennes qui suggèrent que la destruction de Richard Nixon était l'œuvre d'un ardent sioniste très bien placé à la Maison Blanche : en l'occurrence, Alexander Haig.

Cependant, il y a des preuves beaucoup plus fortes qui suggèrent que nous devrions déposer la couronne d'honneur sur la tombe de James Angleton. Si Angleton n'était pas « Gorge profonde » à proprement parler, il était certainement le superviseur de « Gorge profonde » pour la CIA - et était donc en fin de compte responsable de la destruction de Richard M. Nixon. Jetons donc un œil aux preuves.

Nous nous tournons vers le travail de la journaliste d'investigation Deborah Davis, dont le livre percutant, *Katharine the Great : Katharine Graham and Her Washington Post Empire*, avait fait un sacré raffut lors de sa première publication. Le livre était si incendiaire que Mme Graham fit jouer son immense influence et le fit retirer des librairies et le réduit en pâte à papier.

Mais ce qui est encore plus intrigant, c'est le fait que le livre de Davis a peut-être été (jusqu'à présent) le seul ouvrage qui documente le lien d'Angleton, longtemps caché, avec l'affaire du Watergate (mais qui est passé inaperçu et oublié).

ANGLETON ET LE WASHINGTON POST

Dans un premier temps, Davis décrit les liens intimes et de longue date entre Angleton et Benjamin Bradlee, le rédacteur en chef du *Washington Post* qui encadra

---

[174] *Ibid.*, p. 317.

les journalistes Robert Woodward et Carl Bernstein dans la couverture du scandale du Watergate par le *Post* :

« Dix-neuf cent cinquante-six. Ben Bradlee, récemment remarié, est correspondant européen pour *Newsweek*. Il quitte l'ambassade [américaine] de Paris, où il occupe le poste d'attaché de presse chez *Newsweek* en 1953, un an avant que le directeur de la CIA Allen Dulles n'autorise l'un de ses agents le plus habile et le plus forcené, l'ancien agent de l'OSS James Angleton, à mettre sur pied une équipe de contre-espionnage. En tant que chef du contre-espionnage, Angleton est devenu le contact pour tous les services de renseignement alliés et il s'est vu confié le contrôle de l'épineux bureau d'Israël, par l'intermédiaire duquel la CIA reçoit quatre-vingts pour cent de ses renseignements sur le KGB.

« Bradlee est en mesure d'aider Angleton avec les Israéliens à Paris, et ils sont aussi également liés sur d'autres plans : l'épouse de Bradlee, Tony Pinchot, diplômée de Vassar en 44, et sa sœur Mary Pinchot Meyer, diplômée de Vassar en 42, sont des amies intimes d'Autremont de Cicely, diplômée de Vassar en 44, qui épousa James Angleton quand elle était au lycée, l'année où il reçut son diplôme de la Harvard Law School et fut recruté dans l'OSS par un de ses anciens professeurs chez Yale. »[175]

Davis cite également une autre connexion entre Bradlee et Angleton qui joua un rôle crucial au cours de la période du Watergate :

"Ben Bradlee et Richard Ober, un jeune homme qui deviendra plus tard le principal adjoint du contre-espionnage d'Angleton et collaborera avec le maître en Europe et à Washington tout au long des années cinquante, soixante et soixante-dix, étaient également à Harvard, au début des années 1940.

"L'almanach de Harvard de 1943-44 montre que Bradlee et Ober, qui ont quatre mois de différence, ont tous les deux été dans le Hasty Pudding Club en tant qu'étudiants de première année ; c'est un club de quatre ans et les étudiants y entrent durant leur première année. Selon un historien du Hasty Pudding Club, "les cercles gastronomiques de Harvard ne comptaient alors qu'une quarantaine de membres" et étaient souvent à l'origine de grandes, voire durables amitiés entre les jeunes gens..."[176]

Malgré tout cela, Bradlee a nié avoir connu Ober à l'époque - ou plus tard. Mais il ne fait aucun doute qu'au moment où Bradlee avait commencé son travail pour *Newsweek* et collaborait avec James Angleton et "les Israéliens à Paris", Ober était l'adjoint de confiance d'Angleton. Et ce, à l'époque où les opérations d'Angleton impliquant la Mafia française corse (décrite au chapitre 9 de *Jugement Final*) étaient à leur apogée.

Davis décrit le rôle qu'ont joué Bradlee et d'autres journalistes liés au réseau d'Angleton : "Lui et ses collègues écrivent du point de vue de la guerre froide. Angleton et Ober sont des agents du renseignement qui voyagent entre Washington et Paris, Londres et Rome. À Washington, dans des lieux privés comme le salon de

---

[175] Davis, pp. 214-215.
[176] *Ibid*.

Philip et Katharine Graham, ces patriotes philosophent et élaborent des plans ; dans les villes étrangères, ils s'emploient à contrôler le communisme européen par tous les moyens possibles - en semant des histoires négatives, en infiltrant les syndicats, en soutenant ou en discréditant les dirigeants politiques - pour provoquer un sentiment anticommuniste."[177]

Bradlee a également réussi à se retrouver au cœur de la controverse algérienne dans laquelle le jeune sénateur John F. Kennedy s'était embarqué à son retour aux États-Unis, au grand désarroi des partisans d'Israël qui s'opposaient au concept d'indépendance de l'Algérie arabe (alors encore colonie française).

Selon Davis, "l'exploit le plus notable de Bradlee en tant que correspondant à l'étranger a été d'obtenir un entretien avec le FLN, les guérilleros algériens qui étaient alors en révolution contre le gouvernement français. L'interview, qui avait toutes les caractéristiques d'une opération de renseignement... a poussé les Français à expulser Bradlee du pays en 1957."[178]

Quoi qu'il en soit, étonnamment, nous retrouvons Bradlee - alors qu'il travaillait avec Angleton, 17 ans avant le Watergate - au milieu d'un autre projet qui présente un intérêt particulier pour Israël et qui finira par faire partie de la soi-disant « Connection française » du complot d'assassinat de JFK dont Angleton était un acteur central.

Cependant, peu après l'assassinat de JFK, nous retrouvons encore une fois Angleton et Bradlee travaillant secrètement ensemble dans l'ombre. Comme nous l'avons souligné au chapitre 16, après la mort de la maîtresse de JFK, Mary Pinchot Meyer (la belle-sœur de Bradlee et l'épouse du haut fonctionnaire de la CIA Cord Meyer) tuée par balle (dans ce qu'on a dit être un vol qualifié) le 12 octobre 1964, Angleton avait obtenu le journal de Mme Meyer (avec l'aide de Bradlee) et l'avait détruit au siège de la CIA.

Quelques années plus tard, après que James Truitt, rédacteur en chef du *Washington Post*, soit entré en conflit avec Bradlee, Truitt révéla au grand jour l'histoire de l'acquisition du journal de Mme Meyer par Angleton et Bradlee. Jusqu'alors, Angleton avait réussi à éviter les projecteurs, mais son lien avec l'intrigue de Mary Meyer lui apporta une reconnaissance publique indésirable. Selon Deborah Davis, "la querelle de Truitt avec Bradlee avait inutilement exposé Angleton, lui laissant un goût amer et de la rancœur."[179]

En 1967, alors qu'Israël assurait en toute sécurité le soutien inconditionnel de l'administration Johnson, le bureau d'Angleton à la CIA dirigeait la désormais célèbre opération CHAOS, qui était un "programme de collecte de renseignements comportant des aspects précis de contre-espionnage intérieur"[180] - en bref, une

---

[177] *Ibia*. pp. 214-216.
[178] *Ibia*, p. 134.
[179] *Ibia*, p. 219.
[180] *Ibia.*, pp. 230-231.

opération d'espionnage visant les citoyens américains qui osaient contester la politique de la CIA et de l'administration Johnson.

L'opération fut dirigée pour Angleton par son vieil adjoint, ledit Richard Ober. Cela étant, lorsque Richard Nixon arriva au pouvoir en 1969, la Maison-Blanche de Nixon commença à collaborer étroitement avec les opérations d'Angleton et fit ainsi entrer Ober dans le cercle restreint de la Maison-Blanche.[181]

LE MOSSAD À LA MAISON BLANCHE ?

Il y avait cependant, une autre faux-pli supplémentaire. Ce fait particulier - rapporté par Deborah Davis - n'a apparemment jamais été mentionné ailleurs dans toute la mine d'informations publiées en référence au Watergate et à l'intrigue de cette époque. La révélation de Davis est essentielle à la compréhension des forces secrètes derrière le coup d'État qui a éjecté Richard Nixon de la présidence...

Selon Davis, dans le cadre d'une soi-disant solution à trois problèmes perçus par le secrétaire d'État Kissinger - à savoir « l'apaisement des tensions, les guerres arabo-israéliennes, et la subversion intérieure »[182] - Kissinger muta effectivement Angleton "à la Maison-Blanche et le mit en charge d'un bureau israélien de contre-espionnage qui était en théorie indépendant et plus important que le bureau israélien à la CIA."[183]

Davis remarque qu'"Angleton travaillait en étroite collaboration avec Kissinger et savait presque tout ce qu'il faisait, alors que Kissinger n'avait pas ce privilège concernant Angleton."[184]

L'adjoint d'Angleton, Richard Ober, s'occupait des affaires du bureau israélien d'Angleton à la Maison-Blanche, véritable avant-poste du Mossad. Par conséquent, Angleton et Ober étaient bien placés en cette période cruciale où Richard Nixon, grisé par la victoire suite à sa réélection triomphale, agissait pour asseoir son autorité sur la CIA et contre Israël.

Comme nous l'avons vu, le minable cambriolage raté du Watergate de 1972 avait déjà eu lieu, et Nixon et son entourage avaient tenté une ridicule opération de camouflage. Mais les preuves indiquent que le cambriolage était un coup monté depuis le départ. Et Nixon tomba dans le panneau.

C'est le vieil allié de James Angleton au *Washington Post*, Ben Bradlee, qui lança la campagne médiatique qui a fait du "Watergate" un mot familier et qui a mené à la série d'enquêtes officielles qui ont fait tomber Nixon. Mais le *Post* n'aurait pas pu orchestrer l'indignation du public s'il n'avait pas eu l'appui de « Gorge profonde » - un initié haut placé de la Maison-Blanche qui a pu fournir aux journalistes du *Post*

---

[181] *Ibid.*
[182] *Ibid*, p. 256.
[183] *Ibid*, p. 256.
[184] *Ibid* p. 257.

Bob Woodward et Carl Bernstein l'information dont ils avaient besoin pour faire du Watergate une grande, grande histoire.

Deborah Davis nous livre un résumé des paramètres du complot entre « Gorge profonde » et le *Washington Post*, qui démontre incontestablement que la couverture du Watergate par le *Post* n'était pas seulement une simple affaire de jeunes journalistes acharnés qui faisaient un travail fantastique pour chasser la corruption, mais qu'il se passait bien plus de choses en coulisses :

« Que Woodward ait été manipulé ou "dirigé," par Gorge profonde est très clair dans [livre de Woodward et de Bernstein sur Watergate] *All the President's Men*, ce qui est une autre raison pour laquelle le livre est un document incroyable. Il est évident que Gorge profonde a tout intérêt à ce que le *Post* réussisse son enquête... Il attend des résultats. Il ne lui dira pas comment il sait ce qu'il sait ou pourquoi il veut aider Woodward à impliquer Nixon... »[185]

Davis a conclu que la « voix » de la source, Gorge profonde, était en fait, l'adjoint d'Angleton, Richard Ober. Et cela signifie, bien sûr, qu'Ober a certainement répondu à l'appel d'Angleton dans le cadre d'une campagne visant à faire tomber Richard Nixon.

La grande question, en ce qui concerne Davis, est de savoir si "Gorge profonde" a approché Woodward ou si l'éditeur de Woodward, Ben Bradlee, a mis Woodward en contact avec "Gorge profonde".

Dans les deux cas, la main de James Angleton était clairement à l'œuvre. Soit Angleton a envoyé Ober à Woodward, soit Angleton a demandé à Bradlee, son allié de longue date du *Post*, d'envoyer son reporter Woodward chercher Ober. Davis fait remarquer : "La déception mineure dans [*All President's Men*] est que seul Woodward savait qui était Gorge profonde. Bradlee aussi le connaissait très certainement et depuis bien plus longtemps que Woodward."[186]

Davis ajoute : "Il y a une possibilité que Woodward ait rencontré [Gorge profonde] pendant qu'il travaillait [avant de devenir reporter du *Post*] comme agent de liaison des renseignements entre le Pentagone et la Maison-Blanche, où Gorge profonde avait son bureau, et qu'il jugeait Woodward digne de confiance, ou utile, et qu'il ait commencé à lui parler quand le moment était venu".

"Il est tout aussi probable, cependant, dit Davis, que Bradlee, qui avait donné d'autres sources à Woodward sur d'autres histoires, les ait mis en contact après son premier jour de Woodward sur l'histoire, lorsque le cambrioleur du Watergate James McCord déclara lors de son audience d'accusation qu'il avait déjà travaillé pour la CIA."[187]

Dans le verdict de Davis : "Que Bradlee ait fourni la source ou non, il a reconnu que la déclaration de McCord devant le tribunal était très étrange, les employés de la

---

[185] *Ibid.*, p. 255.
[186] *Ibid.*, p. 255.
[187] *Ibid.*, p. 255.

CIA, lorsqu'ils sont pris dans un acte illégal, n'admettent pas qu'ils travaillent pour la CIA, à moins que cela ne fasse partie du plan. McCord n'avait aucune bonne raison de mentionner la CIA du tout, sauf apparemment pour attirer l'attention sur le cambriolage, car on lui avait demandé d'indiquer seulement son occupation actuelle, et il n'avait pas travaillé pour la CIA depuis plusieurs années."[188]

UNE OPÉRATION DE CONTRE-ESPIONNAGE

La conclusion de Davis est véritablement très puissante : « Si Gorge profonde était Richard Ober, avec qui Bradlee avait dîné chez Harvard et que Woodward très vraisemblablement avait connu pendant qu'il était au Pentagone ; si c'était Ober, qui en tant que chef de l'opération CHAOS, et à la fois en tant qu'agent de la Maison Blanche et de la sécurité nationale, était l'un des rares hommes à pouvoir en savoir plus sur Nixon que Nixon lui-même ; si Gorge profonde était le même homme qui avait été le député et le protégé de James Angleton, le maître de la CIA des sales tours - il ne fait aucun doute que l'utilisation du *Washington Post* pour abattre Nixon était à la fois une opération de contre-espionnage du plus haut niveau et un sale coup par excellence."[189]

"Ce qui importe, " conclut Davis, tout à fait correctement, « n'est pas de savoir comment le lien avec Gorge Profonde a été établi, mais pourquoi. Pourquoi Bradlee a-t-il permis à Woodward de s'appuyer si lourdement sur lui et, en fin de compte, pourquoi les dirigeants de la communauté du renseignement, pour qui Gorge Profonde a parlé, ont-ils voulu que le président des États-Unis tombe ?"[190]

Il semble évident qu'ici, dans *Jugement Final*, nous pouvons enfin apporter une réponse à la question de Davis, à savoir pourquoi les dirigeants de la communauté du renseignement, pour qui Gorge Profonde a parlé, voulaient que Richard Nixon quitte la présidence. La réponse réside dans la simple proposition selon laquelle John F. Kennedy, comme Nixon avant lui, a été perçu (comme nous l'avons vu) comme une menace pour la survie d'Israël. C'est ainsi que l'opération du Watergate a été déclenchée pour éliminer Nixon de la Maison Blanche.

Une fois que Nixon et son cercle restreint furent pris au piège dans la toile et commencèrent leurs ridicules tentatives de camouflage (ce qui, bien sûr, était de leur fait), ils aidèrent à préparer le terrain pour leur propre perte. De plus, Nixon commença à faire des tentatives de chantage contre la CIA, menaçant clairement l'agence - comme nous l'avons vu - en se servant de ce qu'il savait à propos de l'implication de la CIA dans l'assassinat de JFK. (Et compte tenu de tout ce que nous savons maintenant, il est probable que Nixon connaissait ou soupçonnait également l'implication du Mossad.)

---

[188] *Ibid*, p. 255.
[189] *Ibid*, p. 260.
[190] *Ibid*, p. 255.

Cependant, une fois que le *Washington Post* - sur l'instigation d'Angleton - s'est activement impliqué dans la campagne contre Nixon, le destin du président fut scellé. L'enquête très saluée du Sénat sur l'affaire du Watergate, devint un élément quotidien de la couverture télévisuelle et la Chambre des représentants entama les procédures de destitution.

Et Sam Dash, ancien commissaire national et membre du conseil consultatif national de la Ligue Anti Diffamation (ADL) du B'nai B'rith[191] - l'intermédiaire du renseignement américain pour le Mossad israélien - était très haut placé dans le complot contre Nixon en tant que conseiller juridique principal du Comité sénatorial du Watergate.

Albert Jenner, que nous avons rencontré à l'annexe 4 en tant qu'ancien membre du personnel de la Commission Warren ayant des liens étroits avec l'empire de Chicago du milliardaire sioniste Henry Crown, lié à la mafia, était l'avocat "républicain" de la minorité, bien placé pour surveiller les défenseurs du GOP de Nixon. Nous pouvons donc être assurés que toutes les parties intéressées ont été pleinement informées des secrets de l'affaire du Watergate et de ses progrès.

Bref, Nixon était encerclé. Sa seule chance de survie, une fois que le Watergate se serait détaché, aurait été un véritable contre coup d'État.

À cet égard, nous savons que l'autre partisan clé d'Israël à la Maison-Blanche, Alexander Haig, s'était activement mobilisé pour empêcher Nixon de faire des tentatives de riposte. De nombreux comptes rendus publiés ont expliqué comment Haig avait donné pour instruction aux forces armées d'ignorer tout ordre militaire émanant du président Nixon, à moins qu'il n'ait été préalablement autorisé par Haig lui-même.

Qui plus est, il y eut également des rapports selon lesquels Haig lui-même aurait lancé une enquête discrète, officieusement, sur la relation de Nixon avec le crime organisé, évidemment dans le cadre de l'effort visant à resserrer davantage la corde autour du cou de Nixon au cas où le président refuserait de partir de son plein gré. Nous pouvons imaginer la réaction du public s'ils apprenaient que leur président - qui avait déclaré qu'il n'était pas un "escroc"- avait été révélé par le *Washington Post* comme étant un allié secret de la "mafia". En fait, Angleton, Haig et le *Post* n'ont jamais eu à jouer leur carte "Mafia" contre Nixon. Le président battu a démissionné le 9 août 1974.

LA VRAIE "CONNEXION AVEC DALLAS ET LE WATERGATE"

Dans le contexte de ce que nous avons donc considéré, peut-on douter que le Watergate, en fait, était une opération conjointe de la CIA et du Mossad orchestrée par James Angleton dans le but d'éliminer Nixon de la présidence, une opération semblable à la conspiration

---

[191] Bulletin de l'ADL (date non disponible, autour de 1974)

qui a mené à l'assassinat de John F. Kennedy ? Les preuves sont là, pour ceux qui peuvent voir la situation dans son ensemble.

On pourrait ajouter, ne serait-ce qu'après coup, qu'il semble que le choix du surnom "Gorge profonde" était une sorte de "plaisanterie privée" de la part de Woodward et de ses collègues du *Post*. Angleton, bien sûr, était connu comme un grand buveur et un fumeur invétéré qui était souvent enveloppé d'une brume de fumée. "Gorge profonde" était également considéré comme étant assez littéraire et il était bien connu que le jeune James Angleton, alors qu'il était à Yale, était très poète et avait édité un magazine littéraire.

Donc l'utilisation du nom de code de « gorge profonde » était évidemment une manière de dire à ceux dans la confidence dans le cercle officiel de Washington que la vraie force derrière la fuite d'information au *Post* était, en fait, l'allié d'Israël de la CIA, James Angleton. Et ainsi, n'importe qui dans la boucle se rendrait compte immédiatement que le « Watergating » de Richard Nixon était un sale tour orchestré via le bureau d'Angleton à la Maison Blanche. *Bien que Richard Ober semble avoir été la « voix » réelle de « Gorge profonde, » James Angleton était le ventriloque en coulisses.*

Richard Curtiss, rédacteur en chef du *Washington Report on Middle East Affairs*, déclara franchement en 1995 : « nous sommes d'avis depuis longtemps que quiconque a joué le rôle de "Gorge profonde" n'était en fait qu'un intermédiaire de transmission des informations recueillies par le Mossad israélien et utilisées pour discréditer Nixon »,[192] et que la tentative de Nixon de réexaminer les relations américaines avec Israël ont été "le catalyseur qui a conduit directement à sa chute".[193]

Jusqu'à la quatrième édition de *Jugement Final*, les démarches de Richard Nixon pour consolider le pouvoir et contrôler la CIA et l'intrigue du Watergate qui suivit n'ont jamais été liées au conflit naissant de Nixon avec Israël. Mais il ne fait aucun doute, tout bien considéré, qu'il s'agit là de la véritable clé pour comprendre le Watergate et la "Connexion Dallas-Watergate" qui a été si longtemps considérée, mais jamais complètement comprise - jusqu'à présent.

Après avoir été au centre des bouleversements politiques qui avaient déchiré les américains au cours de la décennie qui suivit l'assassinat de John F. Kennedy (dont James Angleton était l'un des protagonistes), Angleton était vraiment "l'homme qui en savait trop".

Il n'est pas étonnant, entre autres raisons, que William Colby ait forcé Angleton à quitter la CIA en 1974. L'éviction d'Angleton de la CIA a certainement été un échec pour Israël et son Mossad à un moment décisif, mais Angleton était vieux et malade (peut-être même frôlant la folie clinique d'après des récits peu amicaux) et il aurait finalement été forcé de prendre sa retraite pour cette seule raison. En fin de compte,

---

[192] *The Washington Report on Middle East Affairs*, Oct/Nov. 1995.
[193] *The Washington Report on Middle East Affairs*, Oct/Nov. 1999.

Angleton était un anachronisme inutile qui, à son apogée, avait bien servi ses alliés israéliens.

LE COMPLOT POUR « AVOIR LA PEAU » D'AGNEW

D'autres éléments indiquent également que la connexion israélienne a joué un rôle important dans le Watergate (et dans les événements associés qui ont suivi). La connexion israélienne peut être retracée dans les scandales qui ont encerclé le vice-président Spiro Agnew et l'ancien gouverneur du Texas John Connally, qui s'était joint à l'administration de Nixon en tant que secrétaire du Trésor et qui fut le premier choix de Nixon (même après Agnew) comme successeur en 1976.

Une partie de la conspiration du Watergate contre Nixon - une partie essentielle, en fait - consistait à faire en sorte qu'Agnew soit d'abord démis de sa vice-présidence avant que Nixon ne soit renversé. Et comme cela s'est avéré, ironiquement, comme Agnew le souligna dans ses mémoires, *Go Quietly... or Else*, si Nixon avait tenu bon et soutenu Agnew quand Agnew s'est fait tirer dessus, Nixon lui-même n'aurait peut-être pas été contraint de démissionner. En fait, de l'avis d'Agnew, il était encore plus détesté par les pouvoirs en place que Nixon.

Cependant, parce que le président Nixon était déjà dans une situation précaire suite au scandale naissant du Watergate, il refusa de se joindre à la défense d'Agnew et ne tenta pas d'annuler l'enquête sur Agnew qui conduit finalement à sa démission.

Rétrospectivement, il ne fait aucun doute que le scandale qui a fait tomber Agnew était aussi artificiel que n'importe quel autre dans l'histoire américaine. Au beau milieu de la "crise" du Watergate, Barnet Skolnik, un procureur juif libéral du bureau du procureur américain dans le Maryland, a porté des accusations de corruption contre Agnew qui sont - comme les preuves le montrent - suspectes jusqu'à ce jour.

Skolnik a eu la chance d'"avoir la peau" d'Agnew lorsque Lester Matz, un homme d'affaires juif de renom qui faisait l'objet d'une enquête pour avoir versé des pots-de-vin à des fonctionnaires du Maryland en échange de contrats de comtés et d'État, déterra sa relation passée avec Agnew pendant les années du vice-président dans la politique du Maryland.

Dans un accord avec Skolnik, Matz affirma qu'il avait versé des pots-de-vin à Agnew. Ensuite, suivant l'exemple de Matz, deux autres imitateurs qui faisaient aussi l'objet d'une enquête, I. M. Hammerman et Jerome Wolff, ont également affirmé avoir payé l'ancien gouverneur du Maryland.

Agnew admit qu'il avait souvent reçu des contributions électorales de sociétés qui faisaient affaire avec l'État - pratique courante dans le Maryland et ailleurs - mais il insista sur le fait qu'il n'acceptait jamais d'argent pour son usage personnel.

Cependant, les procureurs fédéraux étaient impatients de monter un dossier contre Agnew pour le forcer à quitter la vice-présidence."[194]

AGNEW ET ISRAËL

M. Hirsh Goldberg, a écrit dans le *Times of Israel* à propos de la carrière d'Agnew. Dans un article intitulé "Les Juifs à l'ouverture... Les Juifs à la Fermeture" Goldberg déclare : "C'était une vie politique curieusement inextricablement liée avec les Juifs. La montée rapide telle une fusée du 4 juillet, la chute soudaine de l'élégance politique - les deux impliquaient des juifs. C'était un aspect ironique et presque inaperçu d'une carrière politique qui s'adressait tant à l'Amérique profonde... et pourtant si fortement dépendante des cerveaux juifs, du talent juif, de l'argent juif et - au final - si gravement endommagée par le témoignage des juifs."[195]

En fin de compte, face à une éventuelle peine d'emprisonnement s'il se rendait au procès et était reconnu coupable, Agnew démissionna de la vice-présidence et ne plaida pas pour contester les accusations de corruption et d'évasion fiscale découlant de sa prétendue acceptation des pots-de-vin (ce qu'Agnew a continué de nier jusqu'au jour de sa mort). Aucun des accusateurs d'Agnew n'a jamais été en prison.

Elliot Richardson était le procureur général républicain qui a encouragé la campagne du procureur américain Sachs contre Agnew, Il a finalement démissionné de l'administration Nixon "par dégoût" et a été proclamé comme un "héros du Watergate". Dans ses mémoires, Agnew souligne que Richardson voulait quelqu'un dans la lignée de la succession présidentielle qui "défendrait Israël, quel que soit le risque pour les États-Unis".[196]

Agnew était déjà soupçonné d'"antisémitisme" à cause de ses attaques contre les médias et, comme Agnew l'a noté, deux ans après avoir quitté son poste, il a essuyé des coups de feu "pour avoir dit que notre attitude envers Israël était affectée par la prépondérance des sympathisants d'Israël dans les grands médias."[197]

Après avoir quitté ses fonctions, M. Agnew a écrit *The Canfield Decision*, un roman controversé, quoique peu lu, au sujet de complots politiques de haut niveau que certains critiques ont qualifié d'"antisémites", amenant l'ancien vice-président à faire une fois de plus les gros titres. Le roman d'Agnew a été décrit par un chroniqueur

---

[194] Décrit généralement par Agnew dans ses mémoires, *Go Quietly ou Else*. (New York : William Morrow & Company, 1980).
[195] *The Times of Israel*, Mai, 1974.
[196] Spiro T. Agnew. *Go Quietly or Else*. (New York : William Morrow & Company, 1980), p. 195.
[197] *Ibid*., p. 163.

pro-israélien comme suggérant que « les Juifs dans les médias constituent un "lobby sioniste" qui nous mène au désastre au Proche-Orient. »[198]

Plus tard, en privé, dans une lettre du 20 avril 1988 adressée à son ami, l'ancien Républicain Paul Findley (R-III.), lui-même critique acerbe du lobby israélien, Agnew déclarait : « J'attribue l'avènement de mes difficultés à une confrontation avec ce même lobby ».[199] Mais on se souviendra d'Agnew comme d'un escroc qui fut vice-président. Non pas comme la victime d'un complot israélien, comme il l'a certainement été, nonobstant les opposants.

L'ASSASSINAT DE JOHN CONNALLY

Pendant ce temps, John Connally, comme Agnew, a également été inculpé pour corruption dans des circonstances qui indiquent un autre "coup monté" calculé. Un lobbyiste de l'industrie laitière, Jake Jacobson, a affirmé que Connally, un multimillionnaire, avait accepté un pot-de-vin de 10 000$ (tout en assumant les fonctions de secrétaire du Trésor) en échange d'une contribution à l'obtention d'une augmentation du soutien gouvernemental des prix du lait en 1971. Toutefois, le fait est qu'en sa qualité de secrétaire du Trésor, M. Connally n'avait aucun pouvoir officiel de réglementer les programmes de soutien du prix du lait du ministère de l'Agriculture.

Jacobson, l'accusateur de Connally avait déjà été inculpé par le ministère de la Justice pour détournement de fonds impliquant près d'un million de dollars sous forme de prêts provenant d'une épargne et d'un prêt du Texas - mais lorsque les avocats du ministère de la Justice ont appris qu'il avait déjà été associé à Connally, Jacobson s'est soudainement souvenu du "pot-de-vin" qu'il avait prétendument donné à Connally et a conclu une entente de plaidoyer. Pour éviter d'aller en prison, Jacobson devint le "témoin vedette" contre Connally.

Connally a été acquitté, mais ses ambitions de 1976 à la Maison-Blanche ont été brisées, même si les preuves contre lui avaient été apportées par un criminel peu recommandable qui cherchait à obtenir une réduction de peine dans une affaire criminelle non connexe. Comme dans l'affaire Agnew, toutefois, les médias ont accordé toute leur place aux accusations portées contre Connally et ont contribué à renforcer l'impression que Nixon et ses associés proches se livraient à un comportement criminel généralisé. En fait, la plupart des principaux lieutenants de Nixon, à l'exception notable du secrétaire d'État Henry Kissinger, du chef de cabinet Alexander Haig et du conseiller juridique Leonard Garment - partisans pro-israéliens - ont fini par aller en prison.

---

[198] *New York Times*, 24 Mai 1976.
[199] Mentionné par Findley dans *the Washington Report on Middle East Affairs*.

Mais bien que certains antisémites aient dit que Jacobson (qui était Juif) faisait partie d'un "complot juif" pour « avoir la peau » de John Connally, le fait est que le franc Texan a finalement été victime d'un "complot juif" très réel qui l'a empêché d'atteindre la présidence.

En 1979, lorsque Connally lança une candidature bien financée pour l'investiture présidentielle républicaine de 1980, il contesta publiquement le pouvoir du lobby israélien dans un discours très controversé qui, de l'avis de tous, mit fin une fois pour toutes aux ambitions présidentielles de Connally.

Mais ce qui est intéressant, c'est que le discours de Conally a été considéré comme tellement incendiaire par les Israéliens et leurs partisans américains qu'un éminent éducateur et philosophe israélien, Emmanuel Rackman, président de l'Université Bal Ilan, a demandé l'assassinat de Connally.

Comparant Connally à Haman, l'ancien ennemi du peuple juif, Rackman - un rabbin - lança son appel pour l'assassinat de Connally dans le numéro du 18 novembre 1979 de *The Jewish Week-American Examiner*, la publication de la Jewish Telegraph Agency appartenant au gouvernement israélien, une subdivision internationale de la Jewish Agency.

L'attaque virulente de Rackman contre Connally était intitulée :"La campagne de John Connally perçue comme une menace directe pour Israël et la communauté juive." M. Rackman a cité le chroniqueur du *New York Times* William Safire comme ayant déclaré que pour la "première fois, un candidat à la présidence a prononcé une allocution majeure qui, il le savait, allait troubler et consterner tous les partisans américains d'Israël".[200]

Rackman commenta :"C'est vrai. Mais cette observation ne signifie-t-elle pas plus qu'elle ne le dit ? Cela ne veut-il pas dire qu'en Connally, nous avons pour la première fois un candidat qui, en termes non équivoques, dit au peuple américain qu'il ne veut pas du soutien des Juifs et qu'il veut prouver qu'on peut être élu président sans le soutien des Juifs.

"En outre, cela ne signifie-t-il pas que nous avons enfin un candidat qui espère se faire élire en mobilisant le soutien de tous ceux qui partagent son mépris total de ce que les Juifs ressentent pour lui et n'est-ce pas là une invitation à tous les antisémites à se rallier derrière lui ? Je ne suis généralement pas un alarmiste mais rien dans la politique américaine de ces dernières années ne m'a plus dérangé que le subtil message de Connally aux Juifs stipulant qu'ils peuvent "aller au diable". Même les cassettes de Nixon n'étaient pas si bouleversantes.

"La communauté juive américaine doit être alertée. Si seulement nous avions arrêté Hitler assez tôt, des millions de Juifs seraient encore en vie. Et Connally doit être arrêtée à tout prix. Il ne doit même pas s'approcher de la nomination ! Il doit être détruit, au moins politiquement, le plus rapidement possible. Il est suffisamment tôt pour ridiculiser Connally et le détruire politiquement sans effusion de sang.

---

[200] *The Jewish Week-American Examiner*, 18 Novembre 1979.

"J'exagère peut-être, dit Rackman." Mais si j'ai appris quelque chose en particulier de la vision rabbinique de l'histoire biblique, c'est que nous sommes moins craintifs et plus indulgents à l'égard des ennemis qui nous accordent au moins un minimum de respect que des ennemis qui nous traitent avec dédain, avec mépris. Ça rend Arafat plus acceptable que Connally."[201]

Rackman comparait Connally à Amalek, un autre ennemi du peuple juif :"Souvenez-vous d'Amalek, nous dit-on. "N'oubliez pas." Éradiquez-le de la surface de la terre. Tout simplement parce qu'Amalek n'avait aucun respect pour nous. Il nous rencontra sur son chemin et chercha par hasard à nous exterminer comme de la vermine. C'est ma fervente prière, déclara ce chef religieux juif, que les Juifs américains ne minimisent pas l'importance du défi qui leur a été lancé et qu'ils agiront rapidement et avec une efficacité dévastatrice."[202]

John Connally n'a pas été éradiqué comme Rackman l'avait demandé. Mais sa carrière politique s'est arrêtée après que les grands médias eurent lancé une campagne contre lui. Cependant, lorsque John Connally est décédé en 1993, les médecins ont dit que l'affection pulmonaire mortelle de Connally était une conséquence directe des blessures thoraciques qu'il avait reçues lors de la fusillade à Dallas le 22 novembre 1963. Donc finalement, John Connally s'est avéré être une nouvelle victime d'Israël, autant que s'il était mort le même jour que John F. Kennedy.

ENCORE UN AUTRE ASSASSINAT....

Mais ce n'est pas la fin. Il y eut encore un autre assassinat politique orchestré par les médias - connectés aux services secrets - qui a son son propre lien (bien qu'indirect) avec l'assassinat de John F. Kennedy. Nous faisons référence à la débâcle qui a entraîné le retrait du sénateur Gary Hart du Colorado de la course à l'investiture présidentielle démocratique de 1988.

En tant que membre du Sénat, le dissident Hart avait été au premier plan des enquêtes non seulement sur l'assassinat de JFK, mais aussi sur le complot de la CIA en général, y compris son implication avec le syndicat de Lansky et la mafia dans les tentatives d'assassinat contre Fidel Castro. Inutile de dire que Hart ne s'est pas fait beaucoup d'amis dans certains cercles. Même le patron de Tampa, Santo Trafficante (le lieutenant dévoué de Myer Lansky) avait un jour dit à propos de Hart : "Nous devons nous débarrasser du fils de pute."[203]

Effectivement, quelqu'un se débarrassa de Hart. Sa liaison avec une jeune femme du nom de Donna Rice fut dévoilée par la presse, forçant Hart à quitter la course à la présidence. Cependant, il y avait bien plus à l'œuvre en coulisse, comme le souligna Roger Morris, ancien membre du Conseil de sécurité nationale :

---

[201] *Ibid.*
[202] *Ibid.*
[203] Roger Morris. *Partners in Power*. (New York : Henry Holt, 1996), p. 434.

« Bien que cela arriva un peu trop tard pour affecter son destin, il y aurait encore plus de preuves que la chute de Hart n'était pas ce qu'elle semblait être à l'époque... Certaines des personnes impliquées dans le week-end Miami-Bimini de Hart se sont avérées avoir des liens avec le crime organisé et le trafic de cocaïne et, dans les cercles au-delà, avec les patrons du crime des syndicats juifs et italiens, qui à leur tour possédaient des liens avec la communauté américaine du renseignement remontant à la baie des Cochons et également avant. En fait, comme le montrerait une enquête indépendante subséquente, Hart avait été surveillé par des inconnus pendant des jours et peut-être des semaines avant »[204] les événements qui ont mené au scandale qui a mené à sa chute.

Un autre politicien qui avait fui la CIA, le Mossad et le syndicat de Lansky fut donc éliminé de la scène.

DEUX PRÉSIDENTS, DEUX COUPS D'ÉTAT - LES MÊMES COMPLOTEURS

Ce que nous avons vu ici décrit en effet la "connexion avec Dallas et le Watergate", telle qu'elle n'a jamais été décrite auparavant, versée au dossier pour la première fois dans sa globalité. Le Watergate - comme l'assassinat de Kennedy - était un coup d'État mené par des traîtres au sein du gouvernement américain qui relevaient de la rigueur de la même influence étrangère.

Ce n'est pas un hasard si James Angleton et Frank Sturgis (tous deux fidèles de longue date du Mossad) deux acteurs clés de la CIA dans le Watergate - sans parler d'E. Howard Hun - sont à nouveau au cœur du scénario.

Deux présidents américains différents issus de deux partis politiques différents ont été matés par Israël et les résultats de deux élections ont donc été annulées. Et comme lors de l'assassinat de JFK, les médias ont joué un rôle décisif en gardant les faits à l'abri du regard du peuple américain. Y a-t-il quelque chose de plus préjudiciable à la démocratie américaine que cela ?

---

[204] *Ibid.*

ANNEXE 8

La Bataille des Livres :
Un commentaire sur les principaux ouvrages publiés sur l'assassinat de JFK

Je n'ai en aucun cas lu tous les livres sur l'assassinat de JFK, mais j'ai certainement lu les ouvrages principaux (ainsi que quelques volumes moins connus) et je connais bien toutes les théories sur l'assassinat qui ont été présentées au fil des années. J'aimerais donc commenter certains de ces volumes.

J'aimerais diviser mon commentaire en plusieurs sections, étant donné que les livres sur l'assassinat proviennent de nombreuses approches différentes, je souhaite donc examiner ces volumes sous cette perspective.

- Il y a, tout d'abord, les livres qui examinent les failles de la Commission Warren. Ce sont principalement les premiers livres qui furent édités au sujet de l'assassinat. Puis, au fil du temps il y avait un certain nombre de livres qui étaient des aperçus des théories qui émergeaient au sujet de l'assassinat, comprenant des critiques sur les preuves médico-légales, des informations sur l'autopsie, etc.

- Avec le déclenchement des poursuites intentées par Jim Garrison contre Clay Shaw, un certain nombre de livres furent écrits exclusivement sur ce sujet et cela a ouvert un tout nouveau champ dans le domaine de l'enquête sur l'affaire JFK - ce qui, à mon avis, est une période clé de transition dans l'enquête.

- Par la suite, un certain nombre d'ouvrages intéressants sont apparus, principalement des romans - de fiction. Bien qu'il s'agisse de romans, ils étaient importants car certains d'entre eux contiennent un fond de vérité. Je pense que ces romans sont importants parce qu'ils vous donnent un aperçu des différentes perspectives relatives à l'assassinat.

- Il y a également eu un certain nombre d'ouvrages qui ont mis en évidence les diverses conspirations possibles qui ont conduit à l'assassinat - ouvrages qui sont semblables à l'approche adoptée dans mon propre livre dans le sens qu'ils traitent de la politique du pouvoir en cause.

- Ensuite il y a les livres « plus originaux » qui furent publiés par divers témoins ou études qui fouillent dans les domaines propres à ces volumes.

- Il y a également plusieurs livres d'auteurs qui ont écrit sur divers aspects de l'affaire et, je veux me concentrer tout particulièrement sur ces auteurs et ce qu'ils ont écrit, plus particulièrement le très médiatisé *Case Closea*, du désormais célèbre Gerald Posner.

Bien sûr, M. Posner est devenu l'homme de main numéro un des médias, celui qui est appelé à agir pour discréditer et salir tous les chercheurs en charge de l'affaire JFK, y compris votre serviteur. Cependant, comme nous le verrons, Posner est une remarquable étude de cas en lui-même.

Examinons donc quelques-uns de ces livres....

L'HISTOIRE "OFFICIELLE"

Pour ceux qui veulent avoir une bonne perspective sur l'histoire "officielle" de l'assassinat de JFK, quelles que soient les théories de complot, ils devraient d'abord lire les livres *The Death of a President*, de William Manchester, et *The Day Kennedy Was Shot*, de Jim Bishop.

Bien que les deux auteurs acceptent les conclusions fondamentales de la Commission Warren, les volumes fournissent un bon contexte historique et un aperçu général de l'assassinat et des événements immédiats qui ont suivi.

Il est important que les gens lisent ces livres pour se familiariser avec le sujet. Ça ne coûte rien de lire le rapport de la Commission Warren ou les nombreux volumes d'éléments de preuve difficiles à trouver qui ont été publiés en même temps que le rapport.

MARK LANE

De toute évidence, *Rush to Judgment*, de Mark Lane, a été le premier ouvrage majeur à dénoncer l'affirmation du rapport Warren selon laquelle Lee Harvey Oswald était un assassin solitaire comme étant bel et bien une imposture. Et même si le livre a maintenant près de 30 ans, il reste toujours le seul livre que tout le monde doit lire s'il veut comprendre pourquoi les gens ont commencé à douter du rapport Warren.

Ce livre a déclenché l'explosion de la recherche sur l'assassinat de JFK qui m'a finalement conduit à écrire *Jugement Final*. Après tout, c'est *Rush to Judgment* qui a conduit Jim Garrison à son enquête monumentale qui, à mon avis, est celle qui s'est approchée le plus près de tout en révélant la vérité sur l'assassinat de JFK.

Mark Lane a également écrit un livre intitulé *A Citizen's Dissent* qui est paru en 1975 - plusieurs années après - mais malheureusement, cet ouvrage n'est pas un livre que beaucoup de gens connaissent.

J'ai moi-même dit à Mark que je pense que ce livre est encore meilleur que *Rush to Judgment*, pour plusieurs raisons. Tout d'abord, parce qu'il a été publié plus tard et qu'il incorpore plusieurs des nouvelles découvertes de Mark dans le prolongement de *Rush to Judgment*.

Deuxièmement, et c'est plus important encore, il est très important de souligner que dans ce deuxième livre, Mark se penche sur la façon dont les médias ont traité ses enquêtes sur l'assassinat de JFK et comment le FBI, la CIA et le reste de classe dirigeante ont réagi.

Bien que le livre soit difficile à trouver, je dirais que quiconque souhaite avoir une perspective surprenante sur la façon dont le gouvernement a réagi à ce que Mark a appelé "la dissidence d'un citoyen" a lu ce volume.

Le dernier volume de Mark Lane sur l'assassinat de JFK, *Plausible Denial*, dont j'ai déjà longuement parlé dans ces pages, représente à bien des égards la perspective unique de Mark à long terme et jette les bases, selon moi, de *Jugement Final*.

A bien des égards, *Jugement Final* est peut-être une suite de *Plausible Denial* - ou du moins on l'a laissé entendre.

UN APERÇU DES PREUVES

Accessories After the Fact de Sylvia Meagher est, à certains égards, un supplément de *Rush to Judgment*. Il s'agit d'un examen très détaillé du rapport Warren qui est un précieux exposé de tous les failles dans l'affaire contre Lee Harvey Oswald. Ce livre intéressera ceux qui sont fascinés par la balistique, les preuves d'autopsie, etc.

Six Seconds in Dallas de Josiah Thompson est un véritable tour de force. Ce livre est une fantastique analyse du film de Zapruder. Profusément illustré, ce volume démontre qu'il ne fait aucun doute qu'il y a eu plusieurs assassins à Dealey Plaza et que les preuves officielles d'autopsie ne concordent pas avec la vérité. C'est un ouvrage classique. Ceux qui s'intéressent aux preuves photographiques devraient consulter *The Killing of a President* de Robert Groden.

James Fetzer's Assassination Science de James Fetzer est le dernier regard sur les preuves scientifiques. (Fetzer d'ailleurs, refuse d'admettre qu'il a connaissance de *Jugement Final* bien que je lui ai envoyé une copie et lui ai écrit deux fois !)

Dans le domaine des livres qui considèrent l'assassinat de JFK à partir d'une vue d'ensemble plus large, *Crossfire*, de Jim Marrs est probablement le meilleur. Ce livre est imparfait en grande partie parce que Marrs présente de multiples théories, l'une sur l'autre, et ne parvient pas vraiment à des conclusions solides. Ceux qui pensent qu'ils trouveront la solution à l'assassinat dans le livre, se retrouveront très probablement submergés par les multiples théories.

Marrs n'établit jamais fermement dans l'esprit du lecteur qu'il peut y avoir des intérêts multiples travaillant ensemble pour atteindre le même but. Il semble traiter l'assassinat dans le contexte où soit c'est A, soit c'est B ou soit c'est C, sans jamais vraiment suggérer qu'une combinaison d'éléments soit responsable.

Who Shot JFK ? de Bob Callahan est un guide facile à lire, décomposé en de nombreux encadrés intéressants et agréablement illustré de magnifiques caricatures qui apportent une touche satirique à un sujet très lourd.

Conspiracy d'Anthony Summers est un traitement intéressant de la polémique de JFK jusques et y compris l'enquête de la Commission de la Chambre des représentants à la fin des années 1970. Le principal reproche que je ferais à Summers est que dans son édition révisée, il omet de reconnaitre les informations que lui a fourni Gary Wean, l'ancien détective de Los Angeles qui était au courant de la connexion entre Mickey Cohen et Israël et la célèbre affaire de JFK avec Marilyn Monroe (que j'ai évidemment abordée dans *Jugement Final*).

Summers a également écrit un livre sur la vie de Marilyn Monroe (où il parle de Wean), mais il laisse le lecteur avec l'idée que la famille Kennedy est impliquée dans sa mort, que ce soit un accident ou un meurtre. Quoi qu'il en soit, le livre de Summers est plutôt intéressant. Dans son édition révisée, Summers se plante également en omettant de donner à la connexion française dont il parle l'analyse qu'elle mérite.

Reasonable Doubt de Henry Hurt est une autre bonne vue d'ensemble. Il a ses défauts mais rien de substantiel. Cela vaut probablement la peine d'être lu par des chercheurs sérieux. De même *They've Killed the President* de Robert Sam Anson est un livre intéressant. Mais je m'empresse d'ajouter que je trouve répréhensible l'attaque d'Anson contre Jim Garrison.

Même après la sortie de *JFK* d'Oliver Stone, Anson se mit au boulot et publia des attaques contre Garrison et d'autres chercheurs travaillant sur l'affaire JFK. Dans un des articles Anson prétendait que dans son propre livre Garrison n'avait jamais mentionné qu'il (Garrison) avait été inculpé de corruption et d'évasion fiscale. En fait, Garrison a tout un chapitre sur ce sujet dans son livre et cela me porte à croire qu'Anson n'avait pas lu le livre.

JFK : The Facts & the Theories de Carl Oglesby est assez bon, mais mon souci avec Oglesby c'est que bien qu'il reconnaisse la connexion avec la Permindex, il tombe dans ce piège bizarre selon lequel il indique que la Permindex est une sorte de "connexion nazie" avec l'assassinat de JFK quand, comme nous l'avons vu, rien n'est plus faux. À part cela, le livre vaut la peine d'être lu pour une bonne vue d'ensemble.

Crime & Cover-Up : The Dallas-Watergate Connection de Peter Dale Scott, une mince monographie sur le sujet, est fascinant. Il examine les groupes d'intérêts particuliers de Washington qui s'opposaient à JFK et leurs liens avec le crime organisé et la communauté du renseignement. Il va sans dire que Scott n'entre pas dans la connexion israélienne.

De même avec son tout aussi fascinant, beaucoup plus long, et plus récent *Deep Politics and The Death of JFK*. Ce livre est très imparfait en ce sens que juste au moment où l'on pense que Scott est sur le point d'entrer dans la connexion israélienne (que ce soit par le biais de sa discussion sur le crime organisé ou par l'intermédiaire de la CIA), il s'en éloigne prudemment sur la pointe des pieds.

Les recherches de Scott sont incomplètes en ce sens que, malgré la profondeur et l'ampleur de son travail, il ne se lance jamais dans l'enquête Garrison. A mon avis c'est une autre erreur très grave. On ne sait jamais exactement qui Scott soupçonne d'être responsable de l'assassinat. Comme je l'ai dit, Scott dit beaucoup de choses, mais en même temps, il en dit très peu. Néanmoins, ses écrits en valent la peine.

L'APPROCHE "FICTIVE"

À ce stade, j'aimerais parler de plusieurs des romans parus au fil des années sur l'assassinat de JFK. Le plus remarquable est *Executive Action* de Mark Lane et Donald Freed, qui est apparu au lendemain du film du même nom. (Mark Lane a été l'instigateur du film, mais a finalement été déçu par le produit final). Ce livre montre comment des hautes personnes influentes auraient pu orchestrer l'assassinat.

Le roman de Robert Morrow, *Betrayal*, ressemble à bien des égards à *Executive Action*. Il est présenté comme une approche romancée des propres expériences prétendument vécues par Morrow en tant qu'agent de la CIA qui fut involontairement impliqué dans le complot d'assassinat de JFK. Morrow accuse Clay Shaw d'être l'un des conspirateurs - peut-être le principal conspirateur - et le décrit comme une sorte d'agent « corrompu » de la CIA agissant sans l'approbation officielle de la CIA. Dans les années qui ont suivi, Morrow a publié une édition révisée de ce livre dans une version non fictive et j'en discuterai plus tard.

Winter Kills de Richard Condon, un traitement vaguement déguisé de l'assassinat de JFK, est une satire mais les gens peuvent la trouver intéressante. Je trouve que c'est intéressant parce qu'il donne une bonne vue d'ensemble du complot dans une famille comme les Kennedy et de leur interaction avec la classe dirigeante américaine. (Ce livre a ensuite été transformé en film hollywoodien, disponible en vidéocassette.)

Promises to Keep de George Bernau - un autre roman - brosse un président qui ressemble à Kennedy, qui survit à la tentative d'assassinat et montre le complot post-tentative impliquant des personnages très reconnaissables. Il conclut en expliquant comment la tentative d'assassinat a eu lieu. Ce n'est qu'un roman, bien sûr, mais c'est intéressant.

Libra de Don De Lillo a pour personnage principal Lee Harvey Oswald et montre comment Oswald a pu être manipulé dans la conspiration d'assassinat par des comploteurs connectés à la CIA. Cet ouvrage plutôt surréaliste pourrait même contenir quelques pépites de vérité. Il y a un personnage dans le livre qui est un agent de la CIA dans la lignée de E. Howard Hunt et ce personnage est dépeint en train de monter une tentative d'assassinat "fictif" que les autres transforment en réalité. (Comme je l'ai dit dans *Jugement Final*, je pense que c'est probablement ce qui s'est passé.)

American Tabloid de James Elliott présente l'interaction entre le crime organisé, Jimmy Hoffa, le FBI et la famille Kennedy et se termine par l'assassinat de JFK. Très bonne lecture, ce livre est intéressant dans la mesure où il donne le ton de ce qui a sans doute été une grande partie de l'interaction entre ces personnalités de la vie réelle qui apparaissent comme les personnages du livre. Il peut y avoir quelques éléments "fictifs" qui ne sont pas très loin de la réalité.

ÉTUDES DE L'AFFAIRE GARRISON

Les livres qui sont paru sur l'affaire Jim Garrison-Clay Shaw font partie d'une catégorie à part et sont importants. Le premier grand livre sur ce sujet fut *The Kennedy Conspiracy* de Paris Flammonde. C'est un volume très difficile à trouver qui est un classique sur le sujet. Le livre contient beaucoup d'informations sur la connexion avec la Permindex de Shaw (et c'est peut-être une des raisons pour lesquelles le livre n'a jamais été réimprimé, si je puis m'écarter un instant de la pensée conspiratoire paranoïaque). Bien que le livre ait été publié avant la fin du procès de Shaw, il contient beaucoup de documents précieux et est une lecture intéressante. Je tiens à souligner que, bien que Flammonde mentionne la Permindex, il ne dessine pas la connexion israélienne comme il aurait pu et aurait dû le faire. Mais ce n'est là qu'une erreur mineure dans un livre merveilleux qui devrait être une lecture "incontournable" pour tous les chercheurs.

American Grotesque de James Kirkwood critique violemment Garrison. Kirkwood était un moteur important pour Shaw, mais le livre contient beaucoup de données tirées directement du procès de Shaw et contient beaucoup de détails sur bon nombre des personnes intéressantes qui ont comparu au cours de l'enquête Garrison. Franchement, chaque fois que je relis le livre, je continue d'être étonné que l'auteur n'ait pas vu combien de preuves il y avait réellement contre Shaw et ce sont en fait les preuves que Kirkwood présente dans son livre.

Counterplot d'Edward Jay Epstein, est un autre livre sur l'enquête de Garrison concernant Clay Shaw. C'est une attaque en règle contre Garrison - un mince ouvrage que je ne mentionnerais point s'il n'était pas écrit par Epstein.

C'est important, comme je l'ai noté dans *Jugement Final*, en ce sens qu'Epstein était un proche collaborateur de James Angleton, un homme de la CIA, et qu'Epstein a également écrit le livre *Legend* (une biographie de Lee Harvey Oswald) qui reflète le plus fidèlement l'histoire d'Angleton à propos de l'affaire JFK selon laquelle finalement le KGB soviétique était derrière l'assassinat du président Kennedy, que ce soit accidentellement ou intentionnellement. Epstein suggère qu'Oswald avait été coopté par le KGB et qu'il avait commis le crime en agissant seul, avec ou sans les ordres de ses supérieurs du KGB. Ce livre a été largement diffusé par les médias de la classe dirigeante.

Il est intéressant de noter qu'Epstein a également écrit le livre *Inquest*, salué par les médias comme une critique importante du rapport de la Commission Warren. Cependant, j'ai toujours eu l'impression que cet ouvrage était une " mise en scène " de la classe dirigeante suggérant que, même s'il y avait des problèmes avec la façon dont la Commission Warren menait son enquête, il n'y avait pas lieu de s'inquiéter en fin de compte. En tout cas, aucun des livres d'Epstein n'a de valeur réelle.

Jim Garrison a écrit son propre compte rendu à propos de son enquête. Intitulé *On the Trail of the Assassins*, c'est un livre intéressant et bien écrit. Je dirais toutefois que le livre est quelque peu décevant, car il s'agit davantage d'un mémoire personnel sur l'affaire, que d'un compte rendu détaillé de l'enquête que beaucoup auraient trouvé beaucoup plus instructif.

La plus récente étude portant sur l'enquête Garrison est *Destiny Betrayed* de James Di Eugenio. Il s'agit d'un livre important dans la mesure où il examine une grande partie des preuves de l'enquête de Garrison (plus même que le propre livre de Garrison) et prouve essentiellement que Garrison avait raison lorsqu'il cibla Clay Shaw pour sa participation au complot d'assassinat de JFK. Nous ne savons pas exactement quel rôle Shaw a joué dans la conspiration, mais Di Eugenio démontre qu'il a été incontestablement mêlé au complot quelque part.

Il y a des problèmes avec le livre. Je trouve l'adoration héroïque de Di Eugenio pour JFK un peu écrasante. On pourrait penser que JFK était presque un Dieu. Parce que Di Eugenio semble trahir un parti pris pro-Kennedy quelque peu naïf, venant d'une perspective libérale, Di Eugenio tombe dans le piège de percevoir et dépeindre Clay Shaw comme étant de "droite". Comme je l'ai dit à Di Eugenio dans un courrier, son livre échoue en ce sens qu'il ne poursuit pas la connexion avec la Permindex de Shaw avec son ultime connexion israélienne.

Il pourrait y avoir une explication. Le livre a été publié sous les auspices de la Sheridan Square Press (qui, soit dit en passant, a également publié le livre de Garrison) qui est affiliée à l'Institute d'Analyse des Médias. Comme nous l'avons déjà mentionné à l'annexe 3, cet institut reçoit des fonds de la Family Stern Funds.

Cette fondation est la création de la famille Stern de la Nouvelle-Orléans qui n'était pas seulement les amis intimes de Clay Shaw, mais aussi les principaux soutiens financiers du bureau de la Ligue Anti-Diffamation (ADL) à la Nouvelle-Orléans qui était rattaché à Guy Banister. Ils possédaient également la radio et la télévision WDSU qui ont aidé à dépeindre Lee Harvey Oswald comme un "agitateur pro-Castro".

Ce sont les principaux livres sur l'affaire Garrison. Si l'enquête de Garrison n'avait pas été sabotée de façon aussi répétée et implacable, elle aurait peut-être fini par révéler la vérité sur l'assassinat de JFK bien avant que *Jugement Final* ne soit publié. Je suggère fortement que les gens se concentrent sur l'enquête de Garrison. En faisant toute la lumière sur ce que Clay Shaw, Guy Banister et David Ferrie étaient en train de faire à la Nouvelle-Orléans avec Lee Harvey Oswald, nous pourrons nous rapprocher un peu plus de la vérité sur l'assassinat de JFK.

LES OUVRAGES "DÉCALÉS"

La prochaine série de livres dans les annales de l'assassinat de JFK sont ceux qui pourraient être décrits, faute d'un meilleur terme, comme étant de nature "décalée". Il existe de nombreux ouvrages de ce genre, mais je souhaite me concentrer sur une poignée d'entre eux.

Celui qui vient immédiatement à l'esprit est *The Assassination Tapes* de George O'Toole, l'ancien psychanalyste de la CIA. Le livre décrit l'utilisation par M. O'Toole de l'analyse du stress vocal pour déterminer si des témoins clés dans l'affaire JFK (dont les voix ont été enregistrées à un moment ou à un autre) ont menti. Il conclut qu'Oswald n'a pas menti lorsqu'il a nié avoir tué le président et que certains policiers de Dallas n'ont peut-être pas dit la vérité non plus.

En tant qu'ancien membre de la CIA, O'Toole a un certain parti pris en ce sens qu'il semble suggérer que le FBI aurait pu être en quelque sorte coupable du camouflage de l'assassinat de JFK (ce dont peu de gens doutent franchement), mais tout dans le livre vaut la peine d'être lu et les gens trouveront cela amusant.

Le fameux *Best Evidence* de David Lifton, soutient qu'il y a eu des retouches post-mortelles des blessures du président Kennedy avant même l'autopsie officielle à Washington. Ce livre est un volume volumineux et assez détaillé, mais je dois dire qu'il est si massif que l'on s'y perd. Une grande partie des preuves techniques est au-delà de la compréhension du lecteur moyen et à cause de cela, j'en ai bien peur, le livre n'apporte pas d'autre contribution majeure que de semer encore plus la confusion concernant la controverse sur l'assassinat de JFK.

Flashback de Ron Lewis est un récit personnel particulièrement intéressant. Lewis était associé à Lee Harvey Oswald via l'opération contractuelle de Guy Banister avec la CIA à la Nouvelle-Orléans. Quelques personnes remettent en question les références de Lewis, mais son livre fournit un compte rendu de l'association d'Oswald avec Banister à partir d'une perspective directe unique. Je n'ai rien trouvé dans le livre de Lewis qui contredit de quelque façon que ce soit mes propres conclusions de *Jugement Final* concernant les activités étranges menées hors du bureau de Banister. C'est un livre difficile à trouver, mais qui vaut la peine d'être lu.

Un autre ouvrage peu connu et tout à fait unique est *The Second Plot* de Matthew Smith, un écrivain anglais qui dépeint Lee Harvey Oswald comme un agent patriotique du renseignement tombé par hasard sur un complot visant à tuer JFK et qui a cherché à le dénoncer. Un livre tout à fait intéressant.

JFK : Conspiracy of Silence de Dr. Charles Crenshaw présente un récit personnel de ce que le docteur a vu dans la salle des urgences à Dallas et montre que les rapports d'autopsie « officiels » de JFK étaient merdiques. Crenshaw a été beaucoup critiqué pour avoir osé mettre en avant ce qu'il savait et il mérite un peu de reconnaissance pour l'avoir fait.

ÉTAIT-CE VRAIMENT "UNE ERREUR MORTELLE" ?

Mortal Error de Bonar Menninger est un autre livre que je me dois de mentionner (parce qu'on m'a posé plusieurs fois la question à propos du livre). Ce livre prétend que le coup de feu mortel qui a tué le président a été accidentellement tiré par un agent des services secrets de la voiture qui suivait la limousine de JFK. J'ai lu le livre et je dirai d'emblée que cela ne ressemble pas à l'histoire absurde et insensée (crue avec ferveur religieuse par certains) selon laquelle JFK a été tué (délibérément) par un coup de feu tiré par son chauffeur des services secrets. Au lieu de cela, le livre de Menninger est bien écrit et minutieusement documenté. Quiconque a lu le livre (et qui n'avait absolument eu connaissance de rien d'autre concernant l'assassinat de JFK) pouvait conclure qu'il s'agissait bien du "jugement final".

La thèse du livre est que quelqu'un (probablement Lee Harvey Oswald) tirait sur JFK de l'entrepôt de livres scolaires, dans un but criminel, mais que le coup est parti de l'arme d'un agent des services secrets et avait fini le boulot de l'incompétent Oswald.

Il y a en tout cas un souci avec cette thèse : il est peu probable qu'Oswald ait tiré un coup de feu à Dealey Plaza ce jour-là et il y a également un débat légitime sur la question de savoir si des coups de feu ont effectivement été tirés de la fenêtre d'où Oswald est supposé avoir tiré. Mais si, par manque de chance, la thèse était juste, elle n'est pas fondamentalement en contradiction avec la thèse générale de *Jugement Final*, dans la mesure où *Jugement Final* soutient qu'Oswald était au milieu de cercles qui conspiraient contre le président et essayaient de piéger Oswald pour qu'il apparaisse comme ayant tiré depuis l'entrepôt de livres. Si effectivement un coup de feu a été tiré accidentellement sur JFK par les services secrets, cela n'enlève rien au fait que le coup de feu a été tiré en réponse à une tentative d'assassinat provenant d'ailleurs.

Cela dit, je dois dire que peu importe la sincérité des auteurs, le livre est une diversion délirante pour étudiants assidus du complot de JFK. C'est une théorie assez inventive, mais je ne pense pas qu'elle ait beaucoup de crédibilité, pour être tout à fait honnête.

Il y a un autre ouvrage que je devrais mentionner. C'est *Kill Zone* de Craig Roberts. Bien que le livre soit un récit classique des faits de base sur le vaste caractère de la conspiration contre JFK, évoquant les acteurs type tels que la CIA et la mafia et même entre dans la connexion soi-disant "française" (sans aller jusqu'à faire le lien indéniable avec Israël), le livre est intéressant et rafraîchissant en ce sens que l'auteur n'a pas peur de soulever la possibilité qu'il y avait des influences internationales haut placées à l'œuvre dans l'assassinat de JFK. Je fais spécifiquement référence à la discussion de Roberts sur le bloc de puissance connu sous le nom de Conseil des relations étrangères (CFR) et sur les forces monétaires internationales ploutocratiques qui contrôlent le CFR.

Je ne pense pas que vous puissiez trouver la moindre preuve que le CFR ait initié l'assassinat de JFK (ni, l'auteur d'ailleurs) mais je dois rendre à César ce qui appartient à César : c'est, après tout, l'un des premiers livres sur JFK qui a le courage de suggérer qu'il pourrait effectivement y avoir des groupes haut placés de cette nature, fonctionnant dans le monde aujourd'hui, au-delà de la CIA.

Cela porte la soi-disant "théorie du complot » à son maximum, car il n'y a rien de plus démodé que de parler de groupes secrets comme le CFR. Parler du CFR et d'autres groupes de ce genre liés à la finance internationale, aujourd'hui, c'est inviter les accusations d'"antisémitisme". Ceci est donc unique concernant les recherches sur l'affaire JFK et peut ouvrir quelques yeux. Donc, à mon avis, cet ouvrage témoigne essentiellement d'un nouvel élargissement des horizons en ce qui concerne les recherches liées à l'affaire JFK.

FLETCHER PROUTY

Voyons maintenant les œuvres de non fiction du colonel L. L. Fletcher Prouty, ancien officier de liaison entre le Pentagone et la CIA pendant les années Kennedy. Prouty, a naturellement servi de modèle au personnage de « Monsieur X », l'homme mystère dans le film d'Oliver Stone, *JFK*. Le livre de Prouty *The Secret Team*, bien qu'il ne traite pas de l'assassinat de JFK en tant que tel, est une étude des politiques du pouvoir à travers le monde ayant été affectées par les complots de la CIA. Le sous-titre de son livre est assez descriptif : "La CIA et ses alliés contrôlent les États-Unis et le monde."

Le livre de Prouty est une étude sur les origines, la croissance, le développement et les excès de la CIA. Malheureusement, je ferai remarquer que lorsqu'il s'agit de discuter des "alliés" de la CIA, Prouty n'aborde pas en profondeur la question du Mossad. Sans quoi, c'est un livre très important et la CIA a fait de son mieux pour garder le livre secret.

L'autre livre de Prouty, *JFK* (sous-titré : "*The CIA, Vietnam and the Plot to Assassinate John F. Kennedy*') est tout aussi intéressant. Le titre lui-même est quelque peu trompeur, comme le déclara le colonel Prouty lui-même, notant que c'était son éditeur qui avait insisté sur le titre. En fait, le livre se concentre sur le rôle des États-Unis en Indochine et les manœuvres en coulisses au cours des années qui ont mené à l'implication américaine dans cette tragédie. Le livre est important en ce sens qu'il démontre de façon concluante que le président Kennedy voulait quitter l'Indochine et qu'il fit face à l'opposition des forces du pouvoir - tant nationales qu'internationales -, ce qui fut l'une des considérations clés de la CIA dans sa décision de participer au complot d'assassinat de JFK.

LA POLITIQUE DE JFK AU MOYEN-ORIENT

Ceux qui s'intéressent à la politique de JFK au Moyen-Orient sont invités à se reporter aux ouvrages cités dans *Jugement Final*, en particulier *Taking Sides* de Stephen Green, *Dangerous Liaisons* d'Andrew et Leslie Cockburns et *The Samson Option* de Seymour Hersh. Je m'empresse d'ajouter qu'aucun de ces ouvrages ne suggère un lien entre les conflits de JFK avec Israël et son assassinat. Une fois que l'on a étudié ces volumes, il ne fait aucun doute que la perception populaire selon laquelle JFK était un "ami" d'Israël - du moins dans l'esprit des dirigeants israéliens de l'époque - est bien loin d'être la vérité. Et c'est un euphémisme.

Il ne fait aucun doute qu'au moment de sa mort, JFK était considéré par les dirigeants israéliens comme une menace pour la survie d'Israël. Quiconque a quelque ambition que ce soit d'être une autorité en matière d'assassinat de JFK ne peut pas, je le répète, examiner l'assassinat sans lire ces livres qui touchent à cet aspect de la politique étrangère de JFK. Ceux qui évitent le sujet ont évidemment peur d'être salis par la connexion israélienne.

"LA MAFIA A TUÉ JFK"

Bien que les livres qui suggèrent que « la Mafia a tué JFK » constituent une catégorie de sujets à part entière, je ne consacrerai pas d'autres débats concernant ces ouvrages dans cet aperçu bibliographique historique des livres sur l'assassinat. J'ai déjà discuté de ces ouvrages et de leur thèse très imparfaite à divers moments tout au long des pages de *Jugement Final*. Ces livres ont néanmoins fait l'objet d'une large couverture médiatique dans les médias de la classe dirigeante car, j'en suis certain, cela éloigne l'attention des véritables conspirateurs. Mais rassurez-vous : la mafia n'a PAS tué JFK.

ROBERT MORROW

J'aimerais maintenant parler des œuvres de Robert Morrow. J'ai parlé plus tôt de son roman, *Betrayal*. Son édition révisée "non fictionnelle" de ce livre, substantiellement améliorée et enrichie, est *First-Hand Knowledge*, sous-titrée « *How I Participated in the CIA-Mafia Murder of President Kennedy* » (comment j'ai participé au meurtre du président Kennedy organisé par la CIA et la Mafia). C'est un livre intéressant, mais je reste prudent quant à cet ouvrage, ne serait-ce que pour la simple raison, comme je l'ai souligné dans *Jugement Final*, qu'il a été imprimé par un affilié américain d'une maison d'édition israélienne. En dehors de cela, je dirai qu'à mon avis, il ne fait aucun doute que Morrow lui-même était impliqué dans le complot entourant l'assassinat, en particulier avec les membres de la CIA qui collaboraient avec les exilés anti-castristes cubains.

Cependant, comme je l'ai suggéré, mon propre point de vue est que l'aspect cubain du complot d'assassinat a été exagéré par la plupart des chercheurs. C'est-à-dire, dans le sens où je ne vois pas vraiment les exilés cubains comme de vrais conspirateurs, mais plutôt des « facilitateurs » - voire des boucs émissaires - qui étaient manipulés autant que Lee Harvey Oswald.

Le rôle principal que les cubains ont joué dans la conspiration a été d'avoir aidé à jeter les bases de l'histoire selon laquelle le malheureux Oswald était un "agitateur pro-Castro". Les cubains, qu'ils soient pour ou contre Castro, n'étaient, à mon avis, que de "fausses bannières" supplémentaires plantées au milieu du paysage du complot d'assassinat par les ultimes responsables du crime.

Dans *Jugement Final*, je me suis beaucoup appuyé sur le livre de Morrow, *The Senator Must Die*, pour obtenir des renseignements sur l'assassinat du sénateur Robert F. Kennedy. Ce livre suggère que la SAVAK, la police secrète iranienne, a commis le meurtre de RFK sur la base d'un contrat avec la CIA. Je n'ai vu aucun élément de preuve indiquant que Morrow n'ait pas en partie raison sur ce point, et dans *Jugement Final*, j'ai noté que la SAVAK était une création conjointe du Mossad et de la CIA.

Il y avait depuis longtemps une relation secrète étroite entre le Mossad, la CIA et les Iraniens, bien que de nombreuses personnes n'en aient pas eu connaissance. Donc, si RFK a été tué par la SAVAK, comme le dit Morrow, cela m'indique que nous devrions examiner plus avant en direction d'une connexion israélienne par-là, même si Morrow, bien sûr, n'en parle pas.

Je dois dire que j'ai quelques doutes quant à la fiabilité globale de Morrow dans le sens où il est parfois très difficile de déterminer ce qu'il sait de manière directe, ce qu'il pense ou ce que d'autres lui ont dit.

Les livres de Morrow sont intéressants et offrent de nombreuses pistes fascinantes. Il n'y a aucun doute là-dessus. Cependant, je suis profondément préoccupé par le fait que Morrow semble suggérer que James Angleton de la CIA était en quelque sorte hors du circuit en ce qui concerne l'assassinat de JFK et le camouflage - et rien ne pourrait être plus loin de la vérité.

Le fait que Morrow était un agent de la CIA évoluant dans des milieux peu recommandables est un autre facteur à prendre en considération dans tout cela. Les gens dans une telle position ne savent pas toujours pour qui ils travaillent vraiment. Parfois, ils pensent qu'ils travaillent dans un but alors qu'en fait, ils travaillent dans un autre but. Et ils ne connaissent pas toujours tous les faits. Ainsi, les propres expériences de Morrow (et son récit de ses expériences) ont inévitablement été colorées par tout cela. Je ne dis pas que Morrow était un pigeon ou un pantin, mais je suggère que nous devrions examiner son récit de première main avec prudence.

À savoir : J'ai été informé avec certitude que Morrow avait bien connaissance de la thèse présentée dans *Jugement Final* et qu'à cette heure-ci, il pourrait bien avoir lu le livre. Il n'a pas encore pris contact avec moi.

HUGH McDONALD

Dans *Jugement Final*, j'ai discuté des livres *Appointment in Dallas* et *LBJ & the JFK Conspiracy*, tous deux de Hugh McDonald, un autre ancien agent du FBI et de la CIA. J'ai fait remarquer que je ne trouve aucune de ces œuvres particulièrement crédibles. Le premier volume a été co-écrit par Geoffrey Bocca, un ancien propagandiste de l'OAS française soutenue par Israël et il va sans dire, à la lumière de tout ce que j'ai déjà abordé, que cela donne en soi une raison de remettre en question la fiabilité du livre.

Le deuxième livre, co-écrit par Robin Moore, qui entretenait depuis longtemps des liens avec la communauté du renseignement, reprend le même discours que James Angleton, selon lequel les Soviétiques étaient derrière l'assassinat de JFK. Le livre dit aussi que le KGB a manipulé Lyndon Johnson pour camoufler la connexion soviétique. Voilà pour les ouvrages de McDonald. La seule raison pour laquelle je les mentionne ici, c'est que les gens continuent de me demander de commenter leur contenu.

L'IMAGINATION D'HARRISON LIVINGSTONE

À ce stade, nous devons assumer un lourd fardeau en examinant quatre livres particuliers écrits par un homme particulier : Harrison Livingstone. Les livres sont *High Treason, High Treason II, Killing the Truth* et *Killing Kennedy,* tous publiés par Carroll & Graf. Je dois dire que le troisième titre est un résumé assez pertinent de ce que les quatre volumes font vraiment.

En tant qu'écrivain moi-même, je déteste critiquer les styles d'écriture des autres auteurs. J'ai critiqué les motivations d'autres écrivains dans le domaine de l'affaire JFK, reconnaissant qu'ils ont des choses à régler et qu'ils ont des intérêts particuliers derrière eux pour promouvoir leurs efforts pour des causes souvent moins que nobles. Dans le cas de Harrison Livingstone, cependant, je suis étonné que ses livres n'aient jamais été publiés en premier lieu. C'est peut-être plus une réflexion sur son éditeur que sur Livingstone lui-même. Ces quatre volumes sont pour le moins étranges. Les deuxième et troisième volumes, en particulier, semblent n'avoir fait l'objet d'aucune révision. On a l'impression que les éditeurs ont donné libre cours à Livingstone pour déblatérer et déambuler d'un sujet à l'autre sans aucune contrainte.

Parfois, les commentaires de Livingstone semblent frôler la diffamation. Il s'en prend à ses propres critiques de façon très personnelle et suggère qu'il est le seul et unique auteur à avoir écrit quoi que ce soit sur l'assassinat de JFK qui mérite d'être lu. Il va et vient entre l'analyse des preuves d'autopsie, des preuves photographiques et des récits de témoins oculaires et bien qu'il ne semble pas que Livingstone ait reçu une quelconque formation officielle dans aucun des domaines dont il traite avec une telle autorité moralisatrice et indignation, Livingstone voudrait vous faire croire que quiconque n'est pas d'accord avec ses interprétations est, au mieux, un menteur et, au pire, un participant délibéré du camouflage de l'assassinat ! Son co-auteur de la première édition de *High Treason,* Robert Groden, chercheur très respecté, est également victime d'attaques sauvages de la part de Livingstone dans ces volumes. Je suis surpris que Groden n'ait pas intenté de procès pour diffamation.

Livingstone dénigre particulièrement Mark Lane. Il dit en fait que, parce que Lane avait une réputation de "gauche", il n'avait aucune raison de s'impliquer dans la recherche des faits sur l'assassinat de JFK. Ce qui, selon Livingstone, fait apparaître que seuls les « gauchistes » étaient intéressés par l'assassinat et que les Américains moyens ne l'étaient pas. Livingstone se moque aussi de l'idée selon laquelle la CIA était impliquée dans l'assassinat. Il soutient également que, parce que Lane a représenté Liberty Lobby dans l'affaire E. Howard Hunt pour diffamation, il a peut-être contribué à camoufler les soi-disant barons du pétrole du Texas qui étaient impliqués dans l'assassinat et qui, selon Livingstone, sont les financiers du Liberty

Lobby. (Ce qui, je m'empresse d'ajouter, n'est tout simplement pas vrai, malgré les divagations délirantes de Livingstone)

Ces ouvrages gigantesques n'apportent absolument rien à la recherche sur l'assassinat de JFK, et pourtant un éditeur important reprit ces volumes, les imprima et les diffusa largement. Deux de ces volumes ont même fait partie des best-sellers du *New York Times* ! Livingstone s'est aliéné tous les principaux chercheurs travaillant sur l'assassinat de JFK avec son comportement bizarre et pourtant, curieusement, ses livres ont reçu cette distribution excessive. Je pense qu'il y a un plan derrière la dissémination généralisée des absurdités de Livingstone : brouiller davantage les cartes et présenter au grand public le personnage plutôt particulier de Livingstone comme la définition de ce qu'est un "chercheur à succès".

Je dois souligner que Livingstone suggère même que peut-être Abraham Zapruder, qui a filmé le célèbre film amateur de l'assassinat, faisait peut-être partie de la conspiration, placé sur les lieux pour fournir un enregistrement de l'assassinat pour les conspirateurs ! Cependant, il y a de plus en plus de preuves que le film Zapruder lui-même a été trafiqué.

Comme je le disais, la seule raison pour laquelle j'ai passé autant de temps à discuter des livres de Livingstone, c'est que je suis troublé par le fait qu'ils ont été largement diffusés comme ils l'ont été. Je n'en veux pas à Livingstone et j'insiste sur le fait que je ne doute pas de sa sincérité personnelle, mais je mets en doute les motivations et le bien-fondé de son éditeur.

L'AFFAIRE GÉRALD POSNER

L'affaire Gerald Posner mérite pour le moins une analyse particulière. Bien que les médias aient largement salué *Case Closed* de Gerald Posner comme étant "le dernier mot" sur le complot d'assassinat de JFK, le fait est que le livre serait décrit avec plus d'exactitude, à bien des égards comme étant "le premier mot". Personnellement, j'ai découvert plus d'une poignée de contradictions et de distorsions flagrantes apparaissant dans les pages du livre après seulement un rapide examen superficiel. Puis, en lisant le livre, je me suis rendu compte qu'il ne s'agissait que d'un rappel de l'aperçu biographique de la vie de Lee Harvey Oswald présenté dans le rapport de la Commission Warren.

Ainsi, avec *Case Closed*, nous avons effectivement bouclé la boucle avec ce livre tant vanté qui n'est guère plus qu'une réaffirmation révisée du « premier mot » - le rapport Warren - couplée à des attaques personnelles féroces et malveillantes contre les chercheurs et les témoins dont les opinions vont à l'encontre de la Commission Warren.

Il y a un grand nombre de critiques au sujet de *Case Closed* par beaucoup, beaucoup de gens, mais je vais vous donner un aperçu de quelques-uns de mes propres commentaires tirés de mon propre examen du livre. Si j'avais passé plus de temps à examiner le volume de Posner, je suis sûr que j'aurais pu trouver beaucoup plus de contradictions, mais celles que je cite ici, je pense, sont très représentatives de son travail très trompeur.

LES CONTRADICTIONS DE POSNER

- Tout au long du livre Posner citera les conclusions de la Commission spéciale de la Chambre des représentants sur les assassinats qui sont d'accord avec sa thèse selon laquelle Oswald a commis le crime seul. Cependant, lorsqu'une conclusion du HSCA ne concorde pas avec Posner, il rejette le HSCA d'emblée. Ensuite, bien que Posner cherche activement à discréditer Anthony Summers, chercheur travaillant sur l'affaire JFK, tout au long de l'ouvrage, il cite Summers comme source (à la page 144, par exemple) en citant Summers en disant que le dossier de Jim Garrison contre Clay Shaw était "extrêmement faible". En d'autres termes, Summers est une source peu fiable lorsque ses conclusions pointent vers une conspiration, mais lorsque ses conclusions sur certaines questions sont même vaguement en accord avec celles de Posner, Posner trouve que Summers mérite d'être cité pour étayer ses propres opinions.

- Posner cite un témoin nommé Jack Tatum qui aurait vu Oswald quitter les lieux du meurtre du policier de Dallas, J. D. Tippit, déclarant que Tatum « a raconté son histoire pour la première fois aux enquêteurs de la Commission spéciale de la Chambre sur les assassinats ». C'est intéressant, car dans d'autres cas où d'autres témoins qui contredisent la thèse de Posner n'ont pas fait connaître leur point de vue au départ, Posner met en doute leur fiabilité. Cependant, lorsqu'un témoin qui arrive en retard, comme celui-ci, semble confirmer la thèse de Posner, il cite un tel témoin comme étant fiable et une "preuve" de son exactitude.

LES INSULTES DE POSNER

- Le principal talent de Posner est d'attaquer ad hominim des témoins dont le témoignage ne concorde pas avec ses conclusions, qui ne sont bien sûr rien de plus que les mêmes conclusions auxquelles était parvenue la Commission Warren une trentaine d'années auparavant. Par exemple, Posner appelle un des témoins "un ivrogne reconnu" (ce qui suggère, je suppose, que les ivrognes sont constitutionnellement incapables de dire la vérité sur quoi que ce soit). Mais ce n'est qu'un exemple parmi tant d'autres.

- Dans une tentative de discréditer Delphine Roberts, qui était la secrétaire et maîtresse de l'agent de la CIA Guy Banister, Posner attaque certaines de ses croyances politiques et religieuses plutôt exotiques - qui n'ont absolument rien à voir avec le fait que Mme Roberts affirme que Lee Harvey Oswald avait un rapport étroit avec Banister et ses activités.

- Lorsque Posner aborde les allégations concernant les liens d'Oswald avec la CIA faites par Gerry Patrick Hemming, un ancien agent bien connu de la CIA, Posner qualifie Hemming d'"autopromoteur" qui a fourni des " divulgations extravagantes et non prouvées " au sujet de l'assassinat de JFK. Encore plus d'insultes.

- Lorsque Posner cherche à discréditer l'affirmation de Mme Jean Hill selon laquelle elle a été intimidée et maltraitée par Arlen Specter, avocate de la Commission Warren, M. Posner dit qu'"il n'y a rien qui s'approche d'une telle conduite de la part de Specter dans la transcription in extenso de la déposition faite par le sténographe ». Cependant, Posner ne dit jamais à ses lecteurs que Mme Hill a constamment répété que la transcription de la déposition était inexacte et déformait ce qu'elle avait dit à Specter au début. De plus, de toute évidence, il semble peu probable que Specter ait laissé ses propos menaçants faire partie du compte rendu de toute façon. Mais c'est un autre excellent exemple de la façon dont Posner trafique les faits.

- Dans un autre cas, Posner cherche à discréditer l'un des témoins de Jim Garrison qui raconte qu'il a contacté le FBI au sujet d'Oswald (après l'assassinat) pour faire un reportage sur une visite manifeste d'Oswald (avant l'assassinat) à Clinton, en Louisiane. Selon Posner, "il n'y a aucune trace d'un tel appel." Cela suggère, bien sûr, que le FBI a été tout à fait honnête dans l'enquête sur l'assassinat de JFK et a conservé des dossiers sur toutes les questions relatives à Oswald et au complot d'assassinat de JFK - ce qui, nous le savons, n'est pas la vérité. Mais Posner croit en la parole du FBI à ce sujet et pour Posner, c'est réglé.

- Par la suite, bien qu'au cours de son livre Posner ait tenté d'analyser et de psychanalyser les commentaires faits à un moment ou à un autre par Lee Harvey Oswald, Posner n'a jamais commenté - ou mentionné le fait - qu'Oswald a aussi dit qu'il était un "pigeon". Posner voulait nous faire croire qu'Oswald venait d'accomplir le plus grand accomplissement de sa vie pathétique et qu'il n'avait plus rien à dire à ce sujet.

- En tentant de rejeter la possibilité qu'Oswald ait été un agent de la CIA, Posner compte sur la propre répudiation de la CIA d'une plainte d'un ancien employé de la CIA selon laquelle Oswald était effectivement employé par la CIA. (Bien sûr, Gerald, la CIA sera la première à l'admettre !)

- Posner dit à la page 49, d'une part, que le KGB ne s'intéressait pas à Oswald et, dix pages plus tard, à la page 59, il dit que pas moins de vingt agents du KGB gardaient un œil sur Oswald. (Faudrait savoir !)

LES DÉFORMATIONS DE LA VÉRITÉ PAR POSNER

- Dans son annexe sur plusieurs des morts mystérieuses entourant l'assassinat de JFK, Posner commet un certain nombre d'outrages contre la vérité. Il va sans dire que beaucoup de ces soi-disant "morts mystérieuses" ne sont pas si mystérieuses que ça. Personnellement, je crois que de nombreux chercheurs ont exagéré en reliant un certain nombre de ces décès à la conspiration. Mais dans le cas de Posner, il y a au moins deux cas flagrants où, encore une fois, Posner trafique les faits.

(1) En référence à la mort de Maurice Gatlin, Posner dit simplement que Gatlin est mort suite aux "blessures d'une chute". En fait, Gatlin est mort après être tombé d'une fenêtre d'hôtel - peut-être après avoir été poussé, bien sûr. Mais Posner ne mentionne jamais les circonstances. Posner dit aussi que le nom de Gatlin "est probablement sur la liste parce qu'il a déjà été engagé par Guy Banister pour une enquête sans rapport". Posner ne mentionne pas que Gatlin aurait été le coursier qui aurait transporté plusieurs centaines de milliers de dollars en espèces vers l'Europe et qui aurait été affecté aux comploteurs de l'OAS liés à Israël, qui conspiraient également contre la vie du président français Charles De Gaulle. Intéressant, c'est le moins qu'on puisse dire.

(2) Une autre mort mystérieuse que Posner tente de suggérer comme n'étant pas si mystérieuse et probablement déconnectée de quelque manière que ce soit de l'assassinat est la mort par électrocution de Thomas Eli Davis III. Posner dit que Davis était un trafiquant d'armes qui "connaissait aussi Ruby" et suggère qu'il n'y a rien qui le relie réellement à la conspiration de JFK. Posner ne mentionne pas que Davis vendait des armes à l'OAS française et avait été arrêté en Afrique du Nord juste avant l'assassinat de JFK, à ce moment-là, il a été initialement rapporté qu'il avait eu en sa possession des lettres faisant référence à Lee Harvey Oswald.

(Il convient de noter qu'il a depuis lors été établi que les documents trouvés sur Davis étaient des lettres de recommandations à Victor Oswald, un marchand d'armes basé en Espagne. Cependant, Posner ne raconte pas toute l'histoire.)

LA PLUS GRANDE IMPOSTURE DE POSNER

L'atteinte aux lecteurs peut être la plus flagrante de la part de Posner, activement aidé et encouragé par ses promoteurs des médias de la classe dirigeante, est sa prétention d'avoir résolu le mystère de JFK par la magie sans doute indiscutable des ordinateurs. Dans son livre Posner s'appuie fortement sur une analyse générée par ordinateur de l'assassinat de JFK par une société connue sous le nom de Failure Analysis Associates, qui "prouve" que Lee Harvey Oswald aurait agi seul.

Posner laisse essentiellement croire à ses lecteurs que l'analyse informatique a été préparée en quelque sorte exclusivement pour son usage personnel, alors qu'en fait, elle a été préparée pour un procès simulé de Lee Harvey Oswald dirigé par l'Association du barreau américain (qui, soit dit en passant, s'est terminé par une suspension de jury).

De plus, Posner omet également de dire à ses lecteurs que la société informatique a également préparé une analyse informatisée alternative de l'assassinat qui a fourni une thèse complètement différente : spécifiant qu'il aurait pu y avoir plus d'un assassin impliqué dans l'assassinat du président Kennedy. Ainsi, le principal argument de vente du livre de Posner - la fameuse analyse informatique de l'assassinat - que les médias ont largement couvert est lui-même basé sur des distorsions de la vérité comme elles sont apparues dans les pages du livre de Posner.

Il y a un autre point intéressant qui mérite d'être réitéré. Comme je l'ai souligné plus tôt dans *Jugement Final*, l'un des collaborateurs de Posner, Johann Rush, qui a fourni à Posner une version "améliorée" du célèbre film de Zapruder sur l'assassinat, se trouve également être le même Johann Rush qui était l'un des caméramans de la WDSU à la Nouvelle-Orléans (appartenant à la famille Stern liée à ADL- et Clay Shaw) qui semblait toujours présent lorsque Lee Harvey Oswald faisait des déclarations "pro-Castro". Rush est toujours en mission, semble-t-il. Voilà pour Gerald Posner. Personne ne prend vraiment son livre au sérieux, pas même, je suppose, ses commanditaires en coulisses. Ils savent qui a tué JFK, mais ils ne veulent pas que vous le sachiez et c'est pourquoi ils tiennent à leur disposition des gens comme Posner, toujours prêts à sortir de leur chapeau.

SEYMOUR HERSH

Oubliez qui a tué John F. Kennedy et pourquoi. Au lieu de cela, vous devriez vous concentrer sur les peccadilles personnelles de JFK. C'est le message que font passer les médias contrôlés par l'état dans ce pays à la suite de la sortie du nouveau livre de Seymour Hersh, *The Dark Side of Camelot*. Ceux qui n'ont pas entendu parler du livre de Hersh attaquant le personnage de John F. Kennedy, ne lisaient pas la presse grand public au moment du 34e anniversaire de l'assassinat de JFK. Le livre faisait l'objet d'une promotion tout azimut, y compris un article de couverture dans le numéro du 17 novembre du magazine *Time*.

Les critiques - et même l'article paru dans le *Time* - ont unanimement suggéré qu'il y avait des questions sur la crédibilité de Hersh, mais même ces critiques ont eu l'impact d'émettre tellement de "négatif" concernant JFK que les lecteurs supposent presque automatiquement que "là où il y a de la fumée, il y a du feu ».

Qu'y a-t-il de si nouveau dans le livre de Hersh ? Rien, en fait. Des douzaines - peut-être des centaines - d'autres livres ont parlé des liens de la famille Kennedy avec la mafia, du libertinage de JFK, etc. Le *Time* lui-même fait remarquer (à juste titre) que depuis les années 1970, il y a eu un grand nombre de livres qui font ce que fait le livre de Hersh : "démystifier JFK".

Pourquoi alors l'envie de se pencher à nouveau sur les méfaits de JFK ? Nous avons tous entendu parler des anciens de la famille Kennedy - le sujet d'une couverture médiatique sans fin depuis près de trente ans. C'est ainsi depuis que Mark Lane a commencé à poser des questions sur qui a vraiment tué John F. Kennedy et pourquoi. Le livre de Lane, *Rush to Judgment*, a posé quelques problèmes réels pour les gens qui ont orchestré l'assassinat de JFK et son camouflage. La réaction des "grands médias" a été d'essayer de dire : "John F. Kennedy n'était pas vraiment un type bien après tout." (Suggérant qu'il méritait peut-être d'être abattu ou, tout du moins, qu'il avait préparé le terrain pour sa propre mort.) Et puis, lorsque dans *Plausible Denial* Lane a documenté le lien entre la CIA et l'assassinat, la classe dirigeante a déterminé que les théories de conspiration sur l'assassinat devaient être contenues. Les théories qui sont "acceptables" sont celles qui disent que c'est "la mafia l'a fait" et qui rejettent la faute sur des mafieux morts depuis bien longtemps.

Le *Time Magazine*, qui fait la promotion de la nouvelle "démystification" de JFK, appartient à la grande famille Bronfman. Et, bien sûr, comme l'indique *Jugement Final*, Louis M. Bloomfield, homme de main de la famille Bronfman, a joué un rôle clé dans le complot d'assassinat de JFK.

Et Hersh dans tout ça ? C'est le livre de Hersh, *The Samson Option*, qui a révélé pour la première fois que JFK s'était engagé dans une longue guerre cachée en coulisse avec le Premier ministre israélien, David Ben-Gourion, au sujet des efforts d'Israël de construire une bombe nucléaire. *Jugement Final* cite largement le travail de Hersh - au grand désarroi de ceux qui veulent garder le sombre et profond secret de la guerre d'Israël avec JFK à l'écart des admirateurs du président Kennedy.

Mais voici quelque chose de très intéressant : le numéro de novembre 1997 du magazine *Vanity Fair* révélait que Hersh avait travaillé en étroite collaboration avec Michael Ewing, qui avait participé à l'enquête de la Commission de la Chambre des représentants de 1978 sur le meurtre du président. Comme nous l'avons indiqué dans *Jugement Final*, Ewing a cité la "connexion française" particulière avec l'assassinat de JFK, qui faisait l'objet d'une enquête lorsque la commission de la Chambre a fermé boutique.

Jugement Final démontre que la "connexion française" est, en réalité, la connexion israélienne. Hersh a sûrement été à l'écoute d'Ewing concernant la « Connexion française ». Et à la lumière de ce que Hersh savait clairement au sujet de JFK et d'Israël, il est évident qu'il n'aurait pas pu aider, mais qu'il avait une idée de la connexion israélienne. Certes, bien sûr, Hersh savait qu'Israël avait un mobile.

Selon *Vanity Fair*, Hersh a jeté ses propres recherches dans un livre sur l'assassinat de JFK et s'est tourné vers les manigances personnelles de JFK. Cela s'est apparemment produit, après la parution de *Jugement Final* en janvier 1994, de sorte qu'il semble que *Jugement Final* ait volé la vedette à Hersh.

Hersh dit maintenant qu'il n'a jamais trouvé la moindre preuve qu'il y avait une conspiration derrière l'assassinat de JFK. Les seuls éléments de preuves qu'il trouve, c'est le fait que JFK avait une vie personnelle très intéressante et qu'il aurait été impliqué dans des complots d'assassinat contre d'autres. Cependant, il y a ceux qui contestent les "preuves" de Hersh, comme le *Time* l'a admis.

Le livre d'Hersh est-il sa façon de se racheter d'avoir révélé des faits étonnants et inconnus sur la guerre secrète de JFK avec Israël, preuves qui ont mené à la rédaction de *Jugement Final* ? Et l'accent mis par les médias sur la crédibilité de Hersh constitue-t-il en fait une manière subtile de démystifier l'écriture précédente de Hersh sur JFK et Israël, discréditant ainsi indirectement *Jugement Final* ?

Quoi qu'il en soit, le nouveau livre de Hersh est en train de régurgiter d'anciennes affirmations au sujet de Kennedy, les mettant à nouveau en circulation. C'est pourquoi ceux qui étaient derrière l'assassinat sont ravis de donner au livre de Hersh toute la publicité gratuite qu'il reçoit.

FAITES-VOUS VOTRE PROPRE JUGEMENT FINAL

Tout ceci est un résumé détaillé de mes réactions et opinions personnelles concernant les livres sur l'assassinat de JFK. Si vous n'avez pas lu les livres que j'ai recommandés, je vous suggère de le faire. Une fois que vous aurez lu tous ces livres, je pense que vous pourrez porter votre propre jugement final - et je ne pense pas que vous constaterez que mes conclusions générales ne sont pas du tout fondées.

Pour ceux qui sont intéressés à écrire leurs propres livres sur l'assassinat de JFK, je les exhorte à éviter les distractions, les domaines insensés qui enlisent les recherches sérieuses. Et n'essayez pas d'écrire un autre aperçu de la conspiration de l'assassinat. C'est ce que j'ai fait, mais j'ai ajouté un nouvel angle qui n'avait jamais été considéré auparavant.

Je pense que dans les pages de *Jugement Final*, j'ai jeté les bases de recherches approfondies dans un certain nombre de nouveaux domaines qui sont peu explorés ou qui n'ont jamais été explorés. C'est ce que j'encourage les gens à faire. Trouvez un nouveau domaine d'intérêt lié à l'assassinat de JFK et explorez-le par tous les moyens possibles. Il y a beaucoup plus à faire.

ANNEXE 9

Quiproquo ?
La connexion de Pékin avec la conspiration d'assassinat de JFK - L'alliance nucléaire secrète d'Israël avec la Chine communiste.

Non seulement la politique américaine à l'égard d'Israël s'est inversée après l'assassinat de JFK. Mais il a été pratiquement négligé que John F. Kennedy prévoyait une attaque militaire contre les installations de mise au point d'armes nucléaires de la Chine rouge dans les mois précédant son assassinat. Cependant, un mois après la mort de JFK, Lyndon Johnson annula le projet et permit à la Chine de procéder à l'assemblage de son arsenal nucléaire. Le grand secret est qu'au moment de l'assassinat de JFK, les services de renseignement israéliens du Mossad et de la Chine rouge travaillaient en coulisse à la mise au point conjointe d'armes nucléaires. Les éléments de preuve suggèrent que "la carte chinoise" a joué un rôle critique (secret) dans la participation d'Israël au complot d'assassinat de JFK.

Au début de novembre 1997, alors que je préparais la quatrième édition de *Jugement Final*, j'ai découvert de façon assez inattendue un article enterré au milieu d'une pile de coupures de presse sur l'assassinat de JFK. Il s'agissait d'une chronique publiée en 1970 par Paul Scott, un expert chevronné de Washington, dans laquelle il soulignait que juste avant son assassinat, John Kennedy planifiait une attaque militaire contre le programme de développement d'armes nucléaires de la Chine rouge.

De plus, selon Scott, un mois après l'assassinat de JFK, son successeur, le président Johnson, ordonna l'arrêt de l'attaque imminente.

J'ai trouvé intéressant, en effet, que JFK ait travaillé non seulement à déjouer le programme de bombes nucléaires d'Israël (comme je l'ai documenté dans *Jugement Final*), mais qu'il ait pris également des mesures actives pour contrecarrer celui de la Chine rouge.

Sachant qu'aujourd'hui, Israël est probablement le plus grand fournisseur d'armes de la Chine, j'ai commencé à faire des recherches sur un tout nouveau sujet dont je n'avais jamais eu connaissance : les relations secrètes entre Israël et la Chine rouge. Je me demandais s'il n'y aurait pas une sorte de "Connexion chinoise " avec le rôle du Mossad dans le complot d'assassinat de JFK.

Ensuite, après de brèves recherches - aux bons endroits -, j'ai trouvé ce lien. Ça m'a même surpris. Je pense que les lecteurs seront également intrigués et conviendront que ce qui est décrit ici pointe en direction d'un rôle du Mossad dans le complot d'assassinat de JFK.

Peu de temps après, j'ai appris qu'un groupe de chercheurs travaillant sur l'affaire JFK se penchait sur le sujet "La Chine et l'assassinat de JFK". Cependant, depuis lors, je n'ai encore jamais vu nulle part - sauf dans les pages de *Jugement Final* - aucune mention du lien du Mossad avec la "carte de la Chine" dans le complot d'assassinat de JFK. Cela ne me surprend pas, bien sûr, mais c'est une tragédie que même les "chercheurs de vérité" refusent de regarder les preuves en face.

Comme les lecteurs de *Jugement Final* le verront très certainement, vous ne pouvez pas examiner sérieusement le sujet de "la Chine et l'assassinat de JFK" dans son ensemble sans vous pencher également sur le lien avec Israël. Et c'est ainsi avec pratiquement tous les points clés dans la grande variété de domaines liés à la recherche sur le complot d'assassinat de JFK.

ISRAËL ET LA CHINE ROUGE : LA CONNEXION NUCLÉAIRE

Quel est donc le lien ? Le fait est qu'en 1963, la Chine rouge et Israël se sont secrètement engagés en arrière-plan dans la mise au point conjointe d'armes nucléaires. Qui plus est, la figure clé des relations entre la Chine rouge et Israël n'était autre que le regretté Shaul Eisenberg, partenaire commercial de longue date du responsable des achats d'armes et des finances du Mossad, Tibor Rosenbaum, l'instigateur de la société Permindex, qui a joué un rôle central dans le complot d'assassinat de JFK.

Ainsi, bien qu'il soit maintenant apparemment "acceptable" dans les cercles de recherche sur l'assassinat de JFK de suggérer que JFK a peut-être été assassiné parce qu'il faisait obstacle au programme de développement d'une bombe nucléaire de la Chine Rouge, il est toujours considéré comme "bizarre" (et "antisémite") de suggérer que la guerre secrète de JFK avec Israël au sujet du programme de bombes nucléaires d'Israël a joué un rôle dans son assassinat. Mais les faits sont là pour ceux qui sont intéressés à les trouver, comme je l'ai fait.

Examinons ensuite le lien entre Pékin et la conspiration d'assassinat de JFK. A l'instar de la « Connexion française », cette « Connexion chinoise" est, en réalité, un poteau indicateur pointant vers la connexion israélienne.

LE PLAN DE JFK POUR ATTAQUER LA CHINE

Commençons par examiner ce que le chroniqueur "conservateur" haut placé Paul Scott a écrit le 13 février 1970, soit un peu plus de six ans après l'assassinat de Kennedy. Selon Scott :

"Rusk a joué un rôle clé dans l'annulation des plans d'urgence pour la destruction des centrales nucléaires de la Chine communiste commandée par feu président Kennedy. Autorisé par Kennedy environ 10 semaines avant son assassinat, le président Johnson a brusquement annulé les plans d'urgence peu après son entrée en fonction.

"Bien que les dossiers de la Maison-Blanche révèlent le rôle de Kennedy dans la planification de la démolition de la capacité nucléaire de la Chine, il n'y a pas de documents officiels pour montrer pourquoi le projet top secret a été arrêté en décembre 1963 - ou environ un mois après la mort de Kennedy.

"En faisant des recherches sur la politique chinoise de l'administration Kennedy et Johnson, les hauts fonctionnaires de l'administration Nixon ont pu seulement apprendre que le projet a été officiellement dissous après que Rusk ait informé le président Johnson du projet lorsqu'il est devenu président.

"L'information selon laquelle Rusk a recommandé que le projet soit interrompu provient d'un fonctionnaire de la CIA qui a été chargé d'aider à la rédaction des plans. Il déclare que le groupe de planification d'urgence a appris que Rusk était contre le projet depuis que Kennedy l'avait lancé en septembre 1963...

"La grande importance que Kennedy attachait à ce projet très secret a été mise en évidence par un récit écrit par Stewart Alsop après la mort de Kennedy, sur la façon dont le projet avait commencé. Peu de temps avant sa mort, raconte M. Alsop, le président Kennedy avait convoqué dans son bureau l'un des plus grands experts du gouvernement en Extrême-Orient pour une conférence.

"La conversation concernait un sujet qui... perturbait le défunt Président plus profondément que tout autre, à savoir le développement de la capacité nucléaire chinoise. Il a demandé s'il y avait une chance de trouver un "compromis" avec les communistes chinois. Lorsque l'expert de l'Extrême-Orient répondit non, le Président sembla d'accord. Il demanda à l'expert ce qu'il fallait faire.

"J'ai beaucoup réfléchi à cette question, répondit l'expert. Il devrait être techniquement possible, à ce stade de leur développement nucléaire, de détruire les centrales nucléaires chinoises de manière à ce qu'elles paraissent comme un accident atomique. La chose pourrait se faire sous forme d'opération chirurgicale, sans armes nucléaires, en utilisant des explosifs puissants ", a poursuivi le fonctionnaire. "Nous pourrions avoir des projets pour vous, avec différents moyens opérationnels pour détruire les usines dans un avenir proche." Le fonctionnaire dit à Alsop que Kennedy l'avait pointé du doigt et lui avait dit :"Faites ça."

"Immédiatement après cette réunion de la Maison-Blanche, un groupe de planification d'urgence a été mis sur pied au sein de l'administration Kennedy pour entreprendre le projet super-secret. Lors de leur première réunion, le groupe fut informé que le président Kennedy avait décidé en théorie que la Chine devait être empêchée, par tous les moyens, de devenir une puissance nucléaire.

"Selon l'un des membres du groupe, la planification se déroula sans anicroche en septembre, octobre et novembre 1963... Les dossiers de la Maison-Blanche montrent que peu après la mort de Kennedy, le président Johnson fut informé du projet par Rusk. C'est peu après ce briefing que le projet fut annulé."[205]

Le chercheur Dick Russell, qui a écrit en passant à propos des projets de JFK concernant les installations nucléaires de la Chine, rapporte que "les Soviétiques exhortèrent les États-Unis à poursuivre l'attaque proposée."[206]

Parmi les Américains exhortant Johnson à poursuivre l'attaque et à s'opposer au développement nucléaire de la Chine figurait le directeur de la CIA John McCone. Selon Seymour Hersh, dans *The Samson Option* (son étude sur le programme secret de développement nucléaire israélien) :"McCone a cruellement ressenti la perte de John Kennedy ; sa relation avec Lyndon Johnson était beaucoup moins intime et ses conseils n'étaient pas toujours les bienvenus.

"La solution de McCone à la bombe chinoise... était d'envoyer l'armée de l'air. "McCone a juste déchaîné les enfers" au sujet de la bombe chinoise, se souvient [son assistant de longue date] Walt Elder.

"Il voulait la permission de survoler le site d'essai et sa demande a été refusée." Le directeur de la CIA n'était pas découragé ; il a ensuite lancé "l'idée de ce qui se passerait si on entrait et prenait la capacité nucléaire chinoise." On pensait utiliser des bombardiers banalisés pour frapper les Chinois, évitant ainsi l'identification."[207]

Toutefois, comme nous l'avons vu, le président Johnson a rejeté le projet - et les conseils des soviétiques et de McCone. Suite à la décision de Johnson de ne pas agir, le 18 octobre 1964, moins d'un an après l'assassinat de JFK, la Chine fait exploser sa première bombe nucléaire.

Il est plus qu'intéressant de noter que le directeur de la CIA, M. McCone, qui, selon M. Hersh, était "engagé en faveur du concept de la non-prolifération nucléaire"[208] et qui exhortait à l'attaque des installations nucléaires chinoises, était aussi l'une des principales forces qui encourageaient JFK à s'opposer à la prolifération nucléaire israélienne. Comme nous l'avons vu au chapitre 5, c'est dans le bureau de McCone à la CIA que l'administration Kennedy a mené sa surveillance secrète du programme israélien de production de bombes nucléaires. Kennedy a clairement fait confiance à McCone son ami de longue date - mais pas à la CIA en tant qu'institution - pour gérer cette opération délicate et très secrète de renseignement.

JFK savait probablement que, comme nous l'avons noté au chapitre 8, le loyaliste israélien de la CIA, James Angleton, avait fourni à Israël des informations nucléaires secrètes à la fin des années 1950, bien avant que JFK lui-même n'entre en fonction. Ce qui est encore plus intéressant, cependant, c'est que l'allié de JFK, McCone, avait combattu le programme de bombes nucléaires israélien avant même qu'il n'accepte le poste de directeur de la CIA dans l'administration Kennedy après que JFK ait

---

[205] Paul Scott Rubrique du 13 février 1970
[206] Dick Russell, *The Man Who Knew Too Much*. (New York : Carroll & Graf, 1992), p. 353.
[207] Seymour Hersh. *The Samson Option*. (New York : Random House, 1991), pp. 150-151.
[208] Hersh, p. 73.

congédié Allen Dulles, directeur de la CIA, en 1961 à la suite du désastre de la baie des Cochons.

Au cours de la précédente administration d'Eisenhower, McCone avait été membre de la Commission de l'énergie atomique (AEC) et, en 1960, alors que le mandat d'Eisenhower touchait à sa fin et qu'il rendait sa démission, c'est McCone qui a révélé pour la première fois au journaliste John Finney qu'Israël construisait un réacteur nucléaire pour produire du plutonium.[209]

La révélation très controversée a été publiée sur la première page du *New York Times* le 19 décembre 1960.[210] Selon Finney, "McCone était fou, fou de rage",[211] envers Israël, disant "Ils nous ont menti".[212] Selon Walt Elder, l'assistant de longue date de McCone, "Il s'est dit : "Je suis fini [à la AEC] et c'est mon devoir de le faire savoir au public.[213] Une autre question, selon Elder, était ce que Hersh décrivait comme "la frustration de McCone face au mensonge constant d'Israël"[214] au sujet de son programme de développement nucléaire.

Mais McCone, de toute évidence, était plus que frustré. Selon Elder : "Il y avait une dynamique pour avoir leur peau."[215] Ce sont des paroles fortes, en effet : "une dynamique pour avoir leur peau ». On ne peut qu'imaginer la réaction des israéliens endurcis et de leurs alliés à Washington en apprenant l'opposition de McCone. Et lorsque McCone est devenu par la suite directeur de la CIA de JFK et qu'il a été chargé de surveiller le développement nucléaire d'Israël, nous pouvons certainement comprendre pourquoi Israël considérerait en effet JFK comme un danger pour la survie même d'Israël.

Le McCone frustré démissionna de son poste de directeur de la CIA dans l'administration Johnson en 1965, expliquant à un collègue : "Quand je ne peux pas faire lire mes rapports par le Président, il est temps d'y aller.[216] Selon Seymour Hersh, M. McCone "a également compris ce que signifiait le refus persistant d'Israël de permettre des inspections internationales complètes de son programme nucléaire]."[217] C'est-à-dire que tout ce que lui (McCone) et John F. Kennedy avaient fait pour empêcher Israël de construire la bombe nucléaire avait échoué et qu'Israël avançait dans son programme déterminé à cette fin.

De plus, McCone avait également de toute évidence de bonnes raisons de s'inquiéter du succès nucléaire de la Chine, en dépit des efforts énergiques qu'il avait

---

[209] Hersh, pp. 72-73.
[210] *Ibia.*, p. 326.
[211] *Ibia.*, p. 71.
[212] *Ibia.*
[213] Hersh, p. 73.
[214] *Ibia.*
[215] *Ibia.*
[216] Hersh, p. 151.
[217] Hersh, p. 151.

déployés précédemment (approuvés par JFK et rejetés par LBJ) pour empêcher la Chine d'obtenir une capacité d'armement nucléaire.

LE DÉBUT NUCLÉAIRE DE LA CHINE - ET CELUI D'ISRAEL ?

C'est à ce stade que nous allons maintenant nous tourner vers "la connexion israélienne" avec la Chine rouge et découvrir qu'il y a beaucoup plus que ce que nous pouvions réaliser au départ. En fait, on peut faire valoir à juste titre que c'est Israël - travaillant en coulisses - qui a permis à la Chine (déjà en train de mettre au point sa bombe) de lancer avec succès son premier essai nucléaire.

En fin de compte, si jamais la vérité est révélée, nous découvrirons probablement que la première explosion nucléaire de la Chine a été, en réalité, une réalisation conjointe israélo-chinoise. Pour le moment, bien sûr, c'est de la pure spéculation. Mais les faits au dossier nous amènent à cette conclusion.

Seymour Hersh lui-même souligne que le premier essai nucléaire chinois a pris l'Occident par surprise. Il écrit : "La communauté nucléaire américaine avait déjà été secouée en octobre 1964 lorsqu'elle apprit que la première bombe nucléaire de la Chine avait été déclenchée par l'uranium, et non par le plutonium, comme la CIA et d'autres agences de renseignement l'avaient largement anticipé."[218]

Ce que Hersh ajoute de nouveau est particulièrement intéressant : "On soupçonna immédiatement la Chine d'avoir acheté au marché noir - ou volé - de l'uranium enrichi pour sa bombe (La CIA n'apprendrait pas avant encore un an environ que la Chine avait achevé une immense usine de diffusion beaucoup plus tôt que prévu.)."[219] En clair, la Chine Rouge avait fait beaucoup plus de progrès dans son projet d'expansion nucléaire qu'on ne l'avait jamais soupçonné. La Chine recevait de l'aide de quelque part. C'est évidemment au même moment qu'Israël avançait progressivement dans son propre programme de développement nucléaire.

Entre-temps, et dans les décennies qui suivirent, une étrange histoire d'espionnage impliquant une compagnie nucléaire américaine était en pleine évolution. Dans son livre intitulé *The Samson Option*, Hersh a examiné la fable byzantine de la Nuclear Materials and Equipment Corporation (NUMEC), établie à Apollo, en Pennsylvanie (près de Pittsburgh).

La NUMEC était la propriété du Juif américain, Zalman Shapiro, qui entretenait des liens étroits et de longue date avec Israël, et en 1965, un audit de la NUMEC effectué par la Commission de l'énergie atomique révéla que de grandes quantités d'uranium enrichi semblaient avoir "disparu" de l'inventaire de la NUMEC au cours des années précédentes.

---

[218] *Ibid.*, p. 246.
[219] *Ibid.*

La suspicion immédiate - ou du moins ce qu'on raconte - était que Shapiro avait utilisé les ressources de la NUMEC et détourné l'uranium enrichi vers Israël. Au cours des années qui ont suivi, l'histoire de la NUMEC est devenue une cause secondaire pour les journalistes d'investigation et au sein de la communauté du renseignement, et l'histoire a finalement réussi à se répandre - à de nombreuses reprises - dans les principaux médias des États-Unis et du monde entier.

Mais voici le hic : Seymour Hersh est parvenu à la conclusion qu'il n'y avait aucune preuve solide pour conclure que Shapiro et la NUMEC étaient, en fait, responsables du détournement des ressources nucléaires vers Israël. Ni Shapiro ni sa compagnie n'ont jamais été reconnus coupables de quoi que ce soit.

Cependant, à ce jour, certains continuent d'insister (et croient de toute évidence) que la NUMEC était une source principale d'uranium enrichi nécessaire à la bombe nucléaire israélienne. Pourtant, comme nous l'avons noté, il n'y a pas de preuve réelle de cette conclusion, aussi excitante qu'elle puisse être.

En bref, il semble - même si Hersh ne le dit jamais lui-même - que toute l'histoire de la NUMEC semble avoir été une diversion soigneusement conçue, délibérément divulguée, qui servit de couverture à la source véritable du succès nucléaire final d'Israël. Certains critiques d'Israël (toujours impatients de trouver l'espionnage israélien à l'œuvre) ont sauté sur l'histoire et l'ont diffusée à grande échelle, et au moins un fonctionnaire de la CIA a misé sur sa réputation. Mais il n'y avait jamais - du moins selon Hersh - de base réelle aux accusations qui avaient été portées.

LA GRANDE QUESTION (SANS RÉPONSE)...

Cela nous laisse donc avec la grande question : où Israël a-t-il obtenu les ressources nécessaires pour atteindre sa capacité de production de bombes nucléaires ?

Comme nous le verrons, les faits accessibles au public (si rassemblés et examinés dans leur intégralité contextuelle) suggèrent en effet que c'est grâce à une coopération très secrète avec la Chine rouge qu'Israël est parvenu à atteindre son vieil objectif de construire la bombe nucléaire.

Nous soutenons ici, dans les pages de *Jugement Final*, que c'est en fait cette collaboration conjointe entre Israël et la Chine rouge qui a joué un rôle dans l'assassinat de John F. Kennedy et les conséquences qui en ont découlé : l'obtention d'une capacité nucléaire pour Israël et la Chine rouge. Sur ce constat, regardons les preuves.

D'un point de vue historique, la Chine - peut-être la seule parmi de nombreuses nations - était l'un des rares pays où le peuple juif pouvait se développer et prospérer. L'antisémitisme n'a jamais été un critère. La référence à toute histoire traditionnelle confirmera qu'il y avait non seulement une petite communauté juive (librement florissante) en Chine pendant des siècles, mais qu'également au cours des dernières années - avant la Seconde Guerre mondiale - beaucoup de Juifs européens avaient cherché refuge en Chine après la montée au pouvoir d'Hitler en Allemagne et l'expansion de la puissance militaire allemande dans toute l'Europe.

L'écrivain juif S. M. Perlmann, dans son *Histoire des Juifs en Chine*, le résume bien : "Pour être juste avec cette nation chinoise ancienne et cultivée, [il faut dire] que les Juifs de Chine n'ont jamais eu à se plaindre de l'intolérance ; ils n'ont jamais été soumis à des lois exceptionnelles ; ils n'ont jamais été persécutés ou méprisés à cause de leur religion. Ils ont toujours eu les mêmes droits que le peuple chinois."[220]

LE RÊVE DE BEN-GOURION....

Il n'est donc pas étonnant qu'au moment de la fondation de l'État d'Israël, David Ben-Gourion, le grand vieil homme du sionisme, ait eu hâte d'établir des relations avec le gouvernement communiste nouvellement établi à Pékin - consolidant encore à l'époque son pouvoir après les luttes de l'après-guerre. Selon l'écrivain israélien Uri Dan, c'était "le rêve"[221] du père fondateur d'Israël, David Ben-Gourion, de tisser des liens avec les Chinois et de "regrouper deux des peuples les plus anciens du monde".[222]

Selon le biographe de Ben-Gourion, Dan Kurzman, Ben-Gourion, "défiant la pression américaine"[223] avait reconnu le nouveau régime communiste, mais ce fut "un coup dur"[224] quand Pékin ne reconnut pas Israël en retour.

Ben-Gourion, note Kurzman, "s'était plongé dans l'histoire et la culture chinoises et avait même étudié la pensée bouddhiste. La Chine, était-il convaincu, allait inévitablement évoluer pour être la plus grande puissance sur terre, et son soutien serait inestimable. Les dirigeants chinois étaient des communistes militants, certes, mais la meilleure façon de les modérer, selon Ben-Gourion, c'était de parler et de commercer avec eux, pas de les forcer à l'isolement. David Hacohen, l'envoyé israélien en Birmanie, avait rencontré à Rangoon le Premier ministre chinois Chou En-lai, qui avait laissé entendre que des liens diplomatiques et économiques existaient."[225]

Benjamin Beit-Hallahmi, un historien israélien qui a étudié les liens d'Israël avec le Tiers Monde note que :"Le gouvernement d'Israël, alors âgé de dix-neuf mois seulement, a été parmi les premiers à reconnaître la République populaire de Chine. En janvier 1950, Israël était encore en pourparlers avec l'Union soviétique, et théoriquement non aligné. Au fur et à mesure que la décennie avançait, ce sont les Chinois qui s'intéressaient au développement des relations.

---

[220] S. M. Perlmann, *History of the Jews in China*. (London, 1913), p. 4.
[221] Uri Dan, dans *the New York Post*, 30 Mars 1997.
[222] *Ibia*.
[223] Dan Kurzman. *Ben-Gurion : Prophet of Fire*. (New York : Simon & Schuster, 1983), p. 403.
[224] *Ibia*.
[225] *Ibia*.

"Mais à ce moment-là, dit Beit-Hallahmi, Israël avait clairement rejoint le camp américain. Les ouvertures chinoises en quête de relations diplomatiques officielles ont été repoussées en 1954 et de nouveau en 1955 ; Israël ne voulait manifestement pas bafouer les souhaits des États-Unis."[226]

Bien que les Chinois se soient, en 1955, alignés avec le dirigeant arabe Gamal Abdel Nasser d'Égypte,[227] et n'aient toujours pas reconnu publiquement Israël, il y avait beaucoup de forces invisibles à l'œuvre en coulisses. En fait, le Mossad israélien et le service de renseignement chinois étaient engagés dans une diplomatie discrète aux niveaux les plus élevés (et les plus intimes).

Bien que le monde ait été amené à croire jusqu'à la fin des années 1970 que la Chine rouge soutenait activement la cause palestinienne en opposition à Israël, l'historien du renseignement Richard Deacon a révélé en 1977 que : "Les premiers rapports sur l'implication chinoise dans les mouvements de guérilla palestiniens peuvent maintenant être rejetés presque totalement. Ils sont probablement nés à l'origine parce que la Chine a été la première grande nation à accorder une reconnaissance diplomatique à Al Fatah et à avoir formé des guérilleros palestiniens à l'Académie militaire de Nanking."[228]

Toutefois, Deacon a fait observer : "Les reportages dans les journaux et à la radio sur l'infiltration chinoise du mouvement de guérilla palestinienne ont non seulement été grossièrement exagérés, mais dans de nombreux cas, ce n'est tout simplement pas vrai, même si à l'origine la Chine ainsi que la Russie ont établi des relations étroites avec Al Fatah. Il ne faut pas oublier que la Chine a également un grand intérêt pour le pétrole du Moyen-Orient et qu'elle est impatiente de contrecarrer l'intérêt soviétique dans cette partie du monde."[229]

"La vérité derrière toutes ces craintes d'intervention chinoise contre Israël sur le front de la guérilla était très différente", rapporta Deacon. "Les Chinois avaient appris leur leçon suite à leurs efforts ouvertement agressifs et quelque peu maladroits d'espionnage en Afrique au début des années 60... (Quand) les Chinois ont subi échec après échec en Afrique en essayant de concurrencer trop tôt et trop rapidement l'infiltration russe."[230]

---

[226] Benjamin Beit-Hallahmi. *The Israeli Connection*. (New York : Pantheon Books, 1987), p. 36.
[227] Kurzman, *Ibid*.
[228] Richard Deacon. *The Israeli Secret Service*. (New York : Taplinger Publishing Co., 1978), pp. 198-199.
[229] *Ibid*.
[230] *Ibid*., p. 199.

"Quelles que soient leurs déclarations publiques au sujet du Moyen-Orient, écrivit Deacon, les Chinois reconnaissent en privé qu'Israël est en fait un allié dans toutes les questions relatives à l'Union soviétique."[231]

Deacon ajoute : "La face privée du renseignement chinois est souvent totalement différente de la voix publique propagandiste du gouvernement chinois. En partie à cause des échecs en Afrique, mais aussi parce qu'il y a eu tout au long de l'histoire des liens étroits entre les Chinois et les Juifs (un certain nombre de conseillers et d'officiers du renseignement auprès des gouvernements chinois précédents étaient Juifs), l'attitude de la Chine face à l'affrontement arabo-israélien [était] de plus en plus ambiguë".[232]

L'ALLIANCE NUCLÉAIRE SECRÈTE

C'est à Deacon que nous devons le mérite de la révélation non négligeable qu'Israël et la Chine rouge se sont longtemps engagés dans des programmes de développement nucléaire secrets, en coulisses. Selon Deacon :

"Les Israéliens ont également adopté une technique similaire à celle des Chinois pour obtenir des secrets nucléaires et se tenir au courant de ce qui se passe dans ce domaine en dehors de leur pays : ils se sont fait un devoir de recruter soigneusement l'aide de Juifs non israéliens du monde entier qui sont soit des scientifiques, soit des étudiants en physique nucléaire, tout en recueillant patiemment toutes les informations disponibles d'une manière légitime dans des revues et conférences scientifiques et en analysant les résultats.

"Ces tactiques, a noté M. Deacon, ont permis aux Chinois de rattraper le monde occidental au point de posséder maintenant une puissante force de dissuasion nucléaire. La capacité d'Israël à produire une telle arme", ajouta Deacon en 1977, "est désormais incontestable."[233]

En fait, comme M. Deacon l'a fait remarquer, la production de bombes nucléaires a effectivement constitué une part importante des relations secrètes entre Israël et la Chine rouge, menées par l'intermédiaire de leurs services de renseignement respectifs - bien que ce point soit crucial et qu'il ait été soigneusement supprimé par ailleurs.

Selon M. Deacon : "[La production de bombes nucléaires] a été l'une des sphères dans lesquelles les Israéliens et les Chinois se sont réellement entraidés - non pas officiellement, mais discrètement par le biais des services secrets. Les « tierces parties servant d'intermédiaires impliquées dans de tels accords ont parfois été des Juifs non-israéliens travaillant pour les Chinois et parfois même des Albanais ».[234] Ce que

---

[231] *Ibid.*, p. 205.
[232] *Ibid.*
[233] *Ibid.*, p. 204.
[234] *Ibid.*, pp. 204-205.

Deacon souligna plus loin est d'égale importance : "Il s'agit d'un sujet rarement abordé par les écrivains concernant les affaires du Moyen-Orient, mais des contacts aussi étroitement surveillés que ceux que les deux services secrets entretiennent ont des bonus pour les deux parties. Dans l'ensemble, les Chinois ont peut-être tiré le plus grand profit de ces échanges relativement modestes et prudents."[235]

Cette relation nucléaire secrète entre la Chine rouge et Israël a permis de consolider les liens entre les deux nations, à tel point qu'elles ont commencé à coopérer de plus en plus dans d'autres domaines, et à reconnaître progressivement leurs contacts de longue date en coulisses par l'intermédiaire de leurs deux services de renseignement.

LE COMPLOT CHINOIS POUR ISRAËL

C'est à la suite du rôle d'Israël dans la conspiration qui a privé John F. Kennedy de la présidence et qui a sauvé les installations chinoises de mise au point de bombes nucléaires de la destruction par les forces américaines, que les Chinois commencèrent à comploter contre leur ancien allié arabe, le président égyptien Nasser.

Selon Deacon, écrivant à propos des Chinois : "En 1965, ils ont été assez fous pour se laisser impliquer dans un complot communiste arabe visant à assassiner [Nasser] et l'ambassadeur chinois a dû quitter le pays après que la police égyptienne eut trouvé des liens entre les auteurs du complot et le chef de la New China News Agency, qui aurait contribué au financement du coup d'État".[236]

Les Israéliens ont toujours été prompts à constater des dissensions dans les rangs arabes et le Mossad les a plus d'une fois exploitées.[237] Il est donc évident que le rôle de la Chine dans la conspiration contre Nasser travaillait clairement au nom de son allié secret du Mossad.

Qui plus est, comme l'a fait remarquer Deacon, "C'est en partie grâce aux renseignements qui ont été communiqués aux chinois et à certains irakiens que l'Irak a coupé ses liens avec le KGB et s'est fâché avec le gouvernement pro-soviétique de Syrie".[238]

Selon Deacon, c'est à cette époque (qui, notons bien, a suivi l'assassinat de Kennedy) que "la Chine a progressivement perdu ses illusions à l'égard de ce qu'elle considérait comme des "régimes militaires arabes bourgeois" au Moyen-Orient et que le soutien de la Chine à la guérilla palestinienne s'est relâché au début des années

---

[235] *Ibid.*
[236] *Ibid.*, p. 199.
[237] *Ibid.*, p. 205.
[238] *Ibid.*

soixante-dix lorsque les mises en accusation de Pékin à l'encontre d'Israël semblaient quelque peu modérées".[239]

"En 1973, a souligné M. Deacon, un agent double israélien aurait mené des opérations de renseignement israélo-chinois en Afrique.[240] Et compte tenu des liens étroits d'Israël avec les factions du renseignement français (sans parler du rôle français dans le développement nucléaire d'Israël), il est plus qu'intéressant de noter, comme le souligne Deacon que : "À Khartoum, au début des années soixante-dix, le Service de renseignement chinois a été crédité d'avoir établi des liens particuliers avec le renseignement français dans les territoires voisins, au nord et au sud, ainsi qu'avec Israël."[241]

Il est très clair qu'il y avait de nombreux domaines dans lesquels Israël et la Chine rouge avaient des intérêts communs. Richard Deacon a dit, à juste titre, que l'un de ces domaines se situait "dans un effort conjoint à contrecarrer l'influence russe au Moyen-Orient"[242], ce qui, dans les années à venir, a conduit les deux pays à s'engager dans une grande variété d'initiatives alors même que, publiquement, Israël et le géant communiste asiatique étaient apparemment en désaccord.

Par exemple, comme l'a noté Benjamin Beit-Hallahman, dans les années 1970, la combinaison Israël, Arabie saoudite et Chine soutenait les forces anti-soviétiques en Afghanistan.[243] La Chine et son ennemi, Taïwan, se sont également joints à Israël pour fournir des armes à l'Iran pendant la guerre Iran-Irak.[244]

En fournissant des armes à l'Iran, la logique d'Israël, selon l'ambassadeur d'Israël aux États-Unis à l'époque, s'exprimant en 1982, était de "maintenir ouvertes les voies vers l'armée iranienne, dans le but ultime de faire tomber le régime de Khomeini"[245] Selon le ministre de la Défense Ariel Sharon, "Israël souhaitait que l'Iran gagne contre l'Irak, qui est un État arabe ennemi."[246]

LE MOSSAD ET LA CHINE

Les historiens israéliens Dan Raviv et Yossi Melman ont résumé dans leur histoire des services de renseignement israéliens, la nature des relations secrètes entre Israël et la Chine rouge, telles qu'elles ont été conduites par le Mossad :

---

[239] *Ibid.*, p. 200.
[240] *Ibid.*, p. 205.
[241] *Ibid.*, p. 306.
[242] Deacon, p. 200.
[243] Benjamin Beit-Hallahmi. *The Israeli Connection*. (New York : Pantheon Books, 1987), p. 32.
[244] *Ibid.* p. 13
[245] *Ibid.*
[246] *Ibid.*

"Agissant largement comme un service diplomatique alternatif, le Mossad a ouvert des portes et entretenu des relations avec des dizaines de pays qui préfèrent que ces liens ne soient pas connus... Le Mossad ne fait qu'offrir aux autres nations un moyen facile d'échapper aux conseils militaires, médicaux et agricoles des israéliens trop enthousiastes sans risquer les boycotts économiques ou politiques du monde arabe...

"Tant les espions diplomatiques que les diplomates officiels d'Israël sont ravis, en fait, lorsqu'une nation étrangère accepte d'établir des relations ouvertes avec l'État juif... dans la plupart des cas, cependant, Israël doit vivre avec la réalité que beaucoup d'États étrangers insistent pour le faire de manière secrète. Craignant des fuites de la presse, ils refusent de traiter avec le ministère israélien des Affaires étrangères. Ils bénéficient toutefois d'une relation bilatérale et ont acquis une confiance totale dans la capacité du Mossad à être le grand gardien du secret."[247] Et bien sûr, la Chine a été l'un de ces pays, selon Raviv et Melman.[248]

Tout cela, bien sûr, nous oriente vers un lien très clair (mais longtemps secret) entre Israël et la Chine rouge dans le domaine nucléaire - à l'époque même où JFK ne cherchait pas seulement à stopper l'expansion nucléaire d'Israël, mais planifiait en fait une attaque militaire contre les efforts de la Chine.

Cependant, lorsque nous localisons le nom précis de l'individu qui a servi de lien entre les Israéliens et les Chinois communistes pendant cette période critique, nous voyons en effet qu'il y a un "lien chinois" (via les Israéliens) avec la conspiration d'assassinat de JFK.

LA CONNEXION AVEC LA PERMINDEX....

Le vieil intermédiaire d'Israël dans les relations secrètes du Mossad avec la Chine - Shaul Eisenberg - était si profondément impliqué dans les relations avec la Chine rouge que lorsqu'il est mort d'une crise cardiaque soudaine à l'âge de 76 ans le 27 mars 1997, ce n'était même pas en Israël, mais à Pékin.

Eisenberg - que nous avons rencontré pour la première fois au chapitre 7 - était étroitement et directement lié (au moment de l'assassinat de JFK) à la Permindex qui a tissé la toile du complot dans l'assassinat de JFK. Décrit par un écrivain israélien comme "le Juif le plus riche du monde"[249], Eisenberg était, comme nous l'avons vu, non seulement une figure clé des programmes de développement nucléaire israéliens, mais aussi un partenaire du banquier Tibor Rosenbaum de la Permindex dans l'entreprise financière du Mossad connue sous le nom de Swiss-Israel Trade Bank.

Dan Raviv et Yossi Melman décrivent Eisenberg et sa longue histoire secrète comme le contact d'Israël avec la Chine rouge :

---

[247] Raviv et Melman, p. 431.
[248] *Ibid.*
[249] Uri Dan, dans *the New York Post*, 30 Mars 1997.

"Eisenberg, l'homme d'affaires le plus riche d'Israël, est né en Europe et a trouvé refuge pendant la Seconde Guerre mondiale en Extrême-Orient. Il s'est installé au Japon, où il a épousé une japonaise et a fait fortune en vendant des surplus de guerre et de la ferraille.

"Eisenberg s'est rapidement imposé comme l'un des meilleurs intermédiaires de la région. Cependant, il n'a jamais perdu la conscience d'être Juif, et ses liens affectifs l'ont amené à créer des entreprises en Israël, puis à y installer sa famille. Il a gardé ses intérêts en Extrême-Orient et à la fin des années 70, il a pu ouvrir la voie à Pékin pour les exportations militaires israéliennes.

"Son outil le plus redoutable était son jet privé, dans lequel il pouvait ignorer l'hostilité officielle entre les deux nations et transporter des israéliens haut placés directement en Chine. Eisenberg a fait des tas de voyages, transportant des fonctionnaires [de l'assistance en matière sécurité], des conseillers de l'armée, des financiers et des vendeurs militaires pour ce que les Israéliens ont qualifié comme étant leurs "négociations les plus difficiles de tous les temps".

"Après avoir établi un premier contact solide, Eisenberg laissait au Mossad le soin de coordonner les transactions et les expéditions secrètes, qui jouait son rôle traditionnel de ministère alternatif secret des affaires étrangères d'Israël."[250] Eisenberg, qui dirigeait 20 entreprises faisant des affaires dans plus de 30 pays[251], était clairement un personnage central et d'une importance cruciale pour la survie d'Israël et son positionnement sur la scène mondiale.

Le *Washington Times* a décrit l'installation d'Eisenberg en Israël après ses années passées à l'étranger : « En s'installant en Israël, M. Eisenberg est devenu le magnat le plus puissant de son histoire. La "loi Eisenberg" a été adoptée dans les années 1970 pour le libérer de l'énorme charge fiscale du pays, de sorte qu'il puisse continuer à opérer à partir de là-bas... Il contrôlait la géante société holding Israel Corporation et détenait une participation de 49 pour cent dans la compagnie maritime nationale, Zim, l'une des plus grandes compagnies maritimes et de transport au monde. Il a également dominé Israel Chemicals."[252]

Le rôle majeur d'Eisenberg dans l'industrie chimique israélienne est intéressant, bien sûr, dans la mesure où nous avons noté à l'annexe 4 qu'en 1957, en partenariat avec la Swiss-Israel Trade Bank contrôlée par Rosenbaum et Eisenberg, l'industriel du Michigan Max Fisher - le faiseur de souverains politiques derrière Gerald Ford, membre de la Commission Warren - a acquis une participation majoritaire dans le conglomérat israélien qui dominait l'industrie pétrochimique en Israël. Eisenberg lui-

---

[250] Dan Raviv et Yossi Melman. *Every Spy a Prince*. (Boston : Houghton Mifflin Co, 1990), p. 346.
[251] *Washington Times*, 31 Mars 1997.
[252] *Ibid.*

même avait donc un lien direct avec l'un des prétendus "mystérieux hommes derrière Gerald Ford" qui lui disait "quoi faire et quand le faire".

LA CONNEXION FRANÇAISE D'EISENBERG

En ce qui concerne la compagnie maritime Zim, on se rappellera, comme nous l'avons noté au chapitre 9, que c'est Zim, propriété conjointe d'Eisenberg et du gouvernement israélien, qui a embauché le général français Maurice Challe, un des principaux conspirateurs de l'OAS soutenu par la Permindex, après que Challe ait été libéré de prison pour son implication dans des complots contre Charles De Gaulle.

De toute évidence, Eisenberg était très certainement un "intermédiaire" à bien des égards par rapport aux principaux acteurs et événements qui ont été liés aux cercles restreints de la conspiration qui a conduit à l'assassinat de JFK.

Cependant, malgré toutes les immenses richesses d'Eisenberg, selon le *Washington Times*, "Ce qui a rendu [Eisenberg] des plus intéressants, ce sont ses liens avec les services secrets israéliens, le Mossad. Les sources de renseignement israéliennes affirment qu'il a partagé des informations avec le Mossad pendant des décennies et qu'il a employé de nombreux anciens officiers supérieurs des services de renseignement et de l'armée."[253]

L'histoire "officielle" est que les relations d'Eisenberg avec la Chine (du moins dans le domaine des transferts d'armes) n'ont commencé qu'en 1979. Dans le *New York Post*, Uri Dan rapporte qu'à cette époque, le Premier ministre israélien, Menachem Begin, avait obtenu l'autorisation des États-Unis d'autoriser Eisenberg à conclure un accord de 10 milliards de dollars sur dix ans pour moderniser les forces armées chinoises et ainsi "renforcer le contrepoids de la puissance militaire soviétique".[254] Dan décrit cet accord comme "l'un des plus importants de l'histoire israélienne"[255] et que "les Chinois ont insisté sur le secret absolu... Mais le secret n'était pas un problème pour Eisenberg. »[256]

Il semble qu'Israël avait déjà calculé qu'il ne pouvait tout simplement pas ouvrir des relations diplomatiques directes et des accords commerciaux avec la Chine rouge - en premier lieu - avant que les États-Unis n'aient déjà ouvert la porte. En 1969, Yigal Allon, alors vice-premier ministre d'Israël, avait déclaré publiquement : "Peut-être, lorsqu'un changement positif se produira dans les relations entre les États-Unis et la Chine, une sorte de changement se produira-t-il dans l'attitude chinoise à notre égard."[257] Ainsi, après que Richard Nixon, en tant que président américain, ait ouvert

---

[253] *Ibid*.
[254] Uri Dan, dans *the New York Post*, 30 Mars 1997.
[255] *Ibid*.
[256] *Ibid*.
[257] *Ibid*., p. 37.

la porte à la Chine rouge, les manœuvres d'Israël commencèrent et Eisenberg lança les transactions secrètes "officielles" qui finalement devinrent publiques.

En fait, ce n'est que bien après la mise en route, en 1979, de l'accord secret (mais pas si secret) conclu par Eisenberg sur les premières ventes d'armes à la Chine que les principaux médias occidentaux commencèrent à rendre compte (sans commentaires) des révélations sur les accords d'armement d'Israël avec la Chine rouge - le géant colosse asiatique qu'on nous avait présenté comme hostile au minuscule Israël.

LA VÉRITÉ FAIT SURFACE

La première mention d'une relation importante entre la Chine et Israël en matière d'armement est parue dans le journal britannique guindé et peu lu (mais très influent), le *Jane's Defense Weekly*, en novembre 1980,[258] cinq ans après l'entrée "officielle" d'Eisenberg dans les négociations avec la Chine au nom d'Israël. Le *Jane's* a estimé que le commerce israélien des armes avec la Chine pourrait atteindre 3 milliards de dollars, mais les exportations d'armes annuelles d'Israël s'élevaient alors à environ 4 milliards de dollars[259], ce qui signifie que 75% des exportations israéliennes d'armes étaient destinées à la Chine, ce qui en faisait clairement son meilleur client.

C'est environ trois mois plus tard que l'opinion publique entendit les grands médias parler des révélations du *Jane* sur les tractations d'armes entre israéliens et chinois communistes. Le 24 janvier 1985, par exemple, le *Washington Times* rapportait qu'"Israël aurait environ 200 conseillers militaires en Chine et remplirait des commandes d'armes de plus d'un milliard de dollars en provenance de Pékin."[260]

Le *Times* rapportait qu'un porte-parole de l'ambassade de Chine avait déclaré que son gouvernement n'achetait pas d'armes à Israël ; en même temps, un porte-parole de l'ambassade d'Israël à Washington déclarait qu'il ne pouvait "ni confirmer ni nier"[261] les informations faisant état de transferts conjoints d'armes entre la Chine et Israël.

Ainsi, après près de quarante ans d'opérations secrètes entre le Mossad et les services de renseignement chinois, qui n'avaient jamais été rapportées dans la presse, les médias occidentaux commencèrent à informer leurs lecteurs qu'Israël vendait des milliards d'armes à la Chine depuis que Shaul Eisenberg avait conclu l'accord en 1979.

Cependant, comme nous l'avons vu, la relation secrète semble avoir été solidement ancrée vers 1963, probablement le 22 novembre, lorsque les projets de John F. Kennedy d'une attaque militaire contre les installations nucléaires de la Chine rouge

---

[258] *Washington Times*, 24 Janvier 1985.
[259] *Ibid.*
[260] *Washington Times*, 24 Janvier 1985.
[261] *Ibid.*

ont brusquement pris fin. Et moins d'un an plus tard, la Chine rouge a fait exploser sa première bombe nucléaire.

S'agissait-il en fait d'une opération conjointe sino-israélienne ? Bien que ce soit aujourd'hui un "secret ouvert" qu'Israël possède des armes nucléaires, Israël a dû tester ses capacités quelque part. Et en 1964, il semble aujourd'hui probable qu'Israël ait testé sa première bombe nucléaire, en conjonction secrète avec son allié secret, la République populaire de Chine. L'histoire "officielle" raconte qu'Israël "a peut-être" mené son "premier" essai atomique au large des côtes de l'Afrique du Sud en 1979, mais, comme nous l'avons vu, il y a des preuves du contraire.

L'assassinat de John F. Kennedy par l'allié secret de la Chine Rouge, le Mossad, en collaboration avec les autres alliés du Mossad au sein de la CIA et du syndicat du crime de Lansky, a rendu possible le succès du projet conjoint israélo-chinois de bombes nucléaires qui aurait été contrarié si JFK avait survécu.

LE LOBBY ISRAÉLIEN RÉAGIT

Aux États-Unis, le lobbysme israélien - et les partisans d'Israël au sein de ce qui était alors l'administration "anticommuniste intransigeante" de Ronald Reagan - semblent s'être montrés entièrement enthousiastes à l'égard de la "nouvelle" alliance d'Israël avec la Chine rouge (comme si, bien sûr, ils n'en étaient pas déjà conscients).

Par exemple, le *Washington Times* rapportait que : "Le secrétaire adjoint à la Défense Richard Perle, le fonctionnaire de l'administration [Reagan] le plus responsable d'avoir tenté de priver les pays communistes (du bloc soviétique) de la technologie américaine en matière d'armement serait favorable au lien entre Israël et la Chine en matière d'armement. Stephen Bryen, un sous-secrétaire adjoint à la défense, [le principal adjoint de Bryan] qui était auparavant président de l'Institut juif pour les affaires de sécurité nationale,"[262] un lobby influent pour Israël, serait également favorable.

C'est ainsi que les puissants courtiers juifs dans les plus hauts rangs de l'administration Reagan, connus pour leur dévouement à la cause d'Israël (et pour leurs critiques ferventes de l'Union soviétique), se sont présentés comme de puissants défenseurs de l'alliance israélo-chinoise. On peut se demander, évidemment, comment des "anticommunistes" comme Bryen et Perle l'étaient vraiment (au vu du fait que la Chine rouge, bien sûr, est un pays communiste). Cependant, il est clair que Bryen et Perle, entre autres, appuyaient simplement la nouvelle politique parce que c'est précisément ce qu'Israël voulait.

Et, bien sûr, en 2003 - lorsque les États-Unis ont lancé une invasion "préventive" en Irak, avec l'appui vigoureux des partisans pro-israéliens, c'est Richard Perle, dont

---

[262] *Ibia.*

il a été question plus haut, qui fut le maître de cérémonie des relations publiques au nom de la guerre.

Quoi qu'il en soit, bien que les faits de cette alliance entre Israël et la Chine aient été là pour ceux qui s'y intéressaient, la presse (pendant cette période) n'a pas trop parlé des relations ouvertes entre la Chine rouge et Israël, dans la mesure où c'était avant la chute de l'Union soviétique et que la guerre froide était encore officiellement en cours. Qui plus est, le communisme soviétique et le communisme chinois suscitaient encore de vives inquiétudes parmi des segments de la population américaine, en particulier parmi les partisans de la "droite chrétienne" d'Israël, dirigée notamment par Jerry Falwell et Pat Robertson. Bien souvent ce n'était tout simplement pas quelque chose dont Israël voulait parler.

En fait, plusieurs années après les premiers rapports sur les nouvelles transactions entre israéliens et chinois communistes, le *Washington Post* rapportait sans détour le 23 mai 1988 (et à juste titre) que "peu de choses avaient été publiées aux États-Unis sur les relations florissantes entre Israël et la Chine en matière d'armement"[263] mais notait qu'une "rare discussion sur le lien"[264] avait été publiée en avril 1988 par l'Agence américaine pour la limitation des armements et du désarmement, un forum difficilement lisible par l'électeur américain moyen qui pourrait avoir des questions sur les relations d'Israël avec l'empire communiste.

LE RÊVE DE BEN-GOURION S'EST RÉALISÉ

Quoi qu'il en soit, le 13 juin 1990, le *Los Angeles Times* rapportait qu'Israël était devenu le plus grand fournisseur de technologie militaire de pointe de la Chine[265]. En juin 1991, la Chine et Israël signèrent un accord bilatéral de coopération scientifique. Le 24 janvier 1992, la Chine et Israël établirent des relations diplomatiques formelles en grande pompe dans la presse mondiale et avec beaucoup de réjouissances dans les médias juifs du monde entier.

En examinant les relations israélo-chinoises, l'historien israélien Benjamin Beit-Hallahmi déclara : « L'ouverture des relations diplomatiques avec la Chine seraient le plus grand succès de l'histoire de la diplomatie israélienne du tiers monde. »[266] C'est ainsi qu'après des années de manœuvres tactiques délicates et secrètes entre le Mossad et les Chinois, le grand rêve de l'adversaire acharné de John F. Kennedy, David Ben-Gourion, avait enfin été réalisé et que "deux des peuples les plus anciens du monde" avaient été réunis.

---

[263] *Washington Post*, 23 Mai 1988.
[264] *Ibid.*
[265] *Los Angeles Times*, 13 Juin 1990.
[266] Beit-Hallahmi, p. 37.

Prises ensemble et analysées, les preuves indiquent que l'unité entre Israël et la Chine rouge a été forgée, en grande partie, par le rôle du Mossad dans l'assassinat de John F. Kennedy.

En écrivant quelques années avant l'unité ouverte entre Israël et la Chine rouge, l'historien du renseignement Richard Deacon a noté, à juste titre, que "les Chinois et les Israéliens apprécient le fait qu'ils aient de nombreux intérêts communs."[267] Et l'un de ces intérêts communs était le succès conjoint de leurs efforts respectifs pour construire des arsenaux nucléaires.

Sur la base de tout ce que nous avons pris en considération dans *Jugement Final* - il semble donc probable qu'il y ait eu en fait une compensation entre Israël et la Chine rouge : en échange du soutien de Pékin aux projets d'armement nucléaire israéliens, Israël a fait en sorte que le président Johnson annule l'attaque prévue de JFK contre les installations nucléaires chinoises après que le Mossad, en collaboration avec ses alliés de la CIA et de la pègre, ait installé LBJ à la Maison-Blanche.

Il semble également que les Chinois avaient été mis au courant en avance de l'assassinat imminent du président Kennedy, probablement par nul autre que Shaul Eisenberg, qui évoluait dans le cercle du Mossad directement impliqué dans l'assassinat de JFK.

Bien que la Chine rouge ait certainement profité de la mort de John F. Kennedy, les fanatiques anti-soviétiques [et pro-israéliens] de la CIA, comme James Angleton, étaient occupés à pointer du doigt Cuba et l'URSS. La possibilité que la Chine rouge soit impliquée dans l'affaire n'a jamais été mentionnée, même si, bien sûr, un mobile chinois était plus logique que n'importe quel lien à Cuba ou à la Russie soviétique.

En fait, accuser la Chine rouge aurait en fait pu inciter certaines personnes à se tourner vers Israël si jamais toute la vérité sur les arrangements nucléaires secrets de la Chine avec Israël avait été révélée. Si le sujet de l'opposition de JFK au programme d'armement nucléaire de la Chine avait été remis en question, il était tout à fait possible que quelqu'un ait osé faire remarquer que JFK s'opposait également aux intentions nucléaires d'Israël. Et cela ne pouvait qu'ouvrir une boîte de Pandore que, évidemment, Israël voulait laisser fermée.

En examinant la situation d'ensemble dans une perspective à long terme, Israël a décidé que ses intérêts résidaient dans une alliance avec la Chine rouge (comme David Ben-Gourion l'avait pensé depuis longtemps). Ainsi, lorsque John F. Kennedy a commencé à prendre des mesures pour empêcher les deux pays (secrètement) alliés de fabriquer des armes nucléaires, Israël a pris des mesures positives pour contrer le président américain.

Ainsi, bien qu'on se souviendra largement de Shaul Eisenberg dans les histoires "officielles" comme ayant été la figure légendaire qui a "ouvert" la Chine rouge à Israël, il est également clair (pour ceux qui peuvent aussi voir la vue d'ensemble) qu'Eisenberg a certainement été une figure centrale dans l'organisation de la

---

[267] Deacon, p. 205.

compensation entre la Chine rouge et Israël qui joua un rôle dans le complot d'assassinat de JFK.

Il est donc approprié que l'écrivain israélien Uri Dan ait qualifié ce puissant trafiquant d'armes du Mossad de "dernier mandarin juif"[268] (un "mandarin", bien sûr, étant un seigneur de guerre chinois). Shaul Eisenberg a non seulement aidé Israël à survivre à une période critique de son histoire (lorsque David Ben-Gourion percevait JFK comme une menace pour la survie d'Israël), mais il a également aidé les alliés chinois d'Israël à développer le poids nucléaire dont ils avaient besoin pour devenir des acteurs majeurs sur la scène mondiale.

Ainsi, bien que certains chercheurs se tournent maintenant vers la Chine rouge, il n'y a vraiment rien de nouveau dans la "nouvelle" théorie selon laquelle les Chinois auraient pu être impliqués dans l'assassinat de JFK. Car, dans le cas où ils l'auraient fait, les Chinois le faisaient très clairement en alliance avec leurs alliés du Mossad israélien.

En résumé, la "connexion chinoise" avec l'assassinat de JFK - comme la "connexion française"- est en réalité la connexion israélienne. C'est une histoire qui n'a jamais été racontée jusqu'à maintenant.

---

[268] Uri Dan, dans *the New York Post,* 30 Mars 1997.

ANNEXE 10

« Le côté obscur d'Israël »
Le renseignement israélien a-t-il été impliqué dans l'assassinat de Yitzhak Rabin ?

De nombreux Israéliens croient aujourd'hui que les services de renseignements israéliens ont joué un rôle dans l'assassinat du Premier ministre israélien Yitzhak Rabin. Est-il vraiment si extraordinaire de suggérer que les services secrets israéliens aient joué un rôle dans l'assassinat de John F. Kennedy ? Pensez-y.

Au cours des derniers mois de 1997, une frénésie politique très intense s'est manifestée en Israël, une frénésie qui se poursuit encore aujourd'hui. La controverse découle d'allégations (faites par des citoyens israéliens) selon lesquelles des membres des services de renseignements israéliens auraient été impliqués dans l'assassinat du Premier ministre israélien Yitzhak Rabin le 4 novembre 1995.

Le journal britannique, *The Guardian*, décrit le "ton dominant de l'amertume et de la division"[269] en Israël, qui suit la mort de Rabin, alors que des accusations et des contre-accusations étaient portées entre factions politiques rivales. Shimon Peres, le successeur de Rabin en tant que Premier ministre, s'en est pris aux théoriciens du complot, affirmant que leurs allégations étaient une "rumeur contre l'État et ses institutions".[270]

Le conflit se résumait essentiellement à un débat autour de quelle faction - le Parti travailliste et ses alliés ou le Parti du Likoud et ses alliés - est la plus réellement engagée à la survie de l'État d'Israël. Ce débat existe depuis longtemps, mais l'assassinat de Rabin a considérablement exacerbé les choses. Dans une interview quelques jours après l'assassinat de Rabin, David Axelrod, un Américain d'origine résidant en Cisjordanie occupée par Israël, a exprimé le point de vue de nombreux israéliens (et de certains Juifs américains) lorsqu'il a déclaré concertant l'assassinat de Rabin : "Ce n'est pas un Juif qui a été assassiné. C'est un traître qui a été exécuté."[271]

Bien qu'Axelrod ait été accusé pour avoir fait cette déclaration très incendiaire, il fut finalement acquitté, ce qui montre bien que ses opinions jouissent d'un large

---

[269] *The Guardian*, 5 Novembre 1997.
[270] *Ibia.*
[271] *Ibia.*

soutien en Israël. Par ailleurs, le soutien populaire pour les opinions d'Axelrod est également confirmé par une enquête menée auprès d'adultes juifs israéliens et publiée à l'occasion de l'anniversaire de l'assassinat de Rabin.

Décrivant les résultats du sondage comme reflétant le "côté obscur d'Israël",[272] le journal *Washington Jewish Week* a déclaré que, sur la base du nombre de ceux qui ont répondu au sondage, il y a 300 000 Israéliens "qui justifient et soutiennent l'assassinat politique en théorie,"[273] 180 000 Israéliens "qui soutiennent le fait de nuire à tout premier ministre qui échangerait des terres pour la paix, y compris Yitzhak Rabin,"[274] 45 000 Israéliens "qui soutiennent ouvertement le meurtre politique",[275] et 1000 Israéliens "qui appuieraient eux-mêmes sur la détente."[276]

Manifestement, le peuple israélien prend au sérieux la survie de sa nation - et beaucoup d'entre eux seraient prêts à tuer l'un de leurs propres premiers ministres pour s'en assurer. On pourrait même aller jusqu'à dire qu'Israël est peut-être "une nation de violence".

Ce qui est fascinant, c'est que les théories de la conspiration israélienne concernant l'assassinat de Rabin sont au moins aussi complexes que certaines de celles qui se sont dégagées à la suite de l'assassinat du président John F. Kennedy.

Selon l'hebdomadaire juif américain *Forward*, "la plupart de ces théories se concentrent sur les actions d'Avishai Raviv, un agent provocateur qui a outrepassé le mandat que lui a donné le Service de sécurité générale [d'Israël] d'infiltrer et de rendre compte des groupes d'extrême droite qui ont engendré"[277] l'assassin du Premier ministre Rabin, Yigar Amir. En collaboration avec Amir, Raviv a organisé une formation paramilitaire pour le cercle même des extrémistes de droite que M. Raviv était en train de pénétrer. Selon *Forward*, les théoriciens du complot affirment que « M. Raviv aurait poussé l'émir vers la violence en insinuant que sa virilité dépendait de la traduction de son zèle en action. »[278]

Qui plus est, a noté *Forward*, le journal israélien du Parti national religieux *Hatzofeh* a accusé, selon *Forward*, que "Rabin était au courant du complot d'assassinat et l'a laissé aller plus loin à condition que les balles du fusil d'Amir soient remplacées par des balles à blanc. Suivant cette logique, une tentative ratée permettrait à Rabin de réprimer les opposants de droite qui croyaient que ses concessions aux Palestiniens dilapidaient l'héritage biblique et mettaient en danger l'État.

---

[272] *Washington Jewish Week*, 13 Novembre 1997.
[273] *Ibid.*
[274] *Ibid.*
[275] *Ibid.*
[276] *Ibid.*
[277] *Forward*, 4 Novembre 1997.
[278] *Ibid.*

"À la dernière minute, *Hatzofeh* a opiné, [Chimon] Peres et un fonctionnaire des services secrets s'étaient associés pour remplacer les balles à blanc par des balles réelles. Selon la théorie, le responsable de la sécurité s'était vu promettre un poste haut placé au sein du Service de sécurité générale. Peres (à l'époque ministre des affaires étrangères), bien sûr, a hérité du rôle de premier ministre."[279]

JOHN F. KENNEDY Jr. PARLE

Pour ne rien arranger pour Israël, l'attention internationale s'est concentrée sur le conflit croissant découlant de l'assassinat de Rabin et des théories de conspiration qui se sont développées. Le premier rapport important dans les médias grand public en Amérique sur la controverse en Israël est venu d'une source très intéressante, surtout si l'on considère ce que nous avons exploré dans les pages de *Jugement Final*.

Dans le numéro de mars 1997 de son magazine *George,* John F. Kennedy Jr. a publié un article de la mère de l'assassin de Yitzhak Rabin dans lequel la femme, Geula Amir, affirme que son fils, Yigal Amir, a été incité à tuer Rabin le 5 novembre 1995 par Avishai Raviv, qui était un agent d'infiltration pour Shin Bet, l'agence de sécurité israélienne.

L'article était très controversé et certains ont accusé le jeune Kennedy de s'ingérer dans les affaires politiques d'Israël, non seulement en donnant à la mère de l'assassin un forum pour discuter de sa théorie du complot, mais aussi en donnant aux lecteurs américains une vision moins que positive des affaires israéliennes qu'ils n'auraient pas eu en lisant des journaux juifs américains.

Dans une note éditoriale, Kennedy a déclaré qu'il publiait l'interview avec la mère de l'assassin dans l'espoir que « mon histoire de famille attirerait l'attention sur leur histoire. »[280] Cependant, il s'agissait clairement d'une intervention du jeune Kennedy dans les affaires politiques internes d'Israël - une démarche très inhabituelle, et qui n'a pas été très appréciée dans de nombreux milieux. En fait, peu de temps après, l'ami de JFK Jr., associé d'affaires et coéditeur de JFK, Michael Berman, a quitté le magazine *George*, citant des différences avec son partenaire. Certains observateurs ont laissé entendre que c'est précisément cet article incendiaire qui offusqua Berman, qui est Juif et connu pour être un ardent défenseur d'Israël.

Leah Rabin - la veuve du premier ministre assassiné - a répondu avec colère à l'article de JFK Jr. demandant : "Comment, plus que quiconque, pouvait-il faire une telle chose ? Mme Rabin dit qu'elle ne parlait jamais du meurtre de son mari, mais qu'elle faisait une exception pour dénoncer l'article de Kennedy, disant que JFK Jr. avait franchi la "ligne rouge"[281] en donnant "une plate-forme dans son magazine à la

---

[279] *Ibid.*
[280] *George,* Mars 1997.
[281] *Washington Times,* 3 Avril 1997.

mère du meurtrier de mon mari".[282] « Cependant, en toute justice pour Mme Rabin, elle a plus tard demandé publiquement la réouverture de l'enquête sur le meurtre de son mari, en disant que de nombreuses questions demeurent en suspens ».[283]

En fin de compte - en particulier après la mort tragique de JFK Jr en 1999 - bon nombre de personnes, dont le journaliste israélien Barry Chamish, ont laissé entendre que "John John" avait peut-être entendu parler de *Jugement Final*, et sa décision de publier l'histoire de l'assassinat de Rabin en était le signe.

Plus tard, dans la section "questions-réponses", nous discuterons de la mort étrange de JFK Jr. et démontrerons le rôle particulier qu'un "ancien" agent du Mossad a joué dans les événements entourant cette tragédie.

L'ASSASSINAT COMME ARME POLITIQUE

Quoi qu'il en soit, ce qui est d'autant plus ironique, c'est que même si toutes ces accusations et contre-accusations ont été portées en Israël, son service de renseignement étranger, le Mossad, a été pris dans une tentative d'assassinat embarrassante et infructueuse contre un dirigeant palestinien en Jordanie. Le complot raté a démontré que le Mossad se livre à des tentatives d'assassinat sur le sol étranger. Pourtant, comme la presse internationale l'a répété à maintes reprises, la plupart des israéliens n'étaient pas particulièrement préoccupés par le fait que le Mossad se livrait à de telles activités. Il semble que, dans une large mesure, les Israéliens ont été troublés par le fait que leur agence de renseignement ait raté le boulot, ce qui a entraîné une condamnation internationale d'Israël.

Le *Washington Post*, dans un titre provocateur de première page, le résume très bien : "Pour de nombreux Israéliens, l'assassinat est aussi mauvais que son exécution."[284] Le *Post* rapportait, sans détour, que "dans la mortification nationale suite à la tentative d'assassinat ratée en Jordanie, les Israéliens dissèquent toutes les failles tactiques, techniques et procédurales de l'affaire."

« Une question à laquelle on pourrait s'attendre ailleurs est étonnamment absente du débat cependant : le gouvernement devrait-il envoyer des assassins pour tuer ses ennemis à l'étranger ? Pour les Juifs israéliens, qui sont encore dans leur 50e année d'État, la réponse semble aller de soi. »[285] Plutôt que de débattre de la moralité de l'assassinat politique, selon le *Post*, "les Israéliens débattent plutôt des mécanismes de la tentative d'assassinat et du calibrage du risque politique. Parmi les Israéliens, les

---

[282] *Ibid*.
[283] Entretien avec Peter Arnett, 9 août 1999 sur foreigntv.com
[284] *Washington Post*, 12 Octobre 1997, p. 1
[285] *Ibid*.

seuls détracteurs fondamentaux de l'assassinat en tant que politique sont ses citoyens arabes."[286]

Selon le *Post,* un porte-parole de l'actuel Premier ministre israélien Benjamin Netanyahu a déclaré qu'en ordonnant la tentative d'assassinat du Mossad en Jordanie, Netanyahou "a fait ce que tous les autres premiers ministres auraient fait".[287] Le *Post* a déclaré que "les Israéliens affirment qu'ils sont enfermés dans une lutte pour la vie ou la mort et qu'ils n'ont aucun choix pratique de moyens d'action.

Il y a autre chose d'intéressant dans ce que rapporte le *Post* : les responsables Israéliens ont déclaré que, face à des gouvernements hostiles - par opposition aux terroristes - les Israéliens "ont d'autres moyens de pression et ne recourent pas à l'assassinat". Mais les terroristes... ne peuvent être combattue que de cette manière."[288]

Israël a en effet ce que le *Baltimore Sun* a décrit comme un « passé non reconnu mais largement documenté d'assassinat de ses ennemis »,[289] et maintenant *Jugement Final* est devenu le premier livre à relater non seulement pourquoi Israël a perçu John F. Kennedy comme un ennemi, mais également comment Israël joua un rôle dans son assassinat en 1963.

Bien que le lobby pro-israélien en Amérique ait réagi de façon assez hystérique aux allégations faites dans *Jugement Final,* nous avons vu que non seulement de nombreux israéliens croient qu'il est possible que leur propre agence de renseignements nationale ait joué un rôle dans l'assassinat de Yitzhak Rabin, mais aussi que de nombreux israéliens ont endossé cet assassinat, considérant leur propre premier ministre comme une menace pour la survie d'Israël.

Les Israéliens, en général, pensent que l'assassinat est une force de changement politique et un moyen d'assurer la survie de leur pays bien-aimé. Comme le disent de nombreux conservateurs américains : "Ces Israéliens sont vraiment coriaces. Ils ne goberont pas les balivernes de qui que ce soit."

Avec tout cela à l'esprit, est-il vraiment si « inconcevable » de suggérer qu'en 1963 - quand le Premier ministre israélien, David Ben-Gourion, considérait John F. Kennedy comme une menace pour la survie d'Israël - le Mossad participa alors à une conspiration pour assassiner le président américain ?

Si, comme les sondages l'ont laissé entendre, de nombreux israéliens accordent si peu de valeur à la vie de leur propre premier ministre, Yitzhak Rabin (que beaucoup d'israéliens considèrent comme un "traître") et qu'ils "appuieraient sur la gâchette" eux-mêmes, est-il vraiment si "ridicule" de suggérer que le Mossad a effectivement joué un rôle dans l'assassinat de John F. Kennedy ? Qu'est-ce que vous en pensez ?

---

[286] *Ibid.*
[287] *Ibid.*
[288] *Ibid.*
[289] Doug Struck, dans *the Baltimore Sun*, 15 Janvier 1996.

ÉPILOGUE

Le Camouflage Permanent

Aujourd'hui, des millions d'américains - et des gens de partout dans le monde - sont convaincus qu'il y a bien eu un complot derrière l'assassinat du trente-cinquième président des États-Unis et que le gouvernement américain a participé de plein gré au camouflage.

À la suite du regain d'intérêt du public, stimulé en grande partie par le film controversé d'Oliver Stone, *JFK*, les demandes croissantes pour la publication des fichiers secrets de JFK détenus par le gouvernement ont atteint leur paroxysme. En fin de compte, il y a effectivement eu un projet de loi adopté par le Congrès qui demandait la publication des archives et ainsi de nombreux documents - mais pas tous - ont été rendus publics.

En ce qui concerne la législation visant à ouvrir les dossiers, un bon nombre de personnes pensaient que la législation elle-même était suspecte. Voici pourquoi : Tout d'abord, l'individu qui a fait appel à son expertise à titre d'architecte principal du projet de loi était le controversé G. Robert Blakey, l'ancien directeur de la Commission de la Chambre des représentants.

Dans le chapitre 10, nous avons bien entendu examiné les conclusions fallacieuses de Blakey, qui suggéraient essentiellement que "La mafia avait tué JFK", et nous avons également examiné la relation étroite de Blakey avec la CIA, ce qui a amené ses critiques à soupçonner que l'enquête de la Commission était peut-être sabordée de l'intérieur. De plus, nous avons également exploré la relation énigmatique de Blakey avec Morris Dalitz, l'un des plus proches associés de longue date de Meyer Lansky et l'un des principaux financiers du lobby israélien dans ce pays.

Avec tout ce passé - peu connu du grand public du moins - Blakey était un drôle de choix, à moins, bien sûr, que le Congrès (comme beaucoup de suspects) ne veuille pas vraiment connaître la vérité.

Toutefois, la loi que Blakey a rédigée était tout aussi controversée. Selon la proposition de Blakey, la cour d'appel de district des États-Unis à Washington nommerait un conseil de cinq citoyens membres pour examiner et décider de la publication des documents d'enquête sur l'assassinat.

La loi précisait que toute personne ayant déjà participé à une enquête sur l'assassinat de JFK ne serait pas admissible à une nomination au conseil d'administration. En fait, il semble que le projet de loi lui-même faisait partie intégrante du camouflage - un moyen d'amadouer le public - pour donner l'impression que « quelque chose était en train de se faire pour résoudre le casse-tête de l'assassinat de JFK ».

La raison pour laquelle le Congrès et Blakey ont choisi la Cour d'appel fédérale de Washington D.C. comme étant l'organisme qui devrait choisir la commission de révision des dossiers du "ruban bleu", n'est pas tant un mystère - si l'on croit que la classe dirigeante tente toujours de cacher et d'enterrer à jamais la vérité sur l'assassinat. Il semble que le groupe d'experts proposé n'était rien de moins qu'une blanchisserie de la CIA parrainée par le gouvernement, qui veillerait à ce que toute preuve compromettante dans les dossiers ne voit jamais le jour.

En vertu de la loi Blakey, l'un des juges de cette cour d'appel qui choisirait le panel était l'ancien sénateur James L. Buckley, frère de l'ex-frère de William F. Buckley Jr. de la CIA et ami de longue date de E. Howard Hunt, lui-même impliqué dans le meurtre de JFK. Buckley, dans une incarnation encore plus ancienne, avant son mandat unique au Sénat, avant d'être évincé par les électeurs de New York, s'était livré à des transactions pétrolières familiales lucratives en Israël.

Comme nous l'avons vu au chapitre 9, c'est dans le bureau new-yorkais de l'ancien sénateur Buckley que les frères cubains anti-castristes, Guillermo et Ignacio Novo, ont rencontré le mercenaire Michael Townley, lié au Mossad, pour comploter l'assassinat du diplomate chilien Orlando Letelier. Les frères Novo, bien sûr, ont été nommés par l'ex-agent de la CIA Marita Lorenz parmi ceux qui ont voyagé dans un convoi à deux voitures de Miami à Dallas, arrivant le 21 novembre 1963. À leur arrivée à Dallas, les employés de la CIA ont été accueillis par leur responsable, E. Howard Hunt. Jack Ruby, le gardien de la boîte de nuit de Dallas, leur a également rendu visite dans leurs quartiers de Dallas.

Donc, le juge James L. Buckley aurait été l'un de ceux qui auraient joué un rôle central dans la sélection des derniers arbitres de ce que le public pouvait voir des dossiers d'assassinat de JFK - après, bien sûr, que ces dossiers aient été soigneusement blanchis par la CIA.

En l'état actuel des choses, le Congrès agit, après de longs débats, et approuva un projet de loi pan-gouvernemental exigeant la divulgation des documents relatifs à l'assassinat. La loi sur la divulgation mit en place une commission de révision de cinq membres ayant le pouvoir d'obtenir des dossiers d'assassinat de n'importe quel bureau gouvernemental, de la CIA et du FBI et des comités du Congrès. Le conseil d'administration commença en effet à publier de nombreux documents - certains intéressants, bien sûr, mais rien d'incendiaire au point de nécessiter une nouvelle enquête.

MARWELL ET LE MOSSAD

Franchement, la publication de documents par la Commission des examens des documents de l'assassinat de JFK était un exercice futile. Les documents récemment publiés ne font que faire saliver les amateurs en matière d'assassinat de JFK. Rien de vraiment explosif n'est sorti jusqu'à présent. Les documents qui ont été publiés ne semblent avoir confirmé que tout ce qui faisait déjà partie de l'histoire de JFK.

En fait, les éléments de preuve laissaient entendre que le renard s'occupait du poulailler au sein de la Commission de révision des dossiers d'assassinat de JFK. David Marwell, le premier chef de la commission de révision, est un ancien historien du Bureau des enquêtes spéciales (OSI) du ministère de la Justice, l'unité de chasse "nazie" du ministère de la Justice.

L'OSI, bien sûr, est surtout connu pour avoir été le fer de lance de la persécution irréfléchie et maintenant largement discréditée de l'Ukrainien-américain John Demjanjuk, l'homme de l'Ohio qui a été innocenté des accusations de l'OSI par un tribunal israélien après presque une décennie d'enquête internationale controversée qui a presque vu Demjanjuk mourir au bout de la corde du bourreau.

Maintenant, certains peuvent se demander pourquoi l'association de Marwell avec l'OSI devrait-elle être si controversée, dans la mesure où la "chasse nazie" est généralement considérée comme une profession hautement admirable ? Il y a plusieurs raisons notables :

Tout d'abord, étant donné qu'il y a encore quelques chercheurs (mais pas beaucoup) qui croient que le KGB soviétique ou des membres sous son influence ont peut-être contribué à orchestrer l'assassinat de JFK, la précédente affiliation de Marwell à l'OSI pourrait s'avérer embarrassante.

Après tout, dans l'affaire Demjanjuk (à titre d'exemple), l'OSI s'est fortement appuyé sur des documents falsifiés du KGB (qui ont faussement laissé entendre que Demjanjuk était un gardien de camp de concentration nazi) pour expulser Demjanjuk des États-Unis en vue d'un procès en Israël (où, bien sûr, il a finalement été innocenté). Le fait est que l'OSI avait été sérieusement compromis par le KGB.

Ainsi, si le KGB a effectivement joué un rôle dans l'assassinat de JFK, sous quelque forme que ce soit, l'association antérieure de Marwell avec l'OSI suscite des inquiétudes quant à la volonté de Marwell de divulguer toutes les informations sensibles contenues dans les fichiers JFK.

Maintenant, la question du KGB, aussi troublante qu'elle puisse être, est encore plus éclipsée par les relations inévitables de Marwell (en tant que fonctionnaire de l'OSI) avec le Mossad israélien. Le Mossad entretient depuis longtemps des relations étroites avec l'OSI, il n'y a donc aucune raison de douter que le Mossad, comme le KGB, ait utilisé ses talents pour compromettre cette agence américaine.

(Pour mémoire : un universitaire a souligné les liens entre l'OSI et les Israéliens. Wayne Madsen, dans *International Journal of Intelligence and Counterintelligence*, a fait remarquer : "Il existe une drôle de relation entre le Département des enquêtes sur les crimes nazis du ministère israélien de la Justice et le Bureau des programmes de justice du département de la Justice des États-Unis (l'OJP) anciennement le Bureau des enquêtes spéciales... Il est probable qu'aucun autre organisme tel que l'OJP du ministère de la Justice ne fouille régulièrement les nombreux fichiers informatiques que le gouvernement fédéral conserve sur ses citoyens et transmet des renseignements personnels confidentiels aux israéliens."[290])

Par conséquent, pouvons-nous vraiment être certains que Marwell serait à même de divulguer des documents cachés qui, quelle que soit la probabilité, impliqueraient le Mossad dans un aspect quelconque de la conspiration d'assassinat de JFK, que ce soit directement ou indirectement ? Et s'il y avait, par exemple, un document enfoui dans un fichier JFK sous la juridiction de Marwell qui disait sans ambages : "L'homme d'affaires de la Nouvelle-Orléans Clay Shaw est considéré par certains comme un agent du Mossad." Ce document sera-t-il un jour publié ? J'en doute.

Mais il y a beaucoup plus. Il y a une deuxième raison pour laquelle nous pourrions trouver la présence de Marwell a la Commission de révision des dossiers d'assassinat de JFK troublante. Cette raison est particulièrement intrigante et devrait même donner lieu aux chercheurs qui rejettent ma théorie de l'implication du Mossad de s'interroger sur la fiabilité de Marwell.

Au cours de son association avec l'OSI, selon le numéro du 8 septembre 1995 de *Forward*, l'hebdomadaire juif influent, Marwell "joua un rôle clé dans la traque de Josef Mengele et c'est un expert concernant le médecin d'Auschwitz."[291] Cela suffit à être une source d'ennuis pour la crédibilité de Marwell, et ce pour une très intéressante et intrigante raison.

LA CONNEXION AVEC POSNER

Vous voyez, ledit Gerald Posner, auteur de l'ouvrage largement promu *Case Closed* (qui réitère les conclusions frauduleuses de la Commission Warren) a écrit plusieurs livres et son premier, publié en 1986, était *Mengele : The Complete Story*. Le livre de Posner était un compte rendu des efforts de Marwell et de l'OSI pour retrouver l'infâme médecin d'Auschwitz. Il n'y a donc pas de coïncidence étrange, du moins à mes yeux, que deux " vieilles connaissances " de l'élite et du monde glamour de la " chasse aux nazis " parrainée par la classe dirigeante et sa promotion littéraire apparaissent (près de dix ans plus tard) comme des " experts " dans un autre domaine controversé : l'assassinat de JFK.

Le fait même que deux personnes ayant des liens étroits avec le monde du renseignement et ayant un intérêt particulier et une expertise particulière dans un domaine d'intérêt immense pour le Mossad (c'est-à-dire la chasse aux nazis) devraient apparaître comme deux des principaux acteurs de la controverse actuelle sur l'assassinat de JFK est intéressant, en particulier à la lumière de ma propre thèse sur l'implication israélienne dans l'affaire JFK. Évidemment, au vu de tout cela, je ne

---

[290] Wayne Madsen, *"Intelligence Agency Threats to Computer Security, " International Journal of Intelligence and Counterintelligence*. Hiver 1993.
[291] *Forward*. 8 Septembre 1995.

considère pas que Marwell - ou sa Commission de révision des dossiers d'assassinats - soit crédible.

En fait, il y a ceux qui prétendent que le Mossad savait depuis des années, bien avant la "découverte" officielle annoncée de la mort de Mengele, que ce dernier était bel et bien mort et qu'il n'y avait aucune raison de continuer à chasser ce docteur. Mais le Mossad a gardé tout ça secret et a permis aux chasseurs de nazis et aux collecteurs de fonds juifs de continuer de déterrer les souvenirs de Mengele et le spectre selon lequel le médecin allemand était encore en vie en train d'expérimenter sur des bébés juifs dans les jungles d'Amérique du Sud. Que savait Marwell et quand l'a-t-il su ? C'est la question que je pose.

Les documents incriminants enfouis dans les dossiers d'assassinat de JFK auraient été déchiquetés il y a longtemps, et les documents les plus compromettants n'auraient jamais été mis sur papier. Ne comptez pas que quelque chose de vraiment édifiant ait été découvert, surtout depuis que l'ami de M. Posner, Marwell, était responsable de la publication des documents.

Marwell et son adjoint à la commission de révision, un certain Douglas Home, sont allés dans des pâturages plus verts et plus lucratifs. Ils travaillent maintenant pour le Musée commémoratif de l'Holocauste à Washington, qui - inutile de le dire - coopère très étroitement avec le gouvernement israélien (et le Mossad) dans diverses entreprises d'intérêt pour la communauté juive mondiale. C'est un fait. Ne me traitez pas d'"antisémite" pour l'avoir dit. Donc, encore une fois, nous retrouvons M. Marwell impliqué dans des affaires qui sont étroitement liées à l'État d'Israël. Sans doute juste une coïncidence, j'en suis sûr.

Les activités de la commission de révision constituaient une distraction intéressante et faisaient en fait partie intégrante du camouflage continu.

PUBLICATION DE DÉFORMATIONS

Il y a plusieurs aspects à la dissimulation continue comme je l'ai appris quand j'ai essayé pour la première fois de faire publier ce livre. Sachant que la maison d'édition Shapolsky Publishers de New York avait publié deux livres sur l'assassinat de JFK, mon agent de publicité leur a envoyé un aperçu de *Jugement Final*. Peu de temps après, nous avons reçu une carte postale manuscrite d'Isaac Mozeson, le directeur de la rédaction de Shapolsky.

Je n'avais jamais vu autant de férocité et d'hystérie que ce qu'avais lu dans la réponse de Mozeson. Il décrit la théorie esquissée dans *Jugement Final* comme étant "infantile" et il parlait de l'"impuissance" du Mossad israélien. J'étais franchement amusé par sa réponse, mais intrigué par la fureur.

J'ai donc fait quelques vérifications. L'édition de 1992 du *Writer's Market* révèle que 40% des publications de Shapolsky sont d'"'intérêt juif".[292] Il s'avère qu'il se trouve que c'est également un affilié de la maison d'édition israélienne Steimatsky of North America.[293] Intéressant n'est-ce pas ?

Les deux livres de Shapolsky sur l'assassinat méritent d'être notés. La première concoction de Shapolsky fut *Contract on America* de David Scheim qui est remarquable pour être principalement une resucée du livre du membre du syndicat de Lansky et défenseur de la CIA, Robert Blakey, *The Plot to Kill the President*, qui accuse "La Mafia".

Scheim, comme nous l'avons noté dans le chapitre 10, voudrait nous faire croire que Meyer Lansky était un petit poisson dans un très grand étang - ayant très peu d'influence. Il se moque aussi des poursuites de Jim Garrison contre Clay Shaw, spectateur innocent qui n'a été coupable que de la restauration de beaux bâtiments anciens dans le quartier français de la Nouvelle-Orléans.

Le deuxième livre de Shapolsky, *First Hand Knowledge*, par l'ancien agent de la CIA Robert Morrow, est sous-titré « How I Participated in the CIA- Mafia Murder of President Kennedy. » (« comment j'ai participé au meurtre du président Kennedy organisé par la CIA et la Mafia. »)

Ce livre, un exposé de l'ouvrage précédent de Morrow, *Betrayal*, contient beaucoup d'informations utiles, sans aucun doute, et a évidemment été écrit par quelqu'un qui était au courant d'une grande partie de ce qui se passait à la CIA au moment de l'assassinat.

Cependant, ce qui est remarquable à propos du livre, c'est que Morrow dépeint spécifiquement le contact du Mossad à la CIA, James J. Angleton, comme étant en quelque sorte hors du circuit en ce qui concerne l'assassinat et le camouflage. Comme nous l'avons vu, ce n'est tout simplement pas vrai. Morrow a même laissé entendre ailleurs qu'Angleton et Robert F. Kennedy étaient de célèbres amis, sans documenter ce scénario improbable.

Et bien que Morrow accuse catégoriquement Clay Shaw d'avoir été impliqué dans la conspiration de l'assassinat, même en notant le lien avec la Permindex - qu'il dépeint comme une entreprise de la CIA et qui n'est pas directement liée à la conspiration de l'assassinat - il voudrait faire croire au lecteur que la conspiration contre JFK par des membres de la CIA n'est pas allée plus haut que Shaw.

L'argument de Morrow est que Shaw dirigeait un élément "rebelle" basé à la Nouvelle-Orléans et opérant en dehors du contrôle du quartier général de la CIA à Langley, où l'influence d'Angleton était alors suprême.

Curieusement - peu importe ce que cela vaut - quand Morrow fut arrêté pour sa participation à un plan orchestré par la CIA pour contrefaire de la monnaie cubaine, l'avocat qui s'occupait de sa défense, Fred Weisgal, immigra en Israël dans l'année qui

---

[292] *Writer's Market*. Edition de 1992.
[293] *Made in Israel*. Edition de 1986. Publiée par the American-Israel Chamber of Commerce.

suivit l'assassinat de JFK et devint rapidement le vice-ministre de la Justice d'Israël, un grand honneur. Peut-être que Morrow ne nous a pas dit tout ce qu'il sait vraiment et peut-être que le poste élevé de Weisgal a été une récompense pour avoir aidé d'une manière ou d'une autre à dissimuler l'assassinat de JFK.

LE LOBBY ISRAÉLIEN RÉPOND

La réponse du lobby israélien à la publication de la première édition de *Jugement Final* a été pour le moins intéressante. Le *Washington Jewish Week* (WJW), le plus important journal du lobby pro-israélien dans la capitale nationale, a publié une explosion d'injures à l'égard de *Jugement Final*, dans une attaque en pleine page de son numéro du 28 avril 1994.

L'hebdomadaire attaque sauvagement le livre comme étant une "théorie du complot"[294] qui présente le "dernier fantasme à propos du meurtre de JFK."[295] Selon le WJW, « Un nouveau livre de droite-folle accuse Israël."[296]

L'accusation selon laquelle *Jugement Final* est d'une certaine manière de " droite-folle " dans son orientation est, bien entendu, dans le meilleur des cas trompeur, dans la mesure où bon nombre des sources principales de données de la lutte acharnée de JFK en coulisses avec Israël sont loin d'être de « droite » et encore moins de « droite-folle ».

Personne n'a jamais accusé le lauréat du prix Pulitzer, Seymour Hersh (aujourd'hui critique de JFK), Andrew et Leslie Cockburn, l'ancien ambassadeur George Ball, l'historien Alfred Lilienthal ou Stephen Green, entre autres, d'être de « droite-folle ». Et, en effet, aucun des théoriciens de la conspiration JFK cités dans *Jugement Final* n'ont la réputation d'être autre chose que de bons libéraux démodés.

Le *Washington Jewish Week* a affirmé que "Piper passe la plupart de ses 302 pages à citer des sources secondaires hors contexte, à faire de fragiles connexions improbables, et à affirmer sans cesse des contrevérités comme si leur répétition allait magiquement leur conférer de la validité."[297] Bref, le WJW suggérait que cet auteur "inventait" simplement ses faits, purement et simplement. Le WJW a dit que la thèse présentée dans *Jugement Final* est "spéculative[et] bizarre",[298] mais, bien sûr, n'a jamais démontré comment ni pourquoi.

Selon le WJW, le livre est « foncièrement anti-juif »[299], ce qui bien n'a aucun sens. En fait, parmi ceux qui ont lu le livre avant sa publication, il y avait des auteurs juifs, l'avocat Mark Lane, le plus grand expert du pays sur l'assassinat de JFK, et le Dr Alfred

---

[294] *Washington Jewish Week*, 28 Avril 1994.
[295] *Ibid.*
[296] *Ibid.*
[297] *Ibid.*
[298] *Ibid.*
[299] *Ibid.*

Lilienthal, pionnier de la critique juive américaine à l'égard d'Israël et de son puissant lobby dans ce pays. Ni l'un ni l'autre n'ont trouvé le livre « anti-juif ».

En cherchant à discréditer le lien israélien avec le complot d'assassinat de JFK, le WJW s'est égaré et, de fait, a confirmé la nature explosive des faits concernant le lien israélien avec l'assassinat de JFK.

Le WJW a essayé de discréditer le lien de la Permindex avec l'assassinat de JFK en soulignant que *Jugement Final* avait noté que la Permindex est mentionnée dans le film d'Oliver Stone, *JFK*. Ensuite, le WJW a ajouté que le film de Stone "ne prétend jamais être factuel",[300] suggérant ainsi que la connexion avec la Permindex de Clay Shaw est l'une des instances de licence artistique utilisée par Stone dans la fabrication du film. (Et, ironiquement, comme nous l'avons vu, Stone lui-même était timide lorsqu'il s'agissait de faire face à la soi-disant "connexion française", c'est-à-dire la connexion israélienne.)

En bref, le WJW a critiqué le film par une combinaison d'injures, de sous-entendus et d'insinuations, tout en trafiquant les faits, admettant indirectement que, de toute évidence, *Jugement Final* est peut-être trop près de la vérité.

Puis, en 1995, la Ligue Anti-Diffamation (ADL) du B'nai B'rith, l'intermédiaire de renseignement et de propagande américain pour le Mossad, a pesé dans la balance avec quelques calomnies mensongères et diffamatoires concernant *Jugement Final*. Les commentaires sont apparus dans un essai paru dans une anthologie assez turgide, éditée par Jérôme Chanes et intitulée *Antisemitism in America Today : Outspoken Experts Explode the Myths*. L'essai en question -"L'antisémitisme en Amérique : le point de vue des agences de "défense" - était l'œuvre du directeur national de l'ADL, Abe Foxman.

Selon Foxman de l'ADL : "Liberty Lobby, la plus grande usine de propagande antisémite du pays, s'est également jointe à l'engouement pour la conspiration de JFK en publiant *Jugement Final*, un livre qui prétend exposer " comment la CIA, le Mossad et le Syndicat du crime de Meyer Lansky ont collaboré au meurtre de John F. Kennedy... Le livre présente également de nouvelles révélations qui montrent maintenant que la soi-disant "connexion française" à l'assassinat de JFK est, en réalité, la connexion israélienne... [Le livre] apporte de nouveaux éléments qui lient l'ancien président George Bush à la conspiration de JFK." Bien sûr, l'avocat en chef de Liberty Lobby, Mark Lane, avait déjà écrit un livre sur les complots de JFK intitulé *Plausible Denial* ; la passion de l'organisation pour les complots, cependant, semble assez inclusive pour assimiler les deux thèses. Il est facile de comprendre l'effort des groupes haineux d'utiliser de telles idées farfelues pour attirer les crédules et les inciter à accepter leurs programmes, ou du moins une partie d'entre eux."[301]

---

[300] *Ibid*

[301] Jerome Chanes, Ed. *Anti-Semitism in America Today*. (New York : Birch Lane Press, 1995), p. 328.

Foxman a cité avec exactitude les documents promotionnels de *Jugement Final*, mais je ne suis évidemment pas d'accord avec la description que Foxman a donnée de Liberty Lobby. Je voudrais également noter que le porte-parole de l'ADL qualifie l'intérêt des américains pour l'assassinat de JFK d'"engouement", ce qui reflète le manque d'appréciation de l'ADL pour les préoccupations de nombre d'américains au sujet d'une possible conspiration derrière l'assassinat d'un président américain.

Notez également que l'ADL a rejeté Mark Lane comme étant simplement l'"avocat en chef de Liberty Lobby", comme si c'était la seule prétention à la gloire de Lane et que son propre travail de pionnier dans le domaine de l'assassinat de JFK - bien avant son association avec Liberty Lobby - n'avait aucune importance. L'ADL veut que les gens oublient que c'est le livre de Lane, *Rush to Judgment* qui a déclenché l'engouement pour JFK.

Il est intéressant de noter que l'ADL a fait remarquer que la soi-disant « passion » du Liberty Lobby était « assez inclusive pour assimiler les deux thèses » [présentées, probablement dans *Jugement Final* et *plausible denial*]. Évidemment, cependant, les livres ne présentent pas du tout deux thèses différentes, mais il n'est pas dans l'intérêt de l'ADL de rapporter avec précision les détails spécifiques qui apparaissent dans l'un ou l'autre des volumes.

L'ADL rejette ces "idées farfelues", mais il est intéressant de noter que l'ADL s'est sentie obligée de s'attaquer à *Jugement Final* dans les pages de ce regroupement d'essais. De toute évidence, deux ans après la publication de la première édition de *Jugement Final*, le livre faisait sentir son impact - et l'ADL le savait. Il y avait suffisamment de gens qui commençaient à prendre le livre au sérieux, à tel point que l'ADL a jugé nécessaire de répondre.

Plus tard, lorsque l'ADL a publié en 1996 son propre rapport farfelu intitulé *Danger : Extremism-The Major Vehicles and Voices on America's Far Right Fringe*, l'ADL a remanié l'essai antérieur de Foxman et a ajouté, gratuitement et de manière erronée, que *Jugement Final* "tentait de jeter la faute de l'assassinat du président Kennedy sur les Juifs".[302]

Bien que, franchement, j'ai été tenté d'intenter une poursuite contre l'ADL pour diffamation, cela aurait coûté plus de temps, d'argent et d'ennuis qu'il n'en valait la peine. Cependant, si la poursuite avait été jugée - comme celle de E. Howard Hunt contre *The Spotlight*, relative à l'assassinat de JFK (décrite au chapitre 16) -, elle aurait pu donner lieu à des révélations intéressantes.

Quoi qu'il en soit, il est évident que *Jugement Final*, à ce moment-là, était un sujet de préoccupation réelle de la part de l'ADL. Ils se sont rendu compte que ce livre ne pouvait pas être ignoré. Il n'est donc pas surprenant qu'à l'automne 1997 - lorsque je fus invité à aborder le sujet du livre lors d'un séminaire d'une fac publique à Orange County, en Californie - l'enfer se soit déchaîné.

---

[302] *Danger :Extremism—TheMajorVehiclesandVoicesonAmerica'sFar- Right Fringe*. (New York : Ligue Anti-Diffamation, 1996), p. 253.

Dans l'avant-propos de cette quatrième édition de *Jugement Final* je décris en détail cette controverse. Mais il va sans dire, comme je l'ai dit plus tôt, que l'ADL n'a pas entendu le dernier jugement final. Ce n'est que le début. Bien qu'Uri Palti, un diplomate israélien de Los Angeles, ait déclaré à la presse que la thèse présentée dans *Jugement Final* soit "absurde", le grand problème pour l'ADL et pour Israël est que, évidemment, beaucoup de gens ne sont pas d'accord.

À la lumière de toute cette frénésie stimulée par l'ADL dans sa tentative de me faire taire, je ne peux m'empêcher de me faire l'écho des paroles d'un allié de l'ADL, le super-juriste Alan Dershowitz, qui s'est proclamé haut et fort défenseur de la liberté académique et s'est porté à la défense d'un autre chercheur controversé qui a essuyé des critiques pour ses études sur de prétendus enlèvements d'étrangers. Dershowitz a déclaré que ceux qui avaient des critiques à formuler à l'égard de cette recherche devraient "y répondre sur le fond - par des examens, des réfutations, des débats et des livres qui leur sont propres". Le marché des idées universitaires est largement ouvert... La vérité finira par éclater. C'est cela, une université. »[303]

Je ne peux m'empêcher de me demander si Dershowitz partageait les mêmes préoccupations au sujet de l'attaque de mes recherches par l'ADL. Mais Dershowitz avait raison sur une chose : la vérité finira par éclater. Et le fait que personne, jusqu'à présent, n'ait été en mesure de réfuter *Jugement Final* est très révélateur.

Ce qui est intéressant, c'est que, de toute évidence, les allégations faites dans *Jugement Final* ne semblent pas être quelque chose de nouveau pour les gens du monde arabe. Selon un arabo-américain, M. Ali, qui écrit dans le numéro de décembre 1997 du *Washington Report on Middle East Affairs* : "Alors que les américains ne cessent de jouer avec de nouvelles théories sur l'assassinat de John F. Kennedy en 1963, c'est une affaire classée pour les Arabes. Ils ont la certitude que le jeune président américain a été tué parce qu'il réévaluait la politique pro-israélienne de l'Amérique dans le conflit israélo-palestinien."[304]

QU'EN EST-IL DES "CHERCHEURS" TRAVAILLANT SUR L'AFFAIRE JFK ?

Rétrospectivement, il se peut fort bien que l'étonnant succès d'Oliver Stone avec le film *JFK* ait peut-être fait plus de mal que bien aux recherches sur la controverse sur l'assassinat de JFK. Comme nous l'avons noté au chapitre 17, le film de Stone a suscité un nouvel intérêt du public pour la controverse et a donné à des millions d'américains et de gens du monde entier une nouvelle perspective sur l'affaire. L'impact du film a probablement été plus important, au final, qu'une douzaine de livres à succès sur l'assassinat.

---

[303] *Washington Times*, 31 Mai 1993.
[304] *Washington Report on Middle East Affairs*, Décembre 1997.

Cependant, en raison de l'apparente détermination de Stone à éviter la soi-disant "connexion française" (comme documenté au chapitre 17), et en raison des liens multiples avec la combinaison Israël-Lansky de la part des soutiens financiers de Stone, nous devons en effet nous interroger sur la motivation réelle derrière la décision de rendre publique une représentation éditée et faussement biaisée des faits entourant la controverse sur l'assassinat de JFK.

En effet, depuis que l'ange financier de Stone, Arnon Milchan, s'est avéré être le plus grand marchand d'armes d'Israël, on pourrait conclure que le film de Stone n'était rien de plus qu'une propagande secrète et de la propagande à but lucratif, très bien emballée et fortement promue !

Parce qu'un grand nombre de chercheurs éminents et respectés en matière d'assassinat de JFK ont pris de l'argent de Stone et de ses soutiens financiers - Jim Marrs, en particulier, qui a reçu 300 000$ pour les droits de son livre *Crossfire* - ils ont peut-être été involontairement compromis. Ils sont dans une position désagréable dans laquelle ils auront plutôt l'air misérables s'ils choisissent de critiquer Stone.

Les chercheurs peuvent-ils maintenant critiquer honnêtement Oliver Stone ? Peuvent-ils admettre que la version de Stone du complot d'assassinat est fausse ? Peuvent-ils reconnaître que les partisans de Stone entretiennent des liens étroits avec les forces très puissantes qui allaient bénéficier du retrait de JFK de la Maison-Blanche ? Ce sont des questions que les chercheurs de vérité doivent poser aux chercheurs.

Même James Di Eugenio, auteur de *Destiny Betrayed*, fervent admirateur de JFK doit se demander s'il a été totalement franc avec ses lecteurs.

Dans son livre très bien écrit, qui n'était rien de moins qu'un hymne à Jim Garrison, Di Eugenio a compilé une apologie convaincante de l'affaire Garrison contre Clay Shaw, membre du conseil d'administration de la Permindex, et de son rôle dans le complot d'assassinat de JFK. Néanmoins, Di Eugenio était plutôt circonspect dans sa dissection de la connexion avec la Permindex de Shaw. Jamais Di Eugenio ne s'est plongé dans la connexion israélienne.

Et bien que Di Eugenio soit même allé jusqu'à noter la relation de Clay Shaw avec la puissante famille Stern de la Nouvelle-Orléans, les propriétaires de la radio et de la télévision WDSU qui ont joué un rôle si central dans la représentation de Lee Harvey Oswald comme étant un "extrémiste pro-castro", Di Eugenio est resté pour le moins prudent, dans son traitement de la connexion avec Stern et Shaw.

Selon Di Eugenio, le mobile de la famille Stern pour soutenir Shaw était "évident". Selon Di Eugenio :"Ils ne voulaient pas voir leur ville ternie par la condamnation de l'un de ses ténors pour complot en vue d'assassiner le président Kennedy."[305] Est-ce que leur motivation était vraiment si "évidente" ou est-ce que Di Eugenio tournait autour de la vérité ?

---

[305] James Di Eugenio. *Destiny Betrayed*. (New York : Sheridan Square Press, 1992), p. 157.

Di Eugenio, en dépit de ses recherches approfondies sur d'autres aspects du lien entre la Nouvelle-Orléans et l'assassinat, n'a jamais mentionné les liens de l'agent de la CIA Guy Banister avec l'agent A. L. (Bee) Botnick de l'ADL, dont le bureau de la Nouvelle-Orléans de l'ADL pro-israélienne a reçu un financement considérable de la famille Stern (bien qu'en toute justice, cela ait pu être un oubli).

Comme nous l'avons vu, cependant, ce n'est pas si fantaisiste que de supposer que la mission de Lee Harvey Oswald travaillant pour Guy Banister - qui a donné l'image publique d'Oswald en tant que "extrémiste pro-castro"- ait pu en effet faire partie d'une "enquête" parrainée par l'ADL et menée par l'agence de détectives de Banister.

Di Eugenio avait en fait de bonnes raisons d'être si réticent à ne pas mâcher ses mots. Après tout, c'est Sheridan Square Press qui a publié son livre. Les principaux instigateurs de Sheridan Square sont Ellen Ray et William Schapp, fondateurs de l'Institut d'analyse des médias qui, comme nous l'avons déjà mentionné dans *Jugement Final*, compte parmi ses financiers le Stern Family Fund, créé par les amis de Clay Shaw, la puissante famille Stern de la Nouvelle-Orléans.

Tout cela en tout cas, démontre peut-être comment même les chercheurs en charge de l'assassinat de JFK les plus dévoués peuvent être distraits ou mal orientés dans leurs propres efforts pour chercher la vérité.

Bien que j'aie demandé l'occasion de prendre la parole au symposium de 1994 du Centre d'information sur l'assassinat de JFK à Dallas et à la conférence de 1996 du Comité des assassinats politiques à Washington, les cliques dirigeantes ont refusé de me donner la parole. De même, ni James Di Eugenio, ni aucun des autres "grands noms" parmi les chercheurs en charge de l'assassinat de JFK n'ont tenté de réfuter aucune des allégations substantielles figurant dans les pages de *Jugement Final*. Si ma thèse est folle ou malavisée ou à côté de la plaque, on pourrait penser que ce serait un processus simple de discréditer ce livre.

DES INDICES MENANT À ISRAËL...

Peter Dale Scott, l'un des chercheurs chevronnés des plus célèbres en matière d'assassinat, qui a été abondamment cité dans les pages de *Jugement Final*, s'est approché de l'évocation d'éventuels liens israéliens enfouis dans les profondeurs obscures du complot d'assassinat de JFK.

Dans son excellent livre *Deep Politics and the Death of JFK*, Scott est allé plus loin que la plupart des chercheurs sur l'assassinat de JFK en explorant le lien récurrent de Meyer Lansky avec Jack Ruby et la CIA, par exemple, et en soulignant le rôle particulier de James Jesus Angleton, membre de la CIA, dans la controverse JFK que nous avons décrite en détail dans ces pages.

Dans ces domaines, entre autres, Scott a clairement fait ses recherches, mais on ne peut pas lire son livre sans penser que Scott a également fait des recherches sur la connexion israélienne, mais il a refusé de tirer des conclusions évidentes pour ses lecteurs. Scott en dit long sur beaucoup de choses, mais ne dit rien sur les liens entre Israël et l'assassinat de JFK, qui ont été amplement documentés dans *Jugement Final*. Et malgré ses recherches approfondies sur une grande variété de sujets liés à la controverse JFK, Scott n'a absolument rien à dire sur la connexion avec la Permindex de Clay Shaw. Scott préférera évidemment ne pas en discuter.

Il est intéressant de noter que dans ses remerciements pour l'aide à la préparation de son livre il y a deux sources plutôt intéressantes : Wesley McCune de Group Research, Inc. et Michael Lerner.[306] Bien qu'il soit soi-disant un organisme de recherche "indépendant", Group Research a généralement été décrit par ses détracteurs comme une "façade" de la Ligue Anti-Diffamation (ADL) du B'nai B'rith, l'organisation influente et autoproclamée des "droits civiques" qui a été exposée comme un intermédiaire du renseignement et de propagande pour le Mossad israélien.

Comme nous l'avons noté au chapitre 17, le lien de longue date soupçonné entre l'ADL et le Mossad a été mis en lumière lors d'une vaste enquête menée par la police de San Francisco sur les opérations secrètes d'espionnage interne de l'ADL visant un large éventail de groupes politiques américains, tant "de droite que de gauche". L'autre source de Scott, Michael Lerner, un éminent philosophe libéral, est aussi l'éditeur du magazine *Tikkun*, un journal juif qui est devenu une voix importante pour le lobby israélien.

Le fait que ces sources aient joué un rôle dans le jugement final de Scott (si on peut le décrire comme tel) explique peut-être en partie les efforts clairs et répétés de Scott pour éviter d'aborder la connexion israélienne avec l'assassinat du président Kennedy.

L'auteur ne peut que conclure que ces "chercheurs" qui ont roulé leur bosse, dépensé énormément de temps, d'énergie et d'argent (sans parler d'avoir fait de l'argent avec) dans l'affaire JFK ne préfèrent pas franchir la ligne de démarcation, pour ainsi dire. Je comprends leur raisonnement, bien sûr, mais, en même temps, je suis contraint de remettre en question leur intégrité.

Cependant, un certain nombre de chercheurs de longue date spécialisés dans l'assassinat de JFK ont reconnu *Jugement Final en privé* et la substance de ses prétentions de manière favorable, qu'ils soient d'accord ou non avec ses conclusions dans leur intégralité. Je ne les nommerai pas ici et je ne vais donc pas les accabler de la possibilité d'être ternis en tant qu'"antisémites"- le terme favori réservé à ceux qui osent critiquer les actions d'Israël — mais ils savent qui ils sont et leur soutien a été apprécié.

---

[306] Peter Dale Scott. *Deep Politics and the Death of JFK*. (Berkeley, California : University of California Press, 1993), p. VIII.

CONCLUSIONS ANALOGUES

Juste avant la publication de *Jugement Final*, j'ai été ravi d'apprendre que Philip Ten Brink, un chercheur en matière d'assassinat de JFK de longue date, qui travaillait en toute indépendance par rapport à cet auteur, aboutit sans grande surprise aux mêmes conclusions que celles de *Jugement Final*, et a même été jusqu'à inclure un certain nombre de subtilités que certains pourraient trouver quelque peu ésotériques. Je suis contraint de répéter la vieille croyance selon laquelle "les grands se rencontrent", mais j'exagérerais en faisant cela. C'est simplement que les faits sont là pour ceux qui veulent les reconnaître pour ce qu'ils sont.

Ten Brink a découvert par lui-même que pointer le doigt en direction d'Israël et du Mossad n'est pas une bonne communication. Lorsqu'il a fait part de ses conclusions au symposium de 1993 du centre d'information sur l'assassinat de JFK à Dallas, Ten Brink m'a informé qu'il y avait beaucoup de gens qui étaient mal à l'aise, c'est le moins qu'on puisse dire, que quelqu'un dans leurs rangs soit "politiquement incorrect". Chapeau à Ten Brink pour avoir eu le cran de mener la danse. On ne peut pas en dire autant des chercheurs qui voient la vérité, mais qui ont peur de l'admettre.

Après la publication de la quatrième édition de *Jugement Final* j'ai entendu parler d'un autre chercheur, Dave Sharp, qui avait été actif dans des groupes de discussion sur Internet pendant un certain temps, alléguant que les intérêts politiques juifs - en particulier la famille Bronfman du Canada - étaient derrière l'assassinat de JFK. A ce moment-là, n'ayant pas encore lu *Jugement Final*, Sharp n'avait apparemment aucune idée du conflit entre JFK et Ben-Gourion au sujet de la bombe nucléaire israélienne, il semblerait donc que *Jugement Final* ait bien rempli une pièce manquante du puzzle pour Sharp.

Cependant, Sharp lui-même a depuis lors critiqué *Jugement Final*, suggérant que je n'avais pas rempli ma mission en omettant de parler de l'Holocauste et de la façon dont il avait été utilisé comme outil politique par le lobby israélien. C'est l'opinion de Sharp, bien sûr, mais, comme je l'ai dit à maintes reprises, *Jugement Final* porte sur l'assassinat de JFK et non sur l'Holocauste.

Je suis toutefois redevable à Sharp de m'avoir fourni des données précieuses sur les affaires financières de la famille Bronfman - y compris leurs liens peu connus avec les "intérêts pétroliers du Texas" qui sont souvent liés à l'assassinat de JFK - un point intéressant, en effet.

RÉPONDRE À LA QUESTION "POURQUOI ?"

Malheureusement, la plupart de ceux qui prétendent chercher à savoir la vérité sur l'assassinat de JFK ne sont pas disposés à aller si loin. Les "chercheurs" vont-ils continuer à se poser des questions ésotériques sur "combien de balles ont été tirées ?" ou "où les balles ont-elles attéri ?" ou tenteront-ils une fois pour toutes de répondre à cette question accablante la plus importante de toutes : pourquoi John F. Kennedy a-t-il été assassiné et qui, en fin de compte, était responsable ?

Pour répondre à cette question, on ne peut pas éviter le fait jusqu'à aujourd'hui secret de la bataille de JFK pour empêcher Israël de construire la bombe nucléaire, parce qu'Israël - comme ses alliés du crime organisé et de la CIA - avait de fortes raisons d'agir contre JFK et l'a fait.

Qu'en est-il d'Israël et de sa campagne agressive pour construire la bombe nucléaire - la controverse qui a joué un rôle si central dans les événements qui ont mené à l'assassinat de John F. Kennedy ? En fin de compte, c'est Israël - et non JFK - qui a eu le dernier mot sur la question.

Dans le numéro de novembre 1994 du *Jane's Intelligence Review*, on rapportait qu'Israël avait, à ce moment-là, mis au point sept installations nucléaires et jusqu'à 200 armes nucléaires - assez pour faire du minuscule Israël la sixième puissance nucléaire au monde. Selon un résumé du rapport du *Jane* paru dans l'*Associated Press* le 19 novembre 1994 :"Le gouvernement israélien n'a ni confirmé ni nié avoir des armes nucléaires et a tenté de garder secret le programme nucléaire du pays. Il n'a pas signé le Traité de non-prolifération nucléaire, qui ouvrirait ses installations à une inspection internationale."[307]

Tant pis pour les efforts acharnés de JFK pour mettre un terme à l'expansion nucléaire au Moyen-Orient. Tout espoir de succès s'est arrêté le 22 novembre 1963.

QU'EN EST IL DE LA FAMILLE DE KENNEDY ?

De nombreux lecteurs de *Jugement Final* ont demandé si la famille Kennedy avait répondu aux allégations contenues dans le présent volume. Pas publiquement, en tout cas. Mais nous pouvons être sûrs que la famille Kennedy - plus que tout - connaît bien la vérité sur l'assassinat de JFK. Mais ne vous attendez pas à ce que la famille rende publique toute information sur l'implication du Mossad dans cette affaire. Ça n'arrivera jamais. Trop de choses sont en jeu.

Peu après la parution de la première édition de *Jugement Final*, j'ai appris que quelqu'un du Massachusetts qui était proche de la famille Kennedy avait acheté cinq exemplaires du livre.

Et, plus récemment, j'ai envoyé des exemplaires de *Jugement Final* non seulement à John F. Kennedy Jr., mais aussi à tous les rédacteurs en chef de son magazine mensuel *George*. Je suis sûr que les rédacteurs en chef ont passé un moment intéressant à lire le livre et à en discuter entre eux, mais je ne m'attends pas franchement à voir une histoire à ce sujet dans *George*...

Cependant, je sais que des membres de la famille Kennedy ont entendu parler de *Jugement Final*. Tout d'abord, un de mes amis qui vit à Rhode Island a rencontré le

---

[307] *Associated Press Report*, 19 Novembre 1994.

député Patrick Kennedy (fils du sénateur Ted Kennedy du Massachusetts) lors d'une réception publique. Là, il a montré un exemplaire de *Jugement Final* au jeune Kennedy et a souligné que le livre implique le Mossad et le Syndicat du crime de Lansky dans l'assassinat. Selon mon ami, le jeune député recula d'horreur.

Je ne suis pas surpris. Après tout, aucun politicien en Amérique ne voudrait être identifié à une théorie de conspiration critique d'Israël - en particulier, bien sûr, après ce qui est arrivé à John F. Kennedy lorsqu'il a affronté Israël. Et comme je l'ai dit, si quelqu'un sait qui a vraiment tué JFK, c'est bien sa famille, entendre qu'un livre avait été écrit sur le sujet, ça a dû être une vraie surprise.

Mais finalement, le 20 décembre 1995, j'ai eu l'occasion de m'entretenir brièvement, pour la première fois, avec un membre de la famille Kennedy au sujet de ce livre. J'étais à la gare Union Station de Washington D. C., et à ma grande surprise, le député Joe Kennedy, fils de feu Robert Kennedy, a marché dans ma direction. Il s'est arrêté à moins de trois mètres de moi. Il était en compagnie d'une femme séduisante que j'ai par la suite identifiée comme sa seconde épouse.

Franchement, je ne voulais pas le harceler. C'est un personnage public et un membre d'une famille très publique qui a fait l'objet d'un examen minutieux de la part des grands médias américains (les mêmes médias qui ont gardé cachée la vérité sur les assassinats de son père et de son oncle). Mais d'un autre côté, j'avais écrit un livre sur ce sujet (et, à ce moment-là, c'était un livre que les gens commençaient à prendre très au sérieux). Je me sentais donc obligé de lui parler.

Le député a regardé dans ma direction et nos yeux se sont croisés. Il savait que je le reconnaissais et je soupçonnais qu'il savait aussi que je voulais lui parler et j'ai donc décidé de le faire. Je l'ai approché et j'ai dit :"Monsieur le député, je ne veux que 22 secondes de votre temps." Il a souri. Je savais qu'il avait entendu des paroles à cet effet tant de fois j'avais délibérément choisi cette approche et je pense qu'il a apprécié l'ironie, dans la mesure où j'ai parlé sur un ton amusé comme pour dire :"Oui, je sais que vous l'avez déjà entendu celle-là."

Il hocha la tête et je lui dis :"Je dois d'abord me présenter. Je suis l'auteur d'un livre intitulé *Jugement Final*. Vous en avez déjà entendu parler ?" Il secoua la tête négativement pendant qu'il ressassait le titre dans sa tête. Je ne lui ai pas dit que j'avais envoyé un exemplaire à son bureau (ce que j'avais fait). Je ne voulais pas perdre les 22 secondes qui m'étaient allouées.

J'ai continué. "Le livre relate le rôle d'une nation du Moyen-Orient qui a un lobby très puissant ici à Washington dans l'assassinat de votre oncle." (Je n'allais pas dire le mot "Israël.") Les yeux de Kennedy clignotaient comme pour dire : "C'est reparti." J'ai vu sa réaction et j'ai conclu en disant :"Je pense que vous devriez savoir, franchement, que beaucoup de gens qui s'intéressent à l'assassinat de JFK prennent ce livre très au sérieux. »

J'ai reculé. J'ai vu qu'il était mal à l'aise avec la nature de ce que je lui suggérais - c'est-à-dire l'implication israélienne- et je ne voulais pas qu'il pense que j'étais l'une de ces personnes qui continueraient à occuper son espace. Je voulais qu'il voit que je ne pousserais pas le sujet plus loin. J'étais complètement étranger à lui et, pour tout ce qu'il savait, j'aurais pu être quelqu'un qui essayait de l'inciter à faire une des déclarations anti-juives pour lesquelles son père, en particulier, était bien connu (au moins en privé).

En tout cas, quand je suis parti, le député Kennedy a répondu : "J'espère que ce n'est pas vrai." (c'était une réponse diplomatique, s'il en est une.) J'ai souri, j'ai hoché la tête et je lui ai fait une vague amicale et un salut d'adieu pour lui dire "merci de votre attention".

Kennedy voulait-il dire qu'il espérait que ce n'était pas vrai qu'Israël avait participé à l'assassinat de son oncle ou qu'il espérait que les gens ne prenaient pas ma thèse au sérieux - ou les deux ? En fin de compte, bien sûr, cela n'a pas vraiment d'importance puisque seul le député Kennedy sait exactement ce qu'il voulait dire.

Cependant, le fait est que je peux maintenant affirmer avec certitude que la famille Kennedy est effectivement au courant de *Jugement Final*. Je ne doute pas qu'un jour, d'une manière ou d'une autre, ces deux jeunes membres du Congrès discuteront avec leur famille des allégations faites dans *Jugement Final*. Mais ce que la famille fait de l'information reste à voir.

En fait, la famille Kennedy a été fermement cooptée par le Mossad lui-même. La clé pour comprendre cela est Jacqueline Kennedy Onassis, dix ans de relation - avant sa mort - avec l'énigmatique marchand de diamants juif d'origine belge Maurice Tempelsman.

Après s'être positionné comme une figure permanente au centre de la vie de Jacqueline et s'être ensuite inscrit comme son compagnon résident dans l'élégant penthouse de la veuve Kennedy à Manhattan, Tempelsman aurait doublé (peut-être même triplé, selon certains comptes rendus) la fortune déjà substantielle de Jacqueline.

Bien que, à sa mort, les principaux médias aient dramatisé l'histoire d'amour de Jacqueline et de son compagnon, les médias n'ont jamais fait état du rôle de longue date de Tempelsman en tant qu'agent international en place, opérant en Afrique et hors d'Afrique pour le Mossad israélien et ses alliés au sein de la CIA. C'est ainsi que durant les derniers jours de Jacqueline, le Mossad israélien était représenté dans les cercles les plus intimes de la famille Kennedy.

Cependant, il semble maintenant - selon Edward Klein, qui écrit dans son nouveau livre, *The Kennedy Curse*, qu'après la mort de Jacqueline, le jeune JFK Jr. ordonna à Templesman de sortir de l'appartement qu'il partageait avec Mme Onassis. De toute évidence, le jeune John n'était pas si épris de l'intrigant international qui, dit-on, avait averti John John des dangers de l'avion.

Ironiquement, au final, il n'importe peut-être pas vraiment à la famille de Kennedy de savoir qui était finalement derrière l'assassinat du président et son frère. Deux membres de la famille sont morts violemment et tragiquement, quel qu'en soit le responsable. La perte de la famille était bien trop personnelle, bien au-delà de toute autre ramification géopolitique internationale qui intéresserait beaucoup les conspirateurs responsables des deux assassinats. Poursuivre la vérité sur ce qui s'est réellement passé n'a jamais été une option.

Le sénateur Edward M. Kennedy lui-même est probablement chanceux d'être encore en vie, mais il n'a jamais réalisé son rêve de réclamer la Maison-Blanche pour la dynastie Kennedy. La probabilité que d'autres futurs membres de la famille occupent à nouveau le Bureau ovale est faible, dans le meilleur des cas.

Le plan du député Joe Kennedy de se présenter comme gouverneur du Massachusetts a été saboté très tôt grâce à une campagne médiatique musclée à son encontre. Ses problèmes personnels, découlant d'un conflit avec son ex-femme qui a écrit un livre très médiatisé sur leur mariage, ainsi que les allégations selon lesquelles son jeune frère aurait eu des relations extra-conjugales avec une adolescente, ont été dénoncés par les médias et Kennedy a été contraint de se retirer de la course.

À un moment donné après que Kennedy ait été chassé de la course, Steven Grossman, un magnat de l'imprimerie du Massachusetts qui avait été nommé président national du Parti démocrate, envisagea d'entrer dans la course à la mort politique de Kennedy, mais Grossman changea soudainement d'avis. À la lumière de ce que j'ai relaté dans *Jugement Final*, il vaut probablement la peine de noter qu'avant de devenir président national du Parti démocrate, Grossman avait été à la tête de l'AIPAC, le lobby autorisé d'Israël. Il ne s'agit probablement que d'une coïncidence, mais néanmoins intéressante.

À vrai dire, la famille Kennedy a, à sa façon, énormément profité de la double tragédie, en s'assurant une place dans l'histoire et une légende qui aurait autrement pu être perdue si JFK avait vécu son mandat. Mais, comme nous l'avons vu, les médias s'en prennent de plus en plus aux héritiers de Kennedy et à JFK lui-même.

LE « JUGEMENT FINAL » DES MÉDIAS

Dans le *Washington Post* du 25 novembre 1993, le célèbre économiste Robert Samuelson s'est éloigné de son domaine d'expertise et s'est penché sur l'héritage de Kennedy.

Sa chronique bien en vue, qui figure à droite de la page d'éditorial, est un véritable hommage à la mémoire de John F. Kennedy, dans le sillage du 30e anniversaire de ce qui pourrait bien avoir été l'événement public le plus époustouflant de l'histoire de notre pays.

"Nous sommes passés par une autre orgie du souvenir de Kennedy, se plaignit Samuelson, et j'avoue que, finalement, j'en ai assez. Ce n'est pas seulement que sa vie et son assassinat ont été dramatisés, le transformant d'une figure politique à un phénomène de divertissement avec une place dans la culture pop plus proche d'Elvis que Harry Truman.

La dissidence va plus loin. Notre obsession pour Kennedy obscurcit quelque chose de crucial. Au mieux, c'était un président médiocre ou, moins charitablement, un piètre président."[308]

Samuelson a ensuite blâmé Kennedy pour la tragédie de la guerre du Vietnam. "C'est Kennedy qui a pris l'engagement critique envers le Vietnam. Toutes les spéculations qui ont suivi sur la question de savoir s'il aurait augmenté ou non cet engagement, comme Johnson l'a fait, ne sont vraiment pas pertinentes. On ne pourra jamais savoir ce que Kennedy aurait fait, mais seulement ce qu'il a fait. Et ce qu'il a fait, c'est s'engager militairement (et politiquement) dans un pays dont la survie n'était pas un intérêt national vital, et nous a engagé ainsi dans un conflit que politiquement nous ne pouvions pas soutenir. Une fois que cela s'est produit, il n'y avait pas de sortie facile. C'était un mauvais jugement."[309]

Le chroniqueur d'opinion détermina que JFK manquait de "sagesse ou d'instinct" et qu'il "n'avait pas les connaissances ou les valeurs nécessaires pour prendre de bonnes décisions par lui-même".[310]

"Le Kennedy qui vit au-delà de la tombe, conclut Samuelson, ne commande ni ma sympathie ni mon intérêt. Il est simplifié, romancé et exploité. Ce n'est pas une personne mais une illusion populaire."[311]

Voilà pour la mémoire de John F. Kennedy dans le jugement d'un des faiseurs d'opinion des plus respectés de la nation. Il n'est donc peut-être pas surprenant que le 22 novembre 1994, jour du 31e anniversaire de l'assassinat de JFK, le *Washington Post*, le journal politique officiel des États-Unis, n'ait prononcé aucun mot pour commémorer ce jour tragique.

Le 22 novembre 1997, soit quatre ans après la dure attaque de Samuelson contre John Kennedy, la grande "nouvelle" du jour était la sortie de *The Dark Side of Camelot*, le livre de Seymour Hersh sur les années JFK (discuté plus tôt dans ces pages). De toute évidence, l'élan des nouveaux médias est de dire que John F. Kennedy n'était pas vraiment un type génial après tout et que peut-être, comme Malcolm X l'avait dit au moment de l'assassinat de JFK, les poulets étaient rentrés d'eux-mêmes au poulailler.

UNE DEMANDE DE DÉBAT

Juste avant la publication de la troisième édition de *Jugement Final*, j'ai envoyé des exemplaires de la deuxième édition à un certain nombre de personnes les invitant à débattre de la thèse de *Jugement Final* avec moi à la radio, dans un forum public ou

---

[308] *Washington Post*, 25 November 1993.
[309] *Ibid*.
[310] *Ibid*.
[311] *Ibid*.

par écrit. Je leur ai donné l'occasion de réfuter le livre comme ils le souhaitaient. Ce n'était pas une offre injuste, je pense.

Voici ceux qui ont reçu des exemplaires de *Jugement Final* et l'invitation à un débat :

Jack Anderson - Le chroniqueur syndiqué et concessionnaire international de roues qui a promu un certain nombre de théories contradictoires sur l'assassinat de JFK, notamment le mythe selon lequel "Castro a tué JFK".

Robert Dornan - Ensuite, membre du Congrès du GOP du comté d'Orange (Californie) et un fanatique d'Israël, Dornan s'est joint à son ennemi juré, Loretta Sanchez, pour co-organiser une collecte de fonds le 19 septembre 1998 afin d'aider l'ADL à renverser Steve Frogue, le directeur de l'université qui avait osé m'inviter à parler de *Jugement Final* dans le comté d'Orange.

Jack Shafer - A l'époque rédacteur en chef du populaire *City Paper de Washington*, un journal "alternatif" libéral fonctionnant en roue libre.

John Loftus - Auteur de *The Secret War Against the Jews,* un nouveau livre qui prétend que les partisans anti-israéliens de la communauté américaine du renseignement ont cherché à saboter l'État d'Israël. (Loftus est un ancien avocat de l'Office des enquêtes spéciales de la chasse aux nazis.)

Roland Pritikin - Général de brigade à la retraite et médecin de renommée internationale et fondateur du Centre pour la sécurité mondiale, un groupe de pression ad hoc pro-israélien qui comprenait parmi ses conseillers Luis Kutner, un ancien avocat de Jack Ruby, et le général Julius Klein, l'officier militaire américain qui a joué un rôle majeur dans la création du Mossad.

Bob Grant - l'animateur controversé de la radio WABC à New York qui s'est souvent vanté de ses relations amicales avec la Ligue Anti-Diffamation (ADL) du B'nai B'rith et de son profond dévouement (qui est un proxénétisme évident et obséquieux) à l'État d'Israël.

Rush Limbaugh - Le plus grand nom de la radio "conservatrice" connue pour être un critique outrageux et audacieux de tout sauf des méfaits d'Israël.

Chuck Harder - Animateur de l'émission radiophonique "*For the People'*, Harder refuse de mentionner le rôle d'Israël dans les méfaits internationaux, bien qu'il ne tarde pas à trouver conspiration et corruption sous presque tous les rochers.

G. Gordon Liddy - Ancien agent de la CIA et du FBI, qui a eu le courage de tenir tête à un juge fédéral et d'aller en prison pour avoir refusé de dénoncer ses amis. Autrefois souvent accusé d'être un sympathisant nazi, Liddy est aujourd'hui un animateur de radio populaire, mais jamais un critique d'Israël.

William F. Jasper - Rédacteur en chef du magazine américain *New American* de la John Birch Society, qui est un ardent défenseur de l'État d'Israël et qui est toujours amoureux de James Jesus Angleton, membre de la CIA allié du Mossad.

David Scheim - Auteur de *Contract on America*, qui prétend que "La mafia a tué JFK" et ignore le rôle intégral du loyaliste israélien et collaborateur de la CIA Meyer Lansky au sein du Syndicat du crime international. Scheim a été une figure majeure dans la communauté des « chercheurs" d'assassinat de JFK, mais, comme nous l'avons noté dans ces pages, il refuse de reconnaître la possibilité d'implication de la CIA dans le crime.

Jack Newfield - Chroniqueur libéral du *New York Post*, Newfield, loyaliste israélien, a affirmé que le patron du syndicat des Teamsters disparu, Jimmy Hoffa, était le principal instigateur de l'assassinat du JFK.

La publication d'un appel à débattre n'était pas une recherche de publicité pour *Jugement Final*, bien que toute publicité aurait été la bienvenue et en fait tout à fait remarquable. Ce que je cherchais sincèrement, c'était qu'une personne vienne me prouver que j'avais tort - pour me montrer où les conclusions de *Jugement Final* n'étaient pas fondées.

De ce vaste éventail de personnes invitées à débattre, seul le général Pritikin avait répondu au 1er janvier 1998. La longue lettre de Pritikin disait que "Toutes les affirmations de votre livre peuvent être réfutées, mais ce n'est pas à moi de le faire."[312] Pritikin m'a dit que le général Mark Clark avait dit : « Je ne serais pas surpris si trente ou quarante ans après l'assassinat de John F. Kennedy, les livres sortaient en accusant les Juifs. »[313]

"Votre livre" a écrit Pritikin, "ainsi que les écrits de Grace Halsell et George Ball (qui avait un long dossier pour trahison) sont considérés [par les Arabes] comme le triptyque pour la destruction des États-Unis et l'extermination du peuple américain."[314]

(Grace Halsell est un journaliste professionnel de longue date et respecté, de tendance libérale, qui a été assez critique envers Israël. L'ancien sous-secrétaire d'État George Ball est coupable du même crime. Apparemment, Halsell, Ball et moi sommes coupables de crimes de même ampleur en ce qui concerne le général Pritikin.)

"Vous dites dans votre lettre, a écrit Pritikin, que personne ne s'est manifesté pour réfuter les allégations contenues dans votre livre. Cela est dû au fait qu'il n'a pas d'index. Il est écrit dans le style de Victor Hugo et d'Alexander Dumas. Il se lit comme un beau roman fictif parce qu'il n'a pas d'index. C'est la raison pour laquelle personne n'a contesté quoi que ce soit."[315] (Les deux premières éditions de *Jugement Final* n'ont pas été indexées.)

Pritikin a ajouté : "La découverte du pétrole dans la péninsule arabique dans les années 1930 a entraîné la chute de la civilisation occidentale libre, parce que les États-Unis n'ont pas eu la prévoyance, le courage et la volonté intransigeante de combattre

---

[312] Lettre du général Roland Pritikin à l'auteur.
[313] *Ibid.*
[314] *Ibid.*
[315] *Ibid.*

les cheiks riches en pétrole, et parce que nous avions des traîtres comme Michael Collins Piper, Grace Halsell et George Ball".[316]

LES "PREUVES" DE PRITIKIN

Dans sa lettre, le général Pritikin a cité la présence d'un magnifique mémorial à John F. Kennedy en Israël comme « la preuve » que les Israéliens aimaient JFK plus que tout autre président américain.

C'est une maigre « preuve » en effet : un cynique pourrait être assez grossier pour suggérer que le mémorial n'était rien de plus qu'un hommage rendu par les Israéliens à l'une de leurs exécutions publiques les plus scandaleuses et à l'habileté avec laquelle elle avait été menée.

De peur, cependant, que certains fanatiques pro-israéliens prétendent que c'est ma thèse, pour le compte rendu, je dirai que ce n'est pas le cas. Ce que je dis, c'est qu'un tel monument ne prouve rien : seulement que la classe dirigeante israélienne dominée par le Mossad veut voir écrit dans le dossier - bien que les faits montrent le contraire - qu'Israël aimait JFK.

Peut-être que les gens du peuple de Tel Aviv admiraient en effet John F. Kennedy. Mais le Premier ministre David Ben Gourion, le chef des assassinats du Mossad Yitzhak Shamir et leurs alliés de la CIA et du Syndicat du crime de Lansky eux ne l'admiraient pas.

Quoi qu'il en soit, je ne peux que conclure que le refus de ces "grands noms" de me débattre publiquement ou d'essayer de répudier mon travail de quelque façon que ce soit est précisément parce qu'ils ne le peuvent pas. *Jugement Final* est donc, à mon avis, à toutes fins pratiques, le jugement final sur ce qui s'est réellement passé à Dallas. J'ai effectivement obtenu, comme je l'ai dit, un jugement par défaut simplement parce que personne n'a pris la parole pour répondre à mes accusations.

« CERTAINS DOGMES DE FOI »

Bien que Noam Chomsky, éminent linguiste rebelle, ait irrité Israël avec ses critiques de ses méfaits internationaux, Chomsky lui-même refuse de s'immiscer dans tout débat sur l'assassinat de JFK. En fait, Chomsky a décrit le flot incessant de lettres qu'il a reçues sur le sujet, soulignant qu'il a été forcé de recourir à une lettre type décrivant les raisons pour lesquelles il ne veut pas discuter du sujet. Mais Chomsky, en tant que critique d'Israël, reconnaît à quel point le débat public sur des questions controversées a été influencé par les médias et la communauté universitaire. Dans une introduction à un ouvrage exposant l'intrigue israélienne, Chomsky a écrit :

---

[316] *Ibid.*

L'histoire, en particulier l'histoire récente, se présente de façon caractéristique au grand public dans le cadre d'un système doctrinal fondé sur certains dogmes fondamentaux. Dans le cas des sociétés totalitaires, la question est trop évidente pour exiger des commentaires.

La situation est plus intrigante dans les sociétés qui manquent de formes plus cruelles de répression et de contrôle idéologique. Les États-Unis, par exemple, sont certainement l'une des sociétés les moins répressives de l'histoire passée ou présente en ce qui concerne la liberté d'enquête et d'expression. Pourtant, il est rare qu'une analyse d'événements historiques cruciaux atteigne un large public, à moins qu'elle ne soit conforme à certaines doctrines de foi...[317]

Les doctrines de foi - dans le cas du débat sur l'assassinat de JFK - sont très restrictives : en bref, il n'y a pas de débat. L'affaire est classée. Lee Harvey Oswald a agi seul. Il n'y a pas eu de complot. Quiconque prétend qu'il y a eu complot est - Dieu nous en préserve - un "théoricien du complot" et quiconque croit aux théories du complot pourrait être le genre de personne qui ferait sauter un édifice fédéral à Oklahoma City et assassiner 168 hommes, femmes et enfants innocents. C'est précisément l'argument avancé dans les médias "grand public" à la suite de cette tragédie.

L'argument était le suivant : le mouvement milicien a influencé Timothy McVeigh. Les milices croient aux théories du complot. Tim McVeigh a fait sauter l'immeuble fédéral à Oklahoma City. Donc, si vous croyez aux théories du complot vous êtes mauvais. Vous êtes contre le gouvernement. Vous êtes contre l'Amérique. Vous soutenez les terribles actes de McVeigh en Oklahoma. Ne croyez pas aux théories du complot - et cela inclut la théorie selon laquelle il y avait un complot derrière l'assassinat de JFK.

Cela n'a pas de sens logique, bien sûr, mais c'est précisément ce que les médias grand public cherchent à transmettre et c'est devenu le son de cloche constant. Les théories du complot sont simplement "mauvaises". Et si vous y croyez, vous êtes le genre de personne qui pourrait envisager de faire sauter un édifice fédéral à Oklahoma City ou ailleurs.

Chomsky, dans son propre style inimitable, continue :

> Pour accepter le dogme, une personne qui n'est pas capable de tolérer ne serait-ce qu'un degré limité de contradiction intérieure doit soigneusement éviter la preuve documentaire, ce qui ne manque pas dans une société libre...[318]

---

[317] Noam Chomsky, écrivant dans l'introduction de : *Livia Rokach. Israel's Sacred Terrorism.* (Belmont, Massachusetts : Association of Arab-American University Graduates, 1980), pp. XIII-XV.

[318] *Ibid.*

Dans le cas de *Jugement Final*, bien sûr, ceux qui souhaitent accepter le dogme officiel et rejeter les conclusions énoncées dans *Jugement Final* doivent ignorer toutes les preuves (publiées bien avant la publication de ce livre) qui suggèrent non seulement : a) qu'Israël avait un mobile pour participer au complot d'assassinat de JFK ; et b) qu'il existe de multiples liens israéliens avec le complot qui peuvent effectivement être prouvés. Chomsky :

> Au sein des professions académiques et des médias, on peut généralement compter sur l'intelligentsia pour resserrer les rangs ; ils refuseront de soumettre à l'analyse critique les doctrines de foi, tailleront le dossier historique et documentaire afin d'isoler ces doctrines de l'examen, et procéderont à la présentation d'une version de l'histoire qui soit sans risque de critique ou d'analyse institutionnelle.[319]

Les médias ont en effet joué un rôle dans la dissimulation des conclusions de *Jugement Final*.

Bien que le livre ait maintenant reçu une certaine publicité grâce aux efforts de l'ADL pour m'empêcher de prendre la parole au séminaire de la fac publique d'Orange County, les reportages médiatiques qui ont été publiés étaient liés à l'allégation selon laquelle j'étais une sorte de "négationniste de l'Holocauste" et donc pas crédible.

De même, de soi-disant "savants" comme le professeur Roy Bauer de l'université Irvine Valley ont refusé de me donner l'occasion de présenter mon cas. Bauer ne permettait pas que les doctrines de foi soient soumises à une analyse critique. Chomsky :

> Les écarts occasionnels à l'orthodoxie sont de peu d'importance tant qu'ils se limitent à des cercles étroits qui peuvent être ignorés, ou rejetés comme "irresponsables", "naïfs" ou "incompréhensibles" ou "incapables de comprendre les complexités de l'histoire", ou autrement identifiés avec des mots code familiers inacceptables...[320]

Jugement Final était un écart par rapport à l'orthodoxie et il a été rejeté avec des « mots codes » (comme "antisémitisme") et décrit - en fait - comme étant "inacceptable". Cependant, parce que *Jugement Final* avait soudainement eu l'occasion d'être entendu par un auditoire universitaire - plutôt que parmi une liste restreinte d'acheteurs de livres qui avaient accès à l'ouvrage -, les défenseurs des doctrines de foi sont entrés en plein délire. Chomsky :

> À de rares exceptions près, il faut adopter certaines doctrines de foi pour entrer dans l'arène du débat - au moins devant un segment substantiel du public...[321]

---

[319] *Ibid.*
[320] *Ibid.*
[321] *Ibid.*

Dans le cas du débat sur l'assassinat de JFK, l'une des "nouvelles doctrines de foi" qu'il faut accepter pour "entrer dans l'arène du débat" est que - en aucun cas - on ne peut suggérer ce qui suit :

1) qu'Israël est un pays hostile à John F. Kennedy.

2) que la politique américaine au Moyen-Orient a fait un virage à 180 degrés après la mort de John F. Kennedy ;

3) que le Mossad d'Israël ait eu quelque rôle que ce soit - aucun rôle du tout - dans l'assassinat de John F. Kennedy.

Vous pouvez croire qu'il y avait une sorte de "connexion avec une soucoupe volante". Ou que les nazis étaient coupables. Ou, le plus populaire, que la mafia avait tué JFK. On peut même dire qu'il y a eu quelques « types véreux » de la CIA. Mais ne parlez jamais d'Israël et du Mossad. C'est là que vous devenez "irresponsable" et que vous dépassez les bornes. Ne faites pas ça !

Si c'est le cas, ils vous qualifieront d'"antisémite"- ou peut-être même de "négationniste de l'Holocauste", ce qui est évidemment la dernière astuce de l'effort en cours pour faire taire ceux qui (comme moi) ont osé publiquement identifier le rôle d'Israël dans le crime du siècle. C'est quelque chose qui, apparemment, ne sera peut-être pas fait.

LA "VRAIE HISTOIRE" DE L'ASSASSINAT DE JFK ?

Le *Washington Post* - toujours défenseur des intérêts de la CIA et de ses alliés du Mossad - a récemment laissé entendre à ses lecteurs qu'il y aurait peut-être une détermination populaire "officielle" - un "consensus" - quant à la "véritable histoire de l'assassinat de Kennedy".[322] C'est-à-dire une "histoire" qui satisfasse pratiquement tout le monde. En d'autres termes, la vérité réelle sur qui a tué John F. Kennedy - et pourquoi - on aura tout vu.

En promouvant cette "histoire réelle" présumée imminente, le *Post* a publié une "pièce de réflexion" remarquablement révélatrice rédigée par l'un de ses rédacteurs en chef, Jefferson Morley, dans laquelle le jeune Morley affirmait que " nous sommes plus près que jamais d'avoir une base factuelle solide pour un consensus sur l'assassinat.[323]

Morley, en fait, ne se préoccupe pas tant de savoir qui est responsable de l'assassinat du président américain, mais plutôt de rétablir la confiance du peuple américain dans le gouvernement dont l'agence de renseignement, la CIA, a joué un rôle central dans l'assassinat et le camouflage. Selon Morley, "L'assassinat de Kennedy est un facteur de la crise de légitimité qui sape maintenant la capacité du gouvernement américain à s'attaquer à une grande variété de problèmes publics.

---

[322] Rubrique publiée dans *the Washington Post*, publiée à l'origine dans la revue trimestrielle de l'Assassination Archives and Research Center.

[323] *Ibia*.

L'incapacité du gouvernement de présenter une explication crédible de la façon dont Kennedy a été tué n'est pas la seule ni la principale raison de ce déclin. Mais elle a certainement joué un rôle. Parvenir à une compréhension commune de la chaîne causale des événements ayant mené au meurtre de Kennedy constituerait une étape symbolique importante vers le rétablissement de la confiance dans la démocratie américaine. »[324]

Morley dit que "nous ne devrions pas [l'accent est mis par Morley] nous donner la peine de parvenir à un consensus par crainte que des personnes hypothétiques complices de l'assassinat du président Kennedy soient une menace pour la démocratie aujourd'hui. C'est la position paranoïaque..."[325] (En d'autres termes, quiconque cherche à blâmer quelqu'un - à cette date tardive - est un théoricien du complot lunatique dérangeant et donc une menace pour la démocratie.)

Bien que Morley concède qu'il y a des preuves que le complot derrière l'assassinat de JFK était plus important qu'un « désaxé solitaire »,[326] il suggère également que le but le plus important n'est pas de déterminer qui a réellement tué John F. Kennedy, mais, au lieu de cela, de réaliser que la controverse sur l'assassinat découlait de la "confidentialité du gouvernement au sujet de l'assassinat et des conséquences de l'enquête".[327] Cette confidentialité, affirme-t-il à juste titre, était erronée, mais il dit que "le voile du secret est enfin levé[328] par la Commission de révision des dossiers d'assassinats. Maintenant, selon Morley, le travail de la commission de révision, fait effectivement rend toute « polémique [à propos de qui était derrière l'assassinat] » démodée.[329]

Morley admet que "l'explication la plus probable de la cause de la mort de Kennedy réside dans ses politiques" (et il a certainement raison sur ce point), mais Morley ajoute qu'en cherchant un "consensus" "nous ne devrions pas nous servir de personnes, groupes, croyances politiques ou institutions comme bouc émissaires".[330] (En d'autres termes, aucune personne ou institution - comme la CIA ou le Mossad - ne devrait en fin de compte être tenue responsable du crime.)

Ajoutant que "nous devons respecter la complexité de l'histoire",[331] Morley affirme que "les bases d'un consensus émergent, et que "l'histoire de l'assassinat de Kennedy et le mystère qui l'a entouré ne sont pas une saga d'une immense conspiration monolithique. Ce n'est pas non plus l'histoire d'un seul désaxé solitaire.

---

[324] *Ibid.*
[325] *Ibid.*
[326] *Ibid.*
[327] *Ibid.*
[328] *Ibid.*
[329] *Ibid.*
[330] *Ibid.*
[331] *Ibid.*

Il s'agit plutôt d'un chapitre de l'histoire de la guerre froide, une mise en garde à l'intention des générations futures sur les dangers du secret dans une démocratie."[332]

Ainsi, selon Morley, le vrai problème est le secret gouvernemental. La grande question n'est pas de savoir qui a vraiment tué John F. Kennedy - et pourquoi. Dans la perception biaisée de Morley, il semble que le pourquoi John F. Kennedy a été assassiné ou qui était responsable n'a pas vraiment d'importance au final. La plus grave préoccupation est de rétablir la confiance des Américains dans leur gouvernement.

Je ne suis pas d'accord avec Jefferson Morley et le *Washington Post* ni avec la plupart des Américains.

Les Américains sont, pour reprendre les mots de Noam Chomsky, "ceux qui sont intéressés à découvrir le monde réel qui se trouve derrière l'histoire officielle"[333] et qui ne sont pas intéressés par le genre de "consensus" artificiel vanté par le *Washington Post*. Et c'est ce genre d'approche nouvelle de l'assassinat de JFK que nous devons prendre en considération lorsque nous considérons la façon dont la vérité sur l'assassinat est traitée par les médias et la façon dont les faits et les soi-disant faits seront rendus publics.

QUELQUES REMARQUES FINALES…

Ceux qui cherchent ostensiblement la vérité sur l'assassinat du président Kennedy mais qui continuent à ignorer le rôle très clair joué par Israël et son Mossad dans l'assassinat sont peut-être, en fin de compte, les plus grands ennemis de la vérité.

Si je me trompe au sujet de l'implication du Mossad, je demande à mes critiques de me montrer où j'ai tort. Si même les admirateurs de JFK sont incapables d'affronter la vérité et de l'exposer à la lumière du jour, alors l'Amérique et le monde font face à une crise très grave.

Je trouve cela franchement frustrant - mais je comprends pourquoi - que d'autres se soient éloignés de ce domaine de recherche controversé qui est si important pour faire la lumière sur l'assassinat du président Kennedy.

Après tout, pas plus tard que le 28 novembre 2003 - l'influent journal communautaire juif *Forward* - a "célébré" le 40e anniversaire de l'assassinat en essayant de réfuter les "théories du complot"- en particulier celles présentées dans *Jugement Final*, que *Forward* a qualifié des "plus sinistres".[334]

Je n'ai aucun regret d'avoir pris la décision d'écrire ce livre. Quelques personnes ont suggéré que j'aurais dû prendre un pseudonyme pour me protéger des inévitables cris d'indignation qui ont suivi. Cependant, si je l'avais fait, je n'aurais pas pu défendre publiquement mon propre travail si j'avais choisi de me cacher derrière un pseudonyme.

---

[332] *Ibid.*
[333] Chomsky, *Ibid.*
[334] *Forward*, 28 Novembre 2003.

En fin de compte, je crois que j'ai raidigé un ouvrage qui a du sens et que la plupart des gens ouverts d'esprit, une fois qu'ils auront lu le livre, seront d'accord pour dire qu'il présente une thèse qui a du sens.

La plupart de ceux - probablement tous - qui ont attaqué le livre ne l'ont pas lu. Ils ont préféré rester sur la touche et s'en prendre à la thèse, mais pas aux preuves qui l'étayent. Les faits sont éloquents. Je suis désolé que ces faits aient bouleversé tant de gens.

J'espère que *Jugement Final* contribuera, d'une certaine façon, à une pleine compréhension non seulement de la mort de John F. Kennedy, mais aussi de tous les événements bouleversants qui ont suivi, des événements qui ont changé l'histoire. Mais, plus important encore, j'espère que nous en avons tiré des leçons et que le peuple américain prendra toutes les mesures nécessaires pour corriger ce grand tort.

— **MICHAEL COLLINS PIPER**

POST-SCRIPTUM

Un diplomate français de haut rang, Bernard Ledun, est décédé à Paris le 1er février 1994. Sa mort subite à l'âge de 50 ans, possiblement à la suite d'une crise cardiaque, pourrait être un autre des décès « utiles » survenus dans le sillage de l'assassinat de JFK et de son camouflage, conséquence directe de l'annonce, le 22 novembre 1993, de la publication imminente de la première édition de *Jugement Final*.

Ledun avait eu connaissance d'informations "internes" qui confirmaient le haut niveau de renseignement de la source française - citée dans le chapitre 16 de *Jugement Final* - qui a fourni à l'auteur cette information qui établit que la "connexion française » tant discutée avec l'assassinat de Kennedy est, en fait, mal nommée et qu'il s'agit plutôt de la connexion israélienne.

Juste avant sa mort subite, Ledun, officier de carrière dans le corps diplomatique français, devait devenir consul général de France à Johannesburg, en Afrique du Sud. D'octobre 1989 à décembre 1993, il a été consul général de son pays natal à Vancouver, en Colombie-Britannique, au Canada.

Alors qu'il était en poste à Vancouver, M. Ledun a commis une grave - bien qu'honnête - erreur qui a peut-être scellé son propre destin. Son action involontaire a prouvé le statut de haut niveau de renseignement français de la source, citée dans *Jugement Final*. La source, Pierre Neuville, a affirmé (sur la base de ses propres connaissances internes) que les services secrets israéliens, le Mossad, utilisaient les relations du renseignement français pour engager un ou plusieurs assassins impliqués dans l'exécution du président Kennedy.

En 1976, alors qu'il était au consulat de France à Vancouver, au Canada, Ledun a remis à Pierre des copies de documents de renseignements internes français, confirmant ainsi que Pierre avait bel et bien été un agent de renseignements français au courant de secrets d'État explosifs.

En raison de la nature incendiaire des informations dont Pierre avait eu connaissance, les services de renseignement français avaient nié pendant des années que Pierre était impliqué dans un travail de renseignement pour son pays natal. La publication des documents par Ledun, cependant, a fourni des preuves tangibles du contraire.

Non seulement Pierre avait appris des détails précis sur la façon dont les services de renseignement français avaient été manipulés par le Mossad dans la conspiration d'assassinat de JFK - information fournie par ses propres alliés dans les services de renseignement français - mais Pierre lui-même avait été impliqué dans un précédent complot d'assassinat mené conjointement par le Mossad et les services de renseignement français.

Le Mossad avait passé un contrat avec le colonel Georges De Lannurien, son contact clé dans les services secrets français, pour que Pierre joue involontairement le rôle de "pigeon" (façon Lee Harvey Oswald) dans un complot du Mossad visant à tuer le président égyptien Gamal Abdel Nasser au cours de la dernière semaine d'octobre 1956, juste avant l'invasion de Port Saïd pendant la crise de Suez.

(Il s'agissait de De Lannurien, comme nous l'avons noté dans le chapitre 16, qui fut par la suite le principal intermédiaire entre Yitzhak Shamir du Mossad et James J. Angleton de la CIA dans le complot d'assassinat de JFK.)

Quand Pierre s'est rendu compte qu'en fait, il était l'instigateur du complot de Nasser, il s'est rendu aux services de renseignements égyptiens de l'aéroport international du Caire.

Pour avoir refusé d'abandonner sa vie dans une conspiration parrainée par le Mossad, Pierre, fils d'une famille distinguée et fils du célèbre diplomate français René Neuville, chef du consulat général de France à Jérusalem jusqu'à sa mort en 1952, est devenu un homme sans pays.

Après s'être enfui en Amérique du Sud puis au Canada, Pierre a été jugé par contumace par un tribunal militaire français et condamné à vingt-quatre ans de travaux forcés pour "trahison" et "atteinte à la sécurité extérieure de l'État".

Quand, en 1976, toujours en exil, Pierre sollicite la clémence en s'adressant au consulat général de France à Vancouver, au Canada, où il habitait alors, sa demande est rejetée.

À l'époque, dans un document daté du "5 OCT 1976", le ministère français de la Défense informait le Consul général de France à Vancouver que la demande de Pierre avait été rejetée. C'est Bernard Ledun, au consulat général de France, qui a remis cette lettre de refus à Pierre, ne se rendant pas compte de la nature explosive du document.

Comme le dit Pierre, le renseignement français était "furieux à cause de cette gaffe de M. Ledun, un acte très traître, celui de donner à des étrangers une lettre du ministre de la Défense donnant crédit à mes allégations que j'avais été diplomate et officier de renseignement servant la France en Libye et en Italie".

"Vous pouvez soutenir, reconnaît Pierre, que cette lettre ne prouve pas que j'ai servi le gouvernement français. Eh bien, où avez-vous vu un simple citoyen français accusé de trahison et d'"atteinte à la sureté de l'État", condamné à la terrible peine de 20 ans de travaux forcés ?

"Ce n'est que si vous croyez au Père Noël, commente Pierre, que vous pourriez croire que quelqu'un pourrait être coupable de crimes aussi horribles sans avoir connaissance de secrets d'État. Et d'ailleurs, "atteinte a la sureté de l'État" signifie, en bon anglais, "tenter de renverser l'État par un acte subversif".

"Elle suppose que j'ai eu le pouvoir de trahir et de nuire à l'État français dans la période mentionnée. C'est-à-dire dans les années 1950. C'est tout le mérite de mes allégations. Et c'est pourquoi M. Ledun a dû payer le prix de son erreur par la mort.

Pierre soutient : » M. Ledun a été assassiné à Paris par les services de renseignements français le 1er février 1994. Il m'a donné l'arme par laquelle je peux soutenir mes allégations. Si j'ai été reconnu coupable de "trahison"une fois, pourquoi pas une deuxième fois ?

"Sans cette lettre, les services de renseignements français répondraient à vos allégations dans *Jugement Final* qu'ils n'ont jamais entendu parler de moi, que je suis un imposteur ou une sorte de cinglé, fou, maniaque ou autre. Mais cette satanée lettre est entre vos mains. Si vous décidez de poser d'autres questions, ils vous diront peut-être que je suis un "pauvre fils de pute". Oui !

"Priez pour l'âme de M. Ledun qui était un vrai gentleman, la première victime de *Jugement Final.*

"Je vous remercie donc pour *Jugement Final*", a dit Pierre dans une lettre à l'auteur. "Votre livre est justice faite. Je peux maintenant mourir en paix. Comme l'a dit Dag Hammarskjold, feu Secrétaire général de l'ONU :"La vérité est si simple qu'on la considère comme une banalité prétentieuse. "

Pierre croit incontestablement que Ledun a été assassiné en représailles de son erreur à la suite de la publication imminente de *Jugement Final*. Voici pourquoi...

La première annonce publique des allégations figurant dans *Jugement Final*, voyez-vous, a été publiée le 22 novembre 1993 à Dallas, au Texas, dans le programme du symposium annuel dirigé par le Centre d'information sur l'assassinat de JFK, dans une pleine page spéciale publicité.

L'annonce a révélé que *Jugement Final* s'était fondé, en partie, sur une source d'information française détaillant le lien du Mossad israélien avec l'assassinat de JFK et le rôle des services de renseignement français dans ce dossier.

Pierre pense que cette annonce a informé le Mossad et les services de renseignements français qu'il était la source citée dans *Jugement Final*. En conséquence, le meurtre de Ledun a été un acte de vengeance contre Ledun pour son erreur de plusieurs années plus tôt, confirmant ainsi que Pierre avait bien été impliqué (mais involontairement) dans une collaboration sensible et de haut niveau entre le Mossad et les services secrets français.

Si Pierre ne s'était pas courageusement exprimé, complétant le chaînon manquant du complot d'assassinat de JFK, Bernard Ledun aurait peut-être vécu en paix le reste de sa vie... mais la vérité sur l'assassinat de Kennedy n'aurait peut-être jamais été révélée.

Pierre Neuville peut être assuré qu'il a joué un rôle majeur dans la résolution du plus grand mystère de notre époque moderne : la question de savoir qui a vraiment orchestré la mort de John F. Kennedy et pourquoi.

— MICHAEL COLLINS PIPER

BIBLIOGRAPHIE

Adelson, Alan. *The Ruby-Oswald Affair.* Seattle, Washington : Romar Books, Ltd., 1988.

Agnew, Spiro T. *Go Quietly or else.* New York : William Morrow & Company, 1980.

Anson, Robert Sam. *They've killed the president ! The Search for the Murderes of John F. Kennedy.* New York : Bantam Books, 1975.

Baer, Jean. *The Self Chosen.* New York : Arbor House, 1982.

Ball, George and Douglas Ball. *The Passionate Attachment : America's Involvement With Israel, 1947 to the Present.* New York : W. W. Norton & Company, 1992.

Bass, Warren. *Support Any Friend.* New York : Oxford University Press, 2003.

Beit-Hallahmi, Benjamin. *The Israeli Connection—Who Israel Arms and Why.* New York : Pantheon Books, 1987.

Birmingham, Stephen. *Our Crowd.* New York : Harper & Row, 1967.

Blakey, G. Robert & Richard N. Billings. *The Plot to Kill the President : Organized Crime Assassinated JFK—The Definitive Story.* New York : Times Books, 1981.

Blitzer, Wolf. *Between Washington and Jerusalem.* New York : Oxford University Press, 1985.

Blumenthal, Sid. Ed. *Government by Gunplay.* New York : Signet Books, 1976.

Brown, Walt. *Treachery in Dallas.* New York : Carroll & Graf, 1995.

Bruck, Connie. *Master of the Game.* New York : Simon & Schuster, 1994.

Canfield, Michael & Alan J. Weberman. *Coup d'État in America : The CIA and the Assassination of John F. Kennedy.* New York : The Third Press, 1975.

Chamish, Barry. *The Fall of Israel.* Edinburg, Scotland : Canongate Publishers, 1992.

Chamish, Barry. *Who Murdered Yitzhak Rabin ?* Venice, California : Feral House Press, 1998.

Chernow, Ron. *The Warburgs.* New York : Vintage Books, 1994.

Cockburn, Andrew and Leslie Cockburn. *Dangerous Liaison.* New York : Harper Collins Publishers, 1991.

Cohen, Avner. *Israel and the Bomb.* New York : Columbia University Press, 1998.

Cohen, Mickey with John Peer Nugent. *Mickey Cohen : In My Own Words.* Englewood Cliffs, New Jersey : Prentice-Hall, Inc., 1975.

Corbitt, Michael with Sam Giancana. *Double Deal.* New York : William Morrow, 2003.

Curtiss, Richard. A *Changing Image : American Perceptions of the Arab-Israeli Dispute.* Washington, D.C. : American Educational Trust, 1986.

Davis, Deborah. *Katharine the Great.* New York : Sheridan Square Press, 1991.

Davis, John H. *Mafia Kingfish : Carlos Marcello and the Assassination of John F. Kennedy.* New York : McGraw-Hill Publishing Company, 1989.

Deacon, Richard. *The Israeli Secret Service.* New York : Taplinger Publishing Co., Inc., 1978.

De Camp, John. *The Franklin Cover-Up.* Lincoln, Nebraska : AWT, Inc., 1996.

Demaret, Pierre and Christian Plume. *Target De Gaulle.* New York : Dial Press, 1975.

Demaris, Ovid. *Captive City.* New York : Lyle Stuart, 1969.
Demaris, Ovid. *The Last Mafioso : The Treacherous World of Jimmy Fratianno.* New York : Bantam Books, 1981.

Di Eugenio, James. *Destiny Betrayed.* New York : Sheridan Square Press, 1992.

Ehrenfeld, Rachel. *Evil Money : Encounters Along the Money Trail.* New York : Harper Collins Publishers, 1992.

Eisenberg, Dennis and Uri Dan and Eli Landau. *Meyer Lansky : Mogul of the Mob.* New York : Paddington Press, 1979.

Eveland, Wilbur Crane. *Ropes of Sand : America's Failure in the*

Middle East. New York : W. W. Norton & Company, 1980.

Executive Intelligence Review. *Dope, Inc.* New York : New Benjamin Franklin House, First edition, 1978 ; second edition, 1986.

Executive Intelligence Review. *Moscow's Secret Weapon : Ariel Sharon and the Israeli Mafia.* Washington, D.C. : Executive Intelligence Review, 1986.

Executive Intelligence Review. *Project Democracy : The 'Parallel Government' Behind the Iran-Contra Affair.* Washington, D.C. : Executive Intelligence Review, April, 1987.

Executive Intelligence Review. *The Ugly Truth About the ADL.* Washington, D.C. : Executive Intelligence Review, 1992.

Fensterwald, Bernard, and the Committee to Investigation Assassinations. *Coincidence or Conspiracy ?* New York : Zebra Books, 1977.

Findley, Paul. *They Dare to Speak Out : People and Institutions Confront Israel's Lobby.* Westport, Connecticut : Lawrence Hill & Company, 1985.

Flammonde, Paris. *The Kennedy Conspiracy : An Uncommissioned Report on the Jim Garrison Investigation.* New York : Meredith Press, 1969.

Ford, Gerald R. A *Time to Heal : The Autobiography of Gerald R. Ford.* New York : Harper & Row, 1979.

Forster, Arnold. *Square One.* New York : Donald I. Fine, Inc., 1988.

Forsyth, Frederick. *The Day of the Jackal.* New York : Bantam Books, 1972.

Fox, Stephen. *Blood and Power : Organized Crime in Twentieth*

Century America. New York : William Morrow & Company, 1989.

Friedman, Robert I. *The False Prophet : Rabbi Meir Kahane : From FBI Informant to Knesset Member.* New York : Lawrence Hill Books, 1990.

Furiati, Claudia. *ZR Rifle : The Plot to Kill Kennedy and Castro.*

Victoria, Australia : Ocean Press, 1994.

Garrison, Jim. *On the Trail of the Assassins : My Investigation & Prosecution of the Murder of President Kennedy.* New York : Sheridan Square Press, 1988.

Gentry, Curt. *J. Edgar Hoover : The Man and the Secrets.* New York : W. W. Norton & Company, 1991.

Ghareeb, Edmund (ed). *Split Vision : The Portrayal of Arabs in the American Media.* Washington, D.C. : American-Arab Affairs Council, 1983.

Giancana, Sam and Chuck Giancana. *Double Cross : The Explosive Inside Story of the Mobster Who Controlled America.* New York : Warner Books, 1992.

Gosch, Martin A. and Richard Hammer. *The Last Testament of Lucky Luciano.* Boston : Little Brown and Company, 1974.

Green, Stephen. *Taking Sides : America's Secret Relations With a Militant Israel.* New York : William Morrow & Company, 1984.

Goldberg, J. J. *Jewish Power : Inside the American Jewish Establishment.* Reading, Massachusetts : Addison-Wesley Publishing Company, Inc., 1996.

Haldeman, H. R. *The Ends of Power.* New York : Times Books, 1978. Hamburg, Eric. ed. *Nixon : An Oliver Stone Film.* New York : Hyperion Books, 1995.

Harrison, Alexander. *Challenging De Gaulle : The OAS and the Counterrevolution in Algeria.* New York : Praeger Publishers, 1989.

Hart, Alan. *Arafat—Terrorist or Peacemaker ?* London : Sidgwick & Jackson, 1984.

Haslam, Edward T. *Mary, Ferrie & the Monkey Virus.* Albuquerque, New Mexico : Wordsworth Communications, 1995.

Henissart, Paul. *Wolves in the City : The Death of French Algeria.* New York : Simon and Schuster, Inc., 1970.

Hepburn, James. *Farewell America.* Liechtenstein : Frontiers Company, 1968.

Hersh, Seymour M. *The Samson Option : Israel's Nuclear Arsenal and American Foreign Policy.* New York : Random House, 1991.

Hinckle, Warren and William W. Turner. *Deadly Secrets : The CIA-Mafia War Against Castro and the Assassination of JFK.* New York : Thunder's Mouth Press, 1992.

Hoover, J. Edgar. *Masters of Deceit.* New York : Henry Holt & Company, 1958.

Horne, Alistair. A *Savage War of Peace.* Middlesex, England : Penguin Books, 1977.

Hougan, Jim. *Secret Agenda : Watergate, Deep Throat and the CIA.* New York : Random House, 1984.

Hougan, Jim. *Spooks : The Haunting of America—The Private Use of Secret Agents.* New York : William Morrow & Company, Inc., 1988.

House Select Committee on Assassinations, *The Final Assassinations Report.* New York : Bantam Books, 1979.

Hurt, Henry. *Reasonable Doubt.* New York : Holt, Rinehart & Winston, 1985.

Hutchison, Robert. *Vesco.* New York : Praeger Publishers, 1974. Kantor, Seth. *Who Was Jack Ruby?* New York : Everest House, 1978.

Katz, Leonard. *Uncle Frank : The Biography of Frank Costello.* New York : Drake Publishers, Inc., 1973.

Kenan, I. L. *Israel's Defense Line : Her Friends and Foes in Washington.* Buffalo : Prometheus Books, 1981.

Kirkwood, James. *American Grotesque : An Account of the Clay Shaw- Jim Garrison Affair in New Orleans.* New York : Simon & Schuster, 1970.

Krefetz, Gerald. *Jews and Money : The Myths and the Reality.* New York : Ticknor & Fields, 1982.

Kurzman, Dan. *Ben-Gurion : Prophet of Fire.* New York : Simon & Schuster, 1983.

Kwitny, Jonathan. *The Crimes of Patriots : A True Tale of Dope, Dirty Money, and the CIA.* New York : W. W. Norton & Company, 1987.

Kwitny, Jonathan. *Endless Enemies : The Making of an Unfriendly World.* New York : Penguin Books, 1986.

Lacey, Robert. *Little Man : Meyer Lansky and the Gangster Life.* Boston : Little, Brown & Company, 1991.

Lacouture, Jean. *De Gaulle : The Ruler.* New York : W.W. Norton & Company, 1993.

LaFontaine, Ray and Mary. *Oswald Talked.* Gretna, Louisiana : Pelican Publishing, 1996.

Lambert, Patricia. *False Witness.* New York : M. Evans & Company, 1998.

Lane, Mark. A *Citizen's Dissent.* New York : Dell, 1975.

Lane, Mark. *Plausible Denial.* New York : Thunders Mouth Press, 1991.

Lane, Mark. *Rush to Judgment.* New York : Thunder's Mouth Press, 1992.

Lane, Mark and Donald Freed. *Executive Action.* New York : Dell Books, 1973.

Lasky, Victor. *JFK : The Man & The Myth.* New York : Arlington House Publishers, 1966.

Leek, Sybil and Burt Sugar. *The Assassination Chain.* New York : Corwin Books, 1976.

Lewis, Ron. *Flashback.* Medford, Oregon : Lewcom Productions, 1933.

Liberty Lobby. *Spotlight on the Bilderbergers.* Washington, DC : Liberty Lobby, 1997.

Lilienthal, Alfred M. *The Zionist Connection II*. New Brunswick, New Jersey : North American, 1982.

Loftus, John and Mark Aarons. *The Secret War Against the Jews*, New York : St. Martin's Press, 1994.

Mangold, Tom. *Cold Warrior—James Jesus Angleton : The CIA's Master Spy Hunter*. New York : Simon & Schuster, 1991.

Marrs, Jim. *Crossfire : The Plot That Killed Kennedy*. New York : Carroll & Graf Publishers, Inc., 1989.

Marshall, Jonathan and Peter Dale Scott and Jane Hunter. *The Iran- Contra Connection*. Boston : South End Press, 1987.

Martin, David C. *Wilderness of Mirrors*. New York : Harper & Row, 1980.

Martin, Malachi. *The Keys of This Blood*. New York : Simon & Schuster, 1990.

McClellan, Barr, *Blood, Money & Power*. New York : Hannover House, 2003.

McCoy, Alfred W. *The Politics of Heroin : CIA Complicity in the Global Drug Trade*. Chicago : Lawrence Hill Books, 1991.

Messick, Hank. *Lansky*. New York : Berkley Medallion Books, 1971.

Messick, Hank and Burt Goldblatt. *The Mobs and The Mafia*. New York : Ballantine Books, 1972.

Messick, Hank. *Secret File*. New York : G. P. Putnam's Sons, 1969.

Milan, Michael. *The Squad : The U.S. Government's Secret Alliance With Organized Crime*. New York : Shapolsky Publishers, Inc., 1989.

Miller, Marvin. *The Breaking of a President : The Nixon Connection*. Covina, California : Classic Publications, 1975.

Moldea, Dan. *Dark Victory*. New York : Viking Press, 1986.

Moldea, Dan. *The Hoffa Wars : Teamsters, Rebels, Politicians and The Mob.* New York : Paddington Press, 1978.

Morris, Roger. *Partners in Power.* New York : Henry Holt & Company, 1996.

Morrow, Robert D. *Betrayal : A Reconstruction of Certain Clandestine Events from the Bay of Pigs to the Assassination of John F. Kennedy.* Chicago : Henry Regnery Co, 1976.

Morrow, Robert D. *The Senator Must Die : The Murder of Robert F. Kennedy.* Santa Monica, California : Roundtable Publishing, Inc., 1988.

Mullins, Eustace. *The World Order.* Staunton, Virginia : The Ezra Pound Institute, 1992.

Nelson, Jack. *Terror in the Night : The Klan's Campaign Against the Jews.* New York : Simon & Schuster, 1993.

Newman, John. *Oswald and the CIA.* New York : Carroll & Graf Publishers, 1995.

O'Brien, Lee. *American Jewish Organizations and Israel.* Washington, D.C. : Institute for Palestine Studies, 1986.

Oglesby, Carl. *The JFK Assassination : The Facts and The Theories.* New York : Signet Books, 1992.

Oglesby, Carl. *The Yankee and Cowboy War.* Kansas City, Kansas : Sheed Andrews & McMeel, Inc., 1976.

O'Leary, Brad and L. E. Seymour. *Triangle of Death,* Nashville : WND Books, 2003.

Ostrovsky, Victor and Claire Hoy. *By Way of Deception : The Making and Unmaking of a Mossad Officer.* New York : St. Martin's Press, 1990.

Ostrovsky, Victor. *The Other Side of Deception.* New York : HarperCollins, 1994.

Pepper, William. *An Act of State.* New York : Verso Books, 2003. Pepper, William. *Orders to Kill.* New York : Carroll & Graf, 1995. Perlmann, S. *M. History of the Jews in China.* London, 1913.

Pilat, Oliver. *Drew Pearson : An Unauthorized Biography.* New York : Harper's Magazine Press, 1973.

Prouty, L. Fletcher. *The Secret Team : The CIA and Its Allies in Control of the United States and the World.* Costa Mesa, California : Institute for Historical Review, 1992.

Rafizadeh, Mansur. *Witness : From the Shah to the Secret Arms Deal—An Insider's Account of U.S. Involvement in Iran.* New York : William Morrow & Company, 1987.

Rappleye, Charles and Ed Becker. *All American Mafioso : The Johnny Rosselli Story.* New York : Doubleday, 1991.

Raviv, Dan and Yossi Melman. *Every Spy a Prince.* Boston : Houghton Mifflin Co., 1990.

Reid, Ed. *The Grim Reapers : The Anatomy of Organized Crime in America, City by City.* New York : Bantam Books, 1970.

Reid, Ed, and Ovid Demaris. *The Green Felt Jungle.* New York : Pocket Books edition, 1964.

Riebling, Mark. *Wedge : The Secret War Between the FBI and the CIA.* New York : Alfred A. Knopf, 1994.

Riordan, James. *Stone.* New York : Hyperion Books, 1995.

Rockwell, George Lincoln. *This Time the World.* Liverpool, West Virginia : White Power Publications, 1963.

Roemer, William F. *War of the Godfathers.* New York : Donald I. Fine, Inc., 1990.

Rokach, Livia. *Israel's Sacred Terrorism.* Belmont, Massachusetts : AAUG Press, 1986.

Russell, Dick. *The Man Who Knew Too Much.* New York : Carroll & Graf Publishers, 1992.

Russo, Gus. *Live By the Sword.* Baltimore : Bancroft Press, 1998. Ryskind, Allan H. *Hubert.* New York : Arlington House, 1968.

Sale, Kirkpatrick. *Power Shift : The Rise of the Southern Rim and its Challenge to the Eastern Establishment.* New York : Random House, 1975.

Scheim, David E. *Contract on America : The Mafia Murder of President John F. Kennedy.* New York : Shapolsky Publishers, Inc., 1988.

Schoenbaum, David. *The United States and the State of Israel.* New York : Oxford University Press, 1993.

Scott, Peter Dale. *Crime and Cover-Up* Berkeley, California : Westworks Publishers, 1977.

Scott, Peter Dale. *Deep Politics and the Death of JFK.* Berkley, California : University of California Press, 1993.

Segev, Samuel. *The Iranian Triangle.* New York : The Free Press, 1998.

Sheridan, Walter. *The Fall and Rise of Jimmy Hoffa.* New York : Saturday Review Press, 1972.

Smith, Richard Norton. *Thomas E. Dewey & His Times.* New York : Simon & Schuster, Inc., 1982.

Steven, Stewart. *The Spymasters of Israel.* New York : Ballantine Books, 1980.

Summers, Anthony. *Conspiracy.* New York : McGraw-Hill Book Company, 1980.

Summers, Anthony. *Official and Confidential : The Secret Life of J. Edgar Hoover,* New York : G. P. Putnam's Sons, 1993.

Tarpley, Webster Griffin and Anton Chaitkin. *George Bush : The Unauthorized Biography.* Washington, D.C. : Executive Intelligence Review, 1992.

Thompson, Scott. *The Buckley Family : Wall Street Fabians in the Conservative Movement.* New York : Campaigner Publications. (undated ; circa 1980).

Tivnan, Edward. *The Lobby : Jewish Political Power and American Foreign Policy.* New York : Simon & Schuster, 1987.

Truman, Margaret. *Harry S. Truman.* New York : William Morrow & Company, Inc., 1973.

Wean, Gary L. *There's a Fish in the Courthouse.* Oak View, California : Casitas Books, 1987.

Whalen, Richard J. *The Founding Father : The Story of Joseph P. Kennedy.* New York : New American Library, 1964.

Winks, Robin W. *Cloak and Gown.* New Haven, Connecticut : Yale University Press, 1996 (second edition).

Winter-Berger, Robert N. *The Washington Pay-off. An Insider's View of Corruption in Government.* Secaucus, New Jersey : Lyle Stuart, Inc., 1972.

Wise, David. *The American Police State : The Government Against the People.* New York : Random House, 1976.

Wise, David and Thomas B. Ross. *The Invisible Government.* New York : Random House, 1964.

Wise, David. *Molehunt.* New York : Avon Books, 1992.

Concernant les sources

Pour que mes détracteurs ne disent pas que j'ai « omis de citer quelques citations », je ferai remarquer qu'il y a une poignée de citations directes qui apparaissent dans le livre qui ne sont pas des notes de bas de page en soi, mais sont clairement citées quant à la source dans le texte du livre lui-même.

À la lumière des tentatives scandaleuses et malveillantes (et, je dois le dire, infructueuses) de réfuter les éditions précédentes de *Jugement Final* - en particulier les calomnies et les fausses représentations et déformations flagrantes d'une clique animée par un objectif précis à la bibliothèque Schaumburg dans l'Illinois, une "équipe" pathétique dirigée par l'israélien, Uri Toch - je me sens obligé de faire de telles notations.

(Ladite affaire Shaumburg est décrite en détail dans la suite de ce livre – « Le mot final ? » qui, comme le suggère le titre, indique qu'il y a probablement beaucoup plus, en fin de compte, à dire sur la thèse présentée dans *Jugement Final.*)

De plus, dans la section des questions-réponses intitulée "Jugement par défaut", j'aborde un certain nombre d'allégations précises formulées par une poignée de critiques qui ont affirmé (à tort) que ma thèse était fondée sur des sources "partiales", "extrémistes" ou "anti-israéliennes".

Comme n'importe quel lecteur honnête peut le voir, en se référant simplement aux notes de référence et à la bibliographie, il n'y a absolument aucun moyen pour mes critiques de soutenir que *Jugement Final* est fondé (même marginalement) sur des sources "en dehors du courant dominant", en dépit des affirmations de mes critiques.

Et comme je le note dans le "Défi aux lecteurs" qui figure dans les dernières pages de *Jugement Final*, j'invite avec empressement mes critiques à montrer où j'ai faussement représenté, mal interprété ou mal cité les écrits des autres. Jusqu'à présent, personne n'a pu le faire.

Cependant, comme vous le verrez, mes critiques de la bibliothèque de Schaumburg ont réussi non seulement à mal citer mes propos, mais aussi ceux d'autres écrivains, et à déformer ce que d'autres (et moi-même) avions écrit. De viles artifices comme celui-ci, commun à la plupart de mes critiques, me portent à croire que ma thèse est sur la bonne voie. Lorsque les critiques doivent recourir à des mensonges et à de fausses représentations, il faut s'interroger sur leurs motivations.

En raison de la nature controversée de ma thèse, je suis probablement l'un des rares écrivains qui ait à défendre son travail avec tant de précision. Toutefois, je suis heureux de le faire. Je n'ai aucune excuse à faire.

—MCP

JUGEMENT PAR DÉFAUT

Questions, réponses et réflexions au sujet du crime du siècle

Un recueil de questions pertinentes adressées à Michael Collins Piper, l'auteur de *Jugement Final*, et les réponses de Piper.

DÉDICACE

À Pierre Neuville.

Ce courageux patriote français, qui a risqué sa vie pour dénoncer le projet d'Israël visant à assassiner le président égyptien Gamal Abdel Nasser, m'a fourni des informations et des idées critiques qui qui ont permis de mettre au point la thèse avancée dans Jugement Final.

UNE NOTE D'INTRODUCTION PAR MICHAEL COLLINS PIPER

Le titre de cette série de questions et réponses sur l'assassinat de JFK a une double signification. D'une part, il s'agit d'un jeu en rapport avec le titre *Jugement Final*, avec tout le mérite dû à Mark Lane dont *Rush to Judgment*, a été la première œuvre majeure à faire exploser le rapport de la Commission Warren. D'autre part, cependant, il est essentiel de comprendre précisément ce qu'est un "jugement par défaut" pour apprécier l'ironie du titre : un jugement par défaut est ce qui est rendu en faveur d'une personne devant un tribunal lorsque l'opposition ne comparaît pas devant le tribunal pour se défendre contre vos allégations. Je crois que j'ai essentiellement gagné un jugement par défaut dans l'affaire du complot d'assassinat de JFK. Voici pourquoi :

Dans *Jugement Final*, je crois que j'ai peint un tableau complet qui a essentiellement lié toutes les théories les plus communément acceptées de la conspiration d'assassinat de JFK dans un format dense qui a expliqué comment et pourquoi la conspiration pour tuer John F. Kennedy s'est développé et qui était précisément derrière ce complot. Plus de 25 000 exemplaires de *Jugement Final* sont maintenant en circulation aux États-Unis (et dans le monde entier), mais aucune personne n'a encore réfuté de quelque façon que ce soit un seul fait relatif à ma théorie telle qu'elle apparaît dans *Jugement Final*.

J'ai donc l'impression d'avoir gagné un "jugement par défaut" incontesté dans l'affaire JFK et que la thèse de base du livre a été confirmée, non seulement parce que personne n'a pu la réfuter, mais surtout parce que les nombreuses tentatives boiteuses de réfuter le livre ont échoué.

J'essaie maintenant de répondre à bon nombre des questions et des commentaires, ainsi qu'à quelques critiques qui m'ont été adressées par de nombreux lecteurs. Je suis heureux de dire que sur plusieurs centaines de cartes, d'appels et de lettres que j'ai reçus de lecteurs, il n'y en avait qu'un seul qui m'ait dit qu'il n'aimait pas le livre se plaignant que mon écriture était « prétentieuse ». Mais il n'avait pas de critique substantielle à propos du contenu du livre lui-même. Franchement, il me semblait que la personne voulait juste se plaindre.

Un autre individu, le chroniqueur très connu Sam Francis a dit à quelqu'un que même si *Jugement Final* contenait ce qu'il a appelé "beaucoup d'informations précieuses", il croyait toujours que Lee Harvey Oswald avait agi seul dans l'assassinat de JFK. (Je ne commenterai pas là-dessus.)

Dans l'ensemble, j'ai été satisfait du nombre de questions fascinantes et stimulantes qui m'ont été adressées par mes lecteurs. Souvent, ils avaient des questions très pointues, me demandant pourquoi je ne parlais pas d'une question ou d'une autre ou pourquoi j'évitais un sujet qu'ils estimaient mériter une discussion plus approfondie.

Dans jugement par défaut, qui est maintenant publié dans un format mis à jour et révisé comme supplément à *Jugement Final*, bon nombre des questions posées sont celles qui m'ont été posées directement par les lecteurs de *Jugement Final*. Dans d'autres cas, nous avons combiné un certain nombre de demandes de renseignements connexes provenant de différentes sources. Et il est intéressant de souligner que beaucoup, beaucoup de gens abordaient exactement les mêmes intérêts dans leurs questions.

Bien qu'il n'y ait pas d'ordre particulier dans lequel les questions et les réponses apparaissent dans ces pages, nous avons essayé de catégoriser les questions d'une manière fluide qui mène logiquement d'un sujet à l'autre. Les questions portent sur un large éventail de sujets et sont organisées de manière à ce que même une personne qui n'a pas lu *Jugement Final* puisse comprendre le sujet, bien qu'il soit inutile de dire qu'avant de lire ce document, le lecteur devrait d'abord se reporter à *Jugement Final*.

Je pense que les gens trouveront le contenu instructif et qu'il donne aux lecteurs un nouvel éclairage sur divers aspects de la controverse sur l'assassinat de JFK. Si j'ai manqué quelque chose, j'espère que les gens se sentiront libres de m'écrire et de me demander de répondre aux questions qu'ils pourraient se poser. Je crois que *Jugement Final* est un jugement définitif, du moins pour l'instant, le dernier mot sur l'assassinat de JFK, mais je crois aussi que Jugement par défaut aide à mettre en lumière certaines des zones grises sur lesquelles les gens pourraient avoir des questions. Donc, oui, je crois qu'un jugement par défaut a été rendu en faveur de *Jugement Final*.

— MICHAEL COLLINS PIPER

Vous trouverez ci-dessous des questions adressées à Michael Collins Piper, auteur de *Jugement Final*, et ses réponses à ces questions. Les questions portent à la fois sur un large éventail de sujets discutés ou sur des sujets qui ne sont mentionnés que dans les pages de *Jugement Final*. Les questions apparaissent en caractères gras. Les réponses de Piper sont en texte régulier.

Comment avez-vous découvert la théorie selon laquelle les services de renseignements israéliens, le Mossad, auraient participé à l'assassinat du président Kennedy ? C'est une allégation très controversée, compte tenu de toutes les autres théories qui ont été présentées. Comment êtes-vous parvenu à la recherche et à l'écriture de ce livre ?

Ce n'est pas une question à laquelle il est aisé de répondre car le processus d'élaboration de l'idée du livre était quelque chose qui, je suppose, venait du tout début de l'époque où j'ai commencé à lire des livres sur l'assassinat de JFK quand j'étais à l'école primaire à la fin des années 1960. J'ai abordé divers aspects de la réponse à cette question dans les pages de *Jugement Final*, mais comme beaucoup de gens posent encore cette question, je vais développer davantage et peut-être fournir de nouvelles idées aux lecteurs.

Comme le savent très bien tous ceux qui connaissent même vaguement le sujet, il y a eu littéralement des milliers de livres écrits sur le sujet. J'en ai probablement lu une centaine tout au plus. J'ai une vaste bibliothèque personnelle sur le sujet (et sur beaucoup d'autres sujets également, je pourrais noter en particulier, sur la politique américaine du Moyen-Orient) et j'ai lu beaucoup des livres à propos de JFK beaucoup, beaucoup de fois au fil des années et, dans ce processus, j'ai absorbé les détails essentiels

Je me souviens d'une fois, alors que j'étais à l'université et que je discutais de l'assassinat de JFK avec ma mère (qui en savait beaucoup sur le sujet elle-même) et elle m'a dit :"Pourquoi n'écrirais-tu pas un livre là-dessus ?" J'ai répondu :"Eh bien, ce serait essentiellement une perte de temps. Il y a très peu de nouvelles informations à écrire. Les livres ont déjà été écrits." (J'étais loin de me douter de ce que je découvrirais plus tard !)

Quoi qu'il en soit, c'est essentiellement vers 1992 que mon intérêt pour l'assassinat a commencé à se développer de façon plus marquée, en grande partie à cause du fait que *The Spotlight*, le journal pour lequel j'avais travaillé pendant dix ans, avait été impliqué dans le procès pour diffamation d'E. Howard Hunt. En 1991, le livre de Mark Lane, *Plausible Denial*, est sorti et c'était le livre qui décrivait les circonstances de l'affaire de diffamation de Hunt concernant *The Spotlight*, c'était aussi l'époque où *JFK*, le film d'Oliver Stone, était en cours de réalisation et de sortie. Par conséquent, il y a eu un regain d'intérêt pour l'assassinat de JFK.

Lorsque j'ai lu le livre de Mark Lane, qui met l'accent sur le rôle de la CIA dans l'assassinat du président Kennedy, il m'est apparu clairement que l'un des principaux acteurs haut placé de la CIA qui manipulait en coulisses les événements qui ont fait croire que le présumé assassin du président, Lee Harvey Oswald, était peut-être une sorte d'"agitateur pro-Castro" lié aux Soviétiques, était James Jesus Angleton, le directeur de la CIA.

Angleton n'était pas seulement le numéro trois de la CIA et l'un de ses vétérans, mais il était surtout, dans notre contexte, très proche du Mossad israélien en raison de son rôle de gardien très jaloux du bureau du Mossad de la CIA. Cette information est depuis longtemps du domaine public. Les liens d'Angleton avec le Mossad n'étaient pas vraiment surprenants.

Cependant, le fait même qu'Angleton ait été l'acteur central de la relation de la CIA avec les circonstances entourant l'assassinat de JFK m'a intéressé, dans la mesure où au fil des années, bien qu'il y ait eu beaucoup de recherches et d'enquêtes sur ce que l'on pourrait appeler le "qui est qui dans l'assassinat de JFK" ? et la conspiration et le camouflage, le rôle prépondérant d'Angleton n'avait jamais été examiné aussi minutieusement qu'il le méritait. Il est mentionné dans certains des livres sur le sujet (mais pas tous), mais généralement seulement en passant. En fait, on ne considère Angleton que comme une sorte d'"anticommuniste de droite" impliqué dans la CIA.

Entre parenthèses, je dois dire qu'un grand nombre des chercheurs qui ont étudié l'intrigue de la CIA par rapport à l'assassinat semblent avoir ce désir de nier toute implication institutionnelle de la CIA et de présenter les conspirateurs de la CIA ou ceux qui étaient liés à la CIA et qui ont été impliqués dans l'assassinat, comme étant en quelque sorte des "éléments véreux ».

Cependant, comme Lane l'a montré dans *Plausible Denial* et comme je pense que je l'ai fermement amplifié dans *Jugement Final*, ces membres de la CIA fonctionnaient institutionnellement. Ils n'étaient pas des "éléments véreux" mais travaillaient au nom de la CIA elle-même, en collaboration avec le Mossad israélien et les membres du crime organisé, auxquels ils étaient étroitement liés depuis longtemps. Quoi qu'il en soit, *Plausible Denial* a renforcé dans mon esprit le fait que l'acteur de la CIA - en l'occurrence, Angleton - qui était impliqué dans le complot d'assassinat était en fait l'homme clé du Mossad au sein de la CIA.

Pendant ce même laps de temps, il y a eu d'autres choses qui m'ont amené à regarder plus loin dans la direction du Mossad. Je dois rendre à César ce qui revient à césar. Le journal de l'organisation de Lyndon LaRouche, *Executive Intelligence Review*, avait publié un livre bien documenté intitulé *Dope, Inc.* au milieu des années 1980 et dans ce livre, il mettait l'accent sur le rôle de la société Permindex, dont le conseil d'administration était dirigé par Clay Shaw.

Shaw était le directeur commercial de la Nouvelle-Orléans, que le procureur de la Nouvelle-Orléans Jim Garrison a accusé d'implication dans le complot d'assassinat. Le procès de Shaw-Garrison était, il va sans dire, l'objet du film *JFK* d'Oliver Stone. Dans *Dope, Inc*, les rédacteurs en chef ont souligné le fait que deux des principaux moteurs derrière cette société secrète, la Permindex, étaient le major Louis M. Bloomfield et Rabbi Tibor Rosenbaum.

Cependant, franchement, je dois admettre que bien que j'aie lu *Dope, Inc.* je n'ai jamais compris pourquoi les Israéliens, en tant que tels, auraient intérêt à s'impliquer dans un complot visant à assassiner JFK. Dans le livre, les rédacteurs affirment que le Mossad israélien n'est rien de plus qu'un outil de renseignement britannique et que ce sont les services secrets britanniques qui ont été responsables de l'assassinat du président Kennedy.

Je ne suis pas d'accord avec cette analyse, mais cela ne veut pas dire que l'organisme LaRouche n'est pas une source fiable. En fait, de nombreuses personnes (y compris leurs critiques) ont reconnu l'excellence et l'ampleur des recherches effectuées par les gens de chez LaRouche, même si les critiques ne sont pas nécessairement d'accord avec les conclusions particulières de l'organisme LaRouche. En ce qui concerne les données relatives à la Permindex, LaRouche s'est largement appuyée sur des documents déjà publiés dans la presse européenne, de sorte que les documents n'étaient en rien quelque chose d'exceptionnel.

Toutefois, *Dope, Inc.* n'examine jamais la politique de JFK au Moyen-Orient qui, bien sûr, était l'intérêt premier des Israéliens dans leur contexte national, et qui, en même temps, expliquait l'intérêt de Bloomfield et Rosenbaum à s'impliquer dans la conspiration pour aider au financement et à l'orchestration de l'assassinat de JFK.

Je dois également prendre note d'un monologue enregistré par un certain John Coleman qui dit qu'il est un ancien agent de renseignement britannique. Coleman affirma dans son rapport que, comme il l'a dit, "le sionisme" était derrière l'assassinat de JFK et il a essentiellement fait écho aux connexions de la Permindex entre Bloomfield, Shaw, la Permindex, etc qui avaient déjà été documentées. Cependant, à certains égards, le Dr Coleman avait en fait tort dans certains de ses "faits" concernant l'assassinat de JFK. J'étais donc familier avec son travail, mais je m'empresse de souligner qu'il n'a jamais expliqué pourquoi, comme il l'a dit, "le sionisme", avait des raisons d'éliminer JFK de la Maison Blanche.

Donc, vous voyez, il y avait un certain fondement littéraire aux allégations que j'ai faites dans *Jugement Final* (et que j'ai réunies, je pense, dans un joli paquet qui a du sens) mais ces allégations ont été enterrées dans un tas d'autres documents. Franchement, je suis surpris qu'aucun de mes prédécesseurs ne se soit penché sur cette autre recherche.

Il y avait un autre point que j'ai rencontré qui m'a intrigué pendant longtemps. Il est paru dans *The Kennedy Conspiracy* de Paris Flammonde, un récit très sympathique et fascinant de l'enquête de Jim Garrison sur Clay Shaw. Dans ce livre, Flammonde souligne que la principale personne impliquée dans la liquidation de la Permindex et son transfert de Rome, en Italie vers l'Afrique du Sud était le Dr David Biegun.

Biegun a été décrit comme un « appui financier de haut niveau » de la Permindex et a été le secrétaire national du Comité national des travailleurs d'Israël à New York. Voici donc une autre personnalité clé du réseau israélien qui a joué un rôle central dans l'opération Permindex. Aujourd'hui, ce fait a encore une fois été noté dans le livre *Coup d'État in America* par A. J. Weberman et Michael Canfield. Ils font remarquer que l'ancien officier de la CIA Philip Agee a décrit le Comité national des travailleurs d'Israël comme une sorte de propriétaire de la CIA.

Tout cela est bien beau, mais le fait est qu'il y a une connexion très nette avec Israël.

En ce qui concerne Weberman et Canfield, il vaut probablement la peine de noter (comme je le souligne dans *Jugement Final*) qu'ils ont été la source de peut-être la chose que j'ai trouvé la plus fascinante - et en fait, la première véritable référence à toute suggestion selon laquelle, d'une certaine façon, il y avait un "lien juif", pour ainsi dire, avec l'assassinat de JFK.

Je me réfère à leur déclaration dans leur livre selon laquelle "Après l'assassinat, un informateur des services secrets et du FBI qui avait infiltré un groupe d'exilés cubains et était en train de leur vendre des mitrailleuses rapporta que le 21 novembre 1963, on lui raconta : "Dès qu'ils auront pris soin de JFK nous aurons beaucoup d'argent désormais - nos nouveaux financiers sont les Juifs". Cet homme avait fourni des informations fiables dans le passé.

C'était la première fois que je voyais quelque chose suggérant que "les Juifs" étaient impliqués dans l'assassinat de JFK. J'ai lu ce livre et cette citation pour la première fois en 1978 (bien avant d'avoir entendu parler de la recherche parue dans *Dope, Inc.* ou de toute autre allégation du Dr John Coleman, entre autres).

Puis, à maintes reprises, au cours des années qui ont suivi, alors que je feuilletais et relisais *Coup d'État in America,* la signification et l'impact de cette référence inhabituelle ont commencé à se faire sentir alors que j'explorais non seulement les différentes facettes de l'assassinat de JFK, mais aussi toutes les différentes forces qui s'opposaient au président américain au moment de son assassinat.

Évidemment, ce n'était pas un "complot juif" d'assassiner JFK, mais j'ai bien sûr fini par réaliser qu'il y avait effectivement un lien israélien avec le meurtre impliquant des individus très bien placés qui se trouvaient être Juifs et qui étaient intéressés à promouvoir la conspiration pour faire avancer les intérêts de l'État juif.

Beaucoup des chercheurs les plus naïfs et peut-être "libéraux" travaillant sur l'assassinat de JFK (en particulier ceux qui n'ont jamais exploré la politique de JFK au Moyen-Orient, qui le mettait en conflit avec Israël) auraient sans doute été troublés et déconcertés par la suggestion que "les Juifs" avaient un quelconque désir de "frapper" John F. Kennedy. Après tout, comme l'a dit un de mes jeunes critiques : "Pourquoi les Juifs voudraient-ils tuer John F. Kennedy ? Ils ont voté pour lui en 1960." Je lui ai dit : "Lisez *Jugement Final*. Le livre répondra à votre question." (Après avoir finalement lu le livre, il a commenté : "C'est assez intéressant. Je ne le savais pas." Et il est inutile de dire que j'ai entendu ce commentaire assez souvent.)

Inutile de dire que, malgré toutes ces allégations et l'accusation du Dr John Coleman selon laquelle le "sionisme" était derrière l'assassinat de JFK, je n'ai jamais trouvé de mobile. On m'a toujours dit que toute enquête pour meurtre doit se pencher sur des mobiles possibles. Eh bien, alors que mes propres recherches se poursuivaient, j'ai effectivement commencé à trouver des mobiles pour l'implication israélienne dans l'assassinat de JFK.

Ma première indication d'un mobile israélien est venue lorsque le livre de Seymour Hersch, *The Samson Option : Israel's Nuclear Arsenal and American Foreign Policy*, a été publié en 1991. Dans ce livre Hersh décrit très clairement le fait que JFK et Israël étaient sérieusement et dangereusement en désaccord sur la volonté d'Israël de construire une bombe nucléaire, perçue par Israël comme essentielle à sa survie. Hersh s'est également penché sur le statut de James J. Angleton en tant que principal défenseur d'Israël au sein de la CIA.

En même temps, un autre ouvrage essentiel fut publié : *Dangerous Liaison : The Inside Story of the U. S. -Israeli Covert Relationship* de Andrew et Leslie Cockburn. Ce livre a exploré le conflit entre JFK et Israël dans les mêmes détails et, comme le livre de Hersh, a commencé à apporter un éclairage nouveau et intéressant (pour moi, et pour d'autres) sur une facette peu connue de la politique étrangère de JFK et j'ai commencé à voir comment tout cela était lié directement à certaines des forces mêmes qui avaient un intérêt dans son assassinat.

Ensuite, j'ai commencé à réfléchir aux aspects de l'implication du crime organisé dans l'assassinat de JFK et à la manière dont il pourrait y avoir un lien entre Israël et le crime organisé.

J'ai commencé à examiner les liens entre le crime organisé et la CIA et, de là, le Mossad israélien. Je savais que Meyer Lansky, le personnage du crime organisé, s'était en fait installé en Israël, mais je n'avais jamais réalisé, avant de commencer mes recherches, à quel point il était étroitement lié à l'État juif. Je ne me rendais pas compte non plus à quel point le terme "mafia" est inexact quand je décrivais le Syndicat du crime organisé.

En fin de compte, si l'on veut sérieusement examiner l'histoire du crime organisé, on ne peut absolument pas considérer cette histoire de façon réaliste sans tenir compte du rôle de Meyer Lansky. C'est essentiel parce que lorsqu'on retourne la pierre tombale de Lansky, on y trouve les vers de la CIA et du Mossad israélien qui rampent, peut-être même se nourrissant les uns des autres.

J'ai donc commencé à constater qu'il y avait des liens très étroits entre la CIA et le Mossad et le crime organisé et que non seulement les trois travaillaient ensemble dans un certain nombre de sphères d'influence sur une longue période de temps, mais qu'ils avaient tous un mobile distinct pour vouloir éliminer JFK de la présidence américaine.

Comme c'est le cas, bien sûr, au fil des années, beaucoup de ceux qui ont laissé entendre que la CIA avait un rôle à jouer dans l'assassinat craignent de laisser entendre qu'il s'agissait d'un rôle institutionnel, et disent plutôt qu'ils étaient des éléments "véreux" de la CIA. À mon avis, c'est là une position assez timide.

A ma connaissance, le seul et unique auteur (autre que moi, bien sûr) à dire que la CIA avait un rôle institutionnel dans cette affaire était Mark Lane dans *Plausible Denial*. Donc, pourrie ne sais quelle raison, beaucoup de " chercheurs " n'ont pas voulu ou ont été incapables de reconnaître la profondeur des détails qui ont été mis au jour dans *Plausible Denial* qui identifient l'implication institutionnelle de la CIA dans le meurtre du président.

Maintenant, je manquerais à mon devoir de ne pas rendre hommage à l'ancien détective de police de Los Angeles Gary Wean dont le livre, *There's a Fish in the Courthouse*, m'a fourni de nombreuses informations précieuses suggérant l'implication israélienne dans l'assassinat de JFK.

Le livre peu connu de Gary contient des informations particulièrement intéressantes sur d'étranges activités de la CIA à Dallas, liées à Gary et à l'ancien shérif de Dallas, Bill Decker, en compagnie de feu l'acteur et héros de guerre Audie Murphy (un ami commun de Wean et Decker) et j'ai été heureux de pouvoir donner au livre de Gary une publicité supplémentaire qu'il n'aurait pas reçue autrement.

Ironiquement, cependant, Gary a depuis suggéré que *Jugement Final* faisait fausse route parce que mon livre se concentrait sur le Mossad et n'accusait pas la communauté juive en général pour l'assassinat de JFK. Il m'a aussi attaqué dans plusieurs endroits. Vous ne pouvez pas plaire à tout le monde.

La véritable "naissance" du livre, *Jugement Final*, a eu lieu un soir, je suppose, lorsque je me suis assis avec un morceau de papier et que j'ai écrit huit ou neuf phrases clés, parmi lesquelles :"La politique de JFK au Moyen-Orient", "Mossad", "Lansky", "La Mafia", et quelques noms clés. À ce moment-là, j'ai commencé à sortir un certain nombre de livres des étagères et j'ai commencé à faire des recherches, à ce moment précis les soupçons ne se développèrent plus dans mon esprit, mais là juste devant mes yeux.

J'ai été surpris par ce que j'ai découvert. J'ai été stupéfait de ce que j'ai pu tirer du livre de Stephen Green, *Taking Sides : America's Secret Relations With a Militant Israel*, publié en 1984, c'était mine d'or. Ironiquement, j'avais lu le livre à peu près sept ans auparavant, mais cela ne m'avait marqué à l'époque que Green ait fait remarquer - et je pense que c'est assez profond - que la politique américaine sur le Moyen-Orient de JFK lors de son assassinat avait fait un incroyable volte face à 180 degrés.

Cela m'a frappé comme une masse car je ne m'étais penché sur le livre de Green qu'après que ma thèse de base pour *Jugement Final* ait commencé à évoluer. Cela m'a mis sur la voie d'une recherche qui, honnêtement, au fur et à mesure que j'avançais, m'a étonné par la quantité de détails factuels pointant vers un lien israélien que je découvrais dans des sources dites " grand public ".

Ironiquement, j'ai aussi constaté qu'au cours de mes recherches, je ne m'appuyais pas nécessairement énormément sur les livres concernant l'assassinat de JFK pour obtenir bon nombre des détails qui ont finalement été publiés dans *Jugement Final*. Cela est intéressant en soi, ne serait-ce que parce que cela met en évidence le fait qu'aucun chercheur n'a jamais mené une enquête sérieuse sur un possible rôle israélien.

Comme je l'ai dit et répété à maintes reprises, je suis prêt à excuser la négligence de bon nombre des chercheurs, ne serait-ce que pour la raison qu'il y avait très peu d'informations publiques jusqu'à relativement récemment (en commençant peut-être par le livre de Green, mais certainement avec les livres de Hersh et de Cockburn) sur la relation très difficile entre Israël et JFK. Cependant, bien sûr, j'avais moi-même négligé de le faire en lisant le livre de Green.

Il va sans dire qu'il y a toute ces ouvrages sur "La Mafia" derrière l'assassinat de JFK, etc., mais comme nous le verrons plus loin (et comme je l'ai indiqué dans *Jugement Final*), vous ne pouvez pas arrêter vos recherches sur le crime organisé quand vous en arrivez à Carlos Marcello, le patron de la mafia à la Nouvelle-Orléans, et Santo Trafficante, le patron de la mafia à Tampa.

Il faut regarder plus loin et c'est vers Meyer Lansky. Regarder Lansky vous ramène aux services secrets américains et israéliens. Comme je l'ai exposé dans *Jugement Final*, vous constatez que tous ces aspects et toutes ces personnes se recoupent très clairement à Dealey Plaza, à Dallas, le 22 novembre 1963.

Donc la recherche pour *Jugement Final* était en cours. La rédaction proprement dite du livre a nécessité la mise en place de diverses sections qui sont finalement devenues des chapitres dans le livre et j'ai organisé les données de recherche dans ces chapitres. Pendant ce temps, je me suis rendu compte qu'il y avait effectivement beaucoup de documentation disponible et j'en ai trouvé une grande partie dans ma bibliothèque personnelle. Cela ressemblait beaucoup à l'assemblage d'un puzzle. Tout compte fait, c'était un processus très intéressant.

Le temps de recherche initial et l'assemblage des documents à inclure dans le livre ont probablement pris environ deux mois. L'écriture proprement dite a été un tout autre processus, mais je dois dire qu'au moment où j'écrivais, je n'arrêtais pas de faire des recherches sur ce que j'écrivais et de me pencher sur d'autres domaines. J'ai continué de constater qu'il y avait une histoire à raconter.

Bien que j'ai continué à penser jusqu'à la toute fin du processus d'écriture que j'allais trouver des faits ou des détails qui contrediraient ma thèse, je n'ai jamais trouvé une seule fois quoi que ce soit qui l'ait fait. Il y a eu des moments où j'ai pensé que peut-être je surestimais l'affaire et quand j'ai vérifié autant que possible les faits et les détails, je n'ai jamais rien trouvé de contradictoire.

Pendant que j'étais déjà en train d'écrire le livre, je suis tombé sur un article de l'ancien membre du Congrès Paul Findley (R-Ill.) dans le numéro de mars 1992 du *Washington Report on Middle East Affairs*, une publication publiée par un groupe d'anciens diplomates américains qui sont quelque peu hostiles à Israël (pour le moins que l'on puisse dire). J'ai été surpris quand Findley a dit : "Il est intéressant - mais pas surprenant - de noter que dans tous les mots écrits et prononcés sur l'assassinat de Kennedy, l'agence de renseignement israélienne, le Mossad, n'a jamais été mentionnée. Et pourtant, un mobile du Mossad est évident... La complicité du Mossad est aussi plausible que les autres théories."

Inutile de dire que j'étais déjà à quatre mois de la rédaction du livre, j'ai été étonné et ravi de voir que Findley avait fait l'effort d'écrire une telle chronique controversée, mais il n'a certainement pas reçu de publicité en dehors des pages de ce magazine à circulation limitée.

Alors, bien que Findley n'ait présenté aucune preuve solide, j'ai eu l'impression que quelqu'un avait peut-être parlé à Findley et qu'il y avait des gens "au courant" qui parlaient de la possibilité d'une participation du Mossad, et j'ai trouvé cela très encourageant.

J'ai dit à très peu de gens que j'écrivais le livre, pour être honnête, parce que j'ai réalisé que la thèse était tout à fait sensationnel. Quand j'en ai parlé à une personne, il a dit, un peu sarcastiquement :"Tout le monde veut tout mettre sur le dos des juifs." C'était l'affirmation ultime. Cependant, j'étais absolument convaincu en écrivant le livre que je creusais vraiment dans un secteur de l'assassinat de JFK qui n'avait jamais été sérieusement exploré auparavant. En un sens, je suppose, c'était une mine d'or qui n'avait pas encore été découverte. Je peux donc comprendre pourquoi beaucoup de gens n'ont jamais regardé dans cette direction.

Une autre chose importante à considérer par rapport à tout ça est que la recherche sur l'assassinat de JFK a été (et continue d'être) un domaine remarquablement et particulièrement incestueux. Les gens s'appuyaient sur les recherches des autres, réécrivaient et retravaillaient l'information au point qu'aucun nouveau terrain n'était réellement ouvert.

Soit dit en passant, je dois dire qu'après la sortie de *Rush to Judgment* de Mark Lane, la plupart des livres sur l'assassinat de JFK (à quelques exceptions notables près) ont essentiellement remanié les données initiales que Mark avait découvert. Il a jeté les bases de l'opinion nationale et internationale selon laquelle il y avait une autre histoire à raconter : que le rapport de la Commission Warren était une imposture et que Lee Harvey Oswald n'était en aucun cas " un désaxé solitaire".

Je me contenterai de dire que *Rush to Judgment* a jeté les bases de tous les efforts futurs. Cependant, si les futurs "chercheurs" avaient fait des recherches plus approfondies, un livre semblable à *Jugement Final* aurait pu être écrit un an ou deux après la publication de *Rush to Judgment*. En l'état actuel des choses, ce n'était pas le cas et tout le projet controversé a dû atterrir sur mes genoux.

Avez-vous des sources secrètes dont vous ne pouvez pas appeler ?

Non, je n'avais pas de "sources secrètes" en soi. La plupart des données que j'ai utilisé dans la préparation de *Jugement Final* étaient essentiellement du domaine public dans la mesure où elles étaient toutes publiées - tout était paru dans des magazines populaires, des livres distribués par d'éminentes maisons d'édition de renom etc. Tout est soigneusement documenté et il y avait un total de 746 notes de bas de page dans la troisième édition seulement (contre 677 notes de bas de page dans les éditions précédentes). Bien entendu, cette quatrième édition est aujourd'hui considérablement étoffée et encore mieux documentée.

Franchement, la seule source "indépendante" utilisée dans la rédaction de *Jugement Final* était les documents préparés par la Revue des renseignements de l'organisme LaRouche. Aujourd'hui la plupart des données concernaient l'organisation secrète de la Permindex, mais, en fait, une grande partie de ces données étaient un réchauffé des informations qui étaient initialement parues dans *The Kennedy Conspiracy* de Paris Flammonde (qui, lui-même, s'était appuyé sur des rapports de la presse étrangère concernant la Permindex).

Rien de ce que j'ai utilisé était "hors du commun" - pas de littérature extrémiste de "droite" ou de "gauche" (quelle que soit la définition). Je n'ai pas non plus utilisé de sources "antisémites". Même les sources qui critiquaient Israël ne pouvaient guère être qualifiées d'"antisémites", en particulier les œuvres de Stephen Green et de Seymour Hersh, qui sont tous deux des auteurs respectés et eux-mêmes juifs.

Mes sources n'étaient pas non plus "la presse alternative" ou "décalée". Toute la matière première sur tous les points clés de *Jugement Final* provenait de sources "respectables", "courantes" et "responsables".

La seule " source secrète " sur laquelle je me suis fié était un ancien agent de renseignement français, Pierre Neuville, dont j'avais gardé le nom jusqu'à cette cinquième édition de *Jugement Final*.

Cependant, je dois souligner que je n'ai pas invoqué Pierre comme source avant la fin de la première ébauche de *Jugement Final*. Et quand Pierre est arrivé, j'ai fini par être convaincu que la thèse avancée dans *Jugement Final* était complète et à point et que j'avais épuisé toutes les ressources disponibles. Mais j'ai eu une surprise fascinante quand Pierre Neuville est arrivé.

Comment êtes-vous entré en contact avec votre source française, Pierre ?

Les circonstances dans lesquelles j'ai découvert cette source sont intéressantes en soi. Au terme de la première ébauche de *Jugement Final*, j'ai téléphoné à Paul Findley (Rill.), ancien membre de longue date du Congrès, très connu pour être un "libéral", qui avait critiqué quelque peu Israël et son lobby aux États-Unis.

J'ai pensé que Findley pourrait trouver le livre intéressant et je l'ai appelé pour lui dire : "J'aimerais vous en envoyer un exemplaire." Il ne me connaissait pas, mais il était familier avec le journal *The Spotlight* (qui, en fait, l'avait critiqué dans le passé) et je lui ai envoyé un exemplaire de la première ébauche du livre (qui, à ce moment-là, je pensais était essentiellement la version finale, attendant un certain nombre de recommandations d'édition mineure, etc.)

J'ai été surpris quand il a accusé réception du livre en disant que, comme il l'a dit dans sa lettre : "Je mentionnerai qu'au cours des quatre dernières années, j'ai eu une longue correspondance avec un diplomate retraité d'une nation d'Europe occidentale dont la famille (y compris lui-même) a vécu des expériences désastreuses avec Israël et le Mossad. Il m'a poussé à faire ce que vous avez fait."

Comme vous pouvez l'imaginer, j'ai passé tout ce temps à écrire le livre et à essayer de le faire publier, et voici un ancien membre réputé du Congrès (et certainement pas un "extrémiste") me disant qu'un diplomate à la retraite l'avait pressé d'écrire un livre qui contenait la thèse même avancée dans *Jugement Final*.

Je me suis rendu compte que je n'étais pas le seul à penser ce que je pensais. Il m'a dit qu'il allait envoyer le manuscrit au diplomate avec ma permission, et j'ai bien sûr dit :"S'il vous plaît, faites-le."

J'ai par la suite été surpris lorsque j'ai reçu une lettre de Findley disant que, bien qu'il pensait que c'était un bon livre, il était peu concluant et que je n'avais pas prouvé ma thèse. C'était après avoir lu la première ébauche. (Franchement, je ne pensais pas qu'il la soutiendrait. Il ne veut tout simplement pas être accusé d'être un "théoricien du complot" en plus d'être souvent accusé d'être un "antisémite" pour avoir critiqué Israël.

Quoi qu'il en soit, je dois dire, rétrospectivement, en sachant ce qu'il y avait dans cette première ébauche (et que j'ai trouvé bonne) que la version finale - ce qui fut finalement publié - était de loin de meilleure qualité et beaucoup plus complète.

Cela étant, j'ai également reçu une lettre de l'agent du renseignement qui vivait maintenant au Canada. Ce monsieur, qui m'a dit qu'il était un ancien agent du renseignement français, n'a pas révélé son nom au début, mais il m'a fourni des détails qui ont rempli les blancs et qui pointaient vers ce que nous appellerons en sténographie « La connexion française". »

D'une part, le français a laissé entendre que j'allais dans la bonne direction, mais il a insisté pour dire que je n'utilisais pas les bonnes munitions. J'essayais de faire tomber un éléphant avec un pistolet ou un fusil de chasse alors qu'il fallait une carabine.

Quoi qu'il en soit, le français m'a fourni ce dont j'avais besoin pour que ma théorie atteigne son objectif. Il m'a spécifiquement déclaré que l'information dont il avait connaissance confirmait mon affirmation de la première ébauche du livre selon laquelle James J. Angleton, homme d'Israël au bureau du Mossad à la CIA, avait été directement impliqué dans le complot d'assassinat.

Il a également nommé spécifiquement le colonel Georges De Lannurien, haut gradé du service de renseignement français, la SDECE, comme ayant été impliqué de manière importante dans la conspiration. Il a également désigné Yitzhak Shamir comme un conspirateur et, dans mon premier projet de *Jugement Final*, j'avais souligné que Shamir avait été le chef du bureau européen du Mossad, basée à Paris, et, plus important encore, qu'il avait été le chef de l'équipe spéciale d'assassinats du Mossad, qui avait été rendue publique par un journal israélien au moment où j'écrivais *Jugement Final*.

Le français m'a dit que Shamir avait organisé, avec l'aide de De Lannurien, une équipe d'assassinat française impliquée dans le meurtre de JFK. Cette information indiquait un nouvel angle, pour ainsi dire, dans le complot d'assassinat de JFK. Il a ajouté un élément supplémentaire à la conspiration que, franchement, je ne comprenais pas bien à l'époque.

Cependant, cette soi-disant "connexion française" était quelque chose dont d'autres chercheurs avaient parlé, mais qu'ils refusaient de poursuivre jusqu'à son point culminant, c'est-à-dire la connexion israélienne, ou qu'ils ne comprenaient pas. C'est-à-dire, pour réitérer, la "connexion française", que l'on pourrait aussi appeler la "connexion algérienne", est sans aucun doute la connexion israélienne.

J'ai donc été alerté et j'ai commencé à passer en revue toutes les informations que j'ai pu trouver sur les relations entre la France, sa colonie de longue date, l'Algérie, Israël et les États-Unis et tous les acteurs clés impliqués.

Pour ceux qui ne sont pas tout de suite familiarisés avec cet aspect, je les renvoie au célèbre roman de Frederick Forsyth et au film inspiré du roman, *The Day of the Jackal*. Ce roman, basé sur des faits, explique l'histoire d'une conspiration d'anciens hauts responsables militaires et diplomates français pour tuer le président français Charles De Gaulle. Ils étaient en colère contre lui, pour faire simple, à cause de sa décision d'accorder l'indépendance à la colonie française de longue date d'Algérie, grand État arabe d'Afrique du Nord.

Ces nationalistes français considéraient l'Algérie comme une partie distincte de la France et considéraient la reddition de De Gaulle à l'Algérie et aux rebelles nationalistes algériens comme une trahison de la France. En conséquence, les critiques français de De Gaulle formèrent ce qu'on appelait l'Organisation de l'Armée Secrète, connue sous le nom de l'OAS. L'OAS fonctionnait en opposition à De Gaulle tant en France qu'en Algérie, voire dans le monde entier. Comme c'était l'OAS et des éléments français qui travaillaient pour et contre l'OAS, il s'agissait d'un croisement étonnant et fascinant de la société française et, plus particulièrement, du renseignement français.

Bien que De Gaulle, en effet, ait eu une relation longue et amicale avec Israël, en fournissant à l'État juif des matières vitales utilisées dans son développement nucléaire, sans parler d'autres soutiens, le fait est que l'indépendance algérienne n'était pas quelque chose que les Israéliens souhaitaient car cela créerait évidemment un nouvel État arabe géant en opposition à Israël.

En conséquence, les Israéliens commencèrent à développer une alliance forte et distincte avec des éléments de l'armée française et du renseignement français qui s'opposait à la décision de De Gaulle d'accorder l'indépendance à l'Algérie. Cela présentait une configuration intéressante de conflits. Vous aviez De Gaulle au sommet de la hiérarchie qui régnait sur une nation divisée.

Vous aviez les éléments dits de la mafia française, alliés au Syndicat du crime de Lansky et qui s'étaient également alliés dans le passé à la CIA, à la suite de l'utilisation par la CIA de la mafia corse pour lutter contre l'infiltration communiste des syndicats français après la Seconde Guerre mondiale. Pourtant, vous aviez aussi ces membres de la mafia française corse, en même temps, utilisés par le service de renseignement de De Gaulle contre l'OAS alliée israélienne.

C'est intéressant en soi car on trouve les Corses dans un étrange triangle. D'une part, les Corses étaient liés au Syndicat du crime de Lansky qui, à son tour, était proche du Mossad israélien. D'autre part, les Corses faisaient le travail de De Gaulle dans la lutte contre l'OAS. Cependant, l'OAS travaillait à son tour avec le Mossad israélien et, ce qui est intéressant, avec un groupe anticommuniste juif connu sous le nom de la Ligue anti-communiste juive (JACL, pour résumer), tous luttant contre De Gaulle sur la question de l'Algérie. Vous ne pouvez pas non plus oublier que l'OAS elle-même recevait également un soutien secret des alliés du Mossad au sein de la CIA. Bref, ce que vous aviez, c'était des éléments français divers qui interagissaient avec ceux qui travaillaient pour et contre les intérêts d'Israël.

C'était le même groupe de l'OAS qui travaillait à faire tomber De Gaulle et Guy Banister à la Nouvelle-Orléans. Banister, bien sûr, est l'ancien agent du FBI qui était allé travailler comme agent de la CIA pour financer et fournir des exilés cubains anti-castristes pendant la période précédant l'assassinat de JFK. Et c'était Banister qui avait une relation très étroite et particulière avec nul autre que Lee Harvey Oswald à l'époque de la période particulière d'Oswald à la Nouvelle-Orléans.

Tout cela, sans parler du fait, comme souligné dans *Jugement Final* (et même par certains chercheurs qui évitent la connexion israélienne, cependant), que la société secrète Permindex, dont l'homme d'affaires de la Nouvelle-Orléans Clay Shaw faisait partie du conseil d'administration, était également liée aux attentats de l'OAS contre Charles De Gaulle, avec de l'argent blanchi par l'intermédiaire de la Banque De Credit du représentant israélien Tibor Rosenbaum. Un petit monde en effet.

Au final, cette "Connexion française" ou "Connexion algérienne" est vraiment la connexion israélienne à l'assassinat de JFK, quelle que soit la manière dont vous l'appréhendiez.

Pour en revenir à ma source française : il m'avait orienté dans une direction, à ce moment-là, que je ne comprenais pas totalement. J'ai dû faire d'immenses recherches supplémentaires pour comprendre l'histoire de l'Algérie française, les conflits de De Gaulle avec l'OAS, l'alliance de De Gaulle avec la mafia corse qui combattait l'OAS en son nom, et bien sûr les conflits au sein des services de renseignement de De Gaulle où il y avait d'immenses conflits de loyauté face à la controverse algérienne.

Tout cela ne m'était pas familier et il est devenu évident à la fin qu'il s'agissait d'un domaine avec lequel même de nombreux chercheurs "chevronnés" n'étaient pas familiers, même si bon nombre d'entre eux avaient parlé de la « Connexion française". Henry Hurt, dans *Reasonable Doubt* et Dick Russell, dans *The Man Who Knew Too Much*, avaient écrit sur le point de vue français, mais aucun d'entre eux n'avait tenté d'analyser l'ensemble de la dynamique à l'œuvre dans la Connexion française. Ceux qui combattaient De Gaulle étaient précisément alliés aux services secrets israéliens, mais ces chercheurs ne l'ont tout simplement pas compris, pour ainsi dire.

Même les histoires de la classe dirigeante à propos du conflit algérien reconnaissaient que, en fait, les Israéliens et le peuple sympathisants des intérêts d'Israël travaillaient avec l'OAS. Tout est dans les livres d'histoire. Donc, s'il y a quelqu'un qui veut essayer d'accuser l'OAS de l'assassinat de JFK, il ne peut honnêtement le faire sans toucher à la connexion israélienne.

Nier le lien avec Israël, c'est rendre un mauvais service à la recherche. Les liens entre les Israéliens et l'OAS remontent à Clay Shaw de la Nouvelle-Orléans et, bien sûr, à Guy Banister. Vous ne pouvez pas ignorer la connexion israélienne avec la Permindex par rapport à l'assassinat de JFK, pas plus que vous ne pouvez ignorer la connexion israélienne essentielle avec la Permindex par rapport aux tentatives de l'OAS d'assassiner Charles De Gaulle.

La raison pour laquelle la Permindex souhaitait tuer Charles De Gaulle est parce que la Permindex était une façade israélienne et que les politiques de De Gaulle sur l'Algérie étaient contraires aux intérêts d'Israël, tout comme, à son tour, les politiques de JFK étaient hostiles à Israël. Par conséquent, quiconque préfère ignorer tout cela est pour le moins malhonnête. La connexion française est vitale pour comprendre l'assassinat de JFK.

Quoi qu'il en soit, à la lumière de tous ces liens français, j'ai substantiellement revu le premier projet de *Jugement Final*, ce qui m'a quelque peu surpris dans la mesure où je ne m'attendais pas à devoir le faire, ayant été très satisfait du premier projet lui-même.

Cependant, ayant poursuivi la connexion française, je me suis rendu compte qu'il y avait effectivement une connexion française qui, bien sûr, était finalement la connexion israélienne. J'ai donc révisé le livre et il a été envoyé à la presse.

Lors de la publication de la première édition, j'ai envoyé *Jugement Final* au diplomate français qui m'a répondu en me disant "bon travail" et j'ai ajouté que JFK aurait été fier de moi. C'était pour le moins satisfaisant.

Quelle était la fiabilité de votre source française, Pierre Neuville ?

Franchement, je ne sais pas à quel point il est fiable, pas plus que n'importe qui sait à quel point une source est fiable sur n'importe quel aspect de tout ce qui concerne l'assassinat de JFK. Personne ne peut garantir la fiabilité totale d'aucune source. Cependant, tout ce que je sais de lui (basé sur les informations qu'il a fournies sur lui-même, plus l'appui qu'il a reçu de l'ancien député Paul Findley qui m'a mis en contact avec lui) me porte à croire que ma source française n'est pas seulement sincère, mais totalement fiable.

Pierre Neuville lui-même a dit : "Dans les affaires suspectes, il n'y a pas de gentils, seulement des méchants." En d'autres termes, ce qui semble être des sources "amicales" dans "les affaires suspectes" [c'est-à-dire le monde du renseignement] pourrait, en fait, provenir d'ennemis qui vous fournissent de la désinformation et des renseignements erronés. Et c'est même l'homme du Mossad à la CIA, James Jesus Angleton, qui a qualifié le monde du renseignement de "désert de miroirs".

Quoi qu'il en soit, l'essentiel est que *Jugement Final* peut être jugé sur ses propres mérites, sans l'apport spécifique de cette source française. De plus, comme je l'ai déjà mentionné, j'aurais facilement pu publier le livre sans avoir à fouiller dans la connexion française et malgré tout, j'estime qu'il a fourni aux lecteurs un argument très solide en faveur d'une implication du Mossad dans l'assassinat de JFK.

Ce que je crois avoir fait, cependant, dans *Jugement Final*, c'est de tracer une ligne de démarcation très fine et significative entre le lien français à l'assassinat de JFK et le lien avec la Nouvelle-Orléans (pour ainsi dire) qui implique les deux actifs de la CIA, Guy Banister et Clay Shaw, jusqu'à la connexion avec Israël. N'importe qui aurait pu le faire sans ma source française.

Après la publication de jugement final, quelqu'un a-t-il fourni des informations "internes" qui ne figuraient pas dans l'édition originale ?

Je n'ai rien reçu d'autre que les communications de ma source française qui s'est finalement identifiée par son nom et qui m'a donné son histoire complète, y compris des détails assez frappants sur son intéressante famille et ses antécédents. Dans le post-scriptum de *Jugement Final*, j'ai fourni des informations sur les expériences personnelles de Pierre avec le Mossad. Cependant, depuis la publication du livre, personne n'a apporté de nouvelles informations de nature "interne". J'ai moi-même découvert d'autres informations publiées confirmant d'autres détails qui figuraient dans l'édition originale de *Jugement Final* et dans les éditions révisées, y compris cette édition la plus récente.

Combien de temps avez-vous mis pour écrire le livre ?

Depuis le moment où l'idée a commencé à se formuler dans mon esprit quand j'ai commencé les recherches sérieuses jusqu'au moment où la première ébauche a été achevée il s'est écoulé environ sept mois. Après que j'ai commencé à faire des recherches sur la connexion française après que ma source française ait lu la première ébauche et m'ait orienté dans cette direction, il m'a fallu trois mois de plus pour peaufiner mon manuscrit et ajouter les nouvelles découvertes que j'avais faites. Toutefois, c'était un processus sans fin, comme je l'ai découvert après la publication du livre et c'est pourquoi, dans la troisième édition du livre, j'ai inclus beaucoup, beaucoup de nouveaux détails qui ont bouclé la thèse. Les éditions suivantes en contiennent beaucoup plus. Je suis stupéfait de voir jusqu'où j'en suis arrivé.

Je ne peux m'empêcher de me rappeler que littéralement, un jour avant que le livre ne parte pour l'imprimeur pour la première fois et que je sentais que j'avais mis tout ce que je pouvais mettre dans les pages du livre et j'étais content que le livre soit complet (y compris toutes les informations supplémentaires concernant la soi-disant connexion française), il se trouve que je me trouvais assis sur le sol de mon salon à feuilleter un ouvrage relié d'un bulletin maintenant disparu. A cette époque, je suis tombé sur quelque chose qui m'a littéralement fait dire à haute voix :"Oh mon Dieu !" J'avais découvert autre chose qu'il fallait absolument ajouter au manuscrit.

J'avais découvert un fait très, très important, qui est finalement apparu dans le chapitre 15 de *Jugement Final*, où je dissèque le mystère de la Permindex : les liens entre le Mossad, la CIA, le Syndicat de Lansky, l'OAS française et le complot visant à tuer JFK. Ce que j'ai découvert, ce sont des détails sur un homme qui était venu rendre visite au procureur de la Nouvelle-Orléans Jim Garrison alors qu'il en était encore aux premières étapes de son enquête sur l'assassinat.

N'oubliez pas qu'à ce moment-là, Garrison n'avait pas encore trouvé le nom de Clay Shaw. C'est à cette époque que Garrison reçut la visite d'un homme d'affaires nommé John King. La visite de King a été mentionnée dans plusieurs livres à propos de JFK et les auteurs continuent à parler de King comme d'un "pétrolier de Denver" lié au Parti républicain, etc. Les autres auteurs traitant de JFK suggèrent que King était intéressé à s'immiscer dans l'enquête de Garrison, évidemment, parce qu'il était un homme mauvais et essayait probablement d'aider à couvrir quelqu'un, probablement le Parti républicain, Richard Nixon et d'autres méchants.

Eh bien, King savait de toute évidence que Garrison était sur la bonne voie et il offrait à Garrison un marché : si Garrison abandonnait l'enquête, King promettait d'organiser la nomination de Garrison à un poste de juge fédéral. Je répète encore une fois que c'était avant que le nom de Clay Shaw n'apparaisse. Cependant, il se trouve, comme je l'ai souligné dans *Jugement Final*, que c'est à l'époque même de la visite de King à la Nouvelle-Orléans que ce "pétrolier de Denver" a également été impliqué dans des transactions commerciales internationales lucratives menées conjointement avec Bernard Cornfeld, directeur de l'entreprise financière corrompue connue sous le nom d'Investors Overseas Services (IOS).

Cornfeld, en fait, était un ami intime et un prête nom de Tibor Rosenbaum, le vétéran diplomate israélien et fonctionnaire du Mossad qui était une figure financière clé derrière la Permindex dont Clay Shaw servait au conseil d'administration !

D'autres chercheurs s'étaient concentrés sur les connexions "républicaines" de King et ses liens avec l'industrie pétrolière, mais ils avaient manqué l'indice flagrant : King avait des liens très étroits avec Clay Shaw, le membre du conseil d'administration de la Permindex, que Garrison n'avait même pas encore identifié comme suspect dans la conspiration. Quelqu'un quelque part (et nous savons maintenant qui) avait intérêt à empêcher Garrison d'aller plus loin et de s'accrocher à Clay Shaw (ce qui, bien sûr, fut le cas de Garrison).

King - le soi-disant "homme du pétrole de Denver"- est une autre connexion israélienne dans le complot d'assassinat de JFK, aussi difficile que cela puisse être pour les chercheurs qui tentent d'utiliser l'ingérence de King dans l'enquête de Garrison comme "preuve" que, par exemple, l'ami de King, Richard Nixon, était derrière l'assassinat de JFK. (Nixon est vraiment pratique comme méchant, n'est-ce pas ?)

J'ai été moi-même surpris d'apprendre le lien de King avec Israël, dans la mesure où je connaissais déjà King. Mais, comme je l'ai dit, je n'ai pris connaissance de ses liens avec la Permindex juste un jour seulement avant de me préparer à envoyer *Jugement Final* à l'imprimeur.

Ce n'est là qu'un exemple parmi d'autres, mais significatif, du processus ininterrompu de recherche sur le complot d'assassinat de JFK. Je suppose qu'en fin de compte, à moins d'avoir **toute** l'information dont vous avez besoin sous les yeux (et de nombreux chercheurs depuis de nombreuses années ne l'ont pas fait), vous ne pouvez pas rendre, disons, un "jugement final".

Peut-être qu'un jour, dans un avenir lointain, il y aura effectivement un jugement final, le titre de mon propre livre nonobstant, si quelqu'un a devant lui tout ce que j'ai écrit et tout le reste qui sera écrit et qui peut être compilé dans **LE** jugement final.

Est-il possible qu'il y ait eu dans le Mossad des éléments soi-disant "véreux" qui aient participé à l'assassinat de JFK et qu'ils aient agi seuls, sans aucune autorisation officielle ?

Ce n'est pas possible. L'implication du Mossad dans l'assassinat de JFK a été ordonnée au plus haut niveau. Sur la base de ce que j'ai appris au sujet de la structure du Mossad, je crois fermement que le Premier ministre israélien David Ben-Gourion était l'individu qui a ordonné la collaboration du Mossad dans le complot d'assassinat et que c'était probablement son dernier acte avant de démissionner de son poste, dégoûté par la position de JFK à l'égard d'Israël. Je crois que l'implication du Mossad était de nature institutionnelle. J'ajouterais que c'était de même avec la CIA.

Cependant, dans le cas de l'implication du Colonel français Georges De Lannurien de la SDECE - comme je le souligne dans *Jugement Final* -, il s'agissait d'un cas classique d'un agent "corrompu". Ce conspirateur français ne répondait certainement pas à l'appel d'offres du président français Charles De Gaulle, mais il aidait son allié du Mossad, Yitzhak Shamir, et son allié de la CIA, James Angleton, avec lequel De Lannurien passa la journée au quartier général de la CIA à Langley le 22 novembre 1963. Et vous pouvez parier l'argenterie de la famille que De Lannurien et Angleton n'étaient pas ensemble ce jour-là pour discuter de la météo.

Qu'a dit Mark Lane au sujet du jugement final ?

Je n'ai pas indiqué à Mark lors de la rédaction de *Jugement Final* que j'écrivais le livre. Comme je l'ai souligné, j'ai dit à très peu de gens que j'écrivais le livre. Je ne voulais pas que Mark - ou qui que ce soit d'autre - juge le livre avant qu'il ne soit terminé à partir d'un aperçu sommaire. Je voulais que Mark (et d'autres) lise le livre dans son intégralité. Je lui ai présenté la première ébauche et lui ai dit :"Faites-moi savoir ce que vous en pensez."

La réponse de Mark était encourageante. Il a déclaré que le livre présentait un "argument solide" en faveur de l'implication du Mossad et qu'il ne croyait pas que le livre était en conflit d'aucune manière avec son propre livre, *Plausible Denial*, qui mettait en évidence le rôle de la CIA dans l'assassinat du président Kennedy.

Que l'idée même de l'assassinat ait été lancée par la CIA ou par le Mossad, il n'en demeure pas moins que ceux qui, à la CIA, étaient les principaux acteurs de la conspiration de l'assassinat étaient étroitement liés au Mossad et opéraient dans ses sphères d'influence, y compris dans ce que l'on appelait la "connexion française". Ainsi, dans l'assassinat de JFK, la CIA et le Mossad étaient essentiellement les deux faces d'une pièce de monnaie.

En ce qui concerne l'opinion de Mark Lane au sujet de *Jugement Final*, il m'a été suggéré avant la publication que je lui demande d'écrire une introduction au livre. J'ai rejeté cette suggestion d'emblée. Non pas que cela n'aurait pas été un honneur et un privilège de voir Mark écrire l'introduction.

Cependant, le fait est que Mark avait mis un coup de pied dans la fourmilière avec ses propres livres sur l'assassinat de JFK et sur d'autres sujets.

Mark n'avait pas fait de recherche sur l'aspect du Mossad comme je l'avais fait, et donc je ne pensais pas qu'il serait approprié de s'attendre à ce qu'il mette son nom en défense ou en soutien d'une thèse - assez révolutionnaire, je suppose - dont il n'était pas lui-même à l'origine. De plus, en raison du fait même que *Jugement Final* lie Israël à l'assassinat de JFK, je ne pensais pas qu'il serait approprié que Mark ait son nom ajouté à une introduction au livre, précisément parce que Mark lui-même était impliqué dans la controverse sur le Moyen-Orient et avait été un critique d'Israël.

J'ai reconnu que la thèse de *Jugement Final* était incendiaire en soi et je ne voulais pas mettre Mark dans la position de devoir défendre mon travail. Il est suffisamment occupé, car il se bat contre les efforts de la CIA, du FBI et des médias pour ignorer ou réprimer ou déformer ses propres efforts.

Jugement Final ne contredit-il pas le livre de Mark Lane, Plausible Denial, qui soutient que la CIA est responsable de l'assassinat de JFK ?

Il n'y a aucun conflit. *Plausible Denial* est d'abord et avant tout un compte rendu de la défense de Mark Lane du journal *The Spotlight* contre le procès en diffamation d'E. Howard Hunt. *Jugement Final*, à mon avis, amplifie bon nombre des constatations de *Plausible Denial*, confirme davantage les conclusions de *Plausible Denial* et ajoute d'autres détails qui prouvent que la CIA a effectivement été impliquée dans l'assassinat. La plus grande force du livre de Mark, je crois, est qu'il démolit le mythe selon lequel il y avait des "éléments véreux" de la CIA impliqués dans le meurtre du président. Ce n'étaient pas des "éléments véreux". L'assassinat était un acte qui impliquait la CIA à ses plus hauts niveaux, et plus particulièrement James Angleton, l'allié du Mossad au sein de la CIA.

Quelqu'un a déjà décrit *Jugement Final* comme une "suite" de *Plausible Denial* et j'aimerais croire qu'il s'agit d'une description exacte. Mais vous ne pouvez pas faire une étude sérieuse de l'assassinat de JFK sans avoir lu *Plausible Denial*.

Qu'est ce que les critiques au sein des médias ont dit au sujet de Jugement Final ?

À l'exception de la couverture médiatique frénétique dont j'ai parlé dans l'introduction en janvier 1998, il n'y a eu aucune critique officielle de *Jugement Final* dans les médias "grand public » importants, bien qu'il y ait eu une poignée de critiques de ce genre :

La première critique est parue dans mon propre hebdomadaire national, *The Spotlight*, et personne ne sera probablement surpris d'apprendre que la critique était plutôt élogieuse. Je suis heureux de dire, cependant, que la critique en question n'était pas sollicitée et a été soumise par nul autre qu'Eustace Mullins, l'un des écrivains et des chercheurs les plus respectés et les plus prolifiques du mouvement populiste en Amérique. La deuxième critique de *Jugement Final* est parue dans la *Washington Jewish Week* le 28 avril 1994 et est abordée dans l'épilogue de *Jugement Final*.

Le troisième article est paru dans le numéro non daté du numéro 11 de *Steamshovel Press* précité. Bien que le critique ait laissé entendre que le livre avait peut-être un ton antisémite, il a dit ceci au sujet de mon allégation selon laquelle le Mossad avait peut-être joué un rôle dans la conspiration : "La thèse a certainement été sous-examinée dans le passé et soulève des questions historiques intéressantes sur la relation entre les Kennedy et Israël qui remontent à l'attitude de Joseph Kennedy saluant les Nazis comme Neville Chamberlain »

Hormis ce commentaire prudent, Steamshovel s'est montré remarquablement réticent à mentionner le livre ou à me donner l'occasion dans ses pages de débattre, par exemple, d'un Dave Emory, qui prétend en fait qu'il y a un lien "nazi" avec l'assassinat de JFK.

Mis à part ces critiques (avec plusieurs autres dont il est question ailleurs dans ces pages, il n'y en a pas eu d'autres, bien que j'ai envoyé des exemplaires à tous les membres clés de la rédaction du *Washington Post*, du *Washington Post Book World* et du *New York Times,* parmi tant d'autres médias. J'ai personnellement remis un exemplaire du livre à Michael Isikoff de *Newsweek*, mais je n'ai pas encore entendu un seul de ses gémissements.)

Je pense que le silence assourdissant parle de lui-même.

Sur quelles sources vous êtes-vous appuyé pour rédiger Jugement Final ?

Après la publication des éditions précédentes de *Jugement Final*, il y a eu plusieurs tentatives pour suggérer que le livre s'appuyait sur des sources peu fiables - que mes sources étaient biaisées, qu'elles étaient "anti-Israël" ou qu'elles étaient peut-être de nature "trop à droite". C'est n'importe quoi. Ne croyez pas ça. Pour mémoire, passons en revue les sources que j'ai citées.

Aux yeux de tous, sur les 111 ouvrages cités dans la bibliographie de la troisième édition de *Jugement Final,* au moins 85% de ces sources provenaient d'éditeurs "grand public" ou d'"importants" éditeurs. De plus, environ 73% des références citées n'avaient rien à voir avec l'assassinat de JFK lui-même.

D'après moi, seulement 2% des sources citées dans la troisième édition proviennent de maisons d'édition "pro-arabes". De plus, comme je l'ai noté dans *Jugement Final*, mes principales sources concernant la lutte de JFK contre Israël proviennent de sources telles que Seymour Hersh, Stephen Green et Andrew et Leslie Cockburn, dont aucun ne peut être qualifié d'extrémiste.

Seulement 7% des sources citées dans la bibliographie de la troisième édition pourraient être clairement citées comme provenant de sources qui sont de nature "de droite" et l'une de ces sources - les mémoires de l'ancien chef du Parti nazi américain George Lincoln Rockwell - est citée dans la bibliographie seulement parce que je fais allusion brièvement au fait que Rockwell a dédié son livre à un homme, DeWest Hooker, qui est cité dans *Jugement Final*.

Le livre de Rockwell n'a été référencé dans la bibliographie que pour le dossier et n'est pas fourni comme "preuve" ou "témoignage" de l'implication d'Israël dans l'assassinat de JFK. Alors s'il vous plaît, chers critiques, n'essayez pas de citer Rockwell comme l'une de mes sources. Ce faisant, vous ne ferez que démontrer à quel point vous êtes déterminé à essayer de discréditer ma théorie de quelque manière que ce soit.

Les tentatives pour discréditer mes recherches n'ont rien donné si vous regardez les faits. Jetez un coup d'œil à la ruse employée par Richard Morrock de *Bay Terrace* à New York quand il a écrit une lettre à Steamshovel Press (qui a été publié sans commentaire) dans laquelle il a affirmé qu'"environ un tiers" des sources citées dans *Jugement Final* provenait de publications de l'organisme Lyndon LaRouche. En fait, sur les 746 citations figurant dans la troisième édition de *Jugement Final*, seulement 30 d'entre elles - quatre pour cent - provenaient des sources LaRouche et la plupart d'entre elles étaient des références historiques passagères qui ne touchaient même pas à la thèse de *Jugement Final*. Et pour mémoire, voici une analyse des citations LaRouche.

- Huit (c'est-à-dire 27%) des 30 notes citant les publications de LaRouche étaient de brèves références à la Ligue Anti-Diffamation du B'nai B'rith et sa connexion avec un certain nombre de banquiers ayant des liens avec le Syndicat de Lansky, etc. Seule une de ces références à l'ADL avait un lien direct avec l'assassinat de JFK en soi : le fait que l'agent du renseignement de la Nouvelle-Orléans Guy Banister était proche du " super chasseur communiste " que l'ADL avait elle-même qualifié de " super communiste ", A. I. Botnick.

- Quatre des notes de bas de page de la citation de LaRouche (13% du total) figuraient dans deux annexes (de la troisième édition) qui étaient de nature supplémentaire et qui n'étaient pas au centre de la thèse de base du livre. (Une des annexes en question, celle qui porte sur les activités étranges de l'informateur du gouvernement Roy Frankhauser, a été ajoutée pour la première fois lorsque la troisième édition de *Jugement Final* fut publiée.)

- Deux notes étaient des détails biographiques sur Rabbi Tibor Rosenbaum et l'une portait sur un banquier israélien qui a siégé au conseil d'administration de la Banque de crédit international de Rosenbaum.
- Deux notes parlaient d'une fusillade en Israël dans les années 1940. Une autre note de ce genre a souligné que le frère d'un fondateur de la Permindex avait participé activement au trafic d'armes pour l'Irgoun d'Israël.
- L'une d'elles portait sur les liens de Meyer Lansky avec la célèbre "Opération Underworld", qui se servait de la pègre contre les puissances de l'Axe.
- Trois notes portaient sur divers liens bancaires et d'affaires liés à la mafia et au Mossad qui n'avaient aucun lien direct avec l'assassinat de Kennedy lui-même.
- Une note soulignait que le cabinet d'avocats du président de la Permindex, Louis Bloomfield, avait des liens avec les intérêts de Bronfman.
- Quatre notes contenaient des renseignements généraux sur quatre personnes liées à la Permindex de Tibor Rosenbaum.
- Une note portait sur le fait que l'OAS française aurait reçu de l'argent de la part de Guy Banister.
- Une note portait sur les liens de l'ancien agent du FBI Walter Sheridan avec le Resorts International.
- Une note portait sur les liens possibles de la famille Hunt avec le développement nucléaire israélien. (Deux autres notes de ce genre figuraient parmi celles, mentionnées plus tôt, qui traitaient de l'ADL en passant.)
- Une note est une citation approfondie de l'ancien informateur fédéral sous couverture Roy Frankhauser, au sujet de laquelle je disais : « une grande partie de ce que Frankhauser dit de vrai dépasse la portée du présent ouvrage. » En fait, c'est la seule citation de LaRouche sur le sujet de l'assassinat de JFK en soi.
- Je signale en outre qu'une grande partie des documents susmentionnés tirés de sources LaRouche figurent également dans d'autres livres sur l'assassinat de JFK et l'histoire du crime organisé, entre autres.
- Quand j'ai contacté ledit Morrock - qui m'a avoué qu'il se considérait comme "sioniste"- et que je l'ai confronté à la désinformation, il m'a avisé en termes clairs qu'il ne croirait "rien" de ce que je dirais. Il a également admis qu'il n'avait jamais fait d'enquête approfondie sur l'assassinat de JFK - un fait qui suggère que sa motivation réelle à essayer de me discréditer était stimulée en grande partie par le fait que j'avais osé mettre Israël dans le tableau. Morrow a également eu la prétention farfelue de dire qu'il était clair que mon employeur, Willis Carto, était essentiellement le véritable auteur du livre et que Carto avait "dicté" le livre, ce qui, bien sûr, n'est tout simplement pas vrai. Mais c'est le genre de critiques auxquelles j'ai dû faire face.
- Dans cette édition de *Jugement Final,* j'ai incorporé pas mal de nouveaux renseignements provenant de sources supplémentaires, et j'ai incorporé d'autres renseignements tirés de plusieurs sources qui ont été citées dans les notes de référence des éditions précédentes. Toutefois, j'ajouterai, pour mémoire, que l'inclusion de ces

nouvelles informations ne modifie en rien les statistiques mentionnées ci-dessus. Mes sources sont variées et proviennent de points de vue différents. La grande majorité d'entre elles sont citées pour la première fois (comme dans les éditions précédentes) dans un livre sur l'assassinat de JFK. Je reste assez satisfait de mon choix de sources et je pense que le lecteur ouvert d'esprit conviendra que les sources se complètent assez bien. Comme toujours, je laisserai le lecteur porter le jugement final.

Comment avez-vous su quelles sources étaient fiables ?

Comme je l'ai mentionné plus tôt, j'ai misé sur un grand nombre de sources et une majorité écrasante de ces sources sont des sources " grand public ", même celles qui font partie des livres sur le complot d'assassinat de JFK. Je n'ai rien trouvé sur aucun point important dans n'importe quelle partie du livre qui ne semble pas être soutenu par d'autres sources. Le fait est que le livre s'appuie sur des sources classiques. Je suppose que le plus gros problème de la recherche dans un domaine comme celui-ci, c'est qu'on trouve de nombreuses sources qui font de la propagande tendancieuse : de la désinformation conçue pour semer la confusion. Cependant, j'ai tout de même fait un effort sérieux pour essayer d'avoir continuellement (en particulier là où j'avais des doutes) un certain nombre de sources qui confirmaient les faits de base du domaine particulier sur lequel j'écrivais.

Qu'ont dit les auteurs d'autres livres sur JFK à propos de Final Jugement ?

C'est pour le moins une question très intéressante. Prenons Jim Marrs, par exemple. Marrs est l'auteur du monumental ouvrage *Crossfire*, qui examine presque tous les complots d'assassinat de JFK. Ce livre est sorti avant *Jugement Final* et le livre de Marrs, à sa décharge, entre dans la connexion avec la Permindex et cite l'*Executive Intelligence Review* de l'organisme LaRouche en ce qui concerne la Permindex.

Cependant, Marrs ne va pas plus loin à part mentionner la possibilité - bien qu'il ne le reconnaisse jamais nécessairement comme un fait - que la Permindex avait des liens avec le trafic international de stupéfiants. (Marrs ne mentionne jamais Lansky. C'est seulement "la mafia" en ce qui le concerne.) Et, bien sûr, Marrs n'entre jamais dans la connexion israélienne, même si, comme je l'ai déjà souligné, la source de Marrs, l'*Executive Intelligence Review*, se concentre sur le rôle de Tibor Rosenbaum, figure du Mossad, au sein de la Permindex.

Quoi qu'il en soit, j'ai envoyé à Marrs un exemplaire de *Jugement Final* après sa première publication. Cependant, je dois admettre que dans ma lettre à Marrs, j'ai fait remarquer certaines choses au sujet d'Oliver Stone qui m'ont amené à me méfier des motivations de Stone quant à sa façon de porter *JFK* à l'écran. J'ai fait remarquer à Marrs qu'on m'avait dit (bien que je ne l'aie jamais vraiment confirmé, pour être tout à fait honnête) que Stone était un contributeur majeur de l'AIPAC, le lobby enregistré d'Israël. J'ai également fait remarquer que Stone avait ignoré la "connexion française" (comme je l'ai noté plus tôt).

A partir de maintenant, je vais mentionner (comme je l'ai fait dans *Jugement Final*) qu'Oliver Stone a versé environ 200 000$ ou plus à Jim Marrs au moment où Stone était en train de monter *JFK*. Je comprends donc pourquoi Marrs hésitait à critiquer ou à reconnaître la critique envers un homme qui l'avait manifestement enrichi du jour au lendemain.

Et n'oubliez pas que le « gros bonnet » derrière Oliver Stone et le film *JFK* était Arnon Milchan, le producteur exécutif du film, qui a été décrit par le chroniqueur libéral Alexander Cockburn comme "le plus grand marchand d'armes d'Israël". Cela étant, plus récemment, Marrs a dit des choses amicales au sujet de *Jugement Final*, bien qu'il ne l'ait pas entièrement endossé.

J'ai également envoyé un exemplaire du livre à William Turner, qui a été enquêteur d'assassinat et co-auteur de *Deadly Secrets* (anciennement *The Fish is Red*) qui traite des complots conjoints de la CIA et du crime organisé contre Fidel Castro qui semblent se recouper avec le complot d'assassinat de JFK. J'ai également envoyé un exemplaire de *Jugement Final* à Gaeton Fonzi, auteur de *The Last Investigation*, qui était enquêteur pour l'enquête réalisée par la Commission d'enquête sur les assassinats sur le meurtre de JFK. J'ai même fait remarquer à Fonzi que lui et moi avions au moins une connaissance commune. Cependant, je n'ai jamais reçu d'accusé de réception ni de Turner ni de Fonzi.

Je n'ai pas non plus entendu Jack Newfield du *New York Post* à qui j'ai envoyé un exemplaire du livre. La déclaration la plus récente de Newfield est son histoire selon laquelle le patron du syndicat des Teamsters, Jimmy Hoffa, était à l'origine du meurtre de JFK, une théorie qui a fait mouche. L'histoire de Newfield selon laquelle "Hoffa a tué JFK" est née de sa relation avec Frank Ragano, un ancien avocat de Hoffa et Santo Trafficante, le patron de la mafia de Tampa. J'ai même mis Newfield au défi de débattre de ce sujet dans le cadre d'une émission radio nationale intitulée Radio Free America, animée par mon collègue du *Spotlight*, Tom Valentine.

J'ai aussi envoyé un exemplaire de mon livre à David Scheim, auteur de *Contract on America*, qui soutient que la mafia a tué JFK. Le livre de Scheim, à mon avis en tant qu'auteur et rédacteur en chef attentif à ces questions, n'est rien d'autre qu'une réécriture enrichie et élargie du livre *The Plot to Kill the President* de G. Robert Blakey, qui était directeur de l'enquête de la Commission sur les assassinats et qui, à ce titre, était déterminé à ne pas trouver d'implication de la CIA, du FBI ou de la communauté du renseignement dans l'assassinat du président.

Comme je l'ai souligné dans *Jugement Final*, Scheim avait tendance à dépeindre Meyer Lansky comme un personnage insignifiant qui était une figure de la mafia de bas étage, un raté de la mafia, alors qu'il était évidemment bien plus grand que ça. Scheim- oserais-je le dire ? -est juif et il se pourrait bien que cela ait été un facteur de son parti pris. Il n'empêche que, quel que soit son parti pris, Scheim jouit d'une certaine crédibilité dans certains milieux. Pourtant, il n'a jamais accusé réception du livre et n'a jamais accepté de débattre avec moi comme je l'avais demandé.

Si ma théorie est tellement ridicule, je pense que Scheim aimerait avoir l'occasion de la démolir, non seulement parce qu'il croit que " La mafia a tué JFK ", mais parce qu'en tant que Juif américain (et peut-être en tant que fidèle d'Israël), il aurait la chance de réfuter l'affirmation selon laquelle l'État juif avait un rôle à jouer dans l'assassinat. Je pensais qu'il profiterait de cette occasion en or pour me démolir publiquement. Mais Scheim n'a jamais accepté mon offre de débattre.

Un bon ami à moi, Donald L. Kimball, a écrit trois livres sur l'assassinat de JFK. C'est un écrivain prolifique et un américain dévoué, mais à ma connaissance, il n'a jamais lu *Jugement Final*. Et j'ai appris que Don avait rejeté d'emblée *Jugement Final* après avoir entendu parler de la sortie du livre disant : "Oh, eh bien, Mike se lance dans tout ces trucs sur le Mossad. »

Qu'est-ce que je peux dire ? Je pense que Don a la même attitude que les plus célèbres chercheurs en matière d'assassinat de JFK et c'est qu'ils sont prêts à écrire et à parler de l'assassinat de JFK tant qu'ils ne marchent pas sur les pieds d'Israël et de son lobby américain.

Voyons les choses en face : le lobby israélien entretient des liens étroits avec les médias américains, et en particulier avec l'industrie de l'édition et de la distribution. Quiconque nie l'existence d'un fort parti pris pro-israélien dans les médias américains est encore une fois un menteur ou un imbécile, ou les deux. Je comprends donc pourquoi les auteurs des livres sur l'assassinat de JFK ne veulent pas affronter les médias. Ce n'est pas dans leur intérêt financier de le faire.

Dans la partie « Un Dernier Mot ? » de ce livre, je discute de mes aventures sur les forums de discussion d'Internet consacrés à l'assassinat de JFK, échangeant des idées (et insultes) avec des groupes de personnes exceptionnellement éclectiques - certaines ouvertes d'esprit, d'autres étroites d'esprit, mais toutes avec des opinions diverses. Certes, il y a eu beaucoup d'hostilité envers mon approche particulière, mais j'ai été agréablement surpris (comme vous le verrez) de trouver bon nombre de personnes disposées à me donner leur avis amical et qui n'étaient pas disposées à rejeter complètement ma théorie. En même temps, cependant, j'ai constaté que même certains des critiques de ma théorie les plus compétents étaient, en fait, incapables de réfuter ma théorie (du moins en ce qui me concerne) et cela a été un soulagement pour moi, car je craignais franchement que j'avais peut-être manqué un détail quelque part qui amènerait la thèse de Jugement Final à s'effondrer. Mais cela ne s'est pas produit - et je ne pense pas que cela arrivera jamais.

Et qu'en est il du centre de recherche et d'information sur l'assassinat de JFK à Dallas ? Jusqu'à ce que le centre ait récemment fermé ses portes, ils organisaient un rassemblement annuel au cours duquel les passionnés et les fanatiques de JFK venaient à Dallas pour parler de leur sujet de prédilection - pour réfléchir à toutes les théories possibles sur la question de savoir si le tir fatal avait été tiré d'un égout pluvial ou d'une soucoupe volante. Ils débattent de ces sujets pendant des heures. Cependant, quand j'ai demandé à venir à Dallas pour parler de *Jugement Final* qui avait déjà été vendu à 8000 exemplaires dans toute l'Amérique, je n'ai même pas reçu de reconnaissance de ces personnes qui sont soi-disant dévouées à découvrir la vérité.

Aujourd'hui, soit je suis un maniaque, soit j'ai raison et ils ne veulent pas en parler. Je laisse aux lecteurs de *Jugement Final* le soin de prendre leur propre décision. Je ne crois pas que quiconque qui ait lu *Jugement Final* avec une approche ouverte et honnête me considère comme un maniaque. Pourtant, les gens du Center JFK de Dallas ont adopté l'attitude de mon ami Don Kimball qui a peur de se mêler de tout ce qui concerne le Mossad.

Le Centre JFK était une entreprise lucrative qui avait besoin de publicité. Ils n'obtiendraient pas une bonne publicité (ou aucune publicité, d'ailleurs) s'ils commençaient à parler d'une éventuelle implication israélienne dans l'assassinat.

J'ai fait la publicité de *Jugement Final* dans le programme de 1993 de la conférence annuelle du Centre JFK et j'ai fait un envoi postal à environ 300 personnes de cette conférence et j'ai reçu plusieurs lettres amicales d'un certain nombre de chercheurs. J'en suis toutefois arrivé à la conclusion que ces gens sont plus intéressés à débattre de choses auxquelles on ne peut jamais répondre : combien de coups de feu ont été tirés, quel genre de balles ont été utilisées, où les balles ont atterri, etc. La liste de ces questions - et des réponses manquantes - est longue.

Cependant, ce ne sont pas là les questions que nous devons résoudre. Ce que nous devons résoudre, c'est qui a vraiment tué John F. Kennedy et pourquoi. Poursuivre cette question, c'est trouver la réponse la plus désagréable : que les Israéliens étaient effectivement impliqués dans le complot d'assassinat de JFK. C'est quelque chose que les poules mouillées ne veulent pas reconnaître.

Avez-vous apporté des changements majeurs aux conclusions auxquelles vous êtes parvenus dans le jugement final depuis la première publication du livre ?

Il y avait beaucoup d'erreurs typographiques dans les éditions précédentes du livre. Mais, plus important encore, les erreurs mineures de fait qui sont apparues dans les éditions précédentes ont été corrigées et dans mon spécial "défi aux lecteurs", j'ai esquissé ces erreurs pour le compte rendu et souligné qu'elles n'avaient rien à voir avec la thèse du livre. À part ces corrections, je n'ai pas révisé la thèse originale telle qu'elle a été présentée dans la première édition.

J'ai renforcé le livre ici et là, mais je n'ai supprimé aucune donnée de fond relative à la thèse elle-même. Le livre est donc essentiellement tel qu'il a été écrit à l'origine, mais il est aujourd'hui beaucoup plus solide et beaucoup plus complet que jamais, couvrant des domaines liés à l'assassinat et au camouflage qui n'ont pas été abordés dans les éditions précédentes, en particulier les nouvelles découvertes que j'ai mises au jour concernant le travail méconnu de Frank Sturgis, agent de la CIA de longue date pour le Mossad - un détail explosif en effet.

Depuis la parution de la première édition, j'en suis également venu à la conclusion que le lien dit "mafieux" avec l'assassinat de JFK est plus une distraction et en résumant mes constatations, j'ai cité cette réévaluation pour le bénéfice des lecteurs, bien que ceux qui ont lu même la première édition trouveront que, dès le début, j'avais très soigneusement défini la probabilité que l'implication de la "mafia" était au mieux superficielle.

Vous avez critiqué le film d'Oliver Stone, JFK. Pourquoi ? Stone n'a-t-il pas fait du bon travail en exposant de nouveaux faits sur l'assassinat de JFK à un public plus large comme personne ne l'avait fait auparavant ?

Les défenseurs de Stone ont souligné que Stone avait un sujet très compliqué à traiter dans le film et qu'il ne pouvait pas tout inclure et c'est absolument vrai. Je ne peux pas être en désaccord avec cela. Les défenseurs de Stone disent aussi :"Eh bien, s'il voulait sortir au moins une partie de l'histoire, Stone ne pouvait pas vraiment se plonger dans le lien avec Israël - même s'il le voulait - parce qu'il n'aurait pu obtenir de financement ou de distribution pour le film." C'est la vérité.

Cependant, les intérêts financiers qui sous-tendent la production, la distribution et la promotion de " l'histoire alternative " ou la " théorie alternative " de l'assassinat du JFK par Oliver Stone sont liés à la fois à Israël et au Syndicat du crime de Lansky, lui-même lié à la fois au Mossad et à la CIA, voire, plus particulièrement, pendant la période des complots de la CIA et de la pègre contre Castro, qui d'après tous les chercheurs semblent avoir jouer au moins un rôle périphérique dans les événements qui ont conduit au meurtre du président.

Je dois donc demander aux défenseurs de Stone : quelle est leur opinion sur le film de Stone à la lumière de ce que je pense être une preuve significative que le Mossad a joué un rôle clé dans l'assassinat de JFK ? Le film de Stone était-il en fait de la "propagande tendancieuse" conçue pour donner au peuple américain un "jugement final" popularisé, pour ainsi dire, sur ce qui se serait passé à Dallas ? C'est en effet ce que le film a fait, et il l'a fait d'une manière telle que la " solution " est loin de tout cela.

Quel est votre avis sur le film, *Executive Action* ?

Mark Lane a été l'un des principaux instigateurs de ce film, mais Lane a finalement été mécontent de la version finale du film en ce qu'il n'a pas, à son avis, suffisamment abordé le rôle de la CIA dans l'assassinat du président Kennedy. Dans l'ensemble, cependant, *Executive Action* est un bon film et très bien construit et il ne fait aucun doute que Stone s'est fortement appuyé sur les fondements posés par *Executive Action* pour structurer son propre film. Comme le film de Stone, *Executive Action*, ne nomme pas de conspirateurs haut placés en soi. Le film, comme le film de Stone, trahit un certain parti pris "libéral", si vous voulez. Je trouve toujours très instructif de regarder le film, cependant, en ce sens qu'il esquisse une théorie, de manière très concise, sur la façon dont un petit groupe de conspirateurs aurait pu mener à bien l'assassinat de JFK. J'invite tous ceux qui veulent un aperçu de la conspiration d'assassinat de JFK à regarder *Executive Action*.

Quelle a été la réaction du monde arabe face à votre livre, dans la mesure où il accuse Israël de l'assassinat de JFK ?

Des arabo-américains qui ont lu le livre ont dit que c'était un excellent livre. Un pasteur chrétien arabo-américain, et pas un stéréotype du " riche arabe ", soit dit en passant, à acheté pas moins de 102 exemplaires. J'ai envoyé des exemplaires à toutes les ambassades arabes et j'ai reçu une lettre de remerciement disant : "J'ai hâte de lire votre livre."

L'ambassade de Libye à New York a acheté trois exemplaires supplémentaires du livre après avoir reçu mon exemplaire gratuit. Mais le livre n'a pas été subventionné par les Arabes et ce n'est pas de la propagande arabe. Il n'a pas non plus été conçu par les Arabes. Ce n'est qu'après la publication de la quatrième édition qu'une maison d'édition arabe a finalement décidé de publier une traduction arabe du livre. Ainsi, l'argent arabe n'a jamais été un facteur derrière la publication et la distribution de la publication initiale du livre et la vérité est que même l'éditeur de langue arabe du livre n'a pas fourni au livre le genre de distribution que j'aurais souhaité.

Je dois dire, cependant, que j'ai été ravi d'avoir reçu une invitation à prendre la parole lors du deuxième Dialogue vert pour un ordre mondial alternatif qui s'est tenu à Tripoli, en Libye, sous le patronage de la Société viennoise de la Jamahir Society for Philosophy and Culture.

Malheureusement, en raison des restrictions à l'entrée en Libye (imposées aux américains sous la pression du lobby israélien), je n'ai pas pu y assister. Cependant, les organisateurs m'ont demandé de soumettre une déclaration écrite qui a été lue à haute voix aux participants venus de tous les coins du monde. Dans la foulée, j'ai reçu de merveilleuses lettres de gens venant de Malte, du Ghana, de Guyane et de Nouvelle-Zélande qui, semble-t-il, ont été profondément surpris d'apprendre que quelques américains n'avaient pas peur de soulever des questions sur les relations entre les États-Unis et Israël. Je suis reconnaissant envers les gens du soi-disant "Tiers Monde" qui ont pris le temps d'écrire et je suis reconnaissant qu'il y a quelques endroits où la liberté d'expression (quand il s'agit de l'intrigue israélienne) existe encore.

Je pourrais mentionner, en outre, que lorsque mon éditeur a essayé d'acheter une pleine page de publicité pour *Jugement Final* dans les pages d'une publication « pro-arabe », *The Washington Report on Middle East Affairs*, les rédacteurs en chef ont refusé. Non pas parce que la publicité était "controversée", mais parce que les rédacteurs en chef craignaient que la Ligue Anti-Diffamation (ADL) du B'nai B'rith n'utilise la publication de la publicité pour suggérer qu'ils étaient liés d'une certaine manière à mon employeur de l'époque, Liberty Lobby, que l'ADL a déclaré être "antisémite". (Le *Washington Report* a toutefois publié une lettre de ma part au rédacteur en chef - une concession mineure, je suppose.) Mais l'influence de l'ADL se fait sentir même chez ceux qui sont enclins au point de vue "arabophone".

Pas plus tard que dans le numéro d'octobre/novembre 1999 du *Washington Report*, Tim Hanley, un épistolier, déclarait : "Il existe des preuves considérables établissant un lien entre les Israéliens et l'assassinat de JFK. C'est un sujet trop chaud pour être abordé dans le [*Washington Report*], mais il y a néanmoins des preuves... Comment se fait-il que je doute que ce sujet fasse l'objet d'un examen public ?"

Le rédacteur en chef répondit ceci à la lettre de M. Hanley :"... Ajoutons que si nous savons que de nombreuses personnes au Moyen-Orient associent l'assassinat de JFK à la possibilité qu'il était sur le point de réorienter la politique américaine au Moyen-Orient vers une approche plus impartiale, il n'y a pas de preuves tangibles établissant un lien entre cela et sa mort."

Manifestement, les rédacteurs en chef du *Washington Report* ne se prêtent pas à la publication de *Jugement Final*, malgré le fait que bon nombre de leurs lecteurs ont manifestement lu *Jugement Final* ou entendu parler du livre. Je doute de leur jugement, mais la décision leur appartient.

En mars 2003, j'ai eu l'occasion unique de donner une conférence à un groupe de réflexion arabe de premier plan au Moyen-Orient, le Zayed, le Centre International de Coordination et de Suivi - au grand désarroi de la Ligue anti diffamation, qui a soulevé un grand désaccord à propos de mon apparition là-bas - mais le sujet de *Jugement Final*, n'a été mentionné qu'en passant dans le cadre de ma conférence sur la partialité des médias américains en faveur d'Israël.

Y a-t-il eu une réaction à votre livre en Israël ?

Pour l'instant, la réaction en Israël a été limitée. La première réaction a été une analyse Internet assez intéressante de *Jugement Final*, écrite par Barry Chamish, le journaliste israélien dissident, qui a déclaré que *Jugement Final* " prouve que le Mossad est la force motrice derrière l'assassinat de JFK." Décrit comme un "sioniste" qui se dit "attaché à la force et à la survie d'Israël", Chamish a aidé à provoquer une tempête en Israël récemment en démontrant à la satisfaction de beaucoup que les services secrets israéliens ont été impliqués dans l'assassinat du Premier ministre israélien Yitzhak Rabin.

Dans son analyse de *Jugement Final*, il dit qu'il accepte mon argument selon lequel la société Permindex était effectivement une façade du Mossad pour des opérations secrètes. C'est effectivement une concession importante, compte tenu du débat entre les chercheurs sur ce qu'était ou n'était pas la Permindex.

Chamish avait plusieurs critiques, mais aucunes d'entre elles n'étaient préjudiciables à la thèse de base que Chamish a essentiellement soutenu. Il a dit que, à son avis, "Piper a raison et tort... ce qui est dérangeant, c'est qu'il ne faut pas grand chose de ce qu'il a trouvé de juste pour apporter la preuve de l'implication israélienne" dans l'assassinat de JFK.

Chamish déclara que l'une des choses sur laquelle je m'étais trompé, était que j'avais qualifié l'ancien premier ministre israélien Menachem Begin (que Chamish admire) d'ancien "terroriste". Cette description est une question d'opinion, sujette à débat. Begin a tué des officiers britanniques en Palestine. Il les a fait exploser avec des bombes. C'est du terrorisme, selon ma définition.

Cependant, Chamish est d'accord pour dire que ma suggestion selon laquelle le Premier ministre israélien David Ben-Gourion (en colère contre JFK pour avoir tenté d'empêcher Israël de construire la bombe nucléaire) aurait ainsi décidé, selon les termes de Chamish, de "mettre à contribution l'expertise du Mossad dans l'assassinat de [JFK]" est une spéculation raisonnable. Chamish a déclaré que, selon lui, "le complot principal de l'assassinat était américain et que sa genèse était antérieure à toute implication israélienne possible". Il croit que "l'Amérique a corrompu Israël et non l'inverse."

Chamish déclara qu'il aurait été enclin, auparavant, à rejeter ma thèse comme étant "une histoire fantastique", sauf que dans ses recherches sur l'assassinat de Yitzhak Rabin, il "a découvert indépendamment trop de faits en commun avec Piper".

Notant que j'étais un correspondant du *Spotlight* (sur lequel Chamish a probablement entendu quelques rumeurs de choix), Chamish déclara : « ce n'est pas vraiment excitant pour moi », mais il souligne qu'"environ la moitié des sources de Piper sont juives" et que "tout compte fait, Piper ne sonne pas comme un antisémite et je sais les repérer à un kilomètre. Je crois que c'est un sincère chercheur de vérité. »

Chamish dit que "le poids des preuves [de Piper] est « circonstanciel » mais tout de même « impressionnant », bien que " loin d'être concluant ". Cependant, j'ai été le premier à souligner que, bien que les preuves présentées dans *Jugement Final* soient circonstancielles, elles ne sont pas moins circonstancielles que les preuves présentées par ceux qui soutiennent, par exemple, que "la mafia a tué JFK".

Chamish est aussi allé jusqu'à établir un lien entre *Jugement Final* et la mort de JFK Jr, fils du défunt président. Chamish a fait remarquer - comme je l'ai noté dans la quatrième édition de *Jugement Final* un an avant la mort du jeune Kennedy - que JFK Jr. avait publié un rapport détaillé dans le numéro de mars 1997 de son magazine *George* affirmant que les renseignements israéliens étaient à l'origine de l'assassinat de Rabin. Ainsi, conclut Chamish, » Nous ne savons pas ce qui a poussé [JFK Jr.] à chercher seul la vérité concernant Rabin, mais cela a peut-être beaucoup à voir avec l'information contenue dans *Jugement Final* ». Pour un israélien, il va sans dire qu'il s'agit là d'un soutien très fort et honnête.

Plus récemment, le dissident israélien de renommée internationale Israel Shamir a cité *Jugement Final* dans l'un de ses écrits. Shamir - à ne pas confondre avec le Premier ministre israélien Yitzhak Shamir - a vivement critiqué la poursuite de la violence israélienne et le complot international contre ses ennemis.

Dans *Jugement Final*, vous accusez le premier ministre israélien de longue date, Yitzhak Shamir, d'avoir été directement impliqué dans le complot d'assassinat de JFK. Vous n'avez pas peur d'un procès pour diffamation de la part de Shamir ?

Shamir était à la tête de l'équipe officielle du Mossad au moment de l'assassinat de JFK, il est donc peu probable qu'il veuille attirer l'attention sur ce fait en intentant une action en diffamation contre moi. Cela ouvrirait une boîte de Pandore désagréable que les Israéliens préféreraient tout simplement garder sous scellés.

Vous ne dites jamais réellement qui vous croyez être les vrais assassins du Président Kennedy à Dallas. Qui étaient-ils ?

Je souligne dans le livre qu'il y a eu plusieurs noms mis en avant comme étant l'assassin "français" possible à Dallas, notamment un certain Michael Mertz. Il avait des liens non seulement avec le service de renseignement français et les forces anti-De Gaulle de l'OAS, mais aussi avec le réseau de trafic de drogue de Lansky et Trafficante et avec la mafia dite corse dont les membres combattaient à leur tour l'OAS. Vous voyez donc que ce possible assassin a des liens dans de multiples directions avec diverses factions du renseignement français et avec tous les éléments précisément non français qui travaillaient contre JFK.

Il y a de fortes preuves que des exilés cubains anti-castristes aient été impliqués d'une manière ou d'une autre dans les événements de Dealey Plaza. Nous avons les frères Novo (Guillermo et Ignacio) que l'ancien agent de la CIA Marita Lorenz dit avoir accompagnés à Dallas la veille de l'assassinat. Il ne faut pas oublier que l'individu qui était le " superviseur " de Mlle Lorenz et des Novos était Frank Sturgis qui a travaillé pendant des années pour la CIA et le Mossad et Sturgis a lui-même dit plus tard à Lorenz que son équipe était impliquée dans l'assassinat, bien qu'il n'ait jamais dit qu'ils étaient les tireurs proprement dits. Mlle Lorenz a attester que Sturgis lui avait dit qu'elle agirait comme un "leurre" dans l'opération et que ce n'est qu'après l'assassinat qu'elle s'est rendue compte que ses activités l'avaient menée dans la sphère de la conspiration de l'assassinat.

Il y a probablement eu beaucoup de gens qui ont été amenés à Dallas dans le cadre d'équipes d'assassinats potentielles ou possibles et qui n'ont jamais été en fait utilisés ou qui peuvent avoir joué un rôle, d'une manière ou d'une autre, avant ou après que le crime ait eu lieu. En fin de compte, les véritables assassins n'étaient que des "tueurs à gages" pour des gens à des niveaux beaucoup plus élevés. L'important est de savoir qui a planifié l'assassinat. C'est ce qui compte vraiment.

Pourquoi ne pas aborder des questions telles que l'endroit d'où les coups de feu ont été tirés, l'endroit où les coups de feu ont atterri ou quel genre de balles

ou d'armes ont été utilisées ? Ces éléments, pris ensemble, n'aident-ils pas à résoudre le mystère de l'assassinat de JFK ?

L'essentiel c'est : "Qui a tué John F. Kennedy et pourquoi ?" Dans *Jugement Final*, j'ai cité Vincent Salandria, chercheur en matière d'assassinat de JFK de longue date, qui a déclaré : » Tandis que les chercheurs se sont impliqués dans la recherche micro-analytique de faits sur la façon dont l'assassinat a été accompli, il n'y a presque pas eu de réflexion méthodique sur la raison pour laquelle le président Kennedy a été tué. » Je pense que cela le résume assez bien.

John F. Kennedy est mort ce jour-là à Dallas. Conséquence directe de sa mort, la politique étrangère américaine a non seulement changé par rapport au Vietnam, mais elle a aussi fait un virage à 180 degrés dans le domaine de la politique américaine envers Israël et le monde arabe. Je pense que le gros problème avec de nombreux chercheurs en matière d'assassinat de JFK, c'est qu'ils n'ont pas cherché dans le sens de la controverse au Moyen-Orient et que c'est un problème majeur qu'ils n'ont pas réussi à surmonter.

Ceux qui sont responsables du meurtre de John F. Kennedy ne trouvent rien de plus amusant que le spectacle de " chercheurs sérieux " qui se marchent les uns sur les autres et recrachent des informations de deuxième, troisième et quatrième main, essayant de déterminer d'où viennent les coups de feu trente ans après le crime. Cela ne résout en rien la controverse.

Mark Lane a prouvé dans *Rush to Judgment* qu'il y avait beaucoup plus à l'histoire et les livres suivants tels que, notamment, *Six Seconds* de Josiah Thompson à Dallas, analyse les aspects médico-légaux d'une manière convaincante. Cependant, la question du complot et du camouflage ne faisait plus aucun doute après l'apparition de tels ouvrages.

C'est pourquoi nous savons depuis trente ans qu'il y a eu complot, que plusieurs assassins ont été impliqués. Peu importe comment ils ont commis le crime, en fin de compte, puisque le crime a été un succès. Les armes utilisées dans le crime n'ont jamais été retrouvées et une grande partie de l'autopsie et des preuves balistiques qui existent peuvent être des contrefaçons. Il est peu probable que nous trouvions un jour une « arme du crime » achetée par un assassin connu du Mossad.

Alors, arrêtons d'essayer de répondre à des questions auxquelles on ne répondra jamais et commençons à examiner les liens de ceux qui ont été impliqués dans le complot d'une manière ou d'une autre : Clay Shaw, David Ferrie, Guy Banister, Carlos Marcello, Santo Trafficante, les assassins français et bien d'autres. Lorsque nous examinons les liens entre ces noms bien connus, comme je l'ai fait dans *Jugement Final*, vous ne pouvez pas vous empêcher de trébucher sur la connexion israélienne. C'est un lien qui est omniprésent.

Pourquoi personne n'est jamais tombé sur la connexion israélienne avec l'assassinat de JFK avant la publication de Jugement Final ?

Comme je l'ai souligné plus tôt, ce n'est que relativement récemment que les relations difficiles entre John F. Kennedy et Israël ont été largement été mises à jour dans le domaine public. Donc la plupart des gens ne savaient même pas qu'il fallait d'abord regarder dans la direction israélienne. Lorsque l'auteur libéral Richard Reeves est apparu dans l'émission de radio Pat Buchanan, vantant sa nouvelle histoire à propos de l'administration Kennedy, j'ai téléphoné et posé des questions sur la politique de JFK au Moyen-Orient dans le contexte d'une possible implication israélienne dans l'assassinat de JFK. Reeves a brièvement reconnu que JFK était engagé dans une situation moins qu'amicale avec Ben-Gourion, mais avant que je n'aie pu approfondir la question, le co-animateur de Buchanan, Ben Wattenberg, un fanatique d'Israël, m'a interrompu en me coupant de l'antenne, ajouterais-je, et a changé le sujet de la discussion en parlant de la santé de JFK. Voilà pour la politique de JFK au Moyen-Orient !

Pourquoi le procureur de la Nouvelle-Orléans Jim Garrison n'a-t-il jamais révélé les liens de Clay Shaw avec les Israéliens et le Syndicat du crime de Lansky par l'entremise de son adhésion au conseil d'administration de la Permindex ? Garrison était au courant pour la Permindex.

Je pense que cela tient du fait que Garrison lui-même n'était manifestement pas au courant de la relation avec Israël à l'origine, et qu'il n'avait aucune raison de soupçonner l'implication israélienne, dans la mesure où, à ce moment-là, à la fin des années 1960, le conflit de JFK avec Israël était vraiment un profond et sombre secret.

Cependant, comme nous le savons maintenant, selon le chercheur A. J. Weberman, Garrison est évidemment arrivé plus tard à la conclusion qu'il y avait un lien avec le Mossad mis en évidence par sa diffusion d'un manuscrit pour un roman (jamais publié) dans lequel il a identifié le Mossad comme la force motrice derrière la conspiration d'assassinat.

Comme je l'ai souligné dans *Jugement Final*, Garrison ne considérait pas (du moins au début) que les liens de Shaw avec la Permindex étaient au cœur des événements de Dallas. Cela indique que Garrison a vraiment manqué le coche puisqu'il était tombé sur la clé des connexions de Clay Shaw avec le renseignement et qu'il ne les a manifestement pas compris. Un de mes plus grands regrets est que Jim Garrison n'ait pas vécu assez longtemps pour lire *Jugement Final*.

Comme je l'ai mentionné plus tôt, ceux qui ont identifié le lien avec la Permindex, comme le Dr John Coleman et l'*Executive Intelligence Review*, n'ont cependant pas réussi à déterminer avec précision pourquoi les Israéliens eux-mêmes avaient intérêt à éliminer JFK. Ils n'ont pas examiné la politique de JFK au Moyen-Orient et comment cette politique a été renversée après la mort de JFK, sans parler du fait que JFK essayait d'empêcher Israël de construire la bombe nucléaire, qui, en fin de compte, était presque certainement la force motrice de l'implication d'Israël dans la conspiration de l'assassinat.

En fait, après l'écriture de *Jugement Final*, j'ai trouvé deux très vieux et relativement obscurs articles qui ont en fait mis en évidence le rôle du Mossad et du Syndicat du crime de Lansky dans la conspiration.

L'article était paru à un moment donné dans les années 1980 dans le rapport de la Ligue de Défense Chrétienne basée à Metairie, en Louisiane, et cet article résumait en fait l'idée de base de la théorie exposée dans *Jugement Final* en une dizaine de paragraphes disant, essentiellement, qu'il était probable que les Israéliens aient participé à l'assassinat de JFK en raison des problèmes que JFK avait rencontré avec les Israéliens et de la soi-disant « mafia », souvent accusée du meurtre de JFK, qui était en fait dominée par le disciple d'Israël, Meyer Lansky.

J'en ai parlé au Dr James K. Warner de la Ligue de défense chrétienne et je lui ai dit que je devais rendre à César ce que revenait à César. À l'époque, Warner avait même oublié que l'article avait été publié ! Mais il est intéressant de noter que ce court article a très bien couvert le sujet.

Je dois aussi rendre hommage à feu Ned Touchstone, également de Louisiane, qui était l'éditeur d'un journal appelé *The Councilor*. Touchstone avait en fait enquêté sur l'assassinat de JFK et j'ai maintenant appris que c'était Touchstone qui a été l'une des premières personnes à tomber sur l'agent de la CIA David Ferrie, il en est question en détail à l'annexe 3.

Tout à l'honneur de Touchstone, il a en fait souligné les connexions de haut niveau avec le lobby israélien de la puissante famille Stern de la Nouvelle-Orléans, qui étaient les propriétaires de la radio et de la télévision WDSU à la Nouvelle-Orléans ainsi que des amis proches de Clay Shaw. Comme je l'ai décrit en détail dans *Jugement Final*, ce sont les organes de presse de la WDSU qui ont largement contribué à l'effort médiatique qui a jeté les bases du profil pré-assassinat de Lee Harvey Oswald en tant qu'"agitateur pro-Castro". C'est Touchstone qui a laissé entendre que, d'une façon ou d'une autre, les Stern auraient pu être la clé du casse-tête de l'assassinat de JFK, mais, de toute évidence, il ne disposait d'aucune preuve solide, peut-être encore une fois parce que personne ne savait exactement à quel point un problème s'était développé entre JFK et les Israéliens avant l'assassinat.

Touchstone a d'abord découvert la photo de Clay Shaw lors d'une soirée sponsorisée par le réseau de la WDSU de la famille Stern à la Nouvelle-Orléans. Pendant de nombreuses années, on a cru que Ferrie était aussi sur la photo. Récemment, de sérieux doutes ont été soulevés quant à savoir si Ferrie était réellement la personne sur la photo avec Shaw, mais il y a eu d'autres sources qui ont dit que Shaw et Ferrie se connaissaient. Donc, que ce soit ou non Ferrie sur la photo n'est pas du tout pertinent à l'heure actuelle.

Il y a beaucoup plus à dire sur les relations de JFK avec Israël. Ce n'est que récemment, en 1995 en fait - après la publication de *Jugement Final* - que le département d'État a publié un ouvrage massif de documents inédits sur les relations des États-Unis avec Israël pendant l'administration Kennedy. Et ce sont là des documents qui confirment que JFK et le Premier ministre israélien Ben-Gourion étaient engagés dans un conflit acharné en coulisses à propos de la volonté israélienne de construire une arme nucléaire.

L'ouvrage du département d'État, publié par l'intermédiaire du Government Printing Office, est *Foreign Relations of the United States (1961-1963) Volume XVII - Near East (1961-1962)*. Un échantillon de ces documents est cité dans cette édition de *Jugement Final* et fournit une preuve solide du conflit acharné entre JFK et Ben-Gourion au sujet du programme israélien de bombes nucléaires.

En outre, bien sûr, le nouveau livre d'Avner Cohen, *Israël and the bomb*, a fourni une grande quantité d'informations nouvelles sur la guerre officieuse de JFK avec Israël. Cohen a raconté qu'il rejetait ma théorie de l'implication israélienne dans la conspiration de JFK, il ne fait aucun doute que son livre (qu'il le veuille ou non) donne de la crédibilité à ma thèse, que cela plaise ou non à Cohen.

Il y a eu de nombreuses répétitions dans Jugement Final. Très souvent, vous dites ce que vous allez dire dans les chapitres ultérieurs ou ce que vous avez expliqué dans les chapitres précédents. Le livre ne serait-il pas beaucoup plus efficace si vous aviez un éditeur qui avait supprimé ces références répétitives du livre ?

C'est une question intéressante. Dans mon entourage immédiat qui a lu le livre avant ou après la publication, la répétition est quelque chose qu'ils ont presque toujours mise en avant quand je leur ai demandé ce qu'ils aimaient, ou pas, à propos du livre. En fait, environ sept sur dix d'entre eux ont dit qu'ils aimaient la répétition, expliquant que cela reliait tous les sujets complexes ensemble.

Le livre lui-même est assez détaillé et tente de relier des sujets qui ne semblent pas être liés au départ (bien qu'ils le soient très certainement). Donc, dans le processus d'écriture du livre, j'ai pris la décision consciente d'essayer de lier toutes ces choses ensemble aussi souvent que possible. Cela raccourcirait le livre si ces références répétitives avaient été éditées, mais pour quelqu'un qui ne connaissait pas beaucoup de détails sur l'assassinat de JFK, sur l'histoire des relations de JFK avec Israël, sur le crime organisé, il aurait peut-être été plus difficile pour eux de comprendre l'ensemble de la thèse si elle n'avait pas été liée de manière répétitive comme je l'ai fait.

Quoi qu'il en soit, j'apprécie les commentaires critiques des lecteurs, car il est toujours intéressant de voir comment les autres perçoivent mon travail. Pourtant, même rétrospectivement, malgré les critiques de certaines personnes que je connais bien et dont je respecte les opinions, je crois que mon jugement en la matière était juste.

Dans Jugement Final, vous n'indiquez jamais avec précision si c'est la CIA ou le Mossad qui a été le principal instigateur de l'assassinat de JFK. En d'autres

termes, qui, selon vous, était l'"associé principal" dans le complot d'assassinat de JFK ? Vous ne pouvez pas avoir les deux. C'était la CIA ou le Mossad ?

Je ne sais pas si c'est la CIA ou le Mossad qui a été l'instigateur de la conspiration. Je tiens à souligner que dans le domaine de la politique américaine au Moyen-Orient, la CIA et le Mossad étaient, comme je l'ai mentionné plus tôt, pratiquement les deux faces d'une même pièce. James J. Angleton, l'allié du Mossad à la CIA, a transformé de nombreux agents de la CIA essentiellement en agents du Mossad, travaillant au nom des intérêts d'Israël, non seulement au Moyen-Orient mais dans le monde entier.

Dans de nombreux cas, il y avait sans aucun doute beaucoup d'agents de la CIA - et des agents sous contrat de la CIA, par exemple - qui faisaient le travail du Mossad et ne le savaient pas, non seulement en ce qui concerne l'assassinat de JFK, mais aussi dans diverses activités secrètes à l'échelle mondiale.

Je pense que le complot d'assassinat était en grande partie un effort de coopération, mais je crois que le lien avec le Mossad était au centre de la conspiration et qu'il a été activement soutenu et mis en œuvre sous l'insistance d'Angleton à la CIA à Washington.

L'assassinat n'aurait vraisemblablement jamais été perpétré sans la collaboration active de la CIA et, de toute évidence, les membres de la CIA qui étaient activement impliqués dans le complot d'assassinat (Angleton en particulier) étaient proches du Mossad ou fonctionnaient dans sa sphère d'influence dans un certain nombre de domaines.

Par exemple, E. Howard Hunt, le membre de la CIA qui travaillait en étroite collaboration avec les cubains et Guy Banister à la Nouvelle-Orléans, était également un agent de liaison de la CIA avec l'OAS française qui, à son tour, travaillait en étroite collaboration avec les Israéliens. De même avec Banister, un autre acteur majeur dans au moins un aspect de la conspiration : notamment le processus de création de la légende de Lee Harvey Oswald en tant qu'« agitateur pro-Castro » pendant qu'il vivait à la Nouvelle Orléans. Puis, bien sûr, il y a Frank Sturgis, qui a travaillé pour la CIA et le Mossad et qui a admis avoir participé à l'assassinat.

Donc, dans de nombreux cas clés où l'on semble trouver une « connexion de la CIA » avec le complot d'assassinat de JFK, on constate également qu'il s'agit aussi d'une connexion israélienne très importante : qu'il s'agisse de Banister, Sturgis, Hunt ou, à un niveau plus élevé, de James Angleton.

Sans parler de l'agent de longue date de la CIA, Clay Shaw, qui était lié aux Israéliens par le biais de la Permindex parrainée par le Mossad. En un sens, tous ces acteurs clés portaient deux chapeaux. Dans ce domaine particulier de l'intrigue du renseignement (l'assassinat de JFK), lorsque vous regardez la CIA, vous regardez aussi le Mossad.

Dans une situation comme celle-ci, où divers groupes de pouvoir interagissent - dans ce cas-ci, une conspiration pour tuer le président des États-Unis -, on pourrait voir Ben-Gourion en Israël dire à James Angleton de la CIA à Washington (directement ou indirectement, bien sûr) : " JFK n'est pas seulement une menace pour Israël, mais il va aussi éclater la CIA en mille morceaux et la jeter au vent. Il va ruiner vos plans pour aller plus loin au Vietnam. »

En même temps, les lobbyistes de Ben-Gourion pourraient chuchoter aux oreilles des lobbyistes des entrepreneurs de la défense à Washington en disant, par exemple : "Vous n'obtiendrez pas vos gros profits si JFK sort du Vietnam. Et si LBJ entre en fonction, nous savons de bonne foi qu'il va entamer un processus majeur et très rentable d'armement d'Israël. Mais rien de tout ça n'arrivera si JFK reste plus longtemps." Les entrepreneurs de la défense se retournent et disent à leurs amis de la CIA et du Pentagone :"Ce fils de pute de Kennedy doit partir. »

C'est très simpliste, bien sûr, mais c'est une façon très instructive de voir comment le processus de complot d'assassinat a commencé à se développer.

De toute évidence, Angleton et ses associés à la CIA n'avaient pas besoin de Ben-Gourion pour leur dire quel était le problème de JFK avec la CIA. Mais cela n'a certainement pas nui à Angleton de savoir qu'il aurait l'influence et la protection politique, sans parler de l'aide, d'Israël et de son réseau mondial et de son soutien dans les médias américains si lui et la CIA décidaient d'agir contre le président Kennedy.

Dans l'ensemble, vous aviez un groupe de personnes très soudées - à la fois des conspirateurs purs et simples et de puissants sympathisants - qui traitaient tous ensemble régulièrement sur une base intime et très secrète.

J'ai répété à maintes reprises que, même si le complot d'assassinat de JFK semble à première vue être constitué de nombreux cercles différents qui se recoupent, il serait plus approprié d'envisager le complot comme un cercle très large qui continue de s'étendre vers l'intérieur jusqu'à un tourbillon très serré. Vous n'avez pas " une grande famille heureuse " mais, au lieu de cela, " une toute petite famille heureuse " collaborant à la conspiration de JFK. Avec seulement quelques contacts, ces personnes ont su mettre en route, financer et orchestrer cette conspiration qui a évidemment traversé plusieurs continents.

On ne saura jamais qui a dit : "Tuez JFK." Il serait présomptueux de ma part d'essayer de faire des commentaires à ce sujet et, de toute évidence, aucun document n'a été conservé sur cette conspiration. Dans *JFK* d'Oliver Stone, le personnage joué par Donald Sutherland, connu sous le nom de "Monsieur X" dit qu'il a senti que la conspiration a commencé « en l'air ». Kennedy, dit-il, était comme César, entouré d'ennemis. Quelque chose était en cours. Pourtant, tout le monde dans la boucle savait ce qui allait se passer - que JFK allait être assassiné. C'était un coup d'État, et c'est comme ça qu'ils fonctionnent. C'est la meilleure façon de voir comment la conspiration a évolué.

Selon Pierre Neuville, ma source française, Yitzhak Shamir, le chef de l'assassinat du Mossad, a sous-traité au moins un assassin ou une équipe d'assassinat par l'intermédiaire du colonel Georges De Lannurien dans les services secrets français. Et parce que De Lannurien était avec Angleton au quartier général de la CIA à Langley le jour de l'assassinat, il semble probable que De Lannurien savait exactement qui ces assassins sous contrat avaient dans leur collimateur. Il ne semble pas avoir été "hors du coup". Donc, à mon avis, il y a eu un geste affirmatif de la part du Mossad dans le but de tuer John F. Kennedy. Peut-être que Shamir l'a fait à la demande d'Angleton.

Il ne fait aucun doute que c'est la relation tendue de JFK avec Israël qui a été l'une des principales motivations derrière la conspiration finale compte tenu du rôle de James Angleton, collaborateur israélien de la CIA, dans la conspiration. Angleton avait plusieurs motivations à lancer la participation de la CIA dans le complot et l'une des principales motivations était certainement sa position en tant que chef et défenseur dévoué d'Israël à la CIA à Washington.

Je pense que ma conclusion dans *Jugement Final* est que vous ne pouvez absolument pas examiner le complot d'assassinat de JFK sans prendre en compte le rôle du Mossad, nonobstant les autres facteurs, même s'ils sont importants.

Dans Jugement Final, vous dites très peu de choses sur le rôle du complexe militaro-industriel et de ses alliés au Pentagone dans le complot d'assassinat de JFK.

Franchement, j'ai toujours considéré la théorie selon laquelle " le complexe militaro-industriel a tué JFK " comme une théorie d'échappatoire. Lorsque vous accusez le (soi-disant) complexe militaro-industriel vous accusez des industriels sans visage, des militaires sans visage, des financiers sans visage. C'est une zone grise et nuageuse avec peu de détails. Cependant, si vous voulez utiliser la terminologie du " complexe militaro-industriel ", qui englobe encore une grande diversité de groupes de pouvoir, ils sont tous interdépendants. Le fait est que le lobby israélien est un élément clé du complexe militaro-industriel, aujourd'hui en particulier. Ce n'était pas tellement le cas à l'époque de JFK, mais le lobby israélien commençait à faire preuve de plus de fermeté à ce moment-là et comme conséquence directe de la mort de JFK, le complexe militaro-industriel commença à fabriquer les armes qu'Israël commença à recevoir en grand nombre lorsque LBJ inversa la politique de JFK au Moyen-Orient.

LBJ a non seulement commencé à armer Israël jusqu'aux dents, mais aussi à lui fournir une aide étrangère massive que l'État juif a utilisée pour acheter les armes de guerre construites par les démons sans visage du "complexe militaro-industriel". Je connais au moins un lobbyiste de l'industrie israélienne de la défense qui a aussi fait du lobbying pour le compte de certains grands entrepreneurs américains de la défense pendant cette période - et pour la CIA. Et il n'est pas le seul. Le complexe militaro-industriel n'a donc pas seulement profité énormément de la guerre du Vietnam. Ces industriels sans visage avaient aussi un grand intérêt dans l'armement d'Israël, quelle que soit la façon dont vous l'appréhendez.

Ceux qui veulent accuser le " complexe militaro-industriel " pour la mort de JFK feraient mieux de commencer à souligner le fait qu'Israël et son lobby américain font partie de ce croquemitaine très populaire dans la légende du complot d'assassinat de

JFK. Il y a beaucoup de gens parmi les chercheurs qui pourraient avoir peur de mentionner le rôle d'Israël dans le complexe militaro-industriel, mais cet élément est là, qu'ils le veuillent ou non.

La conspiration que vous décrivez dans Jugement Final est-elle une "conspiration de droite" ou une "conspiration de gauche" ?

Je ne pense pas que les termes " droite" et " gauche" aient encore beaucoup de sens et je ne pense pas que vous puissiez utiliser cette terminologie en référence à l'assassinat de JFK. Il y a beaucoup d'autres facteurs à l'œuvre dans la conspiration. Les membres de la CIA qui conspiraient contre JFK d'une façon ou d'une autre, en particulier James Angleton, David Atlee Phillips, chef de la Division de l'hémisphère occidental de la CIA, E. Howard Hunt, Frank Sturgis et des personnages de moindre envergure comme Guy Banister et David Ferrie à la Nouvelle-Orléans, sans parler des nombreux exilés cubains qui travaillaient pour la CIA, étaient de "droite" et des "anticommunistes". Cependant, le fait est que le gouvernement du Premier ministre israélien David Ben-Gourion était un régime socialiste de gauche sous le règne du Parti travailliste. Donc vous trouvez les partisans de droite de la CIA travaillant avec les gauchistes en Israël.

Ce que vous aviez, c'était une conspiration des pouvoirs politiques : une variété d'intérêts spéciaux travaillant ensemble. Vous aviez aussi les membres de la "mafia" dominée par Lansky qui s'inquiétaient de la guerre menée par l'administration Kennedy contre le crime organisé et qui aidaient également à financer les exilés anti-castristes cubains sur divers fronts. Et comme beaucoup le savent, même "la mafia" avait financé Castro au début, espérant être dans ses bonnes grâces si et quand il arriverait au pouvoir. Il y avait donc certainement beaucoup de forces conflictuelles à l'œuvre. J'ajouterais aussi que même au sein de la communauté des exilés cubains anti-castristes, qui parmi de nombreux chercheurs était de "droite", le fait est qu'il y avait en fait beaucoup de "gauchistes" qui s'opposaient à Castro.

Il y avait de nombreuses factions au sein de la communauté cubaine. En fait, beaucoup d'anciens combattants des guerres anti-Castro du début des années 1960 ont même perçu E. Howard Hunt comme sympathisant avec les membres de la gauche parmi les Cubains anti-castristes. L'orientation libérale de la communauté des chercheurs en matière d'assassinat de JFK ne le comprend pas, mais c'est certainement un facteur à prendre en considération. Donc, vous ne pouvez même pas vraiment identifier la CIA comme étant de "droite" ou de "gauche" quand vous commencez vraiment à analyser la situation. Il y a encore aujourd'hui de nombreux vieux de la vieille de la CIA qui sont encore plein d'amertume quant à l'influence des "libéraux" dans les querelles entre factions de la CIA concernant la guerre contre Fidel Castro.

Éloignons-nous de ces termes comme « la gauche » et « la droite » et considérons la conspiration d'assassinat de JFK comme une alliance entre des intérêts divers (dont beaucoup se recoupent) mais qui ont tous profité de l'assassinat du président Kennedy.

N'est-il pas possible, en fin de compte, que le KGB soviétique - ou une faction au sein du KGB - était en fait derrière le complot d'assassinat de JFK, manipulant les gens de "droite" de la CIA et les exilés anticastristes cubains et voire dans la mafia et le Mossad ?

Oui, c'est tout à fait possible, mais très improbable. Dans le monde du renseignement, tout est possible. Les choses ne sont pas toujours comme elles semblent l'être. Mais regardons la motivation soviétique en général. Quelle motivation les Soviétiques avaient-ils pour tuer JFK et remplacer Lyndon Johnson comme président américain ? En un sens, LBJ avait la réputation d'être encore plus anticommuniste que JFK. Il est très peu probable qu'ils aient préféré LBJ à son prédécesseur. Je n'ai jamais vu personne présenter quoi que ce soit, même avec un semblant de crédibilité qui le prouve. Il est possible qu'il y ait eu quelqu'un, quelque part au milieu de la conspiration d'assassinat de JFK, qui était en quelque sorte un agent double du KGB, mais il y a eu de toute évidence tellement de chevauchements entre les divers services de renseignement dans cette conspiration qu'il est possible qu'il y ait même eu un agent secret irlandais mêlé à la conspiration, délibérément ou involontairement.

Comme Mark Lane l'a souligné dans *Plausible Denial*, l'effort visant à mettre la faute de l'assassinat sur le KGB a été l'une des nombreuses mises en scène proposées par les vrais conspirateurs. Peut-être que l'excuse du KGB était l'une des nombreuses histoires que les conspirateurs retenaient au cas où ils auraient besoin d'une carte maitresse. Et vous vous souviendrez que c'est James Angleton qui était le fonctionnaire de la CIA qui était le plus ardent défenseur de la théorie selon laquelle Lee Harvey Oswald était, au bas mot, un " agitateur pro-Castro " occupé à rencontrer un expert en assassinats du KGB au Mexique.

Dans son livre, *The Man Who Knew Too Much*, l'auteur Dick Russell dépeint un cas très plausible dans lequel un agent de renseignement américain de longue date, Richard Case Nagell, aurait pu être sous la direction du KGB pour tenter d'infiltrer le complot d'assassinat. Nagell semble avoir été mêlé à divers aspects de la conspiration, mais cela ne signifie pas que le KGB manipulait la conspiration, mais qu'il surveillait plutôt une conspiration ou des complots - et il se peut qu'il n'ait même pas su au départ qu'il s'agissait d'une conspiration d'assassinat.

Etes-vous absolument contre toute implication du dictateur cubain Fidel Castro dans l'assassinat ?

Absolument. Je ne crois pas qu'il y ait le moindre doute que Castro lui-même se serait rendu compte à quel point il aurait commis une erreur radicale s'il avait été impliqué dans un aspect quelconque de la conspiration, même vaguement associée à l'assassinat ou à la tentative d'assassinat de John F. Kennedy. Fidel Castro n'est pas stupide. Si jamais on l'avait mis sur le dos de Castro, il y aurait sans doute eu une demande nationale et internationale pour la tête de Castro. Castro n'avait donc manifestement aucun intérêt à enfoncer un pieu dans le cœur de John F. Kennedy.

Nous savons maintenant, de nombreuses années plus tard, que JFK se dirigeait vers une forme de détente avec Castro, mais en même temps, il semble que JFK gardait sans aucun doute des options ouvertes vis-à-vis du dirigeant cubain. Cependant, il est très clair que les vrais conspirateurs derrière l'assassinat qui manipulaient Lee Harvey Oswald le faisaient de telle manière qu'il donnait l'impression d'être un " agitateur pro-Castro ". Qu'est-ce que ça dit ? Si Castro était derrière le complot, il n'aurait certainement pas manipulé Oswald de cette façon. Si Castro avait eu la moindre idée qu'il y avait eu un complot d'assassinat en cours, il aurait été dans l'intérêt de Castro de le signaler à JFK. Castro ne savait rien d'une conspiration. Nous pouvons écarter toute implication de Castro.

N'est-il pas possible que des "éléments véreux" de la CIA et du Mossad aient été impliqués dans l'assassinat du JFK et que les hauts responsables de la CIA et du Mossad n'aient rien eu à voir avec la conspiration ?

Non, il n'est pas possible que l'assassinat de JFK ait été orchestré par des "éléments véreux" de la CIA et du Mossad. L'excuse bidon des "éléments criminels" est fatiguée et usée. Lorsqu'on se penche sur les membres de la CIA qui étaient impliqués dans des activités étranges liées à l'assassinat, en particulier les efforts visant à suggérer que Lee Harvey Oswald se réunissait avec un spécialiste des assassinats du KGB à Mexico, on trouve non seulement David Atlee Phillips, chef de la Division de l'hémisphère occidental de la CIA, mais aussi, bien sûr, Angleton, directeur du contre-espionnage pour la CIA. Ce ne sont pas des employés « de bas étage » qui se sont égarés. Ce sont des hommes haut placés. Il n'y a aucun doute à ce sujet. Et quelqu'un tel qu'E. Howard Hunt ? Bien que Hunt ait été certainement inférieur à Phillips ou à Angleton dans la hiérarchie de la CIA, il était encore une figure de longue date de la CIA qui avait joué un rôle majeur dans les affaires secrètes de la CIA. Hunt, également, n'était pas un agent « véreux ».

Il n'y a aucune preuve que John McCone - un vieil ami de la famille Kennedy - qui fut nommé par JFK comme directeur de la CIA (remplaçant Allen Dulles, qui avait été congédié par JFK), ait quelque chose à voir avec la conspiration. En fait, comme on l'a noté dans *Jugement Final*, McCone était un critique amer du programme israélien de bombes nucléaires et plus tôt, à la fin de l'administration Eisenhower où il était membre de la Commission de l'énergie atomique, c'est McCone qui révéla la vérité pour la première fois sur les intentions nucléaires d'Israël.

Il est intéressant de noter que lorsque l'administration Kennedy a ordonné à la CIA de commencer à espionner le programme secret de développement nucléaire israélien, l'espionnage se faisait à partir du bureau de McCone. En d'autres termes, JFK ne faisait pas confiance à l'opération d'espionnage menée par Angleton, que tout le monde savait être un agent coopté d'Israël au sein de la CIA, mais JFK faisait confiance à McCone. Donc, bien que McCone n'ait rien eu à voir avec l'assassinat de JFK, ceux qui l'ont entouré aux plus hauts niveaux avaient certainement quelque chose à voir avec l'assassinat.

Il ne faut pas non plus oublier que de nombreuses personnes de la CIA au moment du meurtre de JFK sont restées fidèles au directeur de longue date Allen Dulles qui avait été licencié par Kennedy. L'implication de la CIA dans l'assassinat était une réponse institutionnelle à JFK qui avait menacé d'éclater la CIA et de la jeter au vent.

Tout cela ne veut pas dire qu'il y a eu une réunion d'état-major général à la CIA un jour où John McCone était sorti avec un rhume et où Angleton annonça :" Nous allons tuer le président. "Travaillons ensemble pour éviter que M. McCone ne soit mis au courant." Les choses ne fonctionnent pas comme ça. Les véritables conspirateurs de la boucle étaient un groupe très soudé, disposant d'immenses ressources à leur disposition, y compris non seulement la bureaucratie de la CIA et son infâme budget noir, mais aussi les compétences du réseau du Mossad sur appel.

Qui plus est, avec l'interaction de la CIA avec des groupes périphériques comme les exilés cubains anti-castristes, sans parler des contacts dans le crime organisé, il y avait suffisamment de gens qui pouvaient être manipulés pour ne pas nécessairement savoir qu'ils étaient manipulés et impliqués. Et une fois que ces gens ont été impliqués, il était dans leur intérêt non seulement de se taire, mais aussi d'aider à dissimuler. Il y avait sans aucun doute beaucoup de gens à la CIA et ailleurs qui étaient impliqués dans un aspect de la conspiration qui n'avaient aucune idée qu'ils étaient utilisés pour atteindre le but ultime d'éliminer JFK.

En ce qui concerne le Mossad, les agents du Mossad n'auraient pas pu agir sans les ordres directs du Premier ministre David Ben-Gourion et le chef des assassinats du Mossad Yitzhak Shamir. Le Mossad est en fait une très petite organisation institutionnelle, comme l'a souligné Victor Ostrovsky, ancien agent du Mossad. Il est encore plus uni que la CIA.

En fait, selon Ostrovsky, il y a ce que l'on pourrait appeler un "conseil d'administration" d'assassinats au sein du Mossad et aucun assassinat ne peut être orchestré par le Mossad sans un vote formel d'approbation par ce conseil.

Il y a une autre chose importante à retenir ici : il est fort peu probable que le Mossad - du moins à ce moment-là de l'histoire - ait jamais envisagé de tuer le président des États-Unis, à moins qu'il ne sache qu'il avait au minimum le consentement institutionnel de la CIA. La position d'Israël était très précaire en 1963 et, pour le Mossad - ou même pour les soi-disant "éléments véreux" du Mossad -, tenter d'assassiner le président américain sans avoir l'assurance qu'il aurait eu l'appui de la CIA, par exemple, aurait été un geste irréfléchi. Il n'y avait donc pas d'éléments "criminels" au sein du Mossad impliqués dans l'assassinat de JFK.

À ce stade, je suppose qu'il convient de revenir plus en détail sur James Jesus Angleton. Bien qu'il ne fait aucun doute que, par choix personnel (pour quelque raison que ce soit), Angleton était un fervent ami du sionisme et de l'État d'Israël et qu'il utilisait toutes les ressources à sa disposition pour influencer les décisions de la CIA au nom d'Israël.

Cependant, qu'on lui ait fait du chantage ou non, il n'en demeure pas moins qu'Angleton était le principal défenseur d'Israël à la CIA. C'était un homme puissant et discret, qui jouait également un rôle clé dans une grande partie du complot de la CIA dans le monde entier dans divers domaines, où il a traité de près et durablement avec des personnalités liées, à leur tour, au Mossad et au Syndicat du crime de Lansky. Angleton n'était pas un criminel. Il a été le maître de la CIA le plus influent, quoique controversé, et l'un des personnages les plus remarquables de l'histoire bizarre et fascinante de cette agence. Il a également été l'une des personnes les plus directement responsables de l'initiation et de l'organisation de l'assassinat du président John F. Kennedy.

Où se situent les exilés anti-castristes cubains dans la conspiration de JFK ?

Les cubains étaient au bas de l'échelle. C'étaient des fonctionnaires subalternes, peut-être les plus bas de tous. Il y a peut-être eu un cubain qui a appuyé sur la détente à Dallas. L'ancienne agent de la CIA Marita Lorenz (qui est allée à Dallas avec un convoi de cubains arrivant juste avant l'assassinat) a fait remarquer qu'elle s'était fait dire par son superviseur de la CIA à Dallas qu'elle était censée fonctionner comme un "leurre" et il me semble probable que beaucoup de cubains qui étaient empêtrés dans le scénario de l'assassinat agissaient en tant que tels. Les cubains se sont avérés être une excellente "fausse bannière" pour les vrais conspirateurs car il y avait beaucoup de fausses pistes qui étaient lancées pour faire croire que Lee Harvey Oswald était un "agitateur pro-Castro". Qui de mieux placé pour manipuler Oswald de cette façon et jouer le rôle d'Oswald que les cubains anti-castristes qui verraient évidemment les avantages d'une telle mesure ?

Comme je le souligne dans *Jugement Final*, l'agent de la CIA Jerry Patrick Hemming, qui était proche des cubains anti-castristes, avait déclaré depuis longtemps que les cubains étaient manipulés et qu'ils s'en étaient rendu compte. Je prétends, bien sûr, qu'ils étaient manipulés par la CIA et le Mossad qui leur faisaient croire qu'ils jouaient un rôle dans la vengeance de JFK pour la baie des Cochons, par exemple, alors qu'il y avait beaucoup, beaucoup plus en jeu.

Il convient également de noter que les services secrets français ont été étroitement impliqués dans la situation cubaine à cette époque, bien que l'on ne le sache pas très bien. Il y avait des français des deux côtés du conflit. Il est donc concevable que le Mossad se servait également de ses alliés des services secrets français pour manipuler les clandestins cubains pendant cette période. C'est un sujet que certains chercheurs pourraient souhaiter approfondir. C'est pourrait amener de l'eau au moulin d'un livre très intéressant.

Si quelqu'un trouvait des preuves irréfutables que Lee Harvey Oswald était bien le seul assassin de Dallas à avoir tiré tous les coups de feu qui ont été tirés, cela ne démolirait-il pas totalement votre théorie ?

Si quelqu'un produisait de telles "preuves", je dirais qu'elles étaient falsifiées. Quoi qu'il en soit, cependant, personne ne trouvera jamais de telles preuves. Toutefois, en admettant l'argument selon lequel Oswald, par exemple, était le seul tireur cela n'escompterait, en aucun cas, ma théorie de base. N'oubliez pas qu'il ne fait aucun doute que Lee Harvey Oswald était associé (et était manipulé par) des personnes qui avaient des liens avec la CIA et le Mossad. Dans le cas de l'associé d'Oswald à la Nouvelle-Orléans, Guy Banister, qui "déguisait" Oswald en agitateur pro-Castro, Banister avait des liens avec l'OAS française soutenue par Israël. Quoi qu'il en soit, même si Oswald avait été le "tireur isolé" et qu'il avait réussi à commettre lui-même l'assassinat, le fait est qu'Oswald était alors un tireur isolé qui était utilisé avec succès par ses manipulateurs d'un niveau supérieur qui agissaient au nom de la CIA et du Mossad. C'est aussi simple que ça.

Est-il possible que Lee Harvey Oswald ait été soumis à un lavage de cerveau et était en quelque sorte un « candidat mandchou » et une victime de contrôle de l'esprit ?

C'est tout à fait possible. Il ne s'agit pas d'un domaine que j'ai exploré dans les moindres détails, et je n'ai pas l'intention de poursuivre. Je ne pense pas non plus que ce soit vital pour résoudre le mystère de qui a tué JFK et pourquoi. En fin de compte, quoi qu'il en soit, Oswald a fini par être le " pigeon ", comme il s'est lui-même décrit lorsqu'il était en garde à vue.

Je pense qu'à ce stade, il est important de noter que les programmes de contrôle mental de la CIA qui étaient utilisés au moment de l'assassinat de JFK étaient, en fait, sous le contrôle direct de la division du contre-espionnage de James J. Angleton. Donc, si Oswald était un candidat mandchou (un candidat mandchou est un individu qui a subi un lavage de cerveau) dans le cadre des mesures disciplinaires des opérations de contrôle de l'esprit de la CIA, cela nous ramène une fois de plus au disciple israélien très bien placé à la CIA.

Bien que le Dr Sidney Gottlieb, qui était le technicien en chef des programmes de contrôle mental de la CIA, ait été exposé au grand public, Gottlieb lui-même travaillait directement sous la direction d'Angleton. Si Oswald était un candidat mandchou, il était le candidat mandchou d'Angleton.

Quel rôle pensez-vous qu'Oswald a joué (autre que celui de « bouc émissaire ») dans l'assassinat de JFK ? Oswald était-il au courant à l'avance d'un complot pour tuer JFK ? Est-il possible qu'il ait aidé à la conspiration, peut-être en tant que fidèle de la CIA, par exemple, ne sachant pas qu'il était censé être le bouc émissaire ? Était-il un agent de la CIA ou du FBI ou quoi ?

Ce sont des questions qui ne seront probablement jamais résolues. Oswald était en effet le bouc émissaire. J'ai toujours été d'avis, cependant, qu'il y avait probablement d'autres personnes à Dallas le 22 novembre 1963 qui étaient des boucs émissaires de substitution - d'autres qui avaient déjà été "déguisés" comme cela avait été fait avec Oswald. Les personnes responsables de la mise en place de ces autres boucs émissaires étaient peut-être celles qui avaient mis en place Oswald - ou peut-être pas.

Oswald était-il un des tireurs de Dallas ? Je ne pense pas qu'Oswald ait tiré une balle sur John F. Kennedy ou John Connally, s'il a effectivement tiré ce jour-là. Mon sentiment général est qu'Oswald a peut-être été impliqué dans la conspiration en apprenant qu'il s'agissait d'une tentative d'assassinat "fictif" visant à effrayer le peuple américain en lui faisant croire qu'il fallait agir contre Fidel Castro.

Oswald peut avoir reçu l'instruction d'apporter un fusil à l'entrepôt de livres de Dallas (d'où la Commission Warren prétend qu'Oswald a tiré les coups mortels). Qu'il s'agisse de son propre fusil ou d'un autre fusil ou que cette arme ait été utilisée pour tirer n'importe lequel des coups de feu, nous ne le saurons probablement jamais. (Il y en a a quelques-uns qui se demandent si Oswald est bien celui qui a obtenu l'arme présumée de l'assassinat par la poste au départ !)

Il me semble probable qu'Oswald savait qu'il y avait quelque chose qui se passait à Dealey Plaza ce jour-là qui aurait pu impliquer, au minimum, le tir de fusils. Je doute qu'Oswald pensait vraiment que les fusils seraient braqués sur JFK ou John Connally. Je soupçonne Oswald d'avoir été un peu surpris, pour dire les choses simplement, d'apprendre que le président avait été touché par des coups de feu.

Etait-il au courant d'une conspiration pour tuer JFK ? Comme je l'ai déjà suggéré, je ne pense pas qu'il était au courant d'une telle conspiration. Au lieu de cela, il a probablement cru qu'il faisait partie d'un "coup monté" orchestré par JFK lui-même. Ou, comme je l'ai suggéré, il a peut-être cru que la CIA s'arrangeait pour que JFK ait des doutes sur Castro. Qui sait ?

Le nouveau livre du professeur John Newman, *Oswald and the CIA*, nous en dit beaucoup sur Oswald et la CIA, citant de nombreux documents des services secrets, mais il nous en dit aussi très peu. Tout ce qu'il nous dit vraiment, c'est que la CIA et d'autres organismes gouvernementaux s'intéressaient à Lee Harvey Oswald depuis un certain temps. Ce n'est pas une surprise. Cependant, comme Newman l'indique très clairement, c'est la division d'Angleton à la CIA qui était omniprésente, semble-t-il, lorsque la CIA rassemblait des renseignements sur Oswald. Bref, Angleton savait qui était Lee Harvey Oswald bien avant l'assassinat. (En fait, rétrospectivement, c'est peut-être Angleton qui a imaginé l'idée de choisir Lee Harvey Oswald comme bouc émissaire. Très probablement, je dirais.)

Après tout, Oswald était un ancien marine américain qui était apparemment "passé" du côté de l'Union soviétique - ce qui n'était pas une entreprise courante, c'est le moins que l'on puisse dire. De toute évidence, la CIA s'intéressait donc à Oswald, qu'il soit ou non un véritable déserteur à ce moment là. Et si la désertion d'Oswald était réelle, il est tout à fait concevable qu'il ait fait demi-tour et qu'il soit ensuite allé travailler pour la CIA plutôt que de s'y opposer.

Donc, bien que je sois désolé de le dire, je ne pense pas que John Newman ait apporté quelconque contribution substantielle avec son nouveau livre. Tout ce qu'il nous a dit, on le sait depuis des années. Les gens disent depuis des années qu'Oswald a été recruté comme marine pour travailler à la CIA. Et certains disent qu'il n'a pas été recruté comme faux " déserteur " par la CIA, mais plutôt par le Bureau du renseignement naval. Mais encore une fois, il est tout à fait possible qu'il travaillât pour une autre agence gouvernementale secrète qui dirigeait des agents en URSS.

Oswald était-il un agent du FBI ? En raison de son profil de « déserteur », qu'il soit vrai ou pas, il n'est pas surprenant que le FBI se soit intéressé à Oswald. Si Oswald était un "déserteur" parrainé par la CIA, le FBI ne l'aurait peut-être pas nécessairement su et aurait pu croire qu'Oswald était » du sérieux », pour ainsi dire, et qu'à son retour, ils auraient pu le mettre sous surveillance pour cette raison. Et si Oswald avait été un véritable déserteur qui s'était finalement rétracté à son retour aux États-Unis, il est possible qu'il ait offert ses services au FBI ou qu'il ait été recruté par le FBI.

Peu de temps après l'assassinat, un article a circulé selon lequel M. Oswald était peut-être employé par le FBI en tant qu'informateur, mais il y a beaucoup de preuves qui donnent à penser que cette histoire n'est tout simplement pas vraie du tout. Cependant, si l'histoire n'est pas vraie, elle a quand même pris son envol et apparaît souvent dans la documentation sur l'assassinat de JFK.

Le fait même qu'Oswald travaillait pour Guy Banister à la Nouvelle-Orléans le place dans la sphère d'influence du FBI, dans la mesure où Banister était depuis longtemps un haut fonctionnaire du FBI. La connexion avec Banister place également Oswald dans la sphère d'influence de la CIA, sans parler de celle du renseignement naval (ONI), dans la mesure où Banister n'était pas seulement un agent de la CIA, mais était également un ancien membre de l'ONI.

Certains ont laissé entendre qu'Oswald travaillait peut être même comme informateur du ministère du Trésor Public, enquêtant sur les ventes d'armes interétatiques. Certains ont consacré beaucoup de recherches à ce sujet.

Pour ma part, j'ai tendance à penser que le lien avec la CIA (via Banister) est le domaine sur lequel nous devons nous concentrer et je vais en parler plus loin dans un instant. Cependant, il est probable que si le travail d'Oswald pour Banister était coordonné par la CIA, Oswald lui-même ne le savait pas.

En fin de compte, ce que nous constatons, c'est qu'Oswald opérait dans de nombreuses sphères d'influence et que, pour cette seule raison, il était un pigeon idéal puisqu'il pouvait être attaché à l'un ou à tous les différents groupes qui, à leur tour, auraient alors des raisons de vouloir dissimuler leur association avec un présumé assassin du président.

Je pense vraiment qu'il y a de solides preuves, qui sont apparues dans un grand nombre de livres sur l'assassinat de JFK, que des gens se faisaient passer pour Lee Harvey Oswald. Cependant, il semble peu probable que ces imposteurs savaient qu'ils le faisaient dans le but de favoriser un aspect du complot d'assassinat. La conspiration était beaucoup trop compartimentée pour que chaque participant à un aspect quelconque du complot sache exactement de quelle manière il était manipulé ou utilisé concernant le piège tendu à Oswald. Certains de ces imposteurs n'avaient probablement jamais vu Oswald et ne savaient probablement pas qui il était avant que le vrai Oswald ne soit arrêté par la police de Dallas.

Dans *Jugement Final*, je crois que j'ai innové sérieusement en soulignant que l'association d'Oswald avec Guy Banister pourrait bien indiquer un rôle possible de la Ligue Anti-Diffamation (l'ADL) du B'nai B'rith (une branche du Mossad israélien) dans le "déguisement" d'Oswald en tant qu'agitateur pro-Castro. Compte tenu de la relation étroite de Banister avec A. L. (Bee) Botnick du bureau de la Nouvelle-Orléans de l'ADL, nous devons sérieusement réfléchir à la question de savoir si l'utilisation d'Oswald par Banister avait été organisée par l'ADL, qui a souvent fait appel à des agences de détectives privées comme celle de Banister à la Nouvelle-Orléans.

C'est une question que nous devrions aborder. Bien que le profil historique de Banister soit celui d'un " extrémiste raciste anticommuniste de droite ", etc. etc. (un profil que les chercheurs " libéraux " aiment dépeindre), le fait est que Banister travaillait en étroite collaboration avec le bureau de l'ADL de la Nouvelle-Orléans. D'après tous les témoignages, A. L. Botnick était un "extrémiste anticommuniste" ayant une hostilité connue envers le mouvement des droits civiques noirs, malgré la position publique de l'ADL en tant que groupe de "droits civils".

Bien que Botnick n'était pas au bureau de l'ADL à la Nouvelle-Orléans en 1963 (ayant été transféré à son bureau d'Atlanta, puis de retour à la Nouvelle-Orléans en 1963), Banister a certainement conservé ses très précieux liens avec l'ADL.

Mon sentiment quant au « déguisement » d'Oswald mis en place par Banister est que les associés d'Oswald au sein de l'ADL cherchaient des groupes de gauche tels que le comité d'aide à Cuba et de ce fait ils pouvaient utiliser Oswald dans le mouvement pro-Castro, dans le cadre d'une tentative délibérée de dépeindre Oswald comme un castriste. En somme, Oswald pensait qu'il travaillait pour Banister alors qu'en fait, il agissait comme « enquêteur » pour l'ADL.

On a peut-être dit à Banister que l'ADL voulait des "faits" sur le mouvement pro-Castro et qu'Oswald était l'homme de la situation. Banister ne savait peut-être même pas qu'Oswald avait été déguisé pour son rôle ultime dans l'assassinat de Kennedy.

Ça a dû être une surprise pour Banister quand Oswald a été désigné comme étant l'assassin.

Rétrospectivement, dans ce contexte, je ne pense pas que Banister ait joué un rôle aussi central dans le complot d'assassinat comme beaucoup l'ont cru depuis des années. Banister était, de ce point de vue, un "idiot utile" au service de l'ADL et du Mossad et de ses alliés de la CIA. J'irais même jusqu'à dire qu'il semble probable que même les amis de Banister à l'ADL n'avaient aucune idée qu'Oswald avait été choisi pour jouer le rôle de pigeon dans l'assassinat.

Peter Dale Scott, l'éminent chercheur en matière d'assassinat de JFK, a souligné (comme je l'ai noté dans *Jugement Final*) que vous pouvez examiner le rôle d'Oswald en tant qu'employé de Banister et y trouver diverses explications : d'une part, vous pouvez considérer Oswald comme un fonctionnaire de la communauté du renseignement (au vu des liens avec Banister), d'autre part, vous pouvez également voir Oswald comme un pigeon de la "mafia" compte tenu du fait que Carlos Marcello, le patron de la mafia de la Nouvelle-Orléans, finançait les exilés anti-castristes cubains via Banister et ses opérations de la CIA.

Cependant, Scott reconnaît que toute cette interaction entre ces groupes d'intérêt par le biais de la connexion avec Banister fait partie d'une zone "sombre" représentant le ventre de la finance et de la politique et de l'intrigue internationale à l'époque à la Nouvelle-Orléans.

Je crois fermement que l'implication probable de l'ADL dans la manipulation d'Oswald par Banister est l'un des domaines inexplorés de l'assassinat de JFK - un domaine qui, malheureusement, ne sera probablement jamais exploré par les chercheurs plus qu'il n'a déjà été exploré dans *Jugement Final*. Ne nous attendons pas à trouver des fichiers de l'ADL sur Lee Harvey Oswald.

Le fait est que Lee Harvey Oswald lui-même ne savait probablement pas exactement pour qui il travaillait et c'est ce que voulaient les organisateurs de l'assassinat. Oswald est probablement l'un des individus les plus analysés et sujet à débat de l'histoire; mais nous ne saurons jamais qui il était vraiment et quelles étaient ses motivations. Il est concevable qu'Oswald pensait qu'il jouait un double ou un triple jeu et trompait tout le monde et qu'il était encore plus un bouc émissaire qu'on ne le croit. Quoi qu'il en soit c'est un personnage tragique, et un pigeon idéal.

Il y a un parallèle intéressant, dans ce contexte, qu'il convient de noter en passant. On rapporte qu'Oswald aurait été fasciné et inspiré par la série télévisée des années 1950, I Led Three Lives, l'histoire d'un agent infiltré du FBI au sein du Parti communiste. Cela a aussi apparemment inspiré un autre agent d'infiltration des services secrets, Roy Bullock, qui a été exposé en 1993 comme étant un agent de longue date de l'ADL.

Inspiré par le livre, Bullock s'est porté volontaire pour infiltrer des groupes haineux. Il s'est également consacré à des activités similaires pour le FBI. Il a également travaillé pour la police d'Indianapolis. En 1957, Bullock s'est en fait rendu au Sixième Festival mondial de la jeunesse et des étudiants à Moscou en tant qu'informateur espion et rendait des comptes au FBI. En conséquence, il est tout à fait possible qu'il y ait un dossier de la CIA sur Bullock en tant que possible "communiste" si le FBI n'a jamais laissé savoir à la CIA que Bullock était l'un de leur gars.

Alors compte tenu du fait que Bullock infiltrait à la fois des groupes de "gauche" et de "droite" depuis des années, Bullock aurait été un bouc émissaire idéal. Dans *The Man Who Knew Too Much*, Dick Russell a révélé la possibilité qu'il y avait un certain nombre de personnes qui étaient préparées à être de possibles boucs émissaires de l'assassinat de JFK en raison de leur association avec le comité d'aide pour Cuba, dont Oswald était manifestement le responsable de la Nouvelle-Orléans.

Un autre aventurier du renseignement international depuis des années, le colonel Robert K. Brown (aujourd'hui mieux connu comme l'éditeur du magazine *Soldier of Fortune*) aurait été lui-même un infiltré du service de police de Chicago dans la section de Chicago du comité d'aide pour Cuba, à peu près au même moment où Lee Harvey Oswald trainait à la Nouvelle-Orléans. C'est également intéressant en ce sens que Brown avait des liens de longue date avec les services secrets israéliens. Je serais ravie de voir quelqu'un suivre ce petit potin qui semble avoir bien fonctionné auprès des chercheurs en matière d'assassinat de JFK.

Cette question des "déserteurs", des "infiltrés" et des "agents d'infiltration" est très complexe et on ne peut pas toujours déterminer les motivations de quelqu'un qui opère dans ce monde souterrain particulier. C'est une combinaison de psychologie personnelle combinée à la capacité des manipulateurs à manipuler les activités d'une personne sans lui faire savoir pour qui elle travaille et pourquoi.

Quel rôle George De Mohrenschildt, le noble russe souvent appelé la "baby-sitter de la CIA" de Lee Harvey Oswald à Dallas, jouait-il dans la conspiration de l'assassinat ?

L'inimitable De Mohrenschildt est probablement l'un des personnages les plus intéressants à traverser la scène du drame connu sous le nom de la controverse de l'assassinat de JFK. Je ne suis pas convaincu que De Mohrenschildt ait joué un rôle conscient dans quelconque complot d'assassinat.

Il est évident que De Mohrenschildt a eu pas mal de contacts et d'interactions avec la CIA et d'autres agences de renseignement au fil des années et il a évidemment parlé avec un fonctionnaire de la CIA qui lui a demandé de garder un œil sur Oswald quand ce dernier est arrivé à Dallas après son retour de l'Union soviétique. Dans ce cas particulier, cependant, il aurait pu s'agir d'une affaire de routine sans grande conséquence qui, en fin de compte, n'avait absolument rien à voir avec l'assassinat lui-même.

Comme nous l'avons noté, en raison du statut de "déserteur" d'Oswald, que ce soit vrai ou non, les services de renseignements avaient un intérêt évident pour Oswald. Je n'ai vu aucun élément de preuve suggérant que De Mohrenschildt était au courant à l'avance de toute conspiration visant à "déguiser" Lee Harvey Oswald aux fins de la conspiration d'assassinat en soi. Toutefois, il est probable que De Mohrenschildt ait effectivement travaillé dans une certaine mesure comme l'un de ceux qui faisaient partie de la conspiration pour manipuler Oswald dans le rôle de bouc émissaire. Donc, en ce sens, il était la "baby-sittier" d'Oswald, mais d'autres avaient également cette même responsabilité.

Rappelez-vous qu'Oswald avait quitté Dallas pour la Nouvelle-Orléans à l'été 1963 et que la connexion entre Oswald et De Mohrenschildt prit fin encore plus tôt lorsque De Mohrenschildt quitta le pays, soi-disant pour affaires en Haïti. Certains ont laissé entendre que les activités de De Mohrenschildt en Haïti avaient peut-être quelque chose à voir avec l'assassinat de JFK, mais je n'ai pas encore vu de preuves solides à ce sujet. De toute évidence, cependant, lorsque De Mohrenschildt s'est rendu en Haïti, son contrôle et/ou sa supervision d'Oswald a pris fin. D'autres ont assumé cette responsabilité.

Je trouve toutefois intéressant de constater que, si les chercheurs passent outre les liens de DeMohrenchildt avec la CIA, ils passent souvent sous silence le fait qu'il était également lié au renseignement français. Donc, au vu de la connexion française que je documente dans *Jugement Final*, cela aurait en fait pu amener De Mohrenschildt dans la sphère d'influence du Mossad.

Une autre chose qu'il convient de mentionner, c'est que j'ai vu des "autorités" en matière d'assassinat de JFK dépeindre De Mohrenschildt comme une sorte d'"extrémiste anticommuniste" en raison, je présume, de ses origines russes blanches. Bien au contraire, malgré ses antécédents, il semble que De Mohrenschildt ne s'intéressait pas beaucoup au communisme ou à l'anticommunisme d'une manière ou d'une autre et qu'il était en fait un paria dans la communauté russe blanche. Ceux qui veulent l'intégrer à une " conspiration anti communiste de droite " sont donc à côté de la plaque.

De Mohrenschildt a porté beaucoup de chapeaux, mais il n'y a aucune vraie preuve de quelconque complicité de De Mohrenschildt dans l'assassinat de JFK. Il savait peut-être quelque chose - ou l'avait peut-être découvert accidentellement, avant ou après l'assassinat ou il s'était peut-être rendu compte après coup qu'il avait en effet su quelque chose qu'il n'était pas censé savoir.

Il est évident, d'après le récit historique compilé par ceux qui ont eu des contacts avec De Mohrenschildt, qu'après l'assassinat, il s'est rendu compte que lui aussi avait été utilisé d'une certaine manière pour "contrôler" ou "manipuler" Oswald. Peut-être que le "suicide" de De Mohrenschildt était vraiment un meurtre. Il a peut-être été tué parce qu'il savait quelque chose.

Et je dois souligner que la dernière personne qui était censée avoir vu De Mohrenschildt avant sa mort n'était autre qu'Edward Jay Epstein, un étudiant devenu journaliste et proche de James Jesus Angleton, l'homme du Mossad à la CIA. (Epstein, comme je l'ai noté dans *Jugement Final*, était le principal écrivain partisan de la mise en scène d'Angleton selon laquelle les Soviétiques étaient liés à l'assassinat de JFK.)

Soyez assurés que je ne suggère pas qu'Epstein ait appuyé sur la détente de De Mohrenschildt. Mais je trouve intéressant qu'il soit la dernière personne qui ait publiquement reconnu avoir vu De Mohrenschildt. Un auteur de fiction d'espionnage pourrait raconter une histoire fascinante tirée de ce scénario.

J'aimerais ajouter quelque chose pour conclure. Je pense qu'au bout du compte, les chercheurs pourraient probablement en apprendre davantage sur qui manipulait réellement Oswald en examinant Michael et Ruth Paine, le jeune couple de Dallas, avec lequel la famille Oswald vivait à la période précédant l'assassinat.

Il y a eu plusieurs chercheurs qui ont fait courir des bruits au sujet des Paine, mais je pense que si l'on approfondissait la question plus loin, on découvrirait, en fin de compte, que les Paine - plus en fin de compte que l'omniprésent et énigmatique DeMohrenschild - travaillaient en tant que "baby-sitters d'Oswald" pour la CIA. J'ai tendance à penser que l'histoire des Paine est une histoire qui a besoin d'être approfondie et j'encourage certains jeunes chercheurs dynamiques à aller plus loin.

Je devrais probablement noter que des renseignements biographiques sur Mme Paine, fournis par Priscilla Johnson McMillan dans son livre *Marina and Lee*, ont décrit l'implication de Mme Paine à un moment donné dans les activités d'un centre communautaire juif, de sorte que Mme Paine, cette quaker non-juive avait elle-même de tels liens. Il serait intéressant de décrire avec précision quelles étaient les opinions de Mme Paine concernant Israël. Certains ont suspecté Mme Paine d'avoir des connexions avec la CIA. Est-il possible, qu'elle ait également entretenu des relations avec le Mossad ? Qui sait ? C'est juste de la spéculation.

Lee Harvey Oswald a-t-il réellement tiré un coup de feu (avant l'assassinat de JFK) sur le major-général Edwin Walker, qui était lui-même un critique éminent de la "droite" du président Kennedy ? Le général Walker a-t-il participé à l'assassinat ?

Le Général Walker était un anticommuniste féroce et les chercheurs "libéraux" ont essayé - mais ont échoué - d'une certaine façon de lier Walker à la conspiration de l'assassinat de JFK. Le "rôle" de Walker dans l'affaire découle du fait que le rapport Warren prétendait qu'Oswald avait tiré sur Walker peu de temps avant l'assassinat et que, selon le rapport, c'était une "preuve" des tendances criminelles d'Oswald. Cependant, si Oswald n'avait jamais été lié à cette attaque contre le général Walker, le nom du bon général n'aurait probablement jamais été lié d'aucune façon à la controverse JFK ! Les gens semblent oublier ça.

Dans son livre, *The Man Who Knew Too Much*, Dick Russell a retracé certaines activités étranges de gens entourant le général Walker et, en fait, ces gens étaient peut-être en relation avec Oswald. Il semblerait que le général Walker se soit fait piéger et ait été une sorte de « bouc émissaire de droite" dans le complot d'assassinat de JFK.

J'ai presque horreur d'évoquer ce fait, mais la clique de jeunes militaires qui entourait Walker - se réclamant d'un groupe appelé "Conservativism USA"- étaient cinq garçons juifs sortis de l'armée américaine en Europe. C'est ce qu'écrit Dick Russell dans sa gigantesque étude, *The Man Who Knew Too Much*.

Comme je l'ai noté, il y avait probablement un certain nombre de boucs émissaires qui se sont fait piéger à Dallas et les gens qui les avaient mis en place ne savaient probablement pas que l'assassinat de JFK était imminent. Il semble, du moins d'après ce que Dick Russell a écrit, que cette clique autour de Walker a peut-être d'une certaine façon manipulé Oswald. Bien que de nombreux chercheurs et d'autres aient entendu parler du Juif de "droite", Bernard Weissmann, qui avait sorti une annonce en pleine page attaquant le président Kennedy dans le journal de Dallas le 22 novembre, ce que personne n'a remarqué - à l'exception de Russell - c'est que ces jeunes militaires de "droite" étaient Juifs. Voici donc une autre "connexion juive" qui semble s'être perdue dans la masse. Comptez sur moi pour en parler dans le contexte de ce que j'ai découvert. Je déteste faire ça.

Oswald évoluait manifestement dans des cercles qui étaient liés à Walker, mais seuls ceux qui veulent dépeindre le crime comme étant une "conspiration de droite" croient que Walker avait une part dans l'assassinat. Walker raconta plus tard qu'il y avait des choses étranges autour de lui qu'il ne comprenait pas bien et qui indiquaient probablement exactement ce que j'ai suggéré : que lui et ses associés étaient de potentiels boucs émissaires dans l'assassinat. Alors qui a piégé Walker ?

Qu'en est-il du rôle des Minutemen et d'autres " extrémistes de droite " dans la conspiration ? Guy Banister était attaché aux Minutemen. Et n'est-il pas vrai que Joseph Milteer, un homme de droite, savait à l'avance que JFK allait être abattu d'un grand immeuble et que Milteer était à Dallas pour l'assassinat ?

C'est une autre des distractions populaires qui a tenu les chercheurs occupés. Milteer n'était pas l'un des cerveaux de la conspiration d'assassinat de JFK et n'était pas non plus un acteur dans le véritable complot de tuer JFK qui a finalement réussi. Il est concevable que Milteer ait eu connaissance d'un présumé complot visant à tuer JFK à Miami. Des informations ont peut-être été divulguées à Milteer par l'un des conspirateurs de bas étage au sujet d'un complot et il a peut-être voulu croire, étant un ennemi de Kennedy, qu'il était "à l'intérieur" d'une conspiration, mais vous pouvez être certain qu'il ne l'était pas.

Milteer s'est vanté de ses " connaissances " auprès d'un informateur de la police et ces " informations ", étaient en réalité peut-être de la désinformation divulguée à Milteer pour détourner l'attention de la véritable conspiration. Milteer a peut-être été amené à Dallas au moment de l'assassinat de JFK pour une autre raison sous un autre prétexte, par exemple, en pensant qu'il faisait partie d'une tentative d'assassinat "fictif" visant à provoquer une réaction contre Fidel Castro. Encore une fois, on ne le saura jamais. On peut imaginer tout un tas de scénarios. Personnellement, je ne suis pas convaincu que les photographies qui prétendent montrer Milteer à Dallas le 22 novembre soient des photographies de Milteer.

L'ancien agent de la CIA Gerry Patrick Hemming a déclaré qu'il avait lui-même failli être présent à la réunion où Milteer a fait les remarques au sujet de l'attaque imminente sur JFK et qu'il (Hemming) a évité la réunion parce qu'il a senti qu'un coup monté était en cours ; Hemming a supposé qu'il (Hemming) pensait qu'il était aussi en train d'être piégé comme un possible "pigeon". C'est donc là une véritable source de réflexion.

En ce qui concerne les Minutemen et Guy Banister : il est maintenant de notoriété publique que les Minutemen ont été infiltrés par des agents de renseignements gouvernementaux pendant des années et il y a un grand nombre de soupçons selon lesquels même le fondateur des Minutemen, Robert De Pugh, a pu être un sorte d'agent du gouvernement.

Comme je le fais remarquer dans l'annexe 2 de *Jugement Final*, Roy Frankhauser était un informateur de longue date du gouvernement au sein des Minutemen et d'autres groupes de « droite », qui prétend avoir été en contact avec Oswald quand il (Frankhauser) infiltrait un groupe de gauche auquel Oswald était censé s'associer. Et on se souviendra que Dan Burros, l'ancien officier du parti nazi américain, mourut mystérieusement dans la maison de Frankhauser en Pennsylvanie. Bien que le nom de Burros figure dans le carnet d'adresses d'Oswald, pas un seul chercheur n'a étudié ce lien étrange possible entre Oswald et un informateur infiltré de longue date pour les services de renseignements fédéraux.

Comme je l'ai souligné, il y a peut-être une raison à cela : dans au moins un cas qui a été souligné, les activités d'infiltration de Frankhauser pour le gouvernement étaient en fait financées par une organisation juive, et il semble probable que bon nombre de ses autres activités l'étaient également. De toute évidence, de nombreux chercheurs avancent prudemment lorsqu'il s'agit de se pencher sur la question d'un éventuel lien entre des groupes comme la Ligue Anti- Diffamation et les membres du cercle des associés d'Oswald.

En fin de compte, s'il y avait effectivement une connexion de " droite " avec l'assassinat de JFK, il est toujours possible que ces partisans de droite aient été manipulés par le réseau de l'ADL du Mossad, qui a certainement joué un rôle dans la manipulation de la droite en Amérique. Donc, s'il y avait des personnes de "droite" impliquées d'une certaine manière dans la conspiration de l'assassinat, il est tout à fait concevable qu'elles étaient, d'une certaine manière, soumises aux règles du Mossad et de son ADL. Et ça, bien sûr, fait très peur à certains chercheurs en matière d'assassinat de JFK.

Qu'en est-il des allégations selon lesquelles H. L. Hunt, milliardaire de "droite" du Texas, aurait été l'une des personnes impliquées dans le complot d'assassinat ?

Malgré les efforts les plus déterminés d'une poignée de défenseur de la théorie, il n'y a absolument aucune preuve que H. L. Hunt ait eu quoi que ce soit à voir avec le complot d'assassinat de JFK, ni aucune preuve que Hunt ait investi de l'argent pour aider à faire avancer la conspiration. Il était, comme beaucoup d'autres, un critique de JFK mais Hunt est tout simplement une bête-noire pratique. Ceux qui accusent les "barons du pétrole du Texas" comme Hunt d'être à l'origine de la conspiration de JFK ne soulignent pas que même avec Hunt, il existe une connexion israélienne très importante, qui est analysée en détail dans l'annexe 2 de *Jugement Final*.

Il est tout à fait concevable que H. L. Hunt ait versé de l'argent pour des pots-de-vin qui faisaient partie d'un aspect de l'assassinat de JFK et qu'il n'ait pas lui-même su à quoi servait cet argent. Il se peut même qu'il ait été délibérément et involontairement entraîné dans la conspiration de cette façon précisément parce que cela donnait aux vrais conspirateurs un avantage sur Hunt qui était influent à Dallas et sur qui on pouvait compter pour aider au camouflage ou utiliser son influence pour aider au camouflage si nécessaire. On a peut-être dit à Hunt que l'argent servait à faire avancer "le mouvement patriotique".

L'essentiel, c'est que si H. L. Hunt était impliqué dans un aspect de l'assassinat de JFK - sciemment ou non -, le fait est qu'il y a un lien très fort entre Israël et l'empire de Hunt précisément dans le domaine - le développement nucléaire -, qui était un facteur si important dans le conflit entre JFK et Israël. Les chercheurs qui souhaitent accuser Hunt pour son implication dans la conspiration seraient sages d'examiner cette connexion israélienne, bien que je ne pense pas franchement qu'ils le feront. Encore une fois, c'est "trop controversé".

N'y a-t-il pas maintenant des preuves solides que Lyndon Johnson était derrière l'assassinat du président Kennedy ?

LBJ a été le premier bénéficiaire du meurtre de JFK. Qu'il ait su que cela allait avoir lieu ou qu'il allait jouer un rôle dans l'organisation de l'assassinat est une toute autre histoire. Le fait qu'il ait été le bénéficiaire de l'assassinat n'est cependant pas une preuve suffisante pour le condamner. Le livre de Craig Zirbel, *The Texas Connection*, qui a mis l'assassinat de JFK uniquement sur le dos de LBJ, était dans l'erreur. LBJ n'était pas le cerveau de l'assassinat de JFK. Le livre de Barr McClellan paru en 2003, *Blood, Money & Power*, a reçu beaucoup plus d'attention que celui de Zirbel. Le livre de McClellan n'est rien d'autre qu'un long ramassis (mal écrit et parfois indéchiffrable) d'aberrations texanes à propos de LBJ avec un scénario hautement spéculatif, pour ainsi dire, mettant en scène un complot visant à tuer JFK entièrement basé au Texas.

L'auteur ne prétend jamais une seule fois que la CIA a joué un rôle dans cette affaire et affirme même qu'Oswald était l'un des assassins - qui est essentiellement une affirmation du rapport Warren !

Bien qu'il soit possible que Mac Wallace, l'un des anciens copains de LBJ au Texas, ait été en fait mêlé au complot et qu'il ait fait partie de l'entrepôt de livres - comme McClellan prétend avoir des preuves pour le démontrer - cela ne prouve pas la totalité de la « théorie" de McClellan : selon laquelle l'avocat de LBJ, Ed Clark, a élaboré la conspiration de JFK. En vérité, il était judicieux de la part du Mossad et de la CIA d'impliquer l'une des mains de Johnson dans l'assassinat, que ce soit Wallace ou Clark, afin d'assurer un camouflage par LBJ après coup. Mais je semble être le seul critique de McClellan qui s'est donné la peine de mentionner cette possibilité.

McClellan crée même des prétendues conversations - de façon très détaillée - entre LBJ et les conspirateurs, des conversations conçues pour "prouver" sa théorie. Débordant d'incroyables qualificatifs, notant que des conversations et des événements ont "sans doute" ou "presque certainement" eu lieu, le livre est assez mauvais, malgré toute la publicité qu'il a reçue dans les médias "grand public". De toute évidence, les contrôleurs des médias ont conclu que "le plus petit dénominateur commun"- l'idée qu'un vice-président soit derrière le meurtre d'un président - est la seule théorie qui satisfait tout le monde.

Encore un point, l'auteur (McClellan) est justement le père du secrétaire de presse du président George W. Bush, fils de l'ancien président (et directeur de la CIA) George H. W. Bush. Cela pourrait-il expliquer pourquoi le livre de McClellan n'a rien à dire sur toutes les machinations connues et bien documentées de la CIA mettant en cause Oswald ? Ou ne suis-je simplement qu'un de ces "théoriciens du complot" en soulevant la question ?

Jugement Final semble s'articuler en grande partie sur le fait que Clay Shaw, poursuivi par le procureur de la Nouvelle-Orléans Jim Garrison pour sa participation à l'assassinat de JFK, avait des liens avec le Mossad par l'intermédiaire de la compagnie Permindex. Et si Shaw n'avait rien à voir avec la conspiration ? Ça ne veut il pas dire que votre thèse est fausse ?

Pas du tout. En fait, *Jugement Final* pourrait tenir entièrement seul avec la thèse intacte même si Clay Shaw n'avait jamais vécu. Il y a tellement de liens multiples avec le Mossad à travers tant d'autres personnes impliquées dans la conspiration que Clay Shaw n'est qu'un personnage périphérique sur le long terme. Et je ne crois pas que le livre s'articule vraiment autour du lien avec Shaw, bien qu'il soit certainement significatif.

En raison du fait que Garrison allait potentiellement déterrer la connexion israélienne (via Shaw) il était nécessaire que l'enquête de Garrison soit annulée. J'ai noté plus tôt que les tentatives réelles pour arrêter Garrison ont commencé avant même qu'il ne rencontre Shaw. L'homme qui a réellement essayé de corrompre Garrison pour arrêter l'enquête, le pétrolier international John King, était étroitement lié au Mossad et au réseau de la Permindex.

La connexion avec la Permindex est importante, mais je ne prétends pas savoir exactement quel rôle Shaw a joué dans la conspiration. Il se peut fort bien que Shaw n'ait jamais su que l'assassinat était en cours et que ses liens avec son collègue de la CIA, Guy Banister, et avec Lee Harvey Oswald aient pu, pour Shaw, sembler tout à fait innocents (dans la mesure, bien sûr, où toute machination du renseignement de quelque nature que ce soit puisse être qualifiée d'"innocente").

L'enquête de Garrison présentait de nombreuses lacunes à bien des égards, bien sûr, et c'est peut-être même en partie la faute de Garrison. Cependant, il est très clair que Garrison était un homme avec une mission et qu'il s'est peut-être égaré dans certaines de ses présomptions et allégations. Mais il est clair qu'il s'est battu avec l'enquête Shaw.

Shaw connaissait l'agent de la CIA David Ferrie et a menti à la barre pendant le procès, affirmant qu'il ne le connaissait pas. Certains ont voulu défendre Shaw, disant qu'il a peut-être menti parce qu'il ne voulait pas être associé à un homosexuel connu et plutôt exubérant comme Ferrie (Shaw était lui-même homosexuel), mais c'est une excuse de pédale, sans mauvais jeu de mots. Mais plus important encore, Shaw avait une relation de longue date avec la CIA, comme nous le savons maintenant, mais Garrison n'a jamais été en mesure de prouver ce lien à l'époque. S'il l'avait fait, il est probable que Shaw aurait été condamné. Cependant, le jury a conclu qu'il n'y avait pas assez de preuves pour lier Shaw à une quelconque conspiration.

N'oubliez pas que l'un des principaux témoins de Garrison, un policier de la Nouvelle-Orléans nommé Aloysius Habighorst, n'a jamais été autorisé à témoigner du fait que Shaw avait admis à l'agent qu'il utilisait parfois l'alias "Clay Bertrand". C'était significatif dans la mesure où c'était un "Clay Bertrand" qui avait appelé Dean Andrews, avocat de la Nouvelle-Orléans, et avait demandé à Andrews de représenter Oswald après son arrestation à Dallas.

Andrews a dit qu'il avait traité avec "Clay Bertrand" dans le passé, de sorte que lorsqu'il a reçu l'appel après l'assassinat, le nom de Clay Bertrand n'était pas inconnu. Et il est évident que Shaw était bien "Clay Bertrand". Si le jury avait entendu le témoignage du policier, bien sûr, cela aurait probablement scellé le sort de Shaw pendant le procès de la Nouvelle-Orléans.

Je crois donc fermement que la thèse de *Jugement Final* se tiendrait avec ou sans l'affaire Clay Shaw. L'enquête de Shaw, je suppose, serait la cerise sur le gâteau, pour ainsi dire.

Franchement, je pense qu'il y a de bonnes raisons de croire que Shaw, malgré ses liens de longue date avec la CIA, a peut-être aussi été un agent du Mossad. Je me rends compte que c'est risqué, mais je ne l'ai jamais complètement écarté.

En rédigeant *Jugement Final*, j'y ai longuement réfléchi. Après tout, Shaw n'était pas exactement un nom familier en Amérique, mais il a été choisi pour siéger au conseil d'administration de la société Permindex dominée par le Mossad et basée en Europe. Comment se fait-il que Shaw - plus que quiconque - soit arrivé au conseil d'administration ? Voici la question : Shaw était-il plus "CIA" que "Mossad" ou vice versa ou portait-il plusieurs casquettes ?

G. Robert Blakey, l'ancien directeur de la Commision de la Chambre des représentants, et David Scheim, auteur de Contract on America, affirment tous deux que "La mafia a tué JFK" et suggèrent que Carlos Marcello, le patron de la mafia de la Nouvelle-Orléans, était le cerveau de l'assassinat. N'est-il pas tout à fait possible que Marcello ait été le principal instigateur du crime et qu'il n'ait pas eu l'aide du Mossad ou de la CIA et que des membres de la CIA comme Guy Banister, David Ferrie et Clay Shaw se soient trouvés dans la sphère d'influence de Marcello à la Nouvelle-Orléans ?

C'est tout à fait improbable. Marcello, naturellement, était un protégé du crime organisé et un subordonné de Meyer Lansky et régnait comme patron de la Mafia de la Nouvelle-Orléans précisément parce que Lansky l'avait mis là. C'est un simple fait que Blakey et Scheim ne mentionnent jamais. Même John Davis, le biographe de Marcello, le souligne dans *Mafia Kingfish* (bien que Davis lui, affirme que Marcello était le cerveau de l'assassinat de JFK).

Bien que Marcello, à lui seul, ait été l'un des « patrons de Mafia » les plus puissants du pays, il devait son statut au favoritisme de Lansky, et les trafics de Marcello à la Nouvelle-Orléans et leur extension au Texas figuraient parmi les plus lucratifs du Syndicat de Lansky. Marcello n'aurait donc pas orchestré seul le meurtre du président des États-Unis sans l'accord de Meyer Lansky.

Lansky, bien sûr, était étroitement lié au Mossad et à la CIA (et nous ne devons pas oublier que Marcello lui-même était lié, au minimum, à la CIA en ce sens qu'il aidait à financer la guerre de la CIA contre Castro, y compris, bien sûr, les opérations de Guy Banister à la Nouvelle-Orléans. Et compte tenu du fait établi que les propres relations d'affaires internationales de Marcello étaient assez éloignées les unes des autres, il est inévitable (en considérant ses liens avec Lansky) qu'il aurait eu lui-même des relations avec le Mossad.

Mais Carlos Marcello n'était pas le cerveau et le moteur de l'assassinat de JFK. Marcello est un personnage pittoresque et une cible facile pour les étudiants de la conspiration d'assassinat de JFK, mais malgré le fait que Marcello était un personnage très puissant à lui tout seul, la conspiration était d'une bien trop grande envergure (sans parler du camouflage) pour qu'elle soit simplement le produit de l'organisation de Marcello.

La théorie selon laquelle " La mafia a tué JFK " est séduisante, mais en réalité, elle est totalement à côté de la plaque. Je dois ajouter - et appelez ça "antisémite" si vous le voulez - que ma vraie croyance est que parce que David Scheim, l'auteur de *Contract On America*, est juif qu'il est tellement désireux de minimiser l'importance de Meyer Lansky dans le crime organisé (c'est ce que fait Scheim dans son livre en accusant Marcello du meurtre de JFK).

Au fil des années, la communauté juive s'est beaucoup préoccupée des représentations concernant l'influence juive (je dirais la prédominance) dans le crime organisé, mais on ne peut pas examiner sérieusement le rôle de Marcello dans l'assassinat sans reconnaître qu'il était un protégé de Lansky. Je peux comprendre les peurs de Scheim qui craint d'attiser l'antisémitisme en révélant le rôle prééminent de Lansky dans le crime organisé, mais s'il est un chercheur sérieux comme il prétend l'être, il serait prêt à faire face aux faits et non pas à les masquer comme il le fait.

Jack Ruby était-il un agent de la CIA ou un informateur du FBI ? Quel rôle a-t-il joué dans la planification de l'assassinat de JFK s'il a joué un rôle quelconque ?

Il n'y a aucun doute dans mon esprit que Ruby connaissait Lee Harvey Oswald avant l'assassinat. S'il ne le connaissait pas réellement personnellement, il avait entendu parler de lui. Cependant, il y a trop d'histoires de liens personnels probables entre les deux pour ne pas tenir compte du fait que les deux se connaissaient et travaillaient ensemble à une sorte de complot.

Il y a des histoires très convaincantes que Ruby a eu des contacts avec la CIA à travers ses activités de trafiquant d'armes à la fois pour Fidel Castro (avant la prise de pouvoir de Castro) et, plus tard, pour les exilés anti-castristes. L'ancienne agent de la CIA Marita Lorenz, bien sûr, a témoigné que Ruby s'est présenté la veille de l'assassinat au motel de Dallas, où elle et Frank Sturgis, le membre de la CIA lié au Mossad, et un groupe d'exilés cubains résidaient. Son histoire n'est qu'une des nombreuses histoires qui lient Ruby, d'une façon ou d'une autre, non seulement à la CIA, mais aussi aux événements qui ont mené à l'assassinat.

Ruby, bien sûr, n'était pas de la "Mafia". Ruby était juif. Allons droit au but. La présence de Jack Ruby dans le scénario d'assassinat de JFK ne pointe pas vers "La mafia". Dans Jugement Final, je l'aborde en détail. Ruby faisait plutôt partie de l'aspect juif de Lansky au sein du Syndicat du crime. Il y a, bien sûr, beaucoup de gens qui ont peur d'entrer dans ce domaine parce qu'ils ont peur d'être qualifiés d'"antisémites".

Une autre chose à garder à l'esprit : ceux comme David Scheim et Robert Blakey qui prétendent que "La mafia a tué JFK", pointent du doigt le fait que juste avant l'assassinat de JFK Ruby était en contact avec de nombreux individus liés au crime organisé et ils disent que cela prouve que Ruby trafiquait avec "la mafia". Le gros problème ici, c'est que ces soi-disant "mafieux" avec lesquels Ruby était en contact étaient en grande partie juifs. Donc, si vous me permettez d'utiliser ici la terminologie ethnique : quel que soit le sujet dont Ruby parlait avec ces gens, il s'agissait plutôt de bagels que de pâtes.

Dans Jugement Final, j'ai fermement établi un lien entre Ruby, Israël et le Mossad par l'intermédiaire de l'avocat Luis Kutner (ami de longue date de Ruby à Chicago) et j'ai également décrit d'autres liens précédemment ignorés de Ruby avec la contrebande d'armes vers Israël et l'implication de Ruby avec les soi-disant "journalistes" de journaux israéliens à Dallas.

Les connexions israéliennes sont là pour ceux qui souhaitent les trouver - et pour ceux qui ne le font pas.

En ce qui concerne le meurtre d'Oswald par Ruby, il me semble que c'était quelque chose que Ruby "avait" à faire - quelque chose qu'on lui avait ordonné de faire. Il pensait sans doute qu'il s'en sortirait en homme libre.

Dans *Jugement Final*, vous suggérez en fait que Jack Ruby n'est pas mort lorsqu'on a rapporté sa mort et qu'il est allé plus tard en Israël. Cette histoire semble farfelue et met en doute la crédibilité globale du livre.

Je ne dis pas que c'est vrai. Je cite simplement une source qui a raconté cette histoire. L'histoire a été racontée par une femme qui connaissait Jack Ruby et qui travaillait avec lui il y a de nombreuses années à San Francisco. La femme qui a raconté l'histoire, Grace Pratt, était de toute évidence une femme fiable qui n'était pas connue pour avoir inventé de telles histoires et elle avait tellement peur de ce qu'elle pensait savoir - c'est à dire que Ruby était encore en vie - qu'elle a demandé que l'histoire ne se répète jamais de son vivant. J'ai franchement hésité à publier cette histoire, reconnaissant à quel point l'histoire est sensationnelle, et j'ai beaucoup hésité avant d'avaler la pilule et de décider de mettre l'histoire dans le livre. J'ai estimé que, pour mémoire, l'histoire de Mme Pratt devrait être racontée, car elle a définitivement introduit une autre possibilité de connexion israélienne qui a permis à la thèse de *Jugement Fina*l de boucler la boucle.

Le fait même que l'histoire n'ait jamais été rapportée ailleurs - en dépit de nombreuses autres légendes bizarres sur l'assassinat de JFK qui ont été largement diffusées - donne en fait une certaine crédibilité à l'histoire de Mme Pratt.

Gardez à l'esprit que si Ruby n'est pas mort quand il était censé être mort - et si je me trompe totalement et qu'Israël n'a rien à voir avec l'assassinat de JFK - il est tout à fait possible que Jack Ruby ait été éloigné des États-Unis, ne serait-ce que pour des raisons humanitaires. Il se peut qu'il y ait eu des juifs aux États-Unis et en Israël qui étaient sensibles à Ruby et qui ont dit qu'il avait commis un acte "patriotique" - tuer l'assassin du président - et qu'il devrait avoir la possibilité de commencer une nouvelle vie. C'est tout à fait logique. Nombreux sont ceux qui ont demandé que le traître juif américain Jonathan Pollard, qui espionnait pour Israël, soit libéré de prison et autorisé à refaire sa vie en Israël. Pourquoi ça n'aurait pas été possible pour Ruby ? L'idée n'est pas si sensationnelle.

Qui plus est, on pourrait soutenir qu'annoncer la mort de Ruby et lui permettre de quitter le pays aurait été justifié par le motif qu'il aurait "épargné le pays de l'agitation d'un autre procès". Et Ruby devait effectivement être jugé une fois de plus. Je sais que Grace Pratt croyait qu'elle avait vu Jack Ruby sur une photo en train de monter à bord d'un avion pour Israël et je sais qu'elle n'a jamais raconté l'histoire publiquement ni cherché à être reconnue. Elle avait peur. Donc je n'écarte pas l'histoire.

Il est d'ailleurs très intéressant de noter qu'après la publication de *Jugement Final*, Beverly Oliver a publié un livre, *Nightmare in Dallas*, dans lequel elle déclare purement et simplement qu'il y a quelques années, elle était en contact avec une personne qu'elle croit être Jack Ruby. Son histoire est que "Ruby" prétendait avoir été soumis à un masquage chirurgical et à une certaine forme d'hypnose et elle présente cette histoire comme si c'était crédible.

Aujourd'hui cette histoire semble peut-être aussi étrange que l'histoire de Grace Pratt pour certains, mais je n'écarte pas cette possibilité et je ne pense pas non plus qu'elle soit en conflit avec l'histoire de Mme Pratt. Les deux choses auraient pu arriver : Ruby aurait pu aller en Israël et il aurait pu subir une chirurgie plastique. Compte tenu de toutes les histoires que nous entendons au sujet du Programme fédéral de protection des témoins, pourquoi ne pouvons-nous pas envisager la possibilité que quelque chose d'insolite ait eu lieu au moment du décès de Ruby ?

Il y a donc une autre histoire qui circule qui laisse entendre qu'il y avait bien plus derrière la mort de Ruby que ce qu'on pourrait croire. J'invite instamment certains chercheurs à s'attaquer à cette controverse et à aller au fond des choses. Je n'ai pas l'intention de le faire moi-même. En tout cas, je conclurai en soulignant que la question de savoir si Jack Ruby est mort au moment où il était censé être décédé - ou non - n'a aucune importance pour la thèse de *Jugement Final*. Quiconque cherche à discréditer *Jugement Final* en citant l'histoire de Grace Pratt et en suggérant qu'elle reflète le ton ou la thèse générale du livre est malhonnête.

Quel est selon vous le plus grand défaut de la théorie largement répandue selon laquelle "La mafia a tué JFK » ?

N'importe qui aurait pu tuer JFK, même un dingue isolé, comme l'a affirmé la Commission Warren. La grande question dans la conspiration de l'assassinat est : qui avait le pouvoir de dissimuler la conspiration ? La mafia n'avait pas ce pouvoir, en dépit de ses vastes connexions nationales et internationales. Et ce n'est pas la mafia qui convoqua la Commission Warren et dicta ses actions de fond en comble. Il ne fait aucun doute qu'il y a eu des liens répétés avec la mafia tout au long du complot d'assassinat de JFK, même parmi ceux qui avaient des liens avec la CIA. Mais la mafia n'avait pas le pouvoir de manipuler les activités étranges de la CIA à Mexico, qui visaient à lier Lee Harvey Oswald à un prétendu expert en assassinats soviétique du KGB. Dans les pages de *Jugement Final*, je pense que je démolis fermement toute suggestion selon laquelle la mafia serait finalement responsable de l'assassinat de JFK. Maintenant, avec la révélation selon laquelle Hyman Lamer, lié au Mossad, était le véritable "patron" de Sam Giancana, le célèbre chef de la "mafia" à Chicago, l'ancienne légende selon laquelle "la Mafia a tué JFK" se trouve empêtrée dans un lien très significatif avec le Mossad qui jette un éclairage nouveau sur l'histoire secrète du crime organisé.

Le directeur du FBI J. Edgar Hoover a-t-il participé à la planification de l'assassinat de JFK ? Hoover savait-il que JFK devait être assassiné ? Hoover était il impliqué dans le camouflage ? Dans Jugement Final, vous ne répondez jamais précisément à ces questions.

J'aurais tendance à penser que Hoover savait probablement à l'avance qu'il y avait un complot ou des complots contre JFK - peut-être même celui qui a finalement réussi -, ne serait-ce que grâce à son vaste réseau de renseignements qui avait des liens avec les mêmes conspirateurs qui étaient intimement impliqués dans la planification réelle de l'assassinat. J'ajouterais qu'il a probablement permis que l'assassinat ait lieu et qu'il n'a rien fait pour entraver les progrès de la conspiration. Hoover n'aurait pas eu intérêt à empêcher l'assassinat. Il est fort peu probable que Hoover ait joué un rôle dans la planification de l'assassinat et personne n'a jamais été en mesure de trouver la moindre preuve qu'il l'avait fait. La participation réelle d'Hoover n'était évidemment pas essentielle à la réalisation effective de l'acte.

Franchement, il aurait été préférable (du point de vue des conspirateurs) que Hoover n'ait pas de connaissances préalables ou ne reçoive pas de telles connaissances. Cela aurait seulement donné à Hoover plus d'influence et moins il y avait de gens au courant, mieux c'était.

J'ai entendu dire que Hoover était supposé être à une fête à Dallas au ranch de son bon ami Clint Murchison, le baron du pétrole du Texas, la veille de l'assassinat, se délectant en compagnie de LBJ et même apparemment Richard Nixon, mais il me semble que ce n'est qu'une autre de ces rumeurs excitantes qui ont leur propre dynamique.

Les gens adorent ce genre d'histoires, mais même si Hoover était à Dallas la veille de l'assassinat (et je n'ai jamais vraiment vu confirmer qu'il l'était, et j'en doute franchement), cela ne veut pas dire qu'il a quelque chose à voir avec l'assassinat.

La question de savoir si Hoover a été impliqué dans le camouflage est une autre histoire, dans la mesure où c'est le FBI qui a fourni des informations à l'enquête de la Commission Warren. En ce sens, Hoover était impliqué dans le camouflage. Hoover est un grand méchant, mais son seul crime par rapport à l'assassinat de JFK, je suppose, est qu'il était J. Edgar Hoover.

Qu'en est il de Richard Nixon et de George Bush ? Pensez-vous que l'un ou l'autre ait quelque chose à voir avec un aspect quelconque de la conspiration d'assassinat ? Il y a des histoires qui circulent depuis des années.

Richard Nixon est devenu une autre bête-noire parmi les théoriciens de l'assassinat de JFK, mais il n'y a pas plus de preuves pour lier Nixon à l'assassinat qu'il n'y a de preuves pour lier Hoover. C'est une théorie passionnante, mais c'est tout ce qu'elle est et gardons cela à l'esprit.

Le nom de George Bush est aussi souvent lié à l'assassinat et, dans *Jugement Final*, j'ai exploré cela en détail, mais encore une fois, il semble hautement improbable que Bush ait participé à la planification de l'assassinat, mais apparemment dans le cadre de son travail pour la CIA - bien qu'il nie qu'il travaillait pour la CIA en 1963 - Bush avait des liens avec les exilés anti-castristes cubains et il est probable que Bush, à un moment ou à un autre, ait pu croiser des gens qui ont peut-être participé directement à la manipulation d'une partie de la conspiration globale.

George Bush pourrait probablement être inculpé et condamné pour un certain nombre de crimes, mais la conspiration dans l'assassinat de JFK n'en est probablement pas un. L'histoire complète de George Bush et de son dossier de machinations de la CIA n'a pas encore été racontée - et, malheureusement, on ne la racontera probablement jamais - mais j'ai pensé que, pour mémoire, il serait approprié d'explorer les liens possibles de Bush avec l'assassinat dans les pages de *Jugement Final*.

Et juste pour info, j'aimerais jeter ma propre petite théorie sur le lien de Bush avec l'affaire JFK. C'est certainement controversé et je n'ai pas de preuves pour le démontrer, mais je vais le mettre sur la table pour que d'autres puissent y réfléchir. Bien que la plupart des chercheurs en matière d'assassinat de JFK soient convaincus que le mystérieux personnage de la CIA "Maurice Bishop" (soi-disant vu une fois au Texas en compagnie de Lee Harvey Oswald) était en fait depuis longtemps la figure de la CIA David Atlee Phillips, j'ai toujours pensé personnellement que le fameux portrait de "Bishop" qui, selon plusieurs, a une forte ressemblance avec Phillips, pourrait tout aussi bien être George Bush.

Et si vous comparez les photos de Bush et Phillips, il est concevable que certains pourraient trouver que les deux ont une apparence similaire. Est-il possible que "Maurice Bishop" était vraiment un nom de code de George Bush de la CIA pendant le complot de Bush avec les cubains à l'époque de l'assassinat de JFK ? Est-il possible que le nom de code "Maurice Bishop" ait été utilisé par plusieurs personnes, dont Bush ? Est-il possible que, depuis que David Atlee Phillips a été reconnu comme une figure de la CIA, que la CIA ait publié l'histoire que Phillips était vraiment "Bishop" afin de garder la connexion de Bush avec la CIA sous couverture ? Comme je l'ai dit, tout cela n'est que pure spéculation et je ne prétends pas qu'il y ait des preuves pour le démontrer. Cependant...

Bien avant la publication du livre de Mark Lane, *Plausible Denial* (sans parler de l'histoire dans The Spotlight qui a déclenché le procès en diffamation de l'ancien membre de la CIA E. Howard Hunt qui est décrit dans le livre de Lane), il y avait beaucoup de spéculations selon lesquelles Hunt avait été impliqué dans l'assassinat de JFK et qu'il pourrait avoir été l'un des fameux "clodos" photographié à Dealey Plaza peu après l'assassinat du président. Pensez-vous que

Hunt était l'une de ces clochards ou que ces "clochards" étaient impliqués dans la conspiration d'assassinat ?

Tout d'abord, je connais très bien toutes les recherches et les écrits sur les soi-disant "clochards". Cependant, je ne suis pas convaincu qu'E. Howard Hunt était un de ces clochards. J'ai même vu une autre photo, publiée dans l'un des tabloïds, qui prétend montrer Hunt ramasser une balle dans Dealey Plaza immédiatement après l'assassinat. (En fait, l'individu qui est censé être Hunt ressemble davantage à l'ancien président Gerald Ford qui a siégé à la Commission Warren et je ne pense pas que ce soit Ford.) Hunt est un personnage suspect et il a été mêlé à l'intrigue entourant l'assassinat, comme le prouvent *Plausible Denial* et *Jugement Final*. Le livre *Coup d'État in America* de A. J. Weberman et Michael Canfield prétend que Hunt était un des clochards, mais, comme je le disais, je n'y crois pas.

Maintenant, il y a de nouvelles informations publiées par la police de Dallas ces dernières années qui montrent qu'il y a eu des clochards ramassés à Dealey Plaza et qu'ils ont été fermement identifiés comme des clochards - pas comme des assassins ou des conspirateurs. Cependant, il y a encore des chercheurs qui se disputent à ce sujet et disent que l'histoire complète n'a pas encore été racontée. L'une des histoires les plus récentes qui est sortie est l'histoire racontée par Chauncey Holt qui prétend que c'est lui qui était le "clodo" que tout le monde dit être E. Howard Hunt et il s'avère que Holt n'est pas l'un des clochards dont les noms apparaissent dans les dossiers de police de Dallas. Il y a donc beaucoup de chercheurs qui ne croient pas l'histoire de Holt, et encore une fois, il y a ceux qui y croient.

Si ces hommes étaient impliqués dans l'assassinat, il est peu probable qu'ils aient été les véritables déclencheurs. Robert Groden, chercheur en matière d'assassinat de JFK, a publié des photos améliorées de ce qui est vraisemblablement un homme armé tirant de la butte et cet assassin semble porter l'uniforme d'un policier. Ce n'est certainement pas un de ces clochards. Je ne pense vraiment pas que les soi-disant clochards soient vraiment importants à la fin, mais c'est une belle diversion. Les hommes qui ont été photographiés à Dealey Plaza étaient probablement ce qu'ils semblaient être. Ce serait bien de résoudre le problème juste pour rendre tout le monde heureux.

Quel rôle E. Howard Hunt a-t-il joué dans la conspiration de JFK ?

C'est une question très intéressante et la réponse est complexe. J'ai abordé ce sujet au chapitre 16 de *Jugement Final*, mais j'aimerais en discuter davantage ici. On ne sait pas exactement où était Hunt au moment de l'assassinat de JFK. C'est quelque chose qui n'a jamais été solidement établi même pendant le procès pour diffamation de Hunt et les réponses de Hunt pendant le contre-interrogatoire de Mark Lane n'étaient pas vraiment concluantes.

Hunt insista sur le fait qu'il se trouvait dans la région de Washington D. C. (soit chez lui en banlieue, ou au bureau ou au centre-ville où il faisait ses achats à un ou plusieurs endroits au cours de la journée) le 22 novembre, le jour de l'assassinat. Toutefois, il n'a jamais abordé l'allégation faite sous serment au cours du deuxième procès par son ancienne associée de la CIA, l'agent Marita Lorenz, selon laquelle elle et l'agent de la CIA Frank Sturgis et un groupe d'exilés cubains ont rencontré Hunt à Dallas le 21 novembre, la veille de l'assassinat. (Et cela, bien sûr, aurait laissé le temps à Hunt de retourner à Washington pour être dans la capitale le jour même de l'assassinat).

Qui plus est, comme nous l'avons noté plus tôt, Miss Lorenz a dit que Jack Ruby, qui a tué Lee Harvey Oswald quelques jours plus tard, leur a également rendu visite à ce motel. Il ne fait donc aucun doute qu'il y a eu un complot impliquant Hunt à Dallas le reliant à un complot mettant en cause des individus connectés à la CIA qui étaient liés d'une certaine manière à la conspiration d'assassinat.

Je ne dis pas - et Mark Lane non plus, d'ailleurs - que Hunt a tiré sur John F. Kennedy ou même dans sa direction le 22 novembre. Je pense que Hunt était à Dallas au moins juste avant l'assassinat. Ce qu'il y faisait, c'est l'histoire intéressante dont nous savons si peu de choses.

Comme nous l'avons vu dans le chapitre 16, c'est clairement James Angleton de la CIA qui était responsable de la fuite du mémo interne de la CIA qui place Hunt à Dallas au moment de l'assassinat, jetant les bases de l'histoire qui a finalement abouti à la poursuite en diffamation de Hunt contre *The Spotlight*.

De l'avis du journaliste d'investigation Joe Trento (qui, soit dit en passant, est un ennemi juré du journal *The Spotlight*, après avoir été contraint au règlement d'un procès en diffamation contre lui de la part Willis Carto, l'éditeur de *The Spotlight*), il est probable que non seulement Hunt était effectivement à Dallas et que ce soit Angleton qui l'y ait envoyé. Cependant, Hunt n'admet rien.

Il me semble que Hunt jouait un rôle de facilitateur, si j'ose dire, dans le complot d'assassinat de JFK, impliqué à Dallas (et à la Nouvelle-Orléans) avec d'autres personnes qui évoluaient autour de Lee Harvey Oswald. Il est tout à fait concevable que Hunt n'eût aucune idée que sa mission à Dallas impliquait un véritable complot d'assassinat - peut-être qu'il n'était impliqué que dans un complot "fictif" d'assassinat qui a été manipulé et dépassé par des forces extérieures et est devenu réel - et j'ai exploré cette possibilité au chapitre 16.

Considérez ceci : Bien que Hunt ait rencontré Mlle Lorenz et Frank Sturgis et que l'argent soit passé de Hunt à Sturgis, cela n'indique pas nécessairement que Hunt savait qu'un véritable assassinat était en vue, même si Sturgis raconta plus tard à Lorenz que son équipe avait été impliquée dans le meurtre du président. Il le savait peut-être, mais pas nécessairement. Toutefois, il s'est mis lui-même dans la position où, après coup, il semblait sacrément coupable, compte tenu du témoignage ultérieur de Lorenz.

Cependant, nous devons tenir compte du fait que, quoi qu'il se soit passé à Dallas, Hunt s'est de nouveau allié à Frank Sturgis pendant le fiasco du Watergate qui a mené à l'"assassinat" d'un autre président, et dans le cas du Watergate, comme nous l'avons vu, il y avait également une nette connexion israélienne, qui impliquait également Angleton.

Pensez au fait - comme nous le savons désormais - que Frank Sturgis n'était pas seulement un agent de la CIA, mais qu'il était aussi impliqué depuis longtemps dans le complot du Mossad, et nous trouvons un ensemble de rouages très complexes, pour ainsi dire.

Mais Hunt était et est un homme loyal de la CIA et il n'admettra rien d'une façon ou d'une autre. Et lorsque Hunt avait besoin d'un témoin de la CIA dans son procès pour diffamation, c'est Newton "Scotty" Miler, l'adjoint de longue date d'Angleton, qui est venu à sa rescousse. Je ne pense pas que ce soit une surprise.

Donc, même s'il semble qu'en 1978, la CIA prévoyait initialement de laisser tomber Hunt et de le piéger pour implication dans l'assassinat - en le dépeignant comme étant un agent "véreux" - via ses anciens supérieurs de la CIA, au moment où son procès pour diffamation contre *The Spotlight* avait lieu, lui et la CIA étaient parvenus à un accord et ils lui offraient leur aide. Il semble que c'est précisément parce que l'article de *The Spotlight* a dévoilé la « situation limitée » dirigée contre Hunt que l'opération a été mise en suspens. Rappelons qu'une lettre intitulée "Cher M. Hunt", soi-disant de Lee Harvey Oswald, est apparue à l'époque où cette opération de "situation limitée" en était à ses débuts alors que la Comimission de la Chambre des représentants commençait son enquête. Je crois qu'il s'agissait là d'un autre sale tour d'Angleton, bien qu'un nouveau livre d'un auteur lié à la CIA affirme qu'il s'agissait d'un stratagème du KGB. Dans « Un dernier Mot ? » de *Jugement Final*, j'y reviendrai plus en détail.

S'il y a quelqu'un de vivant aujourd'hui qui sait ce qui s'est vraiment passé à Dallas, c'est bien Hunt. Cependant, si jamais Hunt devait trouver le besoin ou une raison de "rendre public" ce qu'il sait, je crois que nous pourrions prendre ce qu'il dit avec des pincettes. Hunt est un auteur de romans d'espionnage très doué et prolifique en plus de ça, et si un éditeur lui offrait quelques millions de dollars pour "tout raconter", il est concevable que Hunt - en collaboration avec la CIA, ou peut-être tout simplement tout seul - inventerait une histoire fantastique qui satisferait l'envie du public et qu'il établirait, par conséquent comme étant *le* jugement final sur ce qui s'est passé à Dallas. Et cela pourrait faire en sorte que la vérité soit enterrée pour toujours. Je crains que trop de gens soient prêts à croire tout ce que dit Hunt simplement parce qu'il est ce qu'il est. Donc méfions nous de ce que Hunt pourrait dire.

Mais je vais faire cette prédiction : si Hunt parvient à trouver une "solution finale" au mystère selon lequel l'assassinat aurait été une conspiration du KGB - avec des liens avec Castro - et que certains agents "véreux" de la CIA se seraient retrouvés au milieu. Cela pourrait être la clé de voûte d'une attaque de dernière minute contre Castro et, vu que l'Union soviétique s'est retirée des affaires, peu importe que Hunt les accuse ou non.

Le livre de Jim Marrs, *CrossFire*, n'est-il pas celui qui, plus encore que *Jugement Final*, rassemble toutes les théories de JFK et permet au lecteur de porter un jugement final par lui-même ?

Crossfire est un livre merveilleux et donne une vue d'ensemble complète de tous les livres sur l'assassinat de JFK qui étaient disponibles au moment où il a été mis sous presse. J'ai bon espoir que si Marrs réédite *Crossfire* dans une édition mise à jour, il mentionnera la théorie qui apparaît dans *Jugement Final*, ne serait-ce que pour essayer de la démolir. Mais je ne pense pas qu'il le puisse. S'il est capable de le faire, j'espère qu'il tentera de le faire de façon responsable.

Dans l'ensemble, je ne pense pas que Marrs arrive à de vraies conclusions d'une façon ou d'une autre. Il laisse entendre que LBJ est peut-être responsable de l'assassinat et pointe du doigt le " complexe militaro-industriel ", mais c'est à peu près tout.

Je suggère que les gens lisent *Crossfire* avant même de lire *Jugement Final* parce qu'il s'agit d'un recueil remarquable des théories de base et des conclusions concernant l'assassinat et une fois que vous comprenez l'essentiel de ces théories, vous verrez comment *Jugement Final* les lie effectivement dans une théorie relativement simple qui a un sens ultime.

Beaucoup de gens m'ont dit qu'ils avaient lu pratiquement tous les autres livres sur l'assassinat, mais que c'est le mien qui a vraiment fait le lien entre les deux et qui a fourni l'explication la plus complète de ce qui s'est réellement passé.

Comment la thèse présentée dans *Jugement Final* contredit-elle la théorie présentée dans un certain nombre d'ouvrages suggérant que c'est une sorte de complot entre la CIA et la mafia qui a mené à l'assassinat de JFK ?

Je ne crois pas que la théorie présentée dans *Jugement Final* contredit essentiellement la thèse de base selon laquelle c'est une combinaison d'éléments de la CIA et de la mafia qui est à l'origine du meurtre du président. Au contraire, la thèse de base s'inscrit parfaitement dans le scénario présenté dans *Jugement Final*. Mon livre, cependant, s'inspire de la connexion israélienne que personne n'a jamais abordée auparavant et explique que la soi-disant "connexion française" que d'autres ont cherché à démontrer comme étant en quelque sorte une preuve de l'implication de la CIA ou même de la "mafia" pointe plus clairement vers la connexion israélienne.

Il est très clair pour moi que les autres théoriciens ne comprennent pas franchement le sens de la connexion française - que c'est la connexion israélienne. La « French Connection » est en outre directement liée à la CIA et à la mafia et même directement au bureau de l'agent de la CIA Guy Banister à la Nouvelle-Orléans.

Jugement Final est donc unique en ce sens qu'il explique comment tous ces éléments apparemment divers sont liés entre eux par la connexion israélienne.

Quiconque a lu un livre suggérant qu'il s'agissait d'une sorte de complot entre la CIA et la mafia et accepte que la thèse peut maintenant lire *Jugement Final* et se rendre compte qu'il n'y a rien dans *Jugement Final* qui contredit cette thèse de base. J'ajouterais que *Jugement Final* est également instructif en ce sens qu'il présente une vision plus exacte de la réalité de la vraie nature du Syndicat du crime organisé et du rôle principal que Meyer Lansky a joué au sein de la pègre. *Jugement Final*, en ce sens, est le premier livre à avoir exploré le lien de Lansky avec le crime du siècle.

Je crois fermement que *Jugement Final* présente un argument qu'aucune personne qui croit à la conspiration de base "CIA-Mafia" ne peut rejeter d'emblée. Ceux qui le rejettent, j'aurais tendance à suspecter, sont ceux qui ont peur de la vue d'ensemble. Le livre montre qu'Israël n'avait pas seulement les moyens et le mobile, mais aussi l'opportunité - tous les éléments dont un bon avocat aura besoin pour obtenir une condamnation pour meurtre. En fait, un lecteur a suggéré que *Jugement Final* se lisait comme un acte d'accusation. Et c'est certainement un acte d'accusation.

Pourriez-vous nous donner un aperçu de ce que vous considérez comme la structure de base du complot d'assassinat de JFK ? L'immense conspiration internationale décrite dans *Jugement Final* n'implique-t-elle pas nécessairement un si grand nombre de personnes qu'il aurait été impossible de garder un tel complot secret pendant toutes ces années ?

Tout d'abord, la conspiration n'est plus un secret. J'en ai parlé dans *Jugement Final*. Et je ne dit pas ça en plaisantant. Après tout, grâce à ma source française, j'ai pu identifier les rôles secrets de Yitzhak Shamir, figure du Mossad israélien, et Georges De Lannurien, officier français de la SDECE, dans la conspiration. Donc quelqu'un quelque part avec des informations de « l'intérieur » **a parlé** et c'est ainsi que l'information au sujet de ces deux conspirateurs m'est tombée dessus pendant que j'écrivais *Jugement Final*.

La question est toutefois bien posée. Mais ce que j'ai dit à maintes reprises, souvent en réponse aux demandes de renseignements, c'est que ce qui est unique, je pense, - parmi bien d'autres choses, je suppose - à propos de *Jugement Final*, c'est qu'il présente une conspiration qui n'implique en fait qu'un petit nombre de personnes. Autrement dit, seule une poignée de personnes auraient su que le président allait être tué. Toutes les autres personnes qui, d'une façon ou d'une autre, ont été mêlées à la conspiration n'auraient même pas su les rôles qu'elles jouaient dans ce complot.

Je pense que c'est là un aspect important de la théorie que je présente dans *Jugement Final*. Le nombre de personnes impliquées dans la conspiration qui savaient réellement que JFK allait être assassiné était probablement très limité - mais ceux qui étaient "au courant" disposaient de vastes ressources à leur disposition pour influencer un nombre beaucoup plus important de personnes qui ne sauraient jamais nécessairement qu'ils participaient à une conspiration d'assassinat visant le président Kennedy.

D'après moi, il y a eu six étapes dans l'assassinat proprement dit :
1) le début de la conspiration : qui l'a mis en œuvre ?
2) la planification et la coordination : l'embauche des assassins, par exemple ;
3) le financement - qui a débloqué l'argent pour le réaliser ?
4) la facilitation (du meurtre) - tendre le piège au bouc émissaire, s'assurer que tout est en place pour le 22 Novembre ;
5) l'exécution de l'assassinat ; et
6) le camouflage.

Pour ce qui est du déclenchement effectif de la conspiration, comme je l'ai dit, il semble évident que cela a eu lieu par l'interaction entre le Mossad israélien et les têtes pensantes de la CIA, suite à leur propre réaction aux politiques de JFK. Sans parler, bien sûr, de l'interaction de la CIA et du Mossad avec d'autres groupes de pouvoir qui étaient dans la ligne de mire de l'administration Kennedy, notamment le crime organisé.

J'ai déjà clairement attribué la faute à James Angleton de la CIA et au Premier ministre israélien David Ben-Gourion d'avoir initié la conspiration, mais il y en avait d'autres qui étaient peut-être également « de la partie ».

Une fois qu'il a été décidé que JFK serait "abattu", la planification et la coordination étaient nécessaires à la deuxième étape de la conspiration. Quelqu'un devait être chargé de recruter les assassins, d'établir les bases générales, de déterminer où l'assassinat aurait lieu et comment il serait financé.

J'ai tendance à croire que cela a probablement été effectué par Yitzhak Shamir, chef de l'équipe d'assassinats du Mossad. Il aurait bien sûr travaillé en étroite collaboration avec Angleton et nous savons qu'il a sous-traité au moins un assassin ou une équipe d'assassins via son allié du renseignement français, le colonel Georges De Lannurien.

Le financement de tout cela aurait pu provenir de sources très diverses. Bien que, bien sûr, la CIA et le Mossad disposent tous deux d'immenses budgets (y compris le fameux « budget secret » de la CIA), sans parler d'une grande variété de sociétés écran, connues sous le nom de propriétés, il semble probable que l'argent utilisé pour financer l'opération ait été soigneusement blanchi et soit venu même peut-être de sources extérieures à la CIA et au Mossad pour s'assurer que l'argent ne pourrait jamais être tracé.

La CIA et les alliés du Mossad au sein du Syndicat du crime de Lansky étaient certainement une source d'argent rapide, importante et intraçable facilement accessible. Lansky lui-même, sans parler de ses associés de la mafia, ainsi que la société écran Permindex du Mossad, avaient tous des comptes bancaires à la Banque de Crédit Internationale du rabbin Tibor Rosenbaum à Genève. Il est possible que Rosenbaum ait transféré de l'argent par l'intermédiaire de Clay Shaw, membre du conseil d'administration de la Permindex qui, à son tour, était une sorte de

" trésorier " de la Nouvelle-Orléans, distribuant de l'argent à Guy Banister et ainsi qu'à Lee Harvey Oswald qui était en train d'être piégé comme bouc émissaire par le bureau de Banister.

Et puis, encore une fois, si l'opération de Banister impliquant Oswald avait effectivement été mise en place et coordonnée par le bureau de l'ADL de la Nouvelle-Orléans, ce qui semble probable, l'argent du salaire d'Oswald versé par Banister aurait littéralement été subventionné directement (ou indirectement) par l'ADL. Et il a été révélé dans les documents officiels de la cour que l'ADL utilise en fait des intermédiaires pour payer ses " enquêteurs ", tels que Banister et compagnie, pour masquer la source des fonds.

Cela illustre donc comment un grand panel d'entités apparemment distinctes ont pu être utilisées pour financer l'opération sans qu'aucune trace ne remonte directement à la CIA ou au Mossad. Bien que l'ADL, par exemple, fasse rapport au Mossad, il est peu probable que l'argent du Mossad, en soi, ait même été transféré sur le compte bancaire de l'ADL.

Les fonds pour une ou plusieurs parties de l'organisation de l'assassinat auraient pu provenir d'autres sources. Il y a eu des histoires selon lesquelles Jack Ruby s'est rendu au bureau du baron du pétrole du Texas H. L. Hunt peu de temps avant l'assassinat. Peut-être que Hunt a fourni de l'argent qui a été utilisé par Ruby pour une quelconque fonction que Ruby exerçait avant l'assassinat.

Hunt a peut-être reçu l'assurance que l'argent était destiné à une manifestation "anti communiste" le jour de l'assassinat. Ruby a peut-être même dit à Hunt qu'un groupe de cubains anti-castristes, déguisés en cubains pro-Castro, allaient organiser une sorte d'"incident" pour discréditer Castro pendant que JFK était à Dallas. Ruby lui-même aurait pu croire que c'était le projet en cours ! (Personnellement je pense que Ruby était en train de piégé le "second Oswald" ou les "Oswalds" selon le cas. Autrement dit, Ruby arrangeait des "incidents" autour de Dallas pour faire croire que le vrai Lee Harvey Oswald était un « agitateur pro-Castro » et un extrémiste armé)

Maintenant, tout cela n'est que pure spéculation, bien sûr, mais je ne pense pas que ce soit très loin de la réalité. J'essaie de situer la chose dans une perspective logique.

Nous avons parlé de déclenchement et de planification, de coordination et de financement. Le quatrième niveau du complot d'assassinat serait la "facilitation". Il s'agissait en particulier des domaines tels que les actions menées à la Nouvelle-Orléans et à Dallas, où Lee Harvey Oswald se faisait piéger et/ou se piégeait lui-même par inadvertance, selon le cas. Opérant à ce stade nous avons Clay Shaw, Guy Banister, David Ferrie et Jack Ruby malgré le fait que Shaw n'ait peut-être jamais eu de contact direct avec le vrai Lee Harvey Oswald. Il y avait aussi, bien sûr, des exilés cubains anti-castristes qui étaient mis à profit à ce stade.

Il est également probable, comme je l'ai fait remarquer, qu'un certain nombre de boucs émissaires potentiels aient été établis dans diverses villes du pays. Les facilitateurs, dans ces villes, n'avaient aucune idée qu'ils étaient mis à profit dans un complot d'assassinat qui piégeait le pigeon. Il y avait probablement plusieurs personnes à travers le pays avec des profils similaires à celui de Lee Harvey Oswald qui étaient mis en place au cas où l'assassinat devrait être exécuté dans leur ville : Miami, Chicago, Los Angeles, Billings, Montana.

Il semble peu probable que les conspirateurs étaient prêts à transporter Lee Harvey Oswald dans tout le pays en attendant le bon moment pour frapper. Non, au lieu de cela, il y avait d'autres "Oswalds"- d'autres pigeons - en place dans ces villes. Et vu que l'assassinat n'a pas eu lieu à ces endroits là, les facilitateurs ne se rendraient pas nécessairement compte de la véritable motivation derrière les choses qu'on leur avait demandé de faire. Pour tout cela, il est également tout à fait possible, comme je l'ai dit, qu'il y ait même eu plusieurs autres boucs émissaires établis à Dallas ou dans d'autres endroits au Texas.

Cependant, il n'y avait pas que des "facilitateurs" autour de Lee Harvey Oswald et à son niveau. Il y avait également des facilitateurs qui travaillaient autour de la victime imminente du complot d'assassinat. Dans les cercles autour de John F. Kennedy, il y avait ceux qui rapportaient, très certainement à la CIA, les projets de JFK, à la fois en ce qui concerne les questions internationales critiques de haut niveau affectant immédiatement la CIA et le Mossad, mais aussi en ce qui concerne des questions aussi précises que celles de savoir où JFK avait l'intention de se rendre pendant son voyage au Texas.

C'était la routine, bien sûr, puisque la CIA avait depuis longtemps ses agents implantés dans tout le pouvoir exécutif et qu'ils cooptaient (par le chantage et les pots-de-vin) des gens qui n'étaient pas directement employés par la CIA. De toute évidence, ces gens ne se rendaient pas compte que l'on se servait d'eux pour la conspiration d'assassinat qui s'ensuivit. En fin de compte, je suis certain que c'est Angleton, à la CIA, qui a obtenu les renseignements sur les activités de JFK. C'était probablement littéralement déposé sur le bureau d'Angleton quotidiennement.

La CIA a peut-être même contribué à façonner les plans du président d'une manière ou d'une autre : en veillant, par exemple, à ce que son cortège emprunte un itinéraire particulier à travers Dallas. J'utilise ça comme un simple exemple pour montrer à quel point le processus était simple. Et la personne ou les personnes qui étaient mises à profit ne savaient pas nécessairement qu'elles étaient manipulées, ni même, rétrospectivement, qu'elles l'avaient été.

Nous pourrions ajouter qu'il y avait un autre élément indispensable au niveau de la facilitation. Il s'agissait de l'équipe de la CIA, dirigée par David Atlee Phillips, chef du bureau de l'hémisphère occidental de la CIA, qui était responsable - le mois précédant l'assassinat - de déposer les "preuves" selon lesquelles Lee Harvey Oswald rencontrait un expert en assassinats soviétique à Mexico. Il s'agissait là d'une autre brique importante dans la fondation de la conspiration - l'élaboration du piège tendu au bouc émissaire menée à un degré particulièrement élevé.

Sans l'aide de toutes ces personnes, l'assassinat et le camouflage ne pouvait avoir lieu. Néanmoins toutes leurs actions pouvaient être menées sans que ces personnes ne se doutent de ce qui était en train de se passer. Et dans de nombreux cas, leurs actions étaient routinières et quotidiennes.

Et puis, bien sûr, il y a les assassins. Il se peut que ces assassins n'aient même pas connu l'emplacement (ou l'identité) des autres tireurs. La coordination de l'assassinat a peut-être été tellement compartimentée que les opérations des différentes équipes ont pu être menées sur une base strictement confidentielle. Il se peut même que d'autres équipes d'assassinats aient été envoyées à Dallas et mises en place au cas où l'attaque de Dealey Plaza soit annulée. Ces équipes n'auraient pas nécessairement su que les autres étaient en place. Évidemment, nous ne connaîtrons jamais toute l'histoire.

Le fait que Frank Sturgis, l'homme de la CIA (également agent du Mossad de longue date) ait déclaré plus tard à Marita Lorenz que son équipe était impliquée dans l'assassinat est également intéressant. Sturgis n'a apparemment jamais prétendu être l'un des tireurs, mais les services secrets cubains, comme nous l'avons vu, ont dit qu'il était impliqué dans l'organisation des communications entre les équipes de tueurs.

Les personnes au niveau de la facilitation pouvaient également être mis à profit pour aider les véritables assassins à s'échapper. Jack Ruby était un facilitateur idéal pour manipuler les membres de la police de Dallas. Quelques gros profits ici et là feraient l'affaire. L'agent J. D. Tippit était probablement impliqué et il me semble qu'il fut tué lorsqu'il refusa de faire son boulot. Et puis, encore une fois, peut-être que Tippit devait être exécuté dans le but de mettre le crime sur le dos d'Oswald.

Le dernier niveau est celui du camouflage et du contrôle des dommages. Plusieurs des personnes impliquées dans la facilitation de l'assassinat auraient tout intérêt à dissimuler non seulement leur propre rôle mais aussi celui de leurs associés dans la conspiration (une fois qu'ils se seraient rendu compte qu'ils avaient joué un rôle dans l'avancement de la conspiration, même involontairement). Cela impliquait certainement des gens de la CIA et du FBI, sans parler d'autres agences gouvernementales, y compris la police de Dallas. La plupart des personnes impliquées n'ont peut-être même pas réalisé qu'elles étaient engagées dans des actions visant à dissimuler la vérité.

Nous savons que James Angleton avait un invité intéressant dans son bureau à Langley le jour de l'assassinat. C'était l'allié français du Mossad, le colonel Georges De Lannurien de la SDECE. Il est évident qu'ils étaient ensemble pour un contrôle concret des dégâts en tête à tête. Il s'agissait d'une opération majeure et il était essentiel que ces deux grands conspirateurs clés soient réunis au cas où quelque chose tournerait mal. Il est évident qu'à cette époque critique, la communication par téléphone ou par pigeon voyageur n'était pas idéale.

En fin de compte, bien sûr, s'il n'y avait pas eu la puissante force corrompue (et corruptrice) des médias américains - elle-même si fortement influencée par le lobby pro-israélien et la CIA (séparément et ensemble) - la dissimulation n'aurait pas été si généralisée et n'aurait pas duré aussi longtemps. Je crois vraiment que la façon dont les médias ont réagi aux critiques de la Commission Warren est un signe révélateur qu'Israël a joué un rôle dans la conspiration d'assassinat.

Pratiquement tous les chercheurs importants en matière d'assassinat de JFK ont commenté le phénomène de la collaboration des médias dans le camouflage.

Pourtant, personne ne mentionne jamais l'influence du lobby israélien sur les médias américains. Vous ne pouvez pas regarder l'assassinat de JFK sans examiner sérieusement le rôle des médias dans le camouflage. C'est primordial - et cela montre bien le lien avec Israël, que les gens veuillent l'admettre ou non.

Pourquoi tous les chercheurs ne peuvent-ils pas s'associer et travailler ensemble pour trouver la solution au mystère ? Ne serait-ce pas plus productif que de travailler à contre-courant ?

Tout d'abord, honnêtement, je pense que j'ai trouvé la solution - et, comme j'ai dit, elle intègre toutes les réflexions majeures sur ce qui s'est réellement passé à Dallas. J'ai introduit la connexion israélienne passée sous silence, puisque c'est bien ce qui lie toutes les autres théories.

Cependant, le fait est qu'en raison du grand nombre de personnes avec autant de domaines d'intérêt et d'expertise, elles finissent inévitablement par entrer en conflit les unes avec les autres. C'est une des raisons pour lesquelles je ne me suis jamais directement impliqué aux côtés des chercheurs qui ont continuellement des conférences et des réunions. Globalement, je serais tenté de dire que le mystère a été résolu dans la mesure où il ne le sera jamais.

C'est ironique, mais il y a plusieurs groupes d'étude sur l'assassinat de JFK et ils fonctionnent essentiellement, sous une forme ou une autre, comme des "rivaux", se disputant et se chamaillant entre eux.

Un autre facteur est qu'il y a beaucoup de gens qui ont des domaines d'expertise particuliers : que ce soit la balistique, la pathologie ou la photographie. Je ne prétends pas avoir d'expertise dans ces domaines. J'ai une vaste expérience dans un certain nombre de domaines, mais je ne me vanterais pas d'être un expert dans aucun de ces domaines. J'ai une bonne connaissance pratique non seulement de l'histoire de la CIA et du Mossad israélien, mais aussi de l'histoire du crime organisé. Je connais bien la politique américaine au Moyen-Orient et les conflits de politique étrangère de l'administration JFK. Et au cours de la rédaction de *Jugement Final*, je me suis servi des recherches publiées sur le conflit français en Algérie qui, comme je l'ai noté, a finalement joué un rôle crucial dans l'évolution de la conspiration d'assassinat de JFK.

Franchement, je dirais que c'est un pari sûr que vous ne trouverez aucun autre écrivain en matière d'assassinat de JFK qui ait étudié tous ces domaines comme je l'ai fait. C'est précisément pourquoi j'ai été capable d'organisé *Jugement Final* de la façon dont je l'ai fait.

Après tout, honnêtement, combien de chercheurs en matière d'assassinat de JFK ont-ils vraiment une connaissance de l'histoire des relations de JFK avec Israël ? Au lieu de cela, ils se sont concentrés sur le Vietnam et sur le conflit cubain et, par conséquent, ont manqué la vue d'ensemble. Je ne les critique pas. Je relate juste un fait. Je suis personnellement disposé à travailler avec d'autres chercheurs dans la mesure où je le peux, mais, comme je l'ai déjà indiqué, beaucoup de ces "experts" ont refusé de reconnaître mon travail (pour des raisons qui j'imagine sont évidentes).

Je n'écarte rien du tout et j'ai toujours dit qu'il est tout à fait possible - et je ne fais pas semblant - que si quelqu'un peut me prouver que le Vatican était à l'origine du complot d'assassinat de JFK, manipulant la CIA et le Mossad, par exemple, je pourrais être prêt à le croire. Tout ce que je demande, c'est qu'on me montre les preuves. C'est aussi simple que ça. Et si j'ai tort, je veux qu'on me montre où j'ai tort. Ce n'est pas trop demander. L'idéal serait que tout le monde puisse travailler ensemble, mais cela n'arrivera jamais.

Il y a beaucoup de politique ici aussi. Beaucoup de chercheurs sont aveuglés par un parti pris libéral et ils ont des intérêts personnels. Pour cette raison, ils semblent voir JFK comme la victime d'une conspiration républicaine, un complot d'extrême droite orchestré par Richard Nixon (même si les vrais partisans de "droite" ne pensent certainement pas que Nixon lui-même est l'un des leurs). Ces chercheurs sont attachés à l'image de JFK comme étant une sorte d'icône libérale.

Cependant, l'ironie de la situation, c'est que l'une des causes libérales de prédilection - le soutien à l'État d'Israël et ses exigences envers les contribuables américains - n'était pas quelque chose que JFK promouvait pendant sa présidence. Au lieu de cela, JFK était en guerre en coulisses avec Israël. Tout est documenté, bien sûr, mais ces chercheurs détestent l'admettre. De plus, je pourrais ajouter qu'ils ont leurs amis dans le lobby israélien qui leur chuchotent à l'oreille :"Ne faites pas attention à cet homme derrière le rideau."

Mais voilà, il y a de l'argent dans tout cela. L'assassinat de JFK a donné naissance à une mini-industrie florissante et les auteurs et les éditeurs sont en guerre les uns contre les autres dans la lutte pour la reconnaissance et la respectabilité. Je suppose que j'ai été exclu dans les deux cas mais les autres chercheurs ont une chance de réussir et ils n'obtiendront jamais un succès financier important s'ils commettent l'erreur d'identifier le rôle d'Israël dans l'assassinat.

Le cinéaste Oliver Stone joue maintenant un rôle majeur dans cette mini-industrie, comme je l'ai souligné. Les écrivains se marchent les uns sur les autres en essayant d'obtenir l'approbation de Stone concernant leurs livres et Stone ne va pas promouvoir quoi que ce soit qui oserait faire allusion à l'implication israélienne au vu des faits que nous connaissons à propos de Stone et de ses associés israéliens. Stone a généreusement distribué de l'argent dans les rangs des chercheurs qu'il a employé comme "consultants" pour son film et cela, aussi, a eu un impact sur la croissance de la recherche indépendante.

Parallèlement, on trouve un autre facteur. La société Shapolsky Publishers (aujourd'hui disparue) qui a publié plusieurs livres sur l'assassinat de JFK, était affiliée à une société d'édition israélienne. Les gens qui espèrent faire publier leurs livres ne veulent pas exprimer des opinions qui pourraient empêcher leurs œuvres d'être mises en rayon. Les gens savent ce qui est dans leurs intérêts.

J'ai tenté à deux reprises d'attirer l'attention de la société Carroll & Graf à propos de *Jugement Final*, tant avant la publication initiale qu'après la publication de la deuxième édition. La première fois, ils ne m'ont même pas envoyé de lettre de rejet. Ils ont simplement renvoyé le manuscrit. La deuxième fois je leur ai écrit, et j'ai reçu une lettre de M. Carroll lui-même après avoir fait remarquer que je n'avais même pas reçu de lettre officielle de rejet. Sa note était très claire : "Nous ne pouvons pas exploiter votre manuscrit actuellement", bien qu'il ait depuis publié un certain nombre de livres sur l'assassinat de JFK.

Carroll & Graf s'y connaît en livres sur JFK. Le livre le plus vendu de Jim Marrs *Crossfire* est un produit Carroll & Graf. Ils ont également publié les livres d'un écrivain assez inhabituel nommé Harrison Livingstone (dont j'ai parlé dans *Jugement Final*) et ces livres ont été des bestsellers. Mais Carroll & Graf ne s'intéressait pas à *Jugement Final*. Et je suis sûr que ce n'était pas parce que le livre était un torchon d'analphabète.

Donc, au final, il y a
1) des conflits de personnalité,
2) des conflits politiques et
3) des soucis financiers qui empêchent tous les différents théoriciens de l'assassinat de JFK de travailler ensemble ou, dans mon domaine d'intérêt, d'explorer la thèse exposée dans *Jugement Final*.

Beaucoup pensent que l'histoire de la liaison de JFK avec l'actrice Marilyn Monroe est un mythe. Pourtant, vous avez consacré un chapitre entier de *Jugement Final* à ce sujet. N'êtes vous pas en train de tomber dans le piège tendu par les médias qui ressassent le mythe de Marilyn Monroe ?

Le chapitre sur le lien Cohen-Monroe-JFK n'était pas essentiel à la thèse exprimée dans *Jugement Final*. Le livre aurait pu être publié sans ce chapitre et il n'aurait en rien nui à l'ensemble de la thèse.

J'ai inclus le chapitre pour un certain nombre de raisons :
1) il souligne le fait qu'il y a cette forte influence juive et pro-israélienne dans l'arène du crime organisé, et en particulier parmi ceux qui sont sous l'influence de Meyer Lansky.
2) Cohen avait un lien de longue date avec Marilyn Monroe et il est intéressant de noter que ses mémoires, qui sont pleines de noms, ne mentionnent jamais son nom. Il convient également de mentionner que le co-auteur de Cohen, John Peer Nugent, était réputé être un agent de la CIA et que Cohen lui-même a été mentionné comme ayant été impliqué dans les opérations anti-castristes de la CIA.
3) Cohen et Jack Ruby étaient très proches et avaient de nombreux associés mutuels, dont un certain Al Gruber.

C'est avec Gruber que Ruby est entré en contact pour la première fois en dix ans, juste après l'assassinat de JFK. Gary Wean pense que Gruber est celui qui a donné l'ordre à Ruby d'"abattre" Oswald.

J'ai été franchement surpris par le nombre de gens qui m'ont dit qu'ils ne croyaient pas les histoires à propos de Marilyn Monroe et John Kennedy, dans la mesure où j'ai toujours cru les histoires moi-même. Cependant, je connais Gary Wean (ma source principale sur la connexion Marilyn-JFK-Cohen) et je le considère comme une source fiable et je pense qu'il était approprié d'inclure ses informations dans le livre.

On m'a dit que Jim Marrs, l'auteur de *Crossfire*, a mis en doute la fiabilité de Gary Wean et a laissé entendre que ses allégations ne sont pas crédibles. Ma propre suspicion est que Marrs hésite à donner foi aux allégations de Gary parce que Gary lui-même n'a pas hésité à suggérer qu'il y avait une implication israélienne dans l'assassinat de JFK.

Je trouve quelque peu ironique que Marrs ait choisi Wean parce qu'il y a tellement de sources qui ont été utilisées par Marrs et d'autres que je ne sais pas sur quelle base on détermine quelle source est fiable et laquelle ne l'est pas. Inutile de dire que Marrs ne rend pas justice à Gary Wean.

Il est intéressant de noter que les médias ont continuellement utilisé l'affaire Monroe et d'autres affaires présumées pour dévaloriser la réputation de JFK. Même Jacqueline Kennedy Onassis a été démolie par les médias après la mort de son mari et son remariage avec Aristote Onassis. Ce mariage a été présenté comme quelque chose de peu recommandable.

D'autre part, bien que Jacqueline ait eu une relation adultère de dix ans avec un homme marié, le diamantaire juif d'origine belge Maurice Tempelsman, tout ceci est resté discrètement et soigneusement gardé sous silence pendant ces dix ans. Ce n'est qu'après sa mort qu'il fut généralement mentionné (et seulement en passant) que les deux vivaient ensemble et que Tempelsman fut peint comme n'étant rien d'autre qu'un saint.

Cela pourrait avoir quelque chose à voir avec le fait que Tempelsman avait des liens de longue date avec la CIA et le Mossad de par ses activités en Afrique, où les deux services de renseignement ont joué un rôle majeur ces dernières années. Les médias n'ont donc pas levé les sourcils sur la liaison de la veuve avec Tempelsman.

Pourquoi n'évoquez-vous pas le rôle des francs-maçons dans l'assassinat de JFK et son camouflage ? N'est-il pas vrai que tous les membres de la Commission Warren étaient des francs-maçons ?

Je ne sais pas si tous les membres de la Commission Warren étaient des francs-maçons. Cependant, certains d'entre eux, notamment Michael A. Hoffman II, un chercheur très brillant, ont fait preuve de beaucoup d'imagerie maçonnique dans les événements entourant l'assassinat. Je ne conteste pas cela. Il est probable qu'il y avait un grand soutien maçonnique pour l'assassinat, notamment étant donné que JFK était catholique. Le sionisme et la franc-maçonnerie sont tous deux sincèrement anti-catholiques et se chevauchent dans de nombreux domaines de complot. Ça ne fait aucun doute. Pour comprendre l'assassinat sous sa forme la plus élémentaire, il suffit d'examiner les conflits de JFK avec Israël, le crime organisé et la CIA. Tout est dit.

Le plus grand défenseur de l'idée que je doive accuser les francs-maçons est un personnage qui a violemment attaqué Gary Wean, l'une de mes sources, et après avoir attaqué Wean, a ensuite lancé une campagne Internet pour me ternir également. Ce personnage, entre autres, dit que mon "vrai" nom est "Bernard" Piper - pas vrai - et que JFK n'a jamais eu d'affaires extra-conjugales. (Sérieusement.) Eh bien, compte tenu de tout cela, il est intéressant de noter que ce personnage m'a révélé dans une lettre qu'il était lié à Ferenc Nagy, le Hongrois qui a été impliqué dans l'opération Permindex en Israël qui a été de manière définitive un élément de la conspiration JFK. Cela explique peut-être, au moins en partie, les débats publics de ce personnage.

Pourquoi ne rapportez-vous pas le rôle de la couronne britannique dans l'assassinat de JFK ?

L'organisation Lyndon LaRouche a accompli un travail remarquable en étudiant le rôle de la Couronne britannique essayant de saper la souveraineté américaine. Ils ont publié un rapport intitulé *Why the British Kill U. S. Presidents* ainsi que *Dope, Inc.* (que j'ai cité dans *Jugement Final*) ils décrivent les connexions du renseignement britannique avec des personnes telles que, par exemple, le colonel Louis M. Bloomfield, le directeur général de la compagnie Permindex, ainsi que le directeur commercial de la Nouvelle-Orléans Clay Shaw, un vieil anglophile.

Je ne conteste pas ces connexions. Cependant, malgré tout le respect que j'ai pour le travail des gens de chez LaRouche (que je trouve très précieux), je ne crois pas qu'ils aient suffisamment poussé le lien avec Israël. Mais ils le soulignent certainement dans leurs recherches.

Le groupe LaRouche suggère que le Mossad est une branche de la Couronne britannique. Je n'y crois pas, mais en même temps, je ne crois pas avoir suffisamment d'information pour le contester. Cependant, je pense qu'il y a de bonnes raisons de dire que le Mossad, en lui-même, en tant que branche du gouvernement israélien, avait de bonnes raisons (à ses yeux) de participer à la conspiration d'assassinat de JFK, précisément à cause du conflit officieux de JFK avec Israël. Donc, si les britanniques voulaient vraiment que JFK sorte de la Maison-Blanche et s'ils utilisaient des membres de la CIA, du Mossad et du crime organisé pour commettre le crime, ils avaient certainement des participants qui avaient leurs propres raisons d'y prendre part, que l'ordre vienne ou non de la reine Elizabeth.

Je ne suis pas toujours d'accord avec les interprétations de l'organisme LaRouche, mais leurs recherches valent toujours la peine d'être examinées sur une grande variété de sujets. Je tiens à souligner que plusieurs autres chercheurs se sont appuyés sur les écrits de LaRouche dans le cadre de leurs propres recherches : Jim Marrs cite le travail de LaRouche dans *Crossfire*, James Di Eugenio les cite dans *Destiny Betrayed* et y compris Oliver Stone lui-même dans son scénario publié du film *JFK* (incluant commentaire et annotation) qui cite l'organisation LaRouche pour une partie des données relatives à la Permindex. Donc, si quelqu'un veut me critiquer pour avoir utilisé des données de chez LaRouche comme source, qu'il soit prêt à faire la même chose avec ces autres chercheurs « dignes de confiance ».

Qu'en est il du Conseil des Affaires Étrangères (CFR) ? N'y avait il pas beaucoup de membres du CFR à la Commission Warren ? Le CFR est l'un des groupes de pouvoir les plus importants de la classe dirigeante. Comment avez vous pu oublier de mentionner le CFR ? Ils ont probablement commandé l'assassinat de JFK.

Il y avait des membres du CFR à la Commission Warren. Il ne fait aucun doute que le CFR est un organe important de la classe dirigeante. Certains l'appelleraient même La classe dirigeante du pays. Elle est financée en grande partie par les intérêts de Rockefeller et leurs alliés corporatifs. Il s'agit d'un groupe de pression exclusif en matière de politique étrangère qui a occupé pratiquement tous les postes clés dans toutes les administrations présidentielles depuis Herbert Hoover, y compris l'administration JFK. Et, ce qui est peut-être plus important encore, les figures du CFR ont des liens de longue date avec la CIA. J'ai beaucoup écrit sur le CFR au fil des années dans d'autres contextes.

Cependant, en ce qui concerne la source du complot d'assassinat de JFK, je ne crois pas que l'assassinat ait été ordonné lors d'une conférence du CFR à leur siège social à New York. Il y avait probablement des membres du CFR qui étaient au courant de l'assassinat, mais pas nécessairement dans le contexte de leur appartenance au CFR. Par exemple, je doute sérieusement que David Rockefeller, le chef de l'empire Rockefeller et figure de proue du CFR, ne savait pas que Kennedy était sur le point d'être assassiné. Le complot visant à tuer JFK était un complot de la classe dirigeante et Rockefeller en fait partie. J'ai moi même déjà qualifié la CIA de " bras d'exécution " de l'empire Rockefeller. Le Mossad fonctionne de la même manière.

Les grandes forces financières qui sont à l'origine du CFR sont très étroitement liées à la famille européenne Rothschild qui a été une force majeure derrière l'État d'Israël. Il en va de même pour la famille Bronfman, issue du Syndicat du crime de Lansky. Aujourd'hui, la famille Bronfman étend son influence dans les médias américains et cela ne pourrait se faire sans l'approbation de l'empire Rockefeller.

Certains ont laissé entendre que la famille Rockefeller considérait la potentielle dynastie de Kennedy comme une rivale à leur influence et il faut aussi en tenir compte. En ce sens, il ne fait donc aucun doute que les Rockefeller et leurs associés du CFR ne s'opposeraient pas à un plan visant à assassiner John F. Kennedy. C'était dans leur intérêt que cela se produise. En fin de compte, le Mossad et la CIA, si l'on se fie à la vérité, ne sont rien de plus que les armes d'exécution de ces puissants intérêts financiers qui soutiennent également le Conseil des Affaires Étrangères. Cependant, je ne trouve pas que l'idée selon laquelle le CFR soit à l'origine de l'assassinat de JFK puisse être aussi précisément prouvée de la façon dont vous pouvez démontrer les liens de la CIA et du Mossad avec les acteurs impliqués dans la conspiration.

Pourquoi ne faites-vous jamais rapport des conclusions de l'ancien agent de renseignement britannique, le Dr John Coleman, qui a révélé l'existence d'un groupe haut placé connu sous le nom du Comité des 300, qui, selon M. Coleman, a ordonné l'assassinat de JFK ? Coleman dit que la Permindex, dont vous parlez dans *Jugement Final*, était la branche d'assassinats du Comité des 300.

Tout d'abord, je dois dire que la toute première fois j'ai rencontré une référence au Comité des 300 c'était dans les travaux de M. Coleman. Après cela, toutes les références que j'ai vues se trouvent dans des livres rédigés par ceux qui ont rapporté les écrits de Coleman sur le Comité des 300. Donc, Coleman est essentiellement la seule source principale sur l'existence de ce groupe. Ce n'est pas parce que de nombreuses personnes ont cité les écrits de Coleman que le groupe existe. C'est très important à retenir.

Je ne conteste pas la possibilité qu'un tel comité existe. Il existe de grands blocs de pouvoir internationaux tels que le groupe de Bildeberg (financé conjointement par les familles Rockefeller et Rothschild) et la Commission trilatérale. J'ai beaucoup écrit sur les deux groupes, y compris un rapport largement diffusé sur la Commission trilatérale. Il est donc concevable que ce comité secret dont parle Coleman existe bel et bien. Mais, à ma connaissance, le Dr Coleman n'a jamais montré aucun document attestant de l'existence d'un tel comité, bien qu'il existe des documents sur le Groupe Bilderberg.

Franchement, je crois que s'impliquer dans un débat sur le soi-disant Comité des 300, c'est détourner l'attention des éléments de base que les gens peuvent comprendre : que la CIA, le Mossad et le crime organisé avaient tous des intérêts distincts à démettre JFK de ses fonctions et que, comme je l'ai démontré dans *Jugement Final*, les trois groupes s'entrecoupaient étroitement dans un certain nombre de domaines et avaient les moyens et l'occasion (sans parler, évidemment, du mobile) d'avoir commis le crime du siècle et son camouflage.

Ce sont tous des intérêts qui sont évidents, qui peuvent être documentés et que les gens comprennent facilement. L'introduction d'un Comité de 300 membres dans l'équation fait sortir l'assassinat de JFK du domaine de la compréhension moyenne et ne fait rien pour résoudre le problème immédiat.

Je connais bien le travail du Dr Coleman et je le trouve fascinant. Toutefois, je dois préciser que dans son rapport sur l'assassinat de JFK, que j'ai reconnu tout à l'heure, je regrette de dire que Coleman a fait des déclarations erronées qui portent atteinte à sa crédibilité.

Par exemple, il affirme que si l'un des principaux témoins du procureur de la Nouvelle-Orléans Jim Garrison contre Clay Shaw, un certain Perry Raymond Russo, avait été autorisé à témoigner devant le grand jury, cela aurait fait sauter l'affaire JFK. En fait, Russo a témoigné et c'est son témoignage qui a mené à l'inculpation de Shaw. Coleman suggère que les poursuites de Garrison contre Shaw ont été arrêtées avant qu'elles n'aient jamais abouti à une mise en accusation par un grand jury. Ce n'est tout simplement pas vrai et c'est une erreur qui pourrait amener les gens à douter de sa crédibilité, considérant qu'il s'agit d'un fait fondamental qui est très bien connu. De plus, Coleman dit que Russo est parti pour la Californie avant que son témoignage ne soit entendu. Ce n'est pas arrivé. Ce qui s'est passé, c'est que des gens qui tentaient de saboter l'enquête de Garrison ont offert à Russo un emploi en Californie, mais il l'a refusé et les a dénoncés à Garrison qui a porté des accusations pour falsification de témoin contre eux ! Encore une fois, Coleman se trompe.

Jugement Final ne mentionne jamais une seule fois la preuve selon laquelle sur le célèbre film de Zapruder de l'assassinat, il y a une preuve visible que le chauffeur des services secrets du président Kennedy, William Greer, s'est retourné et a tiré une balle mortelle dans la tête de JFK à l'aide d'un pistolet. Ce pistolet est clairement visible sur le film Zapruder et a été largement diffusé dans le monde entier. Comment avez vous pu ignorer cette preuve vitale ? Essayez-vous de cacher la vérité que tant de gens connaissent maintenant ?

Je pense que l'allégation selon laquelle William Greer aurait tiré le coup fatal en pleine tête est non seulement l'une des choses les plus ridicules que j'aie jamais entendues, mais aussi une diffamation éhontée et une pure calomnie à propos de Greer. On m'a dit que Greer avait été absolument dévasté par l'assassinat du président et qu'il s'en était voulu de ne pas avoir écarté la limousine du président de la ligne de tir à temps pour empêcher JFK d'être tué. En fait, Greer était probablement un peu responsable de la mort du président car son temps de réaction a été lent, c'est le moins qu'on puisse dire, il aurait peut-être eu assez de temps pour dégager la voiture de la ligne de feu. Mais qui suis-je pour spéculer ?

Quoi qu'il en soit, ce que l'on voit sur le film de Zapruder (que j'ai vu dans diverses versions) n'est pas - je le répète N'EST PAS - William Greer ou son collègue agent des services secrets, Roy Kellerman (qui était assis sur le siège passager avant droit de la limousine Kennedy) se retournant et tirant sur le président.

Pensez-y un instant : si en effet Greer avait fait ça, il se mettait lui-même en position d'être vu par plusieurs centaines de spectateurs, dont bon nombre se trouvaient à six mètres de la limousine. Deuxièmement, Greer était photographié par plus d'une poignée de personnes à ce moment là. Il est inévitable qu'au moins un des témoins sur les lieux aurait été témoin de Greer agissant de la sorte.

Si Greer avait fait cela, il aurait aussi été vu par le gouverneur et Mme John Connally, qui se trouvaient à moins d'un mètre de lui et qui regardaient littéralement son visage. Ils auraient pratiquement été dans la ligne de mire si Greer avait tiré le coup fatal en pleine tête. Et ils ne regardaient très certainement pas le président quand sa tête a explosé.

J'ai vu la restitution du film de Zapruder par le défenseur de cette théorie. J'ai vu le flash de lumière qui semble être un pistolet et je peux comprendre comment quelqu'un qui regarde le film peut croire qu'il voit ce que l'on lui dit qu'il voit. Cependant, c'est un éclair de lumière. Il est évident que M. Greer tourne la tête et regarde le président juste avant le coup fatal, mais vous ne le voyez certainement pas tirer sur le président.

N'oubliez pas que le film de Zapruder n'est pas un film de bonne qualité pour commencer. Il est tourné en angle oblique ; il est tourné à la hâte avec une main très tremblante et il y a beaucoup de mouvement sur le film lui-même. Cependant, le film ne dépeint pas Greer tirant sur Kennedy.

J'ai vu le film il y a des années et j'ai vu des versions substantiellement améliorées, avec et sans la narration et les graphiques qui ont été ajoutés par la personne défendant cette théorie. Et il est très clair que ce que vous voyez vraiment, c'est un éclair de lumière. C'est le reflet du soleil sur les cheveux de M. Kellerman, l'agent des services secret. Ce n'est pas Greer qui utilise une arme. J'ai moi-même testé cette théorie à l'aide d'images substantiellement agrandies du film de Zapruder et il est très clair, si vous tenez ces images juxtaposées contre le film, que c'est vraiment ce que vous voyez : un reflet de lumière sur la tête de l'agent.

Cependant, quand quelqu'un regarde le film et entend une narration audio, accompagnée d'un cercle autour du "pistolet", il semblerait que ce soit exactement ce que dit la narration : Greer tirant avec une arme. Mais je m'empresse de vous assurer que ce n'est pas le cas.

Ceux qui défendent cette théorie sont soit remarquablement stupides, soit ils font délibérément la promotion de la désinformation pour encore plus embrouiller les chercheurs, et en l'occurence, pour faire passer les chercheurs sérieux pour des fous. Aussi bien avant que *Jugement Final* ne soit publié qu'après - j'ai reçu un nombre surprenant de demandes de renseignements à ce sujet et je suis étonné que la rumeur soit encore monnaie courante.

Cependant, je dois souligner qu'une personne qui avait initialement promu cette théorie, un certain Lars Hansen, a d'abord cru à la véracité de l'histoire. Mais il a lui-même répudié publiquement sa propre position sur cette question et a déclaré qu'il n'y croyait pas après avoir mené une enquête plus poussée. Hansen, qui a disparu, est en colère contre William Cooper, l'individu le plus connu pour avoir défendu cette théorie, qui continue à promouvoir la théorie et qui a distribué une copie du film Zapruder (en utilisant la narration d'Hansen) sans aviser les gens que Hansen avait rejeté la théorie.

(Je pourrais mentionner, en passant, que Hansen a effectué une mission d'enquête en Irak, après la guerre du Golfe, qui a été commanditée en partie par mon propre journal, *The Spotlight*.)

C'est donc bien William Cooper qui fait la promotion de cette théorie que Hansen a répudié. Cooper dit qu'il est un ancien agent du renseignement et qu'il était au courant de l'assassinat. C'est peut-être vrai, mais si son "tuyau" est l'histoire selon laquelle William Greer a tiré le coup fatal, c'est de la désinformation et de la fausse information fournies par quelqu'un d'autre, peut-être même par les vrais conspirateurs.

Se laisser distraire et embourber dans cette affaire et faire des recherches est une perte de temps. J'ai consacré beaucoup de temps à discuter de cette histoire ridicule, ne serait-ce que parce qu'il y a encore beaucoup de gens qui y croient, à ma grande surprise. Je pourrais ajouter que même si l'histoire était vraie (ce qui n'est pas le cas), l'histoire n'écarterait pas la théorie de base de *Jugement Final*, car Greer aurait pu faire partie de la conspiration que j'ai décrite. Mais, inutile de dire que je n'y crois pas.

Tout cela ne veut pas dire qu'il n'y a pas eu une sorte de complicité des services secrets ou que certains agents des services secrets ont été compromis, avant ou après l'assassinat. Je n'ai pas de preuves solides d'une façon ou d'une autre, mais je sais que l'exposition médiatique du président était telle que même JFK lui-même a dit que si quelqu'un voulait vraiment le tuer, il pouvait le faire. Dans l'ensemble, les conspirateurs n'avaient pas vraiment besoin de la complicité des services secrets pour atteindre leur but.

Pourquoi n'avez-vous pas révélé dans *Jugement Final*, que JFK était sur le point de révéler au peuple américain la vérité sur l'existence de forces extraterrestres d'autres planètes qui avaient visité ce monde ? Il y a beaucoup de preuves que le gouvernement a gardé ce secret pendant des années et que JFK allait tout révéler sur ce camouflage de haut niveau, ce qui a mené à son assassinat.

Cette question m'a été posée à maintes reprises. Tant et si bien que je commence à me demander pourquoi des théories comme celle-ci font l'objet d'une si vaste discussion alors que des théories plus terre-à-terre comme celle que je présente dans *Jugement Final* ne semblent pas obtenir beaucoup de reconnaissance. Je m'empresse d'ajouter que je n'ai jamais contesté qu'il y ait beaucoup plus à apprendre sur les OVNIs et d'autres phénomènes étranges qui ne sont pas de notre monde ou de cette terre. Personnellement, je crois que j'ai vu à deux reprises des objets dans le ciel qui ne peuvent pas être expliqués par les explications officielles du gouvernement (ou pas d'explications, selon le cas). Des membres de ma famille ont aussi vu des OVNIs. De plus, j'ai beaucoup lu sur ce sujet et je sais qu'il y a eu des recherches (et des dissimulations) du gouvernement dans ce domaine.

Cependant, je dois aviser ceux qui sont intéressés qu'il y a beaucoup de chercheurs réputés sur les OVNIs qui ont décrit une histoire largement diffusée au sujet d'un rapport gouvernemental secret de haut niveau sur les OVNIs comme étant un canular. Et c'est cette histoire qui est à la base de l'affirmation que JFK était sur le point de révéler l'existence de visites extra-terrestres d'autres mondes et que c'est pour cette raison qu'il a été abattu. Malgré cela, beaucoup d'honnêtes gens n'ont jamais appris que l'histoire avait été globalement rejetée comme étant un canular et, par conséquent, beaucoup d'honnêtes gens continuent à lui donner de la crédibilité. Évidemment, comme je l'ai suggéré, je pense qu'il y a d'autres raisons plus terre-à-terre (sans mauvais jeu de mots) qui ont déclenché le complot d'assassinat de JFK.

Je tiens maintenant à préciser que je pense qu'il est possible que, si JFK avait effectivement eu accès à des renseignements secrets du gouvernement à ce sujet, il aurait peut-être eu l'intention de les divulguer au peuple américain. Mais lorsqu'on parle de l'assassinat de JFK et qu'on commence à raconter de telles histoires qui non seulement embrouillent les choses, mais aussi amènent les gens à regarder les chercheurs avec mépris, cela ne donne pas beaucoup de crédibilité sur le terrain. Il a été assez dur de convaincre les gens que JFK avait été victime d'un complot et ça a été assez difficile d'essayer de déterminer qui était derrière le complot. Pourquoi introduire un domaine complètement différent et controversé comme la recherche sur les OVNI et essayer de combiner les deux ? (J'ai moi-même causé assez de remue-ménage avec *Jugement Final* en introduisant l'élément du Mossad et j'ai des preuves solides et fiables pour le faire !)

Je pense qu'il y a des gens qui insèrent délibérément cette controverse sur les ovnis dans le domaine de la recherche sur l'assassinat de JFK dans le but délibéré de rendre les chercheurs ridicules - et c'est le résultat, je suis désolé de le dire. Comme on le sait, c'est ledit William Cooper (qui est le principal défenseur de la théorie selon laquelle "le chauffeur a tué JFK") qui a également été une force majeure derrière la promotion de la théorie selon laquelle JFK a été tué parce qu'il était sur le point de révéler l'existence des forces de vie extraterrestres visitant cette planète.

Cooper déclara que ses sources "internes" durant ses années en tant qu'agent de renseignement racontent que c'est la raison pour laquelle JFK a été tué et que William Greer, le chauffeur des services secrets, a été recruté par les conspirateurs qui voulaient que JFK se tienne tranquille au sujet des visiteurs étrangers. Et il y a beaucoup de gens qui acceptent ce non-sens comme étant la vérité. Je regrette franchement que M. Cooper ait reçu une publicité aussi large. Ces histoires ne font rien pour aider à découvrir qui était derrière le complot d'assassinat de JFK et ne font que donner aux gens des raisons de douter des recherches sérieuses quelles qu'elles soient. Après que Cooper ait été abattu à la suite d'une confrontation avec des policiers dans sa ville natale, beaucoup de gens ont pris cela comme une "preuve" que Cooper avait raison depuis le début, mais c'était tout sauf cela. La seule chose que Cooper a accomplie, c'est d'ajouter de la confusion aux récits de l'assassinat de JFK.

Dans *Jugement Final*, vous n'avez jamais mentionné le discours de JFK à l'Université de Columbia dix jours avant son assassinat, dans lequel il a déclaré :"La haute fonction de président des États-Unis d'Amérique a été utilisée pour fomenter un complot visant à détruire la liberté de l'Amérique, et avant de quitter mon poste, je dois informer les citoyens de leur situation." De nombreuses publications ont cité ce discours depuis des années.

J'ai vu cette citation paraître dans des douzaines, sinon des centaines, de bulletins d'informations au cours des 20 dernières années. On m'a demandé à maintes reprises pourquoi je n'ai pas mentionné cette fameuse citation. Il y a une raison très simple : je n'ai jamais vu une seule source vérifier que JFK a effectivement dit une telle chose et je n'ai jamais vu aucune preuve documentée que JFK a fait un discours à l'Université de Columbia à ce moment-là.

Franchement, ce genre de rhétorique ne ressemble même pas à JFK et si JFK avait eu l'intention de révéler un tel complot et d'informer les citoyens de leur situation, il me semble logique que JFK aurait attendu qu'il entre dans son deuxième mandat avant d'entreprendre une telle initiative pour arrêter ce complot. De plus, si JFK l'a bien dit (ce que je ne crois pas), il semble peu probable que les conspirateurs aient pu se lancer dans l'action en dix jours pour envoyer JFK dans l'au-delà simplement parce qu'il a fait cette remarque ambiguë. Personne ne cite jamais autre chose que la phrase de ce prétendu discours. Je demanderais donc à ces gens de fournir la source. De fournir une copie du discours. Quel était le contexte de la citation, et encore plus quel était le contexte de tout le discours ?

En fin de compte, je ne crois pas que la déclaration ait jamais été faite dans un discours public du président Kennedy. Et cette citation ne fait rien - absolument rien - pour faire avancer la recherche sur l'assassinat de JFK et je souhaite que les gens l'abandonnent complètement. Ce genre de choses fait tellement d'argent. Il y a probablement plus de gens qui sont au courant de cette citation (ou " non-citation " selon le cas) qu'il n'y en a qui sont au courant des allégations que je fais dans les pages de *Jugement Final*.

Le fils de Roscoe White, un ancien policier de Dallas aujourd'hui décédé, a trouvé des preuves suggérant que son père était l'un des assassins à Dallas. Que pensez-vous de ses allégations ?

Je ne pense pas beaucoup aux allégations d'une façon ou d'une autre. Si le père de M. White a été impliqué dans la conspiration de l'assassinat, cela n'a aucune incidence immédiate sur la thèse de *Jugement Final*. Roscoe White aurait très bien pu être un agent de la CIA, comme le prétend son fils, et il aurait pu être l'un des assassins et je n'ai aucune preuve contredisant l'une ou l'autre de ces affirmations.

Il aurait pu être un des assassins recrutés par les vrais conspirateurs. Je comprends que certains chercheurs contestent l'histoire racontée par le fils de White, mais il y a beaucoup de gens qui le croient et pensent qu'il est sincère. Si White travaillait pour la CIA, cela suggérerait une complicité de la CIA. Cependant, bien sûr, parce qu'il se trouve que quelqu'un travaillait pour la CIA, cela ne signifie pas nécessairement qu'il a été recruté pour le crime par la CIA. Après tout, un agent de la CIA aurait pu être recruté par les services secrets islandais pour commettre le crime, si je peux me montrer ironique. Sur le long terme, cependant, le casse-tête Roscoe White n'est qu'une toute petite pièce du grand puzzle.

Dans votre analyse de l'assassinat de JFK, vous affirmez qu'un assassin français (ou des assassins) était impliqué dans le crime. Ces assassins étaient-ils membres de l'Organisation de l'Armée secrète française (OAS) ou étaient-ils membres de la mafia corse ? Vous n'êtes pas clair à ce sujet dans *Jugement Final*.

Tout d'abord, je dois dire que la connexion française avec le complot d'assassinat de JFK est en effet très complexe. Comme je l'ai indiqué plus tôt, je n'ai pas bien compris la connexion française avant d'avoir terminé la première ébauche du livre dans lequel j'avais fait allusion aux allégations d'une telle connexion. Pour analyser les faits qui sont importants, afin de dissiper toute confusion, il est important d'analyser ce qu'est la « French Connection. »

Au début des années 60, le président français Charles De Gaulle décida d'accorder l'indépendance à l'Algérie, la colonie française de l'autre côté de la Méditerranée. De nombreux colons français en Algérie (sans parler des français chez eux) s'opposèrent à la décision de De Gaulle et la considérèrent comme une trahison. Ils craignaient que la population arabe musulmane indigène n'opprime les algériens français et considéraient la mesure de De Gaulle comme un coup porté à la dignité nationale française. Indépendamment du mérite, certaines factions se développèrent. Bien que De Gaulle était à la tête du gouvernement français, sa propre agence de renseignement, la SDECE, était très divisée sur la question de l'Algérie. De même avec l'armée française.

Les critiques les plus radicaux de la politique algérienne de De Gaulle formèrent l'OAS. Il y avait de nombreux sympathisants publics de l'OAS, mais il y avait aussi un appui discret envers l'OAS au sein de la SDECE. En même temps, Israël s'opposait à l'indépendance algérienne - craignant un autre ennemi arabe - et de nombreux Juifs français et israéliens soutenaient l'OAS. Des unités paramilitaires juives ont même été formées en Algérie pour soutenir l'OAS. Et de nombreux israéliens de fait s'enrôlèrent dans les rangs de l'OAS.

Dans les rangs de la SDECE, beaucoup entretenaient des liens étroits avec le Mossad israélien, compte tenu des anciennes relations étroites entre la SDECE et le Mossad, issues de la relation étroite que De Gaulle entretenait au début avec Israël. Comme je le souligne dans *Jugement Final*, c'est en fait Georges De Lannurien, fonctionnaire haut placé, qui, à la demande du chef des assassinats du Mossad, Yitzhak

Shamir, a sous-traité un ou plusieurs des assassins qui ont été déployés à Dallas le 22 novembre 1963.

Voilà peut être la source de la confusion. La SDECE a utilisé les talents des figures de la mafia corse pour combattre l'OAS. (La mafia corse ne doit pas être confondue avec la mafia sicilienne, beaucoup plus connue et dont sont issues certaines des familles criminelles italo-américaines connues sous le nom de « la mafia ».) De leur côté, les Corses étaient fortement impliqués dans le trafic international de drogue en provenance d'Asie du Sud-Est et ont joué un rôle clé dans la consolidation du réseau de drogue mis en place par Meyer Lansky, qui a personnellement rendu visite aux personnalités de la mafia corse pour prendre les dispositions nécessaires.

Ces Franco-corses furent ensuite utilisés par les services secrets de De Gaulle pour lutter contre les rebelles de l'OAS. De plus, ces Franco-corses ont également été utilisés par la CIA pour combattre l'influence communiste française à l'ère de l'après-guerre en Europe. Et ce n'était nul autre que James Angleton, l'homme du Mossad à la CIA, dont le bureau du Mossad était chargé de coordonner les relations de la CIA avec ces figures de la mafia corse.

Encore une fois, on retrouve l'OAS. L'OAS était composée de fidèles français qui étaient pourtant déloyaux envers Charles De Gaulle. De plus, la CIA elle-même apportait un soutien secret à l'OAS (bien que la CIA le nie encore aujourd'hui). Cela renvoie inévitablement à James Angleton, qui entretenait depuis longtemps des liens étroits avec le renseignement français.

Vous aviez donc une configuration particulière dans laquelle Israël avait des liens à la fois avec l'OAS anti-De Gaulle (qui s'opposait à l'indépendance algérienne) et avec la mafia corse (qui faisait partie du Syndicat de Lansky lié à Israël) qui travaillait pour combattre l'OAS au nom de De Gaulle. Bien sûr, la CIA était liée aux deux. C'est compliqué, en effet ! Ajoutez à cela un autre élément : il y a des preuves que l'OAS elle-même s'est impliquée dans le trafic de drogue du Syndicat de Lansky pour financer ses efforts dans la lutte contre De Gaulle. Donc vous aviez à la fois l'OAS et les corses impliqués dans des affaires avec les trafiquants de drogues du Syndicat de Lansky connectés à la CIA et au Mossad.

Finalement, il y eut une trêve entre De Gaulle et l'OAS et l'agence de renseignement de De Gaulle organisa une opération secrète internationale pour les hommes de l'OAS qui étaient alors en exil. Certains d'entre eux furent même déployés dans le cadre des opérations de la CIA dans les Caraïbes, impliquant les activités anti-castristes cubaines. Cela complique peut-être encore plus la situation.

Cela étant, vous trouvez les empreintes non seulement de la CIA, du Mossad et du Syndicat de Lansky dans les activités de l'OAS (avant et après le conflit avec De Gaulle) mais aussi dans les activités de la mafia corse. C'est une série d'événements et de personnalités inter-reliés qui découlent directement du conflit interne français concernant l'Algérie. Par conséquent, personne ne sait si c'est un assassin de l'OAS ou un assassin franco-corse qui a finalement été déployé à Dallas. Votre supposition est aussi bonne que la mienne. Il y a tellement de connexions françaises à Dallas, y compris, bien sûr, Thomas Eli Davis III, un trafiquant d'armes américain, qui avait non seulement des liens avec l'OAS, mais aussi avec Jack Ruby.

Étudier l'intrigue du conflit français concernant l'Algérie et les services de renseignement français, c'est étudier un bourbier de la pire sorte. Je crois toutefois que dans les pages de *Jugement Final*, j'ai rassemblé un aperçu plus complet de la réalité de ce que l'intrigue française était vraiment et de la manière dont elle était effectivement liée à l'assassinat de JFK. Nous ne connaîtrons probablement jamais les détails précis, mais absolument aucun autre chercheur n'a examiné la connexion française en détail comme je l'ai fait. Mais examiner complètement la connexion française, c'est définir la connexion israélienne.

À un moment donné, pendant la rédaction de *Jugement Final*, j'ai été tellement frustré d'essayer de rendre compréhensible toutes ces données complexes que j'ai réfléchi à la possibilité de ne pas en parler du tout. Cependant, je me suis rendu compte que je ne rendais pas service non seulement aux lecteurs, mais également à moi-même. Je saurais que j'ai omis une partie essentielle de l'histoire. Mais tout concorde. Comme de nombreux lecteurs l'ont suggéré, le détail de la "French Connection" c'est la cerise sur le gâteau.

Vous ne mentionnez jamais les dossiers Gemstone dans *Jugement Final*, pourtant cette théorie sur l'assassinat de JFK est en circulation pendant des années.

Franchement, je ne crois pas que les dossiers Gemstone vaillent la peine qu'on en parle, mais comme tant de gens ont abordé le sujet, je me sens obligé de faire un commentaire. L'histoire des dossiers Gemstone est compliquée et bien qu'à l'évidence, les dossiers aient été vus par quelques personnes - contrairement à ce que j'ai suggéré dans les éditions précédentes de *Jugement Final* -, l'histoire des dossiers est complexe. Malgré cela, il y a eu plusieurs livres consacrés aux dossiers Gemstone, tous écrits pour tenter d'analyser ces documents. Je dois souligner que ces écrits, cependant, sont consacrés à une analyse de ce qu'on appelle « The Skeleton Key » (La clé, le passe) des fichiers Gemstone - et non pas les fichiers eux-mêmes. C'est « la Clé » que la plupart des gens ont vue et dont ils parlent, et non les fichiers eux-mêmes. C'est important de se rappeler.

La soi-disant « Clé » est un inventaire fantaisiste d'un grand nombre de théories du complot interdépendantes centrées autour de l'assassinat de JFK et débordant de choses qui sont soit visiblement dans l'erreur ou si extravagantes qu'elles ne valent pas la peine d'être commentées. Il y a peut-être un fond de vérité dans "The Skeleton Key", mais rien de très important qui mérite l'attention que j'y accorde ici.

Ce qui est intéressant à propos de « The Skeleton Key », c'est qu'une version que j'ai obtenue mentionnait en fait un lien du Mossad avec l'assassinat de JFK. Qui l'a mis là - ou a blanchi l'autre version pour effacer les références au Mossad est une bonne question. En revanche, certains "théoriciens du complot" qui craignaient de mentionner le Mossad par crainte d'accusations d'antisémitisme ont peut-être été responsables de la suppression de cette référence.

J'ai pris conscience pour la première fois de "The Skeleton Key" lorsque j'ai vu une photocopie d'une photocopie d'une photocopie sur mon bureau il y a de nombreuses années. Il s'agit d'un document dactylographié à simple interligne d'une vingtaine de pages, un récit qui suggère que le véritable chef du Syndicat mondial du crime était Aristote Onassis et que la famille Kennedy a travaillé avec le Syndicat du crime.

En fin de compte, ainsi que le veut l'histoire, les patrons du crime ont tué JFK et étaient responsables du scandale de Chappaquiddick impliquant Teddy Kennedy, du Watergate et d'autres affaires.

Comme je l'ai mentionné, "The Skeleton Key" a par la suite été réimprimé en plusieurs éditions contenant de nombreux "documents", des articles de journaux supplémentaires faisant référence au contenu de The Skeleton Key, des analyses et des commentaires variés, etc. Un de ces ouvrages, paru il y a plusieurs années (en grande pompe dans certains milieux), démonte The Skeleton Key ligne par ligne et fournit des réimpressions d'articles de magazines et de journaux qui font référence au contenu de « la Clé » (The Skeleton Key). Par exemple, s'il y a une référence à l'une des relations d'affaires d'Aristote Onassis, il peut y avoir un article à ce sujet. L'ouvrage entier est de cette nature. Et cela ne prouve absolument rien si ce n'est de réimprimer un tas d'anciens articles.

Pourtant, comme je l'ai dit, il y a cet engouement incroyable pour The Skeleton Key. Je défie ceux qui ont consacré tant de temps à ce sujet de faire de même avec *Jugement Final*. J'accueillerais volontiers un défi intellectuel de ce calibre. J'ai vu des théoriciens débattre du contenu concernant Gemstone quasiment jusqu'à la nausée dans les pages de publications axées sur la conspiration.

La célèbre Grande Dame des théoriciens du complot, Mae Brussell, a contribué à populariser la Clé et elle a eu une sorte de fanclub. Mme Brussell semblait trouver un nazi sous chaque rocher, ce qui est intéressant dans certains milieux. Un de ses disciples est un personnage nommé Dave Emory. J'ai discuté de sa théorie selon laquelle "Les Nazis ont tué JFK" au chapitre 15.

L'une des récentes précisions sur les dossiers Gemstone comprenait l'allégation manifestement ridicule que Mark Lane est, en réalité, un agent de la CIA qui tentait de contrecarrer une enquête honnête sur l'assassinat de JFK, même si, bien sûr, c'est Lane qui a d'abord attiré l'attention du public sur le fait que le rapport de la Commission Warren était frauduleux et a donc démantelé publiquement le camouflage aidé par la CIA.

Cette fausse allégation au sujet de Lane (depuis retirée et répudiée par l'éditeur) était basée sur la désinformation (dont une grande partie était générée par la CIA elle-même) qui a été délibérément diffusée au fil des années pour brouiller les pistes dans la recherche sur l'assassinat de JFK. Quoi qu'il en soit, si c'est le genre de " recherche " que cela implique autour des dossiers Gemstone, j'ai des réserves quant à leur accorder une quelconque crédibilité, comme tout étudiant sérieux.

L'affaire des fichiers Gemstone, comme je l'ai dit, est vraiment un exercice futile principalement en raison du fait que personne n'a jamais vu de tels fichiers, malgré tous les accrocs littéraires (et je ne veux pas dire "écrits") en rapport avec les fichiers supposés. J'ai tendance à penser que les dossiers Gemstone - ou plutôt "The Skeleton Key" (puisque personne n'a vu les dossiers) - sont l'un des canulars les plus persistants qui aient jamais été imposés concernant la recherche sur l'assassinat de JFK.

Mais, en plus, vu que de nombreuses personnes raisonnablement intelligentes ont investi beaucoup de temps et d'énergie sur la question (et même fait un peu d'argent dans le processus), ça lui a donné vie. Cependant, je n'ai pas encore vu de discussion sérieuse émerger des dossiers Gemstone. Bref, c'est une grande perte de temps. Ne perdez pas **votre** temps sur le sujet.

Le mystérieux document Torbitt qui a été largement diffusé au cours des 25 dernières années ne contient-il pas des informations précieuses sur l'assassinat de JFK ? Vous n'en parlez jamais dans *Jugement Final*, pourtant ce document touche à la connexion Permindex !

Le Document Torbitt - un peu comme la Clé des dossiers Gemstone - il a été copié et recopié et diffusé dans tout le pays pendant de nombreuses années. Rédigé soi-disant par un avocat du Texas en relation avec des personnalités politiques haut placées, ce document a en effet été lu par de nombreuses personnes. Il s'agit d'un document informatif qui traite des connexions de Clay Shaw avec la Permindex, bien qu'il ne mentionne jamais la connexion israélienne, ne serait ce qu'une seule fois. Cependant, je dois dire que le document contient juste assez d'informations mensongères (ou omet de l'information pertinente) pour me faire croire a) que la personne qui l'a préparé a bâclé ses recherches ou n'est pas allé assez loin ; ou b) qu'il a été préparé comme une désinformation délibérée. J'ai tendance à penser que c'est la dernière.

On a dit que le document a été remis à Jim Garrison au moment de son enquête sur Clay Shaw et qu'il pourrait bien avoir été une des raisons pour lesquelles l'enquête de Garrison semblait parfois prendre des directions différentes - ce qui était l'une des critiques les plus fréquentes formulées à l'encontre de Garrison par ses détracteurs dans les médias de la classe dirigeante. *Le Document Torbitt* semble également avoir influencé ladite Mae Brussell - ou vice-versa. Le document suggère également que la Permindex a pu être une exploitation "nazie", mais évidemment rien ne pourrait être plus loin de la vérité.

Un excellent exemple qui montre à quel point des éléments du document sont à côté de la plaque - et de ce seul fait, je suis parfois stupéfait de l'attachement porté à ce document - est l'affirmation selon laquelle Jack Ruby était d'origine russe, laissant entendre que les Russes anticommunistes (qui s'étaient plus tard alliés dans de nombreux cas avec les nazis) étaient à l'origine de l'assassinat et du meurtre de Lee Harvey Oswald. Jack Ruby était d'origine purement juive. Il y a en effet une très grande différence. La question de savoir comment les adeptes de ce document pouvaient passer à côté de ça et ne pas s'interroger sur la fiabilité du document est en effet intéressante !

Il y a une autre erreur encore plus importante dans le document (et je pense qu'elle est probablement délibérée) qui a essentiellement pour effet de blanchir complètement la connexion israélienne. Dans un numéro de 1996 du document, publié par Adventures Unlimited Press sous le titre "NASA, NAZIS & JFK", le document Torbitt de la page 62 à 66 affirme catégoriquement que l'argent de la mafia a été blanchi par la banque "Credit Suisse" et cite le livre d'Ed Reid, *The Grim Reapers*, comme source. Pour commencer, le livre d'Ed Reid ne fait pas du tout référence au Credit Suisse.

Au lieu de cela, le livre de Reid (pages 130-132 dans les éditions de poche du Bantam de 1970) se réfère à l'International Credit Bank, qui, bien sûr, est la version anglaise de la Banque De Credit Internationale (BCI) de Tibor Rosenbaum, figure du Mossad. *Le fait est que le Credit Suisse et la BCI étaient deux banques totalement différentes. Ni l'une ni l'autre n'était une succursale de l'autre, et Reid ne semble pas le suggérer.*

Cependant, la fausse information du *Document Torbitt* (et les déclarations erronées des déclarations réelles de Reid) a pour effet de cacher précisément quelle banque était la principale agence de financement du groupe Permindex. En détournant l'attention de la BCI de Rosenbaum, le *Document Torbitt* détourne ainsi l'attention de la connexion israélienne, tout en essayant de trouver une certaine connexion "nazie". Je me rends compte que tous ces faits ne permettront pas de convaincre des gens comme Kenn Thomas et Dave Emory et d'autres qu'il n'y avait pas vraiment un complot nazi derrière l'assassinat de John F. Kennedy, cela pourrait faire réaliser aux quelques chercheurs honnêtes que le *Document Torbitt* n'est tout simplement pas si fiable. Mais ça occupe les amateurs, c'est sûr !

Je dois dire que j'ai été abasourdi de constater que, dans son introduction au *Document Torbitt* de 1996, Kenn Thomas a cité *Jugement Final* dans une note de bas de page lorsqu'il a déclaré que les "liens du major Louis Bloomfield avec le Syndicat du crime de Meyer Lansky et sa participation majoritaire dans la société Permindex ont fait l'objet d'une étude plus récente". C'est bien beau tout ça - et tout à fait vrai - mais Thomas n'a jamais fait une seule fois (pas une seule fois) référence au véritable objet de mon analyse concernant la Permindex : sa connexion israélienne.

Donc, dans la mesure où le document Torbitt original est apparu au moment de l'enquête de Garrison, j'ai le sentiment qu'une fois que l'enquête était en cours et qu'il est devenu évident que Garrison touchait de trop près aux liens de Shaw avec la Permindex, quelqu'un a décidé qu'il était temps de préparer un "document mystérieux" et de le faire circuler entre les mains de Garrison afin de l'orienter dans la mauvaise direction en mélangeant suffisamment de faits réels. On parle de désinformation à l'ancienne.

Le *Document Torbitt* était à la mode. Il est apparu sur les réseaux informatiques. Et parce qu'il s'agit d'un de ces documents "clandestins", il semble malheureusement avoir une plus grande crédibilité auprès de certaines personnes que des choses qui sont plus honnêtes.

Dans son livre, *Called to Serve*, le colonel Bo Gritz s'appuie sur ce document et, par conséquent, beaucoup de ceux qui ont lu le livre ou entendu Gritz parler ont vu leurs opinions façonnées par ce document d'origine inconnue.

Le fait que le document ait un tel engouement généralisé continue de m'étonner et de me surprendre en même temps. Cependant, j'exhorte les gens à ne pas se fier à ce document. C'est une des raisons pour lesquelles je ne l'ai jamais mentionnée dans les pages de *Jugement Final*.

Y a-t-il des liens entre l'assassinat de Martin Luther King et celui de John F. Kennedy ?

Je tiens à souligner que je n'ai pas étudié en détail l'assassinat du Dr King. Ceux qui s'intéressent au sujet devraient consulter au moins les livres suivants :

1) *Murder in Memphis* de Mark Lane et Dick Gregory. Mark a représenté l'assassin présumé du Dr King, James Earl Ray, dans plusieurs de ses batailles juridiques et Gregory, comme Mark, a enquêté sur les assassinats de JFK et King ;

2) *Order To Kill* de William Pepper, un avocat qui représente Ray depuis quelques années. Ce livre (et sa suite, *An Act of State*) démontre qu'il y a beaucoup, beaucoup plus à l'affaire King qu'il n'y paraît ; et le dernier mais non le moindre :

3) Le livre de James Earl Ray, *Who Killed Martin Luther King* ?

J'ai correspondu avec Ray pendant des années et j'ai eu par le passé l'occasion de m'entretenir avec lui au cours d'une émission de radio. Ray est un auteur de grande qualité et son livre est absolument fascinant. C'est un des livres les plus émouvants qu'il m'ait été donné de lire car rédigé dans une prose qui n'appartenait qu'à Ray.

En ce qui concerne un quelconque lien entre l'assassinat de King et le meurtre de JFK, il semble y avoir des connexions entre les gens liés à Carlos Marcello, le patron de la mafia de la Nouvelle-Orléans, et l'assassinat de King. Il va sans dire qu'il y a aussi des signes d'implication du renseignement américain à de nombreux niveaux.

Si l'on considère le fait que la Ligue Anti-Diffamation (ADL) du B'nai B'rith, l'intermédiaire américain du Mossad israélien, a beaucoup espionné le Dr King, on ne peut s'empêcher de penser qu'il y avait une intense hostilité (secrète) envers le Dr King dans les rangs supérieurs de la communauté juive américaine. L'ADL transmettait au FBI les renseignements illégalement obtenus sur M. King, de sorte qu'une bonne partie du battage médiatique dont nous entendons parler au sujet de la persécution du Dr King par le FBI est en fait une preuve de son implication dans ce scandale. Nous ne devrions pas écarter l'idée que les Israéliens ont également joué un rôle dans l'assassinat de King compte tenu de la complicité de l'ADL dans la guerre contre le leader noir.

King n'était certainement pas une victime d'un Ku Klux Klan ou d'une conspiration de "groupe haineux". Il a été victime d'une conspiration de la classe dominante et probablement pour la simple raison qu'il chamboulait la classe dominante. King (ainsi qu'un autre leader noir, Malcolm X, également assassiné dans des circonstances mystérieuses, comme King) menaça de soustraire la communauté noire de l'oppression des puissantes forces de la classe dirigeante qui préféraient garder les noirs sous contrôle - en cage, pour ainsi dire.

Il y en a plus d'un qui soupçonne que le crime organisé, aussi, peut avoir joué un rôle dans la conspiration d'assassinat de King, car la pègre, mieux incarnée par Meyer Lansky, le baron de la mafia internationale, se faisait des milliards sur le dos de la communauté noire grâce aux drogues, au jeu, à la prostitution, au racket et à d'autres activités lucratives.

Les pressions de King en faveur de l'affirmation des noirs constituaient une menace pour Lansky et ses amis, ainsi que pour leurs complices du Bureau fédéral d'enquête et de la CIA, les deux entités que nous connaissons aujourd'hui, ont subi la corruption la mafia. De plus, le respect croissant pour King de la part les dirigeants du Tiers-Monde menaçait clairement les manigances internationales de la CIA. En fait, la plupart des allégations selon lesquelles King et certains dirigeants du Tiers-Monde, noirs et blancs, étaient des "communistes" ou sous l'influence du communisme, sont tout droit sorties des usines de propagande du FBI et de la CIA. Tous ces éléments doivent être gardés à l'esprit par ceux qui ont tendance à avoir une opinion négative de Martin Luther King. Vous pouvez en effet juger un homme par ses ennemis.

J'ajouterais cependant que j'ai, en fait, découvert des éléments intéressants dans les livres de William Pepper qui suggèrent, peut-être, qu'il y a une sorte de lien avec Israël, ou, tout du moins, qu'il y a des pistes qui n'ont pas été suivies (qui pointent, encore une fois, vers quelconque une connexion israélienne. Je dirai d'entrée de jeu que je me rends compte que cette déclaration va faire dire à beaucoup de gens : "Oh allez, allez. Piper n'est pas satisfait de trouver un lien israélien avec l'assassinat de JFK. Maintenant, il essaie de relier les Israéliens à l'assassinat de King" Mais soyez indulgent avec moi. Écoute-moi bien.

Tout d'abord, comme nous l'avons déjà noté dans le chapitre sur Jack Ruby, William Pepper a noté, dans son livre *An Act of State*, des liens entre Jack Ruby et "Raul", le contact omniprésent de James Earl Ray, à une opération de contrebande d'armes liée au Mossad qui était en activité au moment de l'assassinat de JFK. C'est donc un lien avec le Mossad quoi qu'il en soit.

Dans son premier livre *Order to Kill*, à la page 435, William Pepper décrit ses enquêtes dans le passé du Canadien Eric S. Galt, James Earl Ray étant l'identité qu'il adopta au cours de ses nombreux voyages dans le monde entier. Voici ce que dit Pepper :

"J'ai appris que Galt, qui, comme nous le savons, était chargé de la gestion des entrepôts à l'usine Union Carbide de Toronto, possédait une habilitation aux informations classées top secret. L'entrepôt qu'il dirigeait abritait un projet de munitions extrêmement secret financé par la CIA, le Centre d'armes anti-aériennes de la Marine américaine, et le Commandement de la recherche, du développement et de l'ingénierie de l'armée américaine. Les travaux comprenaient la production et le stockage de "fusées de proximité" utilisées dans les missiles anti-aériens, les obus d'artillerie et les missiles LAW (arme anti blindage)... La société était engagée dans des projets de recherche à haute sécurité contrôlés par la société mère américaine... La division nucléaire d'Union Carbide dirigeait le Laboratoire National d'Oak Ridge à Oak Ridge dans le Tennessee."

(N'oubliez pas, soit dit en passant, en référence aux programmes nucléaires d'Oak Ridge au Tennessee, que, selon Dick Russell dans *The Man Who Know Too Much*, à la page 361, le 26 juillet 1963, quelqu'un a signé "Lee H. Oswald, URSS, Dallas Road, Dallas, Texas" dans le registre du Musée de l'énergie atomique d'Oak Ridge dans le Tennessee. Toutefois, selon Russell, le FBI a par la suite déterminé que ce n'était pas la signature d'Oswald. Je pose donc la question : est-ce un lien entre l'assassinat de JFK et celui de King- ou pas ?

En août 1967, selon les rapports de Pepper, Galt "coopérait dans une autre opération du 902 [Groupe de renseignement militaire] qui impliquait le vol de certaines de ces fusées de proximité et leur livraison secrète à Israël". Selon Pepper, il a obtenu "une note confidentielle émise par la 902e MIG le 17 octobre 1967 qui confirme et discute de cette opération, le Projet MEXPO, qui a été défini comme un" projet d'exploitation de matériel militaire de la Division scientifique et technique (S&T)"... en Israël. »

Donc le voilà le lien. D'une certaine façon, James Earl Ray a été amené à utiliser l'identité d'une personne réelle qui avait effectivement des liens avec Israël et ses recherches "scientifiques et techniques" - ce qui, bien sûr, va dans le sens du développement nucléaire. Notons également que le vrai Galt était lié à la "division scientifique et technique" en Israël. Notons également que l'entreprise de Galt était en effet liée à la division nucléaire d'Union Carbide.

Nous retrouvons donc non seulement une connexion israélienne avec l'assassinat de King (bien que fugace), mais aussi un lien nucléaire israélien. Et cela, bien sûr, est très intéressant compte tenu de ce que nous savons du conflit de JFK avec Israël sur la mise au point d'armes nucléaires.

Et croyez-le ou non, il y a même une "connexion française"- encore une fois avec les Israéliens - que Pepper décrit. Pepper rapporte (à la page 234) qu'il a rencontré Pierre Marion, l'ancien chef de la SDECE française, pour demander l'aide de la France dans la découverte d'informations sur l'assassinat de King. Selon Pepper :"Marion a insisté sur la stricte confidentialité. Il a acccepté de puiser ses sources dans les services secrets français et israéliens. À un moment, il m'a dit :"Tu es en grand danger." Sur cette base, Pepper a conclu que l'officier français avait conclu qu'une partie de la communauté du renseignement américain avait été impliquée dans l'assassinat de King, bien que Pepper n'ait apparemment jamais envisagé la possibilité que les services de renseignements français et israéliens, en fait, aient un lien avec l'assassinat (ce qui, bien sûr, est précisément le cas pour l'assassinat de JFK).

Quoi qu'il en soit, selon Pepper : "La France a connu par la suite un changement de gouvernement turbulent. Les sources internes de Marion sont devenues très tendues à propos de tout sujet sensible. Ses sources israéliennes ont prétendu n'avoir aucune information." Honnêtement, je continue d'être étonné que les gens qui faute de quoi souscrivent à la théorie selon laquelle les Israéliens affirment qu'ils n'ont "aucune information », bien que les services secrets israéliens "soient les mieux informés du monde" (comme le disent tant de défenseurs et d'amis d'Israël). Franchement, Pepper aurait pu obtenir plus d'informations sur l'assassinat de King s'il avait demandé à ses amis des services secrets français de demander à leurs amis des services secrets israéliens de demander à leurs agents de la Ligue Anti-Diffamation de remettre leurs dossiers sur le Dr King à Pepper. Si l'ADL était si prête à fournir des informations sur le Dr King (et d'autres responsables des droits civiques) au FBI, pourquoi ne pouvaient-ils pas en faire autant pour Pepper ?

En tout cas, c'est une question à laquelle Pepper doit répondre. Je ne fais pas de recherches sur l'assassinat du Dr King - Pepper si. Donc, si Pepper trouve un intérêt à suivre ces pistes (surtout dans le contexte de la connexion nucléaire israélienne), je dis : tant mieux pour lui. Mais ne comptez pas sur lui pour donner suite à cette question.

Il convient de noter que dans son livre, *Who Killed Martin Luther King ?* Ray s'interroge sur le fait que "Raul" son mystérieux superviseur ait voyagé en compagnie d'un personnage qui, selon Ray, aurait pu être le financier David Graiver. Ray mentionne l'implication de Graiver dans le pillage de l'American Bank and Trust Company (ABT) de New York, mais ne mentionne pas quelque chose qu'il savait très certainement aussi : le fait que l'ABT était la Swiss-Israel Trade Bank restructurée, fondée à l'origine par Tibor Rosenbaum, figure du Mossad. Après avoir fait ses propres recherches, et en tant que lecteur régulier de *The Spotlight* (le journal pour lequel je travaille), Ray savait que le pillage de l'ABT par Graiver était une « évasion » façon mafia classique, dans laquelle les fonds volés à l'ABT étaient utilisés pour financer le programme secret d'armement nucléaire israélien.

En fait, si l'on se fie à la vérité, selon des sources telles que J. Orlin Grabbe et d'autres, bon nombre des déboires de l'épargne et des prêts des années 80 étaient en fait des opérations secrètes conçues pour fournir des fonds détournés aux programmes nucléaires et de défense nationale d'Israël.

Tandis que les éditeurs new-yorkais Shapolsky (une filiale de la société israélienne Steimatsky) publiaient le livre exhaustif de Pete Brewton, *The Mafia, CIA and George Bush*, qui soulignait les liens de la CIA avec les déboires de l'épargne et du crédit, le livre ne définissait pas les connexions du Mossad à ce sujet. Quoi qu'il en soit, c'est un sujet qu'il appartient à d'autres de poursuivre, mais c'est intéressant compte tenu du fait que Ray a lié David Graiver au complot d'assassinat de Martin Luther King.

C'est également un fait établi (mais rarement mentionné par les chercheurs qui ont enquêté sur l'assassinat de King) qu'avant l'assassinat de King, James Earl Ray avait reçu deux numéros de la part de "Raul", que Ray pourrait contacter si nécessaire comme lui indiqua Raul. L'un des numéros, à la Nouvelle-Orléans, selon les souvenirs de Ray se terminaient par les chiffres "8757" et il se rappelait vaguement qu'il commençait par "866", mais il n'était pas certain.

En fait, Ray établit par lui-même (au moment des faits) que le numéro 866-3757 de la nouvelle Orléans était le numéro de la société Laventhal Marine Supply et il indiqua lors de son premier appel de sa condamnation, écrit par ses soins et dont il n'a guère été question, que "le résident inscrit sur la liste de la Nouvelle-Orléans était, entre autres, un agent d'une organisation du Proche-Orient en détresse à cause du soutien public que King aurait accordé à la cause arabo-palestinienne ». (Il n'y a aucune spéculation à suggérer que l'organisation à laquelle Ray faisait référence était la Ligue Anti-Diffamation du B'nai B'rith.)

Plus tard, lorsque Ray a témoigné devant la Commission de la Chambre des représentants, il a de nouveau fait allusion à ce numéro mystère et a déclaré : " Je ne veux pas entrer dans le domaine de la diffamation — c'est à dire desservir un groupe ou des organisations… il (King) avait l'intention, comme le Vietnam, de soutenir la cause arabe… et dire quelque chose qui pourrait être gênant pour quelqu'un de son organisation prenant contact avec les palestiniens en vue d'une alliance." Encore une fois, Ray parlait évidemment de King prenant une position qui fâcherait l'ADL, même s'il tournait autour du pot sans en parler directement.

Sur son site web, A. J. Weberman, le chercheur en matière d'assassinat - qui a été associé à la Ligue de défense juive pro-israélienne (qui est en fait une "branche armée" de l'ADL) - a suggéré que cela reflétait la "haine de Ray pour les Juifs" (dans les mots de Weberman), mais Weberman a conclu que Ray "accusait le Mossad" pour l'assassinat de King, un fait dont très peu de chercheurs semblent être au courant. Ray était certainement réticent à en parler, sachant très bien qu'il en avait assez en main pour commencer à porter des accusations contre le Mossad, mais le fait qu'il ait effectivement fait ces allégations doit faire partie du compte-rendu.

Weberman prit lui-même la peine de discréditer les conclusions de Ray, en disant qu'il (Weberman) avait établi qu'un autre "3757" dans la région de la Nouvelle-Orléans, commençant par "833"- plutôt que le "866" dont Ray se souvient vaguement - était attribué à un motel où Mafia Carlos Marcello le patron de la Nouvelle-Orléans avait un bureau. Cependant, Ray ne se souvenait pas du "833" comme numéro. Il se souvenait (quoique vaguement) du numéro "866".

Cependant, David Ferrie qui était lié aux circonstances entourant l'assassinat de JFK, avait appelé le numéro du motel, ce qui a en effet établi, pour le moins, un lien particulier entre les deux assassinats qui semble être passé largement inaperçu. Et au vu des liens du Mossad avec l'assassinat de JFK entourant les activités de David Ferrie,

Guy Banister et Clay Shaw à la Nouvelle-Orléans, cela suggère un autre « lien du Mossad » avec l'affaire Martin Luther King.

Nous savons que la famille King a été la cible de nombreuses attaques médiatiques musclées pour avoir osé défendre James Earl Ray, ce qui est inhabituel en soi, compte tenu de la couverture médiatique favorable que la famille avait eu auparavant. Nous n'avons pas besoin de réévaluer l'influence considérable du lobby israélien sur les médias américains, mais dans le contexte des informations présentées ici concernant les liens possibles entre Israël et l'assassinat de King, nous pourrions logiquement conclure que ces attaques médiatiques contre la famille de King peuvent être liées à cela précisément.

Quelles sont vos conclusions concernant le décès de John F. Kennedy Jr. Y avait-il un lien avec le Mossad comme beaucoup l'ont suggéré ?

Les circonstances entourant la mort de John F. Kennedy Jr. dans un étrange accident d'avion le 16 juillet 1999 ont ajouté de l'huile sur le feu déclenché par *Jugement Final* impliquant le Mossad dans la mort du jeune père de Kennedy. Pour ma part, j'ai été très franchement surpris lorsqu'une véritable "connexion du Mossad" avec la tragédie de JFK Jr. est apparue très ouvertement dans la presse.

Selon un reportage largement diffusé dans le numéro du 19 juillet du *New York Post*, JFK Jr. voulait publier un article sur le Mossad dans son magazine. Du coup, certains théoriciens du complot ont immédiatement soupçonné - mais pas moi, je dois dire - que le Mossad avait ordonné l'assassinat de Kennedy pour empêcher la publication de l'article.

C'est une théorie intéressante, mais peu probable. De nombreux journaux (même dans les médias grand public) ont publié des articles critiques sur le Mossad. *Or, il y a un autre élément quant à la perspective du Mossad qui est beaucoup plus provocateur et que la plupart ont manqué. Voici l'histoire complète.*

Le reportage publié dans le *New York Post* a été rédigé par la journaliste people Cindy Adams et a par la suite été largement diffusé dans la presse nationale, notamment dans le numéro du 21 juillet de *USA Today*. Adams a rapporté que l'écrivain C. David Heymann lui avait dit que dix jours avant l'accident mortel, lui et JFK Jr. avaient parlé et que JFK Jr. avait exprimé des réserves au sujet du futur vol en avion (même si, selon tous les autres récits, le jeune Kennedy était tout à fait enthousiaste au sujet de sa nouvelle occupation).

Ce qui a suscité le buzz au sujet d'une éventuelle implication du Mossad, c'est le rapport du *New York Post* et du *USA Today*, selon lesquels Heymann était un double citoyen israélo-américain qui déclarait avoir dit au jeune Kennedy, il y a quelques années, qu'il avait travaillé pour le Mossad dans les années 80. C'est pour cette raison que Kennedy avait approché Heymann pour écrire une histoire sur le Mossad pour le *George* - selon Heymann.

Mais alors que sur Internet et ailleurs les théoriciens du complot se concentraient sur l'idée que JFK Jr. était sur le point de « vendre la mèche » à propos du Mossad, ils ont manqué ce qui était en fait le plus important : que les affirmations largement médiatisées de cette figure du Mossad étaient le principal fondement médiatique pour insister sur le fait que la mort de Kennedy était un accident qui était latent, que ce soit sa faute ou, en fait, celle de sa femme Carolyn.

Le *New York Post* titrait l'article "John Jr. craignait de s'envoler pour Vineyard" et comprenait la transcription détaillée de leur conversation par Heymann. Le *USA Today* rapporta que Heymann prétendait avoir pris de nombreuses notes sur ses conversations avec Kennedy pour les utiliser dans d'éventuels futurs livres. Selon Heymann, JFK Jr. ne se sentait pas en sécurité à propos de l'aéroport de Martha's Vineyard ; il ne voulait pas prendre l'avion ; et il sentait qu'il devait le faire parce que sa femme insistait pour qu'il y dépose sa sœur avant de partir à l'aéroport d'Hyannis.

L'histoire de l'ancien membre du Mossad est que JFK Jr. ne se sentait apparemment pas à l'aise pour faire deux atterrissages (à Martha's Vineyard puis à Hyannis), car - ou du moins, selon ce que raconte Heymann à propos de ce que Kennedy a dit - " je ne suis pas vraiment un pilote expérimenté ".

Il s'est donc avéré que c'est un agent du Mossad, comme par hasard très bien placé, qui mis en avant l'histoire largement médiatisée selon laquelle JFK Jr. n'aurait pas dû être à la place du pilote au départ et qu'il jouait avec le feu : que la tragédie était définitivement un accident - presque inévitable.

En fait, le *New York Post* a mis soigneusement (et habilement) l'accent sur "la connexion avec le Mossad", le journal (qui est une voix en faveur des intérêts d'Israël) disait effectivement au monde : "C'est ce que le Mossad veut que vous croyiez au sujet de la mort de JFK Jr. C'était un accident. C'était la faute de JFK Junior. C'était un accident imminent. Affaire classée."

Voici ce qui s'est passé : Cindy Adams du *New York Post*, qui a publié l'histoire de Heymann pour la première fois, s'est distancée de Heymann en disant qu'elle doutait de son histoire. Et le journaliste d'investigation Andrew Goldman du *New York Observer* a publié un reportage dévastateur en se demandant si Heymann n'avait jamais eu le moindre contact avec JFK Jr.

En fait, il semble que Kennedy n'avait même pas finalisé ses plans de vol au moment où Heymann prétend qu'il a parlé à Kennedy. Conclusion, l'histoire de Heymann, était de la désinformation depuis le début. Ni Adams ni Goldman n'ont cependant osé suggérer que les affirmations de Heymann avaient pu être une désinformation parrainée par le Mossad.

La question demeure donc : quand cet "ancien" agent du Mossad a mis en avant cette fausse histoire sur les derniers jours de JFK Jr., le faisait-il à des fins perverses ou le faisait-il dans le cadre d'une campagne de désinformation ordonnée par le Mossad ?

Ce n'est peut-être pas non plus une coïncidence, comme l'a fait remarquer le journaliste israélien Barry Chamish, que Yoel Katzavman, un chauffeur israélien, qui trimballait JFK Jr. dans New York avant la tragédie, a également surgi pour décrire que la condition physique du jeune Kennedy (en raison d'une jambe cassée) était telle que, selon les mots de Katzavman, il « était vraiment suicidaire » de la part de JFK Jr. d'avoir tenté son dernier vol qui lui a été fatal. En fait, la version du chauffeur israélien s'harmonise bien avec l'histoire de David Heymann, membre du Mossad. Est-ce une coïncidence ou une conspiration ?

Comme nous l'avons noté, Chamish a laissé entendre que John Jr. a peut-être entendu parler de *Jugement Final* et que c'est ce qui a stimulé son intérêt pour le Mossad. Nous ne le saurons probablement jamais avec certitude, bien que, comme nous l'avons vu, Chamish ait rédigé une critique très élogieuse de *Jugement Final*, ce qui a peut-être perturbé un grand nombre de théoriciens du complot de JFK qui ont dépensé beaucoup d'énergie à attaquer ma théorie juste pour qu'un journaliste israélien vienne dire que la théorie a du sens.

Pour sa part, Chamish a fait beaucoup de bruit en Israël avec son étude fascinante et bien documentée sur l'assassinat de Yitzhak Rabin, et dans son livre, *Who Murdered Yitzhak Rabin ?* Il a peint un tableau fascinant qui suggère fortement que les services secrets israéliens ont été impliqués dans le meurtre de Rabin.

Dans le même temps, il n'était peut-être pas si surprenant que dans son numéro du 16 juillet, qui était dans les kiosques lorsque JFK Jr. est décédé, *Forward* - l'un des journaux juifs les plus influents d'Amérique - présentait un article sur les agissements (50 ans auparavant) du grand-père du jeune Kennedy, feu l'ambassadeur américain de Grande-Bretagne, Joseph P. Kennedy.

Dans ce contexte, il convient de noter que Heymann, ledit membre du Mossad, est un peu un expert de l'"anti-sémitisme" présumé de la dynastie Kennedy et du soutien de la famille pour la neutralité américaine et la non-intervention dans les jours qui ont précédé la Seconde Guerre mondiale.

Les lecteurs attentifs de *Jugement Final* remarqueront que dans cette édition (et dans les éditions précédentes qui ont été publiées avant la disparition de JFK Jr.) sont cités les rapports de Heymann publiés dans son livre sur Jacqueline Kennedy (indiqué au chapitre 4) faisant référence à l'opposition collective de la famille Kennedy à la guerre.

De plus, dans sa biographie en grande partie critique de feu le sénateur Robert F. Kennedy, intitulée *RFK*, le même Heymann reproche à "un certain nombre de personnes d'avoir accusé RFK d'utiliser une terminologie [antisémite] lorsqu'il discutait en privé des Juifs". Heymann a également allégué que la femme de RFK, Ethel, maintenant matriarche régnante du clan des survivants Kennedy, a dit un jour à un publiciste juif : "Vous savez, c'est votre peuple qui nous donne du fil à retordre ; c'est votre peuple qui nous donne du fil à retordre", lorsque son mari se présentait au Sénat en 1964.

Considérant l'hostilité venimeuse envers la famille Kennedy dans certains milieux influents, il est intéressant de noter que le 21 juillet 1999, John Podhoretz, fils de Norman Podhoretz, dirigeant du Comité des Juifs américains (et collaborateur de longue date de la CIA) et rédacteur en chef de la page éditoriale du *New York Post* (qui avait publié la désinformation de David Heymann membre du Mossad en premier lieu) écrivait une chronique intitulée "A Conversation in Hell" (Une conversation en enfer), présentant son point de vue.

L'essai de Podhoretz, qui est très difficile à trouver - ayant été retiré en réponse à l'indignation publique face au venin viscéral de Podhoretz après que la première édition du *Post* soit partie sous presse - parle de lui-même et est publié ici (ci-dessous) dans son intégralité historique et révélatrice (et assez choquante). Cet essai de Podhoretz dit en effet ce que beaucoup de défenseurs d'Israël pensent vraiment de la famille Kennedy.

À vous d'en juger.

Une conversation en enfer
New York Post
- 21 juillet 1999
John Podhoretz

JOE ! Joe Kennedy ! Entre, entre. Content de te voir. Tu aimes l'air conditionné ? Je sais qu'il fait plutôt chaud ici.

Où es-tu ces jours-ci, au huitième cercle ou au neuvième ? C'est un choix difficile en ce qui te concerne. Après tout, le huitième cercle est pour les escrocs et le neuvième pour les traîtres. Tu étais vraiment dans la fraude quand tu as demandé au maire Daley d'arranger les élections de 1960 pour ton fils Jack, n'est-ce pas ? Et tu as été un sacré traître la majeure partie de ta vie, avec tes infidélités compulsives et ton double jeu.

Mais écoute, c'est ce que j'aime chez toi. Je ne peux pas te dire à quel point cela m'a rempli de fierté de te connaître lorsque tu étais ambassadeur des États-Unis en Angleterre, racontant toutes ces belles choses sur Hitler, faisant tout ce que tu pouvais pour empêcher l'émigration juive en Allemagne nazie. Des milliers de Juifs sont morts à cause de toi. Quelle performance démoniaque !

J'ai toujours su que tu l'avais en toi. Je ne me souviens pas avoir été aussi heureux en obtenant une âme quand tu m'as rappelé en, quoi, en 1912 ? Tu savais exactement ce que tu voulais. Tu voulais la richesse, la gloire et le pouvoir, et tu voulais que cela se perpétue de génération en génération. Tu voulais être le créateur d'une dynastie qui gouvernerait l'Amérique...

Ça a fait du bien à mon ancien cœur d'entendre à quel point tu pouvais être impitoyable. Et tu as été un négociateur si coriace que c'était amusant de faire des affaires avec toi.

On aurait dit que tu avais pensé à tout. Tu voulais accéder au pouvoir et pour toi, cela signifiait épouser la fille du maire de Boston. C'est fait ; toi et Rose Fitzgerald vous êtes unis deux ans plus tard. Tu voulais rester attirant et séduisant pour les femmes les plus glamour du monde. C'est fait ; tu es devenu directeur de cinéma et tu as eu des aventures avec Gloria Swanson et beaucoup d'autres stars et starlettes.

Tu voulais la richesse au-delà des rêves les plus fous de tous les Irlandais de Boston. C'est fait ; tu as été millionnaire plusieurs fois et tu n'en as rien perdu quand la Grande Dépression a frappé. Tu voulais une position sociale. Fait ; on t'a confié le poste le plus prestigieux au gouvernement à l'époque - celui d'ambassadeur à la Cour Saint-Jacques.

Et tu voulais que ton fils soit président. Tu as mis les points sur les "i", tu as mis les barres sur les "t", tu as fait tout ce qui était en ton pouvoir pour maximiser ta part du marché et minimiser le mien. Comme tous les mortels dont la qualité la plus distinctive est leur sens inépuisable de l'estime de soi, tu croyais que ton âme était si précieuse qu'elle en valait la peine.

Tu as eu tout ce que vous voulais. Mais quand je passe un marché pour une âme comme la tienne, si inflexible dans son sens du droit, si sûre que le monde devrait s'incliner devant elle, si coriace, c'est dur pour moi, comme de la viande crue. Je dois l'assaisonner, la marteler un peu pour qu'elle devienne tendre, la dorer un peu sur le feu avant de la mettre au four infernal.

Donc, si j'avais laissé ton fils que tu souhaitais voir président, atteindre la Maison Blanche, cela aurait signifié que le souper que j'avais l'intention de faire avec ton âme aurait été indigeste. Il devait simplement partir.

Et ça t'a fait mal, n'est-ce pas Joe, quand l'avion de ton homonyme s'est écrasé pendant la Seconde Guerre mondiale ?

Tu as si peu parlé de tes filles dans le contrat que je me sentais libre de jouer un peu avec elles. J'ai rendu Rosemary un peu lente, mais bon sang, tu n'avais pas besoin de la lobotomiser Joe !

C'est de ta faute ! Et tu semblais si bien surmonter la mort du jeune Joe que j'ai ressenti le besoin de te le rappeler en envoyant ta fille Kathleen dans un autre accident d'avion quelques années plus tard.

Oh, cette peine est douloureuse. Mais ça t'a rendu furieux aussi, parce que tu pensais que j'avais manqué à mon engagement ! Tu te souviens de cette conversation, sur la plage à Hyannis Port ? Je t'ai rappelé qu'il y avait Jack, le beau Jack, celui que tu as élevé si durement. Il était tellement comme toi si affamé de beauté hollywoodienne, si motivé - ne serait-ce pas encore mieux s'il c'était Jack ?

Tu as été si triomphant avec la victoire de Jack et tout ce que j'ai essayé de te faire comprendre c'est que les choses n'allaient pas marcher comme tu l'avais prévu. Tu avais un petit-fils né à la Maison Blanche en août 1963, te te souviens ? Le petit Patrick ? Je l'ai pris au bout de deux jours, juste pour te préparer pour le 22 novembre.

J'ai dit que je ferais de Jack le président. Je n'ai pas dit qu'il finirait son mandat. Et je n'ai pas dit que tu en aurais un autre. C'est là ton erreur, en réessayant avec Bobby.

C'était une violation du contrat. Tu n'en avais qu'un.

Et tu n'as pas écouté, tu n'as pas voulu écouter, tu étais toujours concentré sur l'idée que Teddy pourrait le faire - Teddy, le cadet de tes garçons. Mais j'ai des nouvelles pour toi. Cette affaire Chappaquiddick ? Il m'a demandé de le sauver d'une accusation de d'homicide involontaire. Il te tiendra compagnie quand son heure sera venue.

Après Chappaquiddick ton temps était écoulé, n'est-ce pas ? Tu es mort quelques mois plus tard, tu es venu ici. Mais tu sais quoi ? Ton âme n'était pas encore prête. Tu étais encore un peu trop dur.

Donc, chaque fois que tu penses que l'affaire est conclue, chaque fois que tu penses que ta famille est sur le chemin du retour à la gloire, je me dois de faire quelque chose. Comme ce week-end, avec ton petit-fils John.

Tu comprends, n'est-ce pas, Joe ? C'est parce que j'ai faim. Et quand j'ai faim, Joe, la fin justifie les moyens. Tu vois pourquoi on se ressemble tant ?

Oui, oui. Oh, oui. Je pense que tu es prêt maintenant.

Vous pouvez envoyez vos commentaires à John Podhoretz à podhoretz@nypost.com.

Le mot final ?

Le livre qu'ils ont essayé d'interdire :
Réflexion sur le passé, le présent et l'avenir de
Jugement Final et sa thèse controversée

Ce livre a commencé par un long texte sur la controverse entourant *Jugement Final*, donc il est peut-être approprié qu'il se termine par un texte approfondi sur le même sujet.

Comme le texte d'ouverture, il est vrai que ce "dernier mot" concerne davantage ce qui est arrivé à Michael Collins Piper à la suite de l'écriture de *Jugement Final* que ce qui est arrivé à John F. Kennedy.

Cependant, je pense que les lecteurs trouveront tout de même cela instructif, car cela démontre vraiment qu'il y a des limites à ce que l'on peut - ou non - dire dans le débat sur des questions controversées comme l'assassinat de JFK.

Il y a beaucoup de choses à dire. L'essentiel, cependant, c'est que *Jugement Final* ne s'arrêtera pas là. Même si le lobby israélien déteste l'admettre, le génie est sorti de sa lampe.

L'avenir de *Jugement Final* sera en grande partie une série d'efforts visant à réfuter sa thèse, mais d'après les efforts déployés jusqu'à présent, il semble peu probable que quiconque soit en mesure de le faire - et la raison pourrait bien être parce que le livre a visé juste.

Jugement Final n'est en aucun cas une démolition du rapport de la Commission Warren. La Commission Warren a été discréditée il y a longtemps. *Jugement Final* consiste simplement à combler les pièces manquantes du puzzle - en fournissant le chaînon manquant - en démontrant ce qui est caché derrière du puzzle.

Les métaphores sont infinies, mais les choses sont claires. Nous savions depuis longtemps déjà qu'il y a eu un complot dans l'assassinat de JFK - un grand complot - et qu'il a atteint des niveaux très élevés. À présent, nous savons quelles directions *horizontales* la conspiration a atteint.

Vincent Salandria, un chercheur, est même allé jusqu'à suggérer que, dès le début, "la conclusion du tueur isolé de la Commission Warren était destinée à s'effondrer, à être inconcevable, à s'autodétruire"...

"Ne vous y trompez pas, la Commission Warren et son personnel étaient composés d'hommes très compétents. Si ces hommes avaient voulu dissimuler la conspiration plus efficacement, ils auraient pu le faire..."

"Il suggère que les conspirateurs qui étaient derrière l'assassinat voulaient en fin de compte que le peuple américain soit démoralisé et sache qu'ils avaient perdu le pouvoir sur leur destin. Et franchement, en regardant la situation dans son ensemble, j'ai bien peur que Salandria ait raison.

"LE TERRAIN CACHÉ"

Et même si certains tentent de faire face à l'héritage de l'assassinat de JFK et s'efforcent de comprendre comment ce crime a affecté notre nation, le tableau d'ensemble brossé dans *Jugement Final* (et qui est accepté par un nombre grandissant de personnes) laisse silencieux de nombreux détracteurs du gouvernement par ailleurs grandiloquents. Ils refusent tout simplement de s'attaquer au fait qu'il existe effectivement des preuves solides (à de nombreux niveaux) selon lesquelles " le petit Israël " et son service de renseignement, utilisant ses propres ressources et collaborant avec ses alliés de la CIA, ont joué un rôle majeur dans le crime du siècle.

Je connais un rédacteur en chef apparemment non-conformiste et indépendant d'un magazine progressiste publié dans l'Oregon qui a donné pour instruction à l'auteur d'un article qui lui a été proposé que sa référence à Jack Ruby en tant que "tueur à gages de la mafia juive" soit modifiée pour désigner Ruby comme étant simplement "un tueur à gages de la mafia".

Cependant, l'auteur de l'article censuré (un lecteur de *Jugement Final*) a répondu à son rédacteur en chef par une lettre très intéressante, dont je partage une partie avec les lecteurs de *Jugement Final*, tout comme l'auteur de la lettre m'en a fait part. Dans sa lettre (privée) au rédacteur en chef, il résume assez bien les choses :

> Quiconque a passé une grande partie de son temps à étudier l'assassinat de John F. Kennedy sait avec certitude trois choses : Oswald ne l'a pas fait ; il y a des empreintes juives partout sur la scène du crime ; et les Juifs impliqués n'ont pas pu et n'ont pas agi seuls, mais faisaient partie d'une conspiration beaucoup plus large impliquant des éléments des services secrets, de la CIA, du FBI, du ministère de la Justice, de la police de Dallas, de la classe dominante du Texas et de la communauté des exilés cubains.
>
> C'est précisément cette implication juive qui, à mon avis, a entravé la recherche sur le crime... Il en a résulté un déni généralisé et persistant de l'implication juive dans l'assassinat, qui a pris de l'ampleur jusqu'à inclure aujourd'hui les attaques brutales contre la famille Kennedy.
>
> Il y a également un terrain caché sous l'assassinat dont personne ne parle - le terrain secret, le paysage obscur et méconnu derrière les assassinats des Kennedy. Une fois qu'il sera éclairé, il expliquera de nombreux débats et de confusions apparemment inutiles qui ont sérieusement entravé la recherche sur les assassinats, sinon l'ont complètement dérouté...

À mon avis, c'est l'implication de Ruby dans l'assassinat et les craintes juives d'un pogrom en Amérique qui sont comme un bouchon dans le rectum de la nation.

Ça ne nous laissera pas nous laver de ce crime et passer à autre chose.

... La crainte aveugle de mentionner la judéité de Ruby, et de suivre ses relations avec Israël et les syndicats criminels internationaux, ainsi qu'avec la police de Dallas et les juges et les politiciens, a semé le trouble et divisé la communauté des chercheurs depuis le début.

Je n'aurai pas pu dire mieux. Et, en fait, cette lettre (citée ici) pose probablement la question d'un point de vue peut-être encore meilleur (et une prose plus vive) que *Jugement Final*.

Telle était la situation. La lutte pour la répression de *Jugement Final* n'est pas seulement menée par le lobby israélien et ses troupes de choc de première ligne de la Ligue Anti-Diffamation (ADL). En fait, les soi-disant » chercheurs » en matière de complot d'assassinat de JFK dirigent également leur expertise dans cet effort.

UN "CHERCHEUR" COMBAT LA RECHERCHE

Au plus fort de la campagne de l'ADL pour m'empêcher de me présenter à l'université Saddleback d'Orange County en Californie (décrite en détail dans l'avant-propos), Debra Conway était l'une des partisanes les plus enthousiastes de l'ADL, chercheuse en matière d'assassinat de JFK, qui dirige une organisation connue sous le nom de JFK Lancer. Le 7 septembre 1997, elle a posté un message sur un groupe de discussion à propos de JFK sur Internet vantant ses efforts pour m'empêcher de parler. Son message disait :

"J'ai appelé l'université, le journaliste et d'autres personnes pour protester contre le séminaire. J'ai écrit une lettre au rédacteur en chef du *Times* [de Los Angeles], avec des copies au président de l'université et au conseil d'administration, mais elle n'a pas été publiée. J'ai appelé et écrit à des amis juifs pour leur dire ma position contre ce séminaire et pourquoi... J'habite à Orange County, en Californie, et j'ai également promis de faire la grève avec les professeurs d'université et la ligue de défense anti-juif [sic] contre le séminaire. Je ne soutiendrai pas l'antisémitisme sous couvert de recherches sur l'assassinat de JFK."

Conway a également posté sa lettre non publiée qui ajoutait, en partie : « Je n'ai jamais vu d'informations crédibles sur une conspiration impliquant Israël ou les nazis. Sachant que le président Kennedy nous a guidé en ces temps de turbulences, de nombreux groupes, pays et personnes pourraient être accusés de son assassinat. Vous pourriez plaider en leur faveur si vous ne regardez pas tous les faits disponibles. » Bien sûr, Mlle Conway n'a jamais rien vu qui implique Israël. Et on doit en rester là. Ce n'est que lorsque *Jugement Final* a rassemblé toutes les données, que les gens ont commencé à penser que l'implication israélienne était une possibilité réelle. Il est donc intéressant de noter que, d'une certaine manière, Mlle Conway admet indirectement qu'il pourrait y avoir un mobile israélien dans le sens, comme elle l'a elle-même dit, qu'il y avait "beaucoup de groupes, de pays et de personnes" qui pourraient être mis en cause. Mais croyez-moi, Debra Conway n'accusera jamais Israël.

La réaction de Debra Conway a l'égard de *Jugement Final* (que je ne suis même pas sûr qu'elle ait lu) illustre les efforts que même certains soi-disant "chercheurs" ont déployés pour essayer d'étouffer *Jugement Final* et sa thèse. J'ai la satisfaction, cependant, de savoir avec certitude que de nombreux partisans de l'opération JFK-Lancer de Conway l'ont contactée et lui ont fait vivre l'enfer pour avoir pris position et je suis reconnaissant à ceux qui ont eu la gentillesse de me le faire savoir. Il y a donc quelques chercheurs qui croient au Premier Amendement, malgré Debra Conway.

Au final, cependant, il y avait des aspects réconfortants à cette sale controverse du comté d'Orange, malgré la démagogie mesquine de Debra Conway. Au milieu des efforts de l'ADL pour me faire taire et détruire Steve Frogue, beaucoup de bons citoyens ont pris notre défense. Je n'ai jamais rencontré la grande majorité d'entre eux et je ne le ferai jamais.

Mais récemment, j'ai appris l'identité de l'un d'entre eux. J'avais entendu dire qu'un certain couple, "Joe" et Ethel Hunt, avait vivement critiqué les manigances de l'ADL, en se présentant aux réunions publiques du conseil de l'université pour défendre le Premier Amendement et contre la censure.

Il s'avère que "Joe" Hunt n'est pas moins que le colonel retraité de la marine Forest J. Forest. (Joe) Hunt - un ancien combattant des trois guerres et ancien commandant de tous les gardes des Marines dans les ambassades américaines du monde entier et de l'école qui les a entraînés en Virginie !

C'est le calibre de gens que je suis fier d'avoir de mon côté. L'ADL est plus que bienvenue de compter sur Debra Conway de son côté. Le Colonel Hunt ne doit rien à personne. Mais les américains doivent beaucoup à des gens comme Joe Hunt et sa charmante épouse qui se battent pour la liberté.

Quoi qu'il en soit, lesdits efforts de Debra Conway n'ont été que la pointe de l'iceberg en ce qui concerne les efforts déployés par les soi-disant » chercheurs de vérité » pour tenter de me discréditer.

Plus tard, alors que je faisais peu d'efforts pour engager un débat sur la thèse de *Jugement Final* concernant divers groupes de discussion sur Internet consacrés au sujet de l'assassinat de JFK, je me suis trouvé constamment submergé d'accusations d'"antisémitisme", qui ont toutes été lancées par des soi-disant "chercheurs" qui, de toute façon, n'avaient pas lu mon livre.

CHANGER L'ORIENTATION DE LA DISCUSSION

Mon critique le plus dévoué était sans doute un certain Robert Harris qui dirige son propre site Web sur l'assassinat de JFK. Bien que Harris ait la réputation d'être "têtu", même ses critiques seraient d'accord pour dire que, dans l'ensemble, Harris était très sincère dans son dévouement à découvrir la vérité sur le meurtre du président. Mais lorsqu'il a abordé le sujet de l'implication possible du Mossad, Harris (qu'on dit Juif) a perdu toute objectivité.

Harris a répété à maintes reprises l'accusation fausse et malicieuse selon laquelle *Jugement Final* a accusé "les Juifs" de l'assassinat de Kennedy alors que, en fait, comme tout lecteur sait très bien, le livre rejette totalement cette thèse.

Me harcelant constamment de questions relatives à JFK telle que : "Pensez-vous que les grands historiens ont raison lorsqu'ils déclarent que les nazis ont massacré (plus ou moins 5%) 6 millions de Juifs ?". Il a également fait des références aux prétendus "skinheads" qui, a-t-il dit, étaient les personnes qui ont trouvé la thèse de *Jugement Final* crédible. À un moment donné, il a même demandé "Je me demande exactement combien d'amis noirs et juifs M. Piper a eu au total" et il s'est dit outré que j'aie refusé de les énumérer par leur nom, comme si je devais les exposer à ses diffamations. *Finalement, cependant, j'ai été tellement frustré que je me suis effondré et j'ai dit à Harris que l'un de mes deux filleuls était un enfant afro-américain. Il n'a jamais répondu à ÇA.*

À un moment donné, juste après la fusillade de Columbine, Harris a tenté de me relier à cette tragédie, suggérant que les deux jeunes hommes dérangés avaient été inspirés par des "antisémites" comme moi, ne sachant pas à ce moment-là que le tireur était juif.

Les injures constantes et assez frénétiques de Harris ont atteint un stade où Dave Reitzes, un participant juif d'un forum de discussion - qui n'était aucunement un de mes défenseurs - a défié Harris en soulignant que la critique d'Israël n'est pas de l'antisémitisme.

Keith Bruner, un autre participant d'un forum de discussion, a pris ma défense au mépris de Harris en disant : "Piper ne prétend pas avoir la preuve indiscutable que le Mossad était impliqué, mais il a tiré des conclusions de certains faits qui brossent certainement un tableau crédible de l'implication du Mossad" et a poursuivi en disant :"Que Piper soit ou non un [anti-sémite] il fait la promotion de son livre et de ses conclusions et devrait être contesté à partir de ce point de vue » plutôt que par des injures inconsidérées.

Dans un autre message, Bruner a déclaré : "Lisez son livre, puis attaquez le sur ses conclusions et les preuves qu'il présente. Débattez avec lui. Parlons du meurtre de JFK" (plutôt que de l'Holocauste). Bruner a ajouté : "Toute information qui aidera à résoudre le crime est une bonne information, même si elle vient du diable."

Le fait est que j'ai envoyé à Harris une copie gratuite du livre - malgré toutes ses attaques contre moi - et pourtant, il n'a encore jamais posté un seul article pour tenter de réfuter tout ce que j'ai dit dans le livre.

"LE MINUSCULE PETIT ISRAËL NE FERAIT PAS CELA !"

Après avoir finalement demandé directement à Harris : « Pourquoi croyez-vous que la théorie selon laquelle le Mossad aurait pu être impliqué dans l'assassinat de JFK est "ridicule", "farfelue" et "absurde", etc. ? il a répondu le 10 avril 1999 en disant :

Même si Israël avait voulu la mort de JFK, il n'était pas nécessaire qu'ils prennent le risque d'y participer activement... s'il y avait eu un faux pas et que leur participation avait été dévoilée, Israël aurait été pour ainsi dire condamné. Ils auraient perdu toute crédibilité au sein des nations civilisées, ainsi que leur allié le plus fort. Il n'est pas exclu que nous ayons même pu leur déclarer la guerre. Ils risquaient de perdre beaucoup plus qu'ils ne pourraient jamais gagner.

De toute évidence, cet argument contre la participation du Mossad dans la conspiration ne tient tout simplement pas la route. Comme je l'ai souligné à maintes reprises dans *Jugement Final*, le Mossad a été à l'abri de toute exposition, non seulement grâce à ses nombreux contacts dans les médias, mais aussi grâce à sa collaboration avec la CIA, sans parler des efforts très apparents de l'administration Johnson et de la Commission Warren pour garder la vérité sous contrôle.

Qui plus est, sous LBJ, Israël avait un vieil allié dévoué à la Maison-Blanche, un allié qui avait bénéficié directement de l'assassinat de JFK. Il n'a donc jamais été question - si j'ai raison de dire que le Mossad était impliqué, comme je crois que c'était le cas - que la vérité sur la complicité du Mossad ne soit révélée par une enquête officielle des États-Unis.

Malgré tous ses ennuis, Harris a fini par entrer dans l'histoire en se faisant poursuivre pour ses attaques contre d'autres cibles de sa colère. Le *New York Times* du 11 juin 1999 publia un article décrivant comment Harris avait été poursuivi en justice pour des propos incendiaires qu'il avait tenus à l'encontre d'une personne avec laquelle il avait engagé un débat sur Internet. Pourtant, Harris est inébranlable et continue de faire sentir sa présence. Tant mieux pour lui. Il sera probablement ravi d'apprendre qu'il a été mentionné dans cette nouvelle édition de *Jugement Final*.

Un autre de mes critiques, Clint Bradford, qui exploite un très bon site de données liées à JFK, a déclaré formellement que « Personnellement, je pense que votre livre n'est que de la prose haineuse anti-juive » dans un article publié le 16 mars 1999. Bradford a préféré me traiter de fanatique plutôt que de répondre à l'une ou l'autre des allégations précises formulées dans *Jugement Final*.

ET REVOICI LES NAZIS

John Bevilaqua, un autre participant d'un groupe de discussion sur Internet plutôt mouvementé, a émis l'étonnante accusation selon laquelle le bâtiment sur la colline du Capitole dans lequel se trouve mon bureau d'éditeur était le siège du Bund germano-américain pendant la Seconde Guerre mondiale.

En fait, l'immeuble appartenait à un homme d'affaires sino-américain à l'époque, mais les allégations de Bevilaqua reflètent bien la nature de l'effort de répudier ma thèse par le biais du processus tordu de culpabilité par association, bien que, dans ce cas, il n'y ait pas eu une telle association !

Bevilaqua a également consacré beaucoup d'énergie à essayer de suggérer que *Jugement Final* était une manifestation moderne de la déclaration faite par le géorgien, Joseph Milteer, à l'informateur de la police, Willie Somersett, selon laquelle dans les jours qui ont suivi l'assassinat de JFK, une "résistance internationale" dont Milteer prétendait faire partie allait orchestrer "une campagne de propagande" pour "prouver au peuple chrétien du monde" que « les Juifs sionistes avaient tué Kennedy ».

Aucune campagne de propagande de la sorte n'a jamais vu le jour. La dernière chose que j'ai entendue, c'est qu'on a dit au monde qu'un désaxé isolé - et un communiste pro-Castro pour commencer - était responsable de ce crime. Bref, Bevilaqua tournait en rond.

Bevilaqua - qui a un penchant au sujet d'un prétendu rôle "nazi" dans l'assassinat de JFK - croit que le fanatique pro-israélien James J. Angleton était en fait anti-juif et pro-nazi, mais je n'essaierai même pas d'analyser cet argument !

Cependant, je dois dire que Bevilaqua a apporté un étrange petit élément au débat sur JFK quand il a présenté sa thèse (qui est évidemment partagée par plusieurs chercheurs) selon laquelle Robert Morris, un "conservateur" de longue date, aurait été l'infâme "Maurice Bishop" (souvent considéré comme David Atlee Phillips de la CIA) vu avec Lee Harvey Oswald peu avant l'assassinat de la JFK.

Le fait est que si Morris était bien "Maurice Bishop", cela indiquerait - une fois de plus - un rôle possible du Mossad dans l'assassinat de JFK, car pendant sa carrière Morris a été considéré par beaucoup dans les milieux "conservateurs" comme un porteur d'eau pour les intérêts israéliens et comme un agent à l'intérieur de la "droite" pour la Ligue Anti-Diffamation du B'nai B'rith. Les principaux mécènes de Morris étaient des personnages célèbres connus pour leur affinité avec les intérêts d'Israël, notamment Roy Cohn (co-propriétaire de la Lionel Corporation qui, à son tour, détenait des actions dans la Permindex contrôlée par le Mossad), Alfred Kohlberg, fondateur de la Ligue juive américaine contre le communisme, George Sokolsky, chroniqueur, et Marvin Liebman, un ancien trafiquant d'armes pour Israël qui fut plus tard le mentor de la pom-pom girl israélienne, William F. Buckley, Jr.

Donc peut-être qu'il y a quelque chose là-dedans après tout, mais Bevilaqua ne le comprend probablement pas. Trois hourras pour le pauvre Bevilaqua pour avoir quand même ESSAYÉ.

LE PROBLÈME D'ISRAËL AVEC LA PERMINDEX

Le professeur John McAdams - qui exploite un site Internet consacré à la démystification des théories du complot d'assassinat de JFK - a tenté d'écarter mes accusations (et celles des autres) selon lesquelles l'implication de Clay Shaw dans la Permindex était loin d'être innocente en publiant un article sur la Permindex sur Internet qui suggérait que les allégations à propos de la Permindex n'étaient rien de plus que de la « désinformation communiste ». (Et ça sonne comme du "McCarthysme" pour moi !)

Quoi qu'il en soit, s'il est vrai que le journal italien qui a fait apparaître certaines des premières données sur la Permindex était bien une revue communiste, cela ne suffit évidemment pas à exclure la véracité des détails concernant la Permindex et ses liens controversés.

Pourtant, l'article même que McAdams a publié fait une déclaration factuellement incorrecte selon laquelle les origines de la Permindex étaient effectivement liées à Clay Shaw et remontaient à 1948. Malgré cela, McAdams et ses pom-pom girls ont promu cet article comme la réfutation ultime de la théorie que la Permindex était engagée dans le complot du renseignement international, que ce soit lié à l'assassinat de JFK ou non.

Dans le même ordre d'idées, George Michael Evica, chercheur de longue date, a fait référence à mes données sur les connexions du Mossad de la Permindex comme faisant partie des faux commanditaires "communistes" de la désinformation dans l'assassinat de JFK et a décrit *Jugement Final* comme étant "lui-même un précieux exercice de "fausses bannières", de boucs émissaires et de complots inversés, mais à l'instar de l'enquête de Garrison, un important exutoire de fausses pistes de commandite".

Evica fait valoir à juste titre qu'il y a eu pas mal de désinformation concernant l'assassinat de JFK en circulation au fil des années, mais il n'est évidemment pas disposé à concéder la possibilité que ces merveilleux agents des services secrets du Mossad aient quelque chose à voir là-dedans.

De toute évidence, de l'avis d'Evica, le Mossad est la seule agence de renseignement au monde à avoir gardé les mains propres en ce qui concerne l'assassinat de JFK. Comme je n'arrête pas de dire aux gens : "Si le Mossad et Israël aimaient tant JFK, pourquoi les chercheurs ne se rendent-ils pas au Mossad pour leur demander de découvrir ce qui est vraiment arrivé à JFK et de régler le problème une fois pour toutes ?"

Mais cela ruinerait tout le plaisir, puisque, comme nous l'avons vu dans le chapitre 16 de *Jugement Final*, le Mossad prétend déjà que la mafia a accidentellement tué JFK lors d'un tir visant John Connally ! Pourtant, les défenseurs d'Israël parmi les chercheurs ne semblent toujours pas satisfaits de leur merveilleuse solution finale du Mossad. Je me demande pourquoi ?

"LA DÉPOSITAIRE" VS "L'AUTEUR"

Une certaine Virginia McCullough qui se présente comme « la dépositaire et conservatrice de la Collection Mae Brussell » a contesté ma description de Mlle Brussell comme étant "excentrique" et a déclaré dans un article publié sur Internet le 17 décembre 1999 que « Piper avait son propre objectif et une partie de cet objectif était de discréditer tout chercheur ou tout auteur autre que lui », mais ensuite elle a admis, de façon contradictoire, que « parallèlement Piper montre son admiration indéfectible pour des gens comme Mark Lane, Seymour Hersh, Andrew et Leslie Cockburn, Stephen Green, etc. »

Puis, après avoir décrit mon "admiration indéfectible" pour ces autres auteurs, McCullough s'est une fois de plus contredite en disant que dans les pages de *Jugement Final*, « M. Piper, est bien sûr le seul auteur qui sent la rose et qui est pur et propre. » (McCullough s'inquiète aussi du fait que, selon elle, je "me réfère constamment" à moi-même comme "l'auteur". Elle ajoute aussi qu'elle considère mon livre "écrit dans un but de promotion personnelle et de désinformation". Mais McCullough n'a pas encore réfuté tout ce qui apparaît dans *Jugement Final*.

L'héroïne de McCullough, Miss Brussell, prétendait que les ex-nazis avaient participé à l'assassinat de JFK et qu'un des présumés méchants était l'ancien général nazi Reinhard Gehlen, qui avait été enrôlé au service de l'Occident contre les Soviétiques après la Seconde Guerre mondiale.

Mais ce que McCullough n'aime pas que les gens mentionnent, c'est le fait - documenté par des écrivains israéliens comme Uri Dan et d'autres (et mentionné dans *Jugement Final*) - que Gehlen a aussi travaillé en étroite collaboration avec le Mossad pendant les années d'après-guerre, malgré son service passé au sein du détesté régime nazi. C'est un petit fait gênant de l'histoire, pour le moins que l'on puisse dire, surtout pour Israël et ses partisans, mais cela illustre bien bon nombre des faits désagréables concernant d'Israël qui émergent continuellement d'une étude sur l'administration du président Kennedy, ses relations avec Israël et les circonstances entourant son assassinat.

SHERMAN A-T-IL LU LE LIVRE ?

Sherman Skolnick, le célèbre chercheur basé à Chicago, a fait allusion à *Jugement Final* dans un rapport intitulé "Assassinats du 20ème siècle - Pourquoi ?" et a ensuite commenté que « le livre rejette, d'emblée, ce que d'autres affirment, cependant, le fait que les criminels de guerre nazis étaient impliqués (comme documenté par la regrettée chercheuse Mae Brussell). Et le livre n'explique pas comment les services secrets américains, le FBI, et la CIA, étant la classe dominante protestante et catholique, comment et pourquoi ces instances d'espionnage auraient pu dissimuler tout cela *pour le bien des Juifs*." [souligné par Skolnick]

Franchement, j'ai été un peu déçu par les commentaires de Sherman. Au fil des années, j'ai constaté que M. Skolnick était sur la bonne voie sur un certain nombre de sujets controversés, prenant souvent des risques et osant se pencher sur des sujets (y compris le Mossad) que d'autres chercheurs ont peur de traiter. Par conséquent, j'ai été surpris que Sherman décrive le FBI et la CIA, par exemple, comme étant « la classe dominante protestante et catholique" - lorsqu'il est très clair que le FBI et la CIA ont été cooptés plus d'une fois au service du Mossad - et ensuite continue de remettre ma conclusion en question à savoir qu'ils ont joué un rôle, pour reprendre son expression, en dissimulant le rôle du Mossad dans l'assassinat de JFK "pour le bien des Juifs". (Et, bien sûr, l'expression "les Juifs" est son expression - et non la mienne.) Au contraire, je pense que *Jugement Final* est tout à fait clair et je pense que la plupart des lecteurs seraient d'accord. Mais c'est l'opinion de Sherman.

LES RATÉS DE LA GROSSE ARTILLERIE

Ma plus grande déception, en un sens, a peut-être été lorsque le seul critique qui, selon moi, était probablement le mieux placé et le mieux à même de réfuter *Jugement Final*, ne l'a pas fait.

De tous ceux que j'ai rencontrés qui ont été tués en rassemblant des faits et des informations pour réfuter au moins certains aspects d'un certain nombre de théories de conspiration d'assassinat de JFK, il ne fait aucun doute dans mon esprit que Dave Reitzes est de loin le plus intelligent et éloquent. Reitzes est devenu une petite célébrité dans les cercles concernant l'affaire JFK sur Internet où il a travaillé avec beaucoup d'énergie pour démolir Jim Garrison et, en particulier, défendre Clay Shaw contre les allégations de Garrison selon lesquelles le cadre de la Nouvelle-Orléans était impliqué dans le complot d'assassinat de JFK.

Certains ont traité Reitzes de porte-parole de la CIA - entre autres - mais qu'il le soit ou non, le fait est que Reitzes, plus que quiconque (à mon avis) a été un critique de Garrison réfléchi et attentif. Je m'étais dit que l'enquête de Garrison était imparfaite à bien des égards et je serai le premier à l'admettre. J'ai donc senti, dès ma première rencontre avec Reitzes sur un forum de discussion sur Internet, que si quelqu'un pouvait soulever des questions dans mon esprit au sujet de ma propre thèse, ce serait Reitzes. Mais finalement, j'ai eu tort.

J'ai envoyé à Reitzes une copie de *Jugement Final* et j'attendais avec impatience (voire un peu nerveux) sa critique publique du livre. Dave m'avait déjà défendu (et j'ai apprécié) contre des allégations d'antisémitisme (basées, au moins, sur ce qu'il avait vu de mes écrits publiés sur le forum de discussion sur Internet) et a réservé un "jugement final" qu'après avoir réellement lu le livre. J'ai apprécié.

Cependant, une fois que Reitzes a fait sa critique sur le livre, j'ai soupiré de soulagement que la seule personne qui, selon moi, pouvait me donner une raison de reconsidérer mes conclusions de *Jugement Final* ne l'avait pas fait.

Qualifiant le livre de "bourbier de choses sans importance", Reitzes m'a surpris lorsqu'il a contesté mon affirmation selon laquelle ce que j'ai appelé "les médias contrôlés par l'état" avaient joué un rôle majeur dans la dissimulation de la vérité sur le complot d'assassinat de JFK. Il a dit qu'il s'agissait d'une "pure fantaisie", rejetant de toute évidence l'idée même que les médias avaient joué un rôle dans la promotion de la théorie de « l'assassin isolé » et la défense du rapport de la Commission Warren.

La critique de Dave était assez longue et je ne pourrai jamais lui rendre justice dans ce bref exposé, mais en gros, ça se résumait à la bête noire de Dave : sa défense de Clay Shaw et sa thèse selon laquelle l'association de Shaw avec la Permindex était non seulement totalement innocente, mais aussi qu'il n'y avait aucune preuve que la Permindex ait eu des liens avec le Mossad ou la CIA, ni avec quelque complot de renseignement que ce soit.

Il a cité l'interview de Clay Shaw dans *Penthouse* dans laquelle Shaw déclare : "Je n'ai jamais eu aucun lien avec la CIA." Le fait que Reitzes réitère même l'affirmation de Shaw selon laquelle il "n'a jamais eu aucun lien avec la CIA" est frappant, ne serait-ce qu'en raison du fait qu'il est entièrement démontré dans des dossiers de la CIA non classifiés que Shaw a effectivement - au bas mot - fourni une trentaine de rapports à la CIA sur une période d'au moins huit ans, censée se terminer vers 1956. Shaw avait donc une "connexion" avec la CIA. Or, manifestement Shaw mentait à *Penthouse*, bien que, bien sûr, les faits concernant le lien de Shaw avec la CIA n'aient été dévoilés que quelques années après la mort de Shaw.

Quoi qu'il en soit, Reitzes a clairement adopté la position selon laquelle il faut croire à tout ce que Shaw a raconté, nonobstant la preuve. Shaw a raconté à *Penthouse* qu'il ne savait rien des activités de la Permindex et Reitzes le croit, mais comme je l'ai sarcastiquement dit à Reitzes, "Bien sûr. Clay Shaw admettrait que la Permindex était impliqué dans toutes sortes de complots."

Je suppose que Reitzes voudrait nous faire croire que la Permindex, au mieux, était une jolie petite compagnie qui exportait de l'albâtre italien que Shaw utilisait pour rénover les maisons du quartier français et que tous ses liens avec le Mossad et la famille Bronfman n'étaient que des détails insignifiants sans conséquence.

Reitzes a ensuite procédé à un remarquable exercice de tergiversation dans lequel il a ensuite aveuglé ses lecteurs avec une exposition détaillée dans laquelle il a résumé un certain nombre de divers rapports sur les transactions financières internationales impliquant la Permindex. Dans son examen et ailleurs dans le cadre de la discussion sur la Permindex sur nternet, Dave a cité une variété de sources qui ont allégué des montants d'argent différents (100 000$ ou 200 000$) qui auraient été transférés entre les comptes de la Permindex et un certain nombre d'autres sociétés, y compris la banque israélienne Hapoalim.

Bien que la microanalyse entreprise par Reitzes ait pu prouver une chose, à savoir que quelqu'un quelque part a tapé la touche "1" sur sa machine à écrire alors qu'il aurait dû taper la touche "2" lorsqu'il a écrit au sujet des transferts d'argent, Reitzes n'a pas réfuté le fait que la Permindex faisait effectivement partie des opérations mondiales d'armement et de blanchiment d'argent du Mossad.

Dave était en fait un peu désespéré à un moment donné lorsqu'il a contesté ma suggestion selon laquelle il était "bien connu" que la Banque Hapoalim (référencée dans *Jugement Final*) était associée à l'Histadrout, le syndicat de travailleurs israéliens. Peut-être n'est-il pas " bien connu " de l'homme de la rue, mais Reitzes sait très bien que n'importe qui, même avec un minimum de compétences en recherche, peut facilement documenter ces faits tout à fait innocents - même si le fait perd son innocence lorsqu'on commence à examiner les multiples liens du Mossad israélien avec les cercles entourant Lee Harvey Oswald à la Nouvelle-Orléans l'été précédant l'assassinat de John F. Kennedy.

CLAY SHAW — PLUS MOSSAD QUE CIA…

Comme je l'ai dit à Reitzes en réponse : " En fin de compte, on peut faire valoir que Clay Shaw était un agent du Mossad en 1963, alors qu'on ne peut pas faire valoir que Clay Shaw était un agent de la CIA cette année-là. Vous citez sans cesse des documents de la CIA qui disent que la CIA a mis fin aux relations avec Shaw, mais, ai-je ajouté, vous ne pouvez pas citer des documents du Mossad, n'est-ce pas ?"

En bref ", ai-je dis aux lecteurs de ma réponse, " alors que Dave dit que personne ne peut affirmer que Clay Shaw avait des liens avec la CIA en 1963, Dave ne peut pas non plus prouver que Clay Shaw n'avait pas eu de contacts avec le Mossad en 1963, à moins qu'il ne produise des documents du Mossad qui disent : "Nous n'avons aucun contact avec Clay Shaw" (comme s'ils étaient disponibles de toute façon).

Cela soulève un autre point : Reitzes est catégorique en défendant non seulement Clay Shaw, mais aussi Guy Banister et David Ferrie (également de la Nouvelle-Orléans) de tout rôle dans l'affaire JFK, malgré une mine d'informations (que Reitzes rejette arbitrairement) selon lesquelles ces trois-là étaient en effet liés non seulement les uns aux autres mais au tissu de complots entourant Lee Harvey Oswald cet été fatidique.

UNE FOIS DE PLUS - LE MINUSCULE PETIT ISRAËL SANS DÉFENSE…

La cerise sur le gâteau fut quand Reitzes échoua lamentablement, de la même manière que ledit Robert Harris l'avait fait plus tôt. En réponse au message que j'avais envoyé à Reitzes selon lequel "Peu importe jusqu'à quel point vous réussissez à discréditer Garrison et à blanchir Clay Shaw (et même la Permindex), vous ne pouvez pas vous éloigner du fait qu'Israël avait le mobile et les moyens et que l'acteur clé de la CIA dans l'assassinat et la couverture était l'homme du Mossad au sein de la CIA" (en référence à James J. Angleton), Reitzes répondit :

"C'est n'importe quoi. Même si Israël avait " le mobile ", il aurait risqué l'anéantissement total par le biais des États-Unis si son rôle avait été dévoilé." À une autre occasion, Reitzes déclara : "C'est complètement absurde. Les petits pays qui vivent dans des situations précaires n'œuvrent pas pour assassiner les dirigeants des superpuissances mondiales... Israël n'aurait pas eu une telle excuse. Vous ne tuez pas le leader progressiste d'une superpuissance mondiale qui est l'un de vos plus grands alliés politiques. Point."

Je lui ai dit : "Bon, Dave, c'est là que vous vous plantez. Je ne pensais pas que ça arriverait. Mais vous essayez maintenant de discréditer la possibilité d'une implication israélienne."

Avant ça, Reitzes n'avait pas réellement chercher à réfuter l'implication israélienne. Son approche avait simplement consisté à venger Clay Shaw et à suggérer que l'association de Shaw avec la Permindex n'avait rien à voir ni avec l'assassinat de JFK ni avec aucun complot du renseignement.

Fait remarquable, Reitzes a même affirmé : » Angleton, quant à lui, pouvait difficilement être moins important pour le scénario de Piper. Que fait il dans l'histoire ? » sans tenir compte du fait soigneusement documenté qu'Angleton était en effet un acteur clé, pour le moins que l'on puisse dire, dans le camouflage de la Commission Warren !

J'ai continué en disant à Reitzes : « Vous êtes allé en toute logique aussi loin que possible en disant qu'Israël était un si minuscule petit pays qu'il n'aurait jamais pu faire une chose si horrible... À présent, vous montrez certaines faiblesses à l'ensemble du monde Internet. Israël savait qu'il pouvait mener à bien l'affaire de JFK (avec l'aide de la CIA), tout comme la CIA savait qu'elle pouvait le faire avec l'aide d'Israël, précisément parce qu'un vieil allié de la CIA et du Mossad, LBJ, allait s'en occuper."

DÉBATTRE DE CE DONT LE LIVRE NE PARLE PAS

Dave s'est planté. Il a terminé sa critique en suggérant que "Piper est plus à l'aise pour discuter des liens possibles de l'assassinat de JFK avec les OVNIs, les francs-maçons, la Couronne britannique, les dossiers Gemstone et la mort de Marilyn Monroe".

Cela, bien sûr, semblerait tout à fait accablant pour la plupart des lecteurs de la critique de Reitzes qui n'avaient pas lu *Jugement Final*, mais le fait est que dans *Jugement Final*, j'ai réfuté quatre de ces théories, et dans le cas de Marilyn Monroe (qui est en fait morte un an avant JFK) je n'ai rapporté que l'allégation selon laquelle Mickey Cohen, le trucnd de Los Angeles lié à Israël, avait orchestré sa mort. Donc, ce que Reitzes faisait était d'essayer de distraire les lecteurs de sa critique de ce que je dis vraiment sur l'assassinat de JFK et d'essayer de les amener à croire que je pense que les Martiens ont sans doute tué JFK.

Finalement, bien qu'il ait réussi à se retenir plutôt admirablement, Dave n'a finalement pas pu s'en empêcher. Après s'être engagé dans un débat sérieux - au début - il a finalement commencé à afficher une variété de documents qui s'attaquaient aux opinions politiques de mon employeur, plutôt que d'aborder les détails dans mon livre.

UNE CRITIQUE CONVENABLE....

Je m'en voudrais de ne pas mentionner la critique approfondie de *Jugement Final* par Clark Wilkins, publiée en plusieurs parties sur Internet. Sa critique était objective dans le meilleur sens du terme et, bien qu'il n'ait jamais conclu qu'il était d'accord avec ma thèse, à un moment donné il fit la remarque selon laquelle "Un novice pouvait repartir en croyant que Piper avait des preuves contre Israël". Et c'est précisément ce qui dérange le lobby israélien.

Wilkins a soulevé la très bonne question de savoir pourquoi le trafiquant d'armes israélien Arnon Milchan aurait financé le film d'Oliver Stone, *JFK*, qui a eu pour résultat de "sensibiliser le public et de susciter la suspicion" au sujet de l'assassinat de JFK si le Mossad était effectivement impliqué dans l'assassinat de JFK, commentant : "Je pense qu'ils étaient disposés à ne pas réveiller le chat qui dort".

J'ai répondu, cependant, que « mon sentiment est que le film *JFK* a été conçu pour donner au public un 'consensus' sur l'assassinat - une sorte de vague consensus - et qu'il agissait comme une soupape de libération pour que tous les chercheurs voient enfin une "grande théorie" portée à l'écran. »

Wilkins considère apparemment la conspiration de l'assassinat de JFK comme un scénario dicté plus par l'argent que par la politique, comme en témoigne son commentaire selon lequel « un point qui a entièrement échappé à Piper est que ce puissant mouvement n'est pas alimenté par la politique et cela brouille encore plus les cartes. Il est alimenté par l'argent. La politique le dirige tout simplement. Piper a attrapé le tigre par la queue et je comprends pourquoi il a été mordu. Il s'est aventuré là où peu oseraient marcher. »

À propos de Tibor Rosenbaum, figure du Mossad, Wilkins a fait un commentaire judicieux : "Tibor Rosenbaum n'est pas un criminel. Ce n'est pas un homme de la mafia. En ce qui concerne notre compréhension de la chose, il est comme Benjamin Franklin quand il est allé en France pour chercher un soutien militaire contre les Britanniques. Rosenbaum, comme Franklin, est parti à la recherche d'une aide pour qu'Israël obtienne un soutien militaire contre les Arabes - et, comme Franklin, il y a réussi... Ce type est un héros en Israël et il mérite de l'être." Wilkins a toutefois ajouté la mise en garde suivante : "Ce que personne ne sait, ou du moins dont personne ne parle, c'est comment Rosenbaum a obtenu l'argent."

Lorsque Wilkins eut lu environ un quart de *Jugement Final*, il commenta, en réponse à des allégations selon lesquelles le livre était antisémite : "À ce stade, Piper ne m'a toujours pas convaincu d'une conspiration impliquant Israël ou le Mossad. Même si le livre échoue dans sa prémisse, cependant, il m'aura convaincu d'autre chose : et c'est le pouvoir énorme que l'accusation d'antisémitisme détient en

Amérique qu'il peut inspirer tellement d'indignation contre un livre qui est vraiment écrit comme n'importe quel autre."

Wilkins a fait remarquer que " j'en ai été témoin sur ce forum d'informations. Dès que le sujet de son livre a été abordé, des accusations d'antisémitisme ont suivi, ainsi que l'argument ou revendication ou peu importe, selon lequel il était une sorte de révisionniste de l'Holocauste. Piper décrit cette même tentative de le discréditer dans son livre avec une précision gênante"

Clark Wilkins n'a jamais soutenu ma thèse sur l'implication du Mossad dans le complot d'assassinat de JFK, mais, au moins, il a reconnu que la société Permindex toujours controversée était effectivement liée aux opérations de complot international du Mossad et d'Israël - et c'est bien au-delà que quiconque n'ira. Dans ce contexte, s'adressant à James Olmstead, l'un de mes critiques qui avait dit que *Jugement Final* était fondé uniquement sur ce qu'Olmstead a décrit comme ma "haine pour l'État d'Israël", Wilkins a déclaré : "Vous verrez que Piper a raison. Je sais que vous le prenez pour Dark Vador, mais il connait son sujet."

Merci à Clark Wilkins pour son effort honnête et sincère en faveur de la vérité, où qu'elle mène.

QUELQUES CRITIQUES AMICALES....

Tout ce qui précède ne signifie pas que les critiques de *Jugement Final* ont été uniformément louches ou agressives. Bien au contraire. Nous avons déjà noté la critique très positive du journaliste israélien Barry Chamish. En fait, en outre, il y a eu plusieurs critiques amicales qui ont paru à plusieurs endroits, et elles méritent d'être notées.

L'une de ces critiques est paru dans *Psychotropedia : A Guide to Publications on the Periphery*, un condensé de livres et de littérature "alternatifs" et "clandestins" qui sont souvent difficiles à trouver dans le soi-disant « courant dominant ». Sous la direction de Russ Kick, *Psychotropedia* a été publié sous forme de livre par Headpress/Critical Vision of Manchester en Angleterre en 1998 et a inclus cette critique éminemment juste qui se lit comme suit :

> *Jugement Final* est un livre sur le complot de JFK que vous ne verrez probablement jamais mentionné, même par d'autres chercheurs en assassinat. La thèse de Michael Piper est qu'Israël, en particulier son agence de renseignement, le Mossad - a orchestré l'assassinat de Kennedy.
>
> Piper est un employé de longue date de Liberty Lobby, une organisation très conservatrice et populiste qui publie l'hebdomadaire *The Spotlight*. Ses détracteurs disent que Liberty Lobby est antisémite, mais il est dit qu'il est tout simplement très critique envers Israël. J'en parle à titre d'information

contextuelle et non pour prendre parti sur la question. Vous pouvez décider vous-même.

Une énième critique Internet de *Jugement Final* est venue d'une source tout à fait intéressante : Daniel Brandt, vétéran et célèbre figure du soi-disant mouvement « Nouvelle Gauche » des années 60.

Plus récemment, M. Brandt a été associé au bulletin d'information NameBase Newsline et à Public Interest Research, qui classe et informatise un index principal de données publiées qui intéressent les chercheurs qui se penchent sur des sujets comme l'armée et le renseignement, l'histoire politique, etc. La critique de *Jugement Final* se lit comme suit (dans son intégralité) :

> Au moment où notre abonnement de deux ans au journal *Spotlight* du Liberty Lobby prenait fin, surgit ce livre de Michael Collins Piper, l'écrivain du *Spotlight*. Nous avons repris un bon nombre de leurs articles d'investigation pour NameBase pendant cette période, et nous ne nous sommes plus sentis sur la défensive quand nos critiques de gauche ont condamné le *Spotlight* d'antisémite. Les rares cas de zèle anti-sioniste excessif du *Spotlight* sont plus que compensés par leur information fiable et constante sur d'autres questions.
>
> Lorsque nous avons vu la publicité anticipée pour *Jugement Final*, qui prétendait que ce livre offrirait "une preuve stupéfiante" que le Mossad avait joué un rôle dans l'assassinat de JFK, nous étions un peu nerveux. Il s'avère que les liens du Mossad présentés par Piper sont circonstanciels plutôt que concluants, mais valent certainement la peine d'être considérés. D'autres aspects du bourbier de l'affaire JFK comme la connexion mafia-CIA-Israël (avec en vedette Meyer Lansky et James Angleton), Charles De Gaulle et ses problèmes avec l'OAS, et l'affaire effrayante de la Permindex, dont parle Piper, sont rarement traités dans d'autres publications à propos de JFK.
>
> Nous avons donc été heureux d'inclure ce livre dans NameBase, d'autant plus qu'il n'a pas d'index.

[Note : les première et deuxième éditions de *Jugement Final* n'ont pas été indexées. Les éditions subséquentes sont indexées.

Le fait même que M. Brandt (qui vient de ce qu'on appelle la « gauche ») ait écrit ce qui est évidemment et équitablement une critique ouverte d'esprit est intéressant en soi et il est conforme à ce que j'ai dit dès le début : ce jugement final n'a aucune thèse ou orientation de "droite".

La critique la plus récente de *Jugement Final* est apparue dans *Amok Fifth Dispatch : Sourcebook of the Extremes of Information* (Los Angeles, Amok Books, 1999). Sous la direction de Stuart Swezey, *Amok* se décrit comme un guide pour "les livres les plus étranges, les plus controversés et les plus provocateurs disponibles chez des centaines d'éditeurs à travers le monde". La critique de *Jugement Final* se lit comme suit dans son intégralité :

> Ce livre donne à réfléchir même aux plus vieux dévots du désordre et du mystère. Dans cette étrange tournure des événements, l'accent est mis sur le rôle d'Israël dans l'assassinat de JFK. L'auteur fait entrer le lecteur directement dans le royaume de Meyer Lansky, Mickey Cohen et du Mossad, soutenant qu'Israël et ses services secrets avaient une raison de s'opposer à JFK ; et que les alliés d'Israël au sein de la pègre et de la CIA, à leur tour, interagissaient les uns avec les autres et s'opposaient à JFK ; ainsi, ces forces étaient alliées ensemble dans la conspiration de JFK.

Donc, bien que certains continueront à me salir et à attaquer *Jugement Final* à des fins personnelles, il y a quelques âmes courageuses qui sont disposées à dire que le livre a plus de mérites que certains de mes critiques pourraient être prêts à admettre. J'apprécie.

GARRISON CONTINUE D'ÊTRE DÉNIGRÉ.

Depuis la sortie de *JFK* d'Oliver Stone (qui a donné un nouvel élan à l'intérêt public pour les théories de conspiration d'assassinat de JFK), il y a eu un nouvel effort pour discréditer toutes les conspirations d'assassinat de JFK qui pointent vers l'implication de la CIA - et l'enquête de Jim Garrison en particulier.

L'effort le plus notable pour discréditer Garrison est apparu avec la publication en 1998 du livre de Patricia Lambert *False Witness* qui est largement consacré à l'idée que Jim Garrison était un fou furieux irresponsable et que Clay Shaw était juste un homme du monde innocent qui était victime d'un dangereux démagogue.

Bien qu'il y ait eu de nombreuses critiques notables à propos du livre de Lambert, celle publiée dans *The Baltimore Sun* le 14 mars 1999 par Joan Mellen - auteur de 12 livres et professeur dans le programme d'écriture créative de l'Université du Temple - résume bien le travail de Lambert, en disant que le livre "déforme les faits, supprime une énorme quantité de données et offre une image tellement faussée qu'il ne lui donne que peu de mérite historique". Mme Mellen souligne également que, bien que la pochette du livre de Lambert la décrit comme un "écrivain/éditeur", aucun livre, magazine ou article de journal écrit par Lambert n'est jamais cité.

Il faudrait un autre livre pour traiter des nombreuses tergiversations de Mlle Lambert, mais sa plus mémorable vaut la peine d'être citée ici. Dans ses efforts pour réfuter le fait que Clay Shaw était bel et bien un agent de la CIA, Lambert entreprit une série de retournements et virages remarquables aux pages 204 et 205 de son livre pour tenter d'expliquer et de justifier les dossiers de la CIA qui documentent les liens de longue date de Shaw avec la CIA. La contorsion étonnante de Lambert se lit comme suit (avec emphase supplémentaire) :

> "Néanmoins, la véritable ampleur de l'association [de Shaw] avec l'agence *n'est pas claire pour l'instant*. Ce qui noie le poisson est un projet de la CIA des années 60 connu sous le nom de QK/ENCHANT. La CIA a *apparemment* approuvé Shaw (*peut-être* à son insu) pour ce projet qui, selon un *compte rendu officieux*, n'était rien de plus qu'un programme de compte rendu de routine des personnes impliquées dans le commerce international. À ce stade, ce que QK/ENCHANT était réellement, *si oui ou non* il s'est concrétisé, et ce que Shaw savait à ce sujet, le cas échéant, *demeure également inconnu*. Mais le travail de Shaw pour la CIA, *quel qu'il soit*, ne prouve rien. Étant donné que Garrison ne l'a jamais relié à l'assassinat, le lier à la CIA il y a trente ans ne signifiait rien, et ça ne signifie rien aujourd'hui."

Notez le jeu de mots : « la véritable ampleur… n'est pas claire pour l'instant… ce qui noie le poisson … apparemment… peut-être… selon un compte rendu officieux… ou non… demeure également inconnu… quel qu'il soit. »

Ensuite, Lambert nous dit que puisque (à son avis) Garrison n'a pas réussi à relier Shaw à l'assassinat, le lien de Shaw avec la CIA ne signifiait rien de toute façon.

Lambert révèle involontairement que Shaw n'était pas simplement un autre homme d'affaires américain qui avait une brève association avec la CIA dans le cadre de ses voyages internationaux. À la page 325 de son livre Lambert souligne que les documents de la CIA révèlent que Shaw a été contacté pour la première fois par la CIA en 1948 et a été contacté par la CIA un total *de trente fois* au cours des huit années qui suivirent. Lambert s'attend à ce que nous supposions que tous les documents de la CIA qu'elle cite sont les *seuls* documents de la CIA relatifs au travail que Shaw a effectué pour l'agence - c'est un acte de foi en effet.

Malgré tout cela, Mlle Lambert (bien sûr) n'aborde pas la possibilité que Shaw ait également travaillé de concert avec le Mossad israélien pendant la même période. Mlle Lambert ne cite aucun document du Mossad à cet égard. Mais le fait est que nous savons que Shaw était en effet étroitement associé au Mossad via la Permindex.

À la page 285 de son livre, Lambert ajoute : « Il n'y a aucune preuve que la connexion de Shaw avec [la Permindex faisait] partie d'une vie secrète en tant qu'agent de renseignement international de haut niveau … Shaw n'a certainement fait aucun effort pour maintenir son association avec le groupe secrète : en 1962, il l'a répertorié dans les informations biographiques publiées dans *Who's Who*. S'il avait été conscient de la connexion des renseignements avec le groupe, il semble peu probable qu'il l'aurait fait. "

Bien entendu cela présuppose tout d'abord, qu'en 1962 Shaw savait que la Permindex jouerait un rôle dans l'assassinat de JFK et qu'en 1963, la Permindex serait de fait liée au crime. Après tout, ce n'était pas l'intention des conspirateurs d'avoir

Shaw - ou la Permindex - connecté à la conspiration d'assassinat de JFK. Mais ça ne signifie pas grand-chose pour Lambert.

Il n'est pas surprenant que Lambert s'efforce aussi de réfuter l'idée que Lee Harvey Oswald ait eu quelque association que ce soit avec l'agent de la CIA David Ferrie. À la page 61 de son livre, elle décrit une photo d'Oswald et Ferrie ensemble à un barbecue de la patrouille aérienne civile comme quelque chose qui " n'a établi qu'un chevauchement d'association avec cette organisation "- une autre tergiversation linguistique remarquable en effet. Cependant, en raison d'une grande variété de recherches de longue date, jumelées aux nouvelles découvertes du producteur indépendant Daniel Hopsicker (voir l'annexe 3), nous savons que Oswald et Ferrie étaient étroitement associés.

Lambert affirme également qu'il n'y a pas de témoignage "fiable" présentant une liaison entre Oswald et l'agent de la CIA Guy Banister. Son utilisation du terme " fiable" n'est qu'une autre façon de dire que ceux - y compris la propre maîtresse de Banister, Delphine Roberts, et sa fille, entre autres - qui ont témoigné de l'association d'Oswald avec Banister ne peuvent tout simplement pas être cru. Au final, on ne peut tout simplement pas croire le livre de Lambert.

TOUTE LA NOUVELLE DÉSINFORMATION, FAÇON CIA-MOSSAD.

Les médias du monde entier ont donné une grande importance à la sortie d'un nouveau livre qui prétendait "prouver" que le KGB soviétique avait concocté l'histoire selon laquelle la CIA était derrière l'assassinat de John F. Kennedy.

Le livre prétend être l'histoire interne des opérations secrètes de renseignement du KGB aux États-Unis. L'épée et le bouclier du professeur Christopher Andrew, de Cambridge, décrit comme " l'une des plus grandes autorités mondiales en matière d'histoire du renseignement ", se fonde sur ce que l'on dit être des notes et des transcriptions (secrètement compilées sur une période de 12 ans) d'un grand nombre de dossiers provenant des archives du KGB. Les notes elles-mêmes ont prétendument été sorties clandestinement du quartier général du KGB, puis envoyées en Grande-Bretagne.

Selon Andrew, son livre est un résumé annoté et complété des dossiers tels qu'ils ont été fournis par l'ancien archiviste du KGB Vasili Mitrokhine qui a pris sa retraite du KGB en 1984 et s'est ensuite enfui vers la Grande-Bretagne en 1992 après son rejet de la CIA.

Mitrokhine aurait fait sortir clandestinement ses notes tirées des dossiers du bureau du KGB dans ses chaussures et ses poches, puis les aurait enterrées - jusqu'à sa désertion - sous le plancher de sa maison de campagne.

Cependant, même le *Washington Post*, qui critique rarement la CIA ou les services de renseignements britanniques, a publié le 6 décembre 1999 un résumé du livre d'Andrew, publié par David Wise, vétéran critique des services de renseignements qui déclare ceci : "Un livre parrainé par une agence de renseignements doit être abordé avec prudence."

L'un des problèmes majeurs du livre d'Andrew réside dans le fait que, bien qu'il comporte des notes de bas de page assez détaillées, avec des centaines de références à un corps très ample de données, il n'est pas toujours clair (en fait, la plupart du temps) si Andrew prétend citer les archives de Mitrokhine comme sa source ou si l'information qu'il présente est l'interprétation d'Andrew lui-même, basée sur les données des autres. Donc de ce point de vue, alors que le livre est très habilement écrit de telle sorte qu'il semble présenter l'information exposée comme provenant du dossier prétendument truqué du KGB, ce n'est pas nécessairement le cas. Le lecteur doit donc en être averti.

Il semble que le livre d'Andrew présente les archives de Mitrokhine comme une sorte d'initiative pour contrer les nouvelles histoires officielles du KGB qui sont publiées par le SVR, successeur du KGB de l'ère post-soviétique. Par exemple, Andrew s'en prend à Lolly Zamoysky, le rédacteur du SVR de la nouvelle histoire officielle en plusieurs volumes, comme étant "bien connu" au sein du KGB « pour croire en un complot maçonnique et sioniste mondial" et pour avoir publié précédemment un livre en 1989 intitulé *Behind the Facade of the Masonic Temple* "qui accusait les francs-maçons pour le déclenchement de la guerre froide".

Selon Andrew, Zamoysky a affirmé que "Les francs-maçons ont toujours contrôlé les échelons supérieurs du gouvernement dans les pays occidentaux... En fait, la franc maçonnerie dirige, "contrôle à distance" la société bourgeoise... Le vrai centre du mouvement maçonnique mondial se trouve dans le pays le plus "maçonnique" de tous, les États-Unis..."

Ainsi, le livre d'Andrew est effectivement une tentative de contrecarrer les allégations de complots sionistes de haut niveau qui ont été décrits par les services de renseignement russes officiels de l'après-KGB.

OÙ EST ANGLETON ? OÙ EST ISRAËL ?

À ce propos, il est tout à fait remarquable de noter que dans l'intégralité de cet ouvrage de 700 pages largement documenté et indexé, il n'y a qu'une seule référence à Israël répertoriée et pas une seule référence au Mossad, et ce malgré le fait bien connu selon lequel le Mossad a joué un rôle central aux côtés de la CIA dans ses opérations en Europe occidentale tout au long de la période qu'Andrew a soi-disant décrite d'après les dossiers de Mitrokhine.

Dans le même registre, il n'y a que deux références répertoriées à James Jesus Angleton, chef du contre-espionnage de longue date de la CIA. Voilà qui est intéressant - et très intéressant - étant donné qu'Angleton, qui était surtout connu pour sa virulente position anti-soviétique, a passé des dizaines années à chercher une "taupe du KGB" aux échelons supérieurs de la CIA et des taupes du KGB dans les agences de renseignement alliées occidentales - était aussi un fervent loyaliste israélien qui gardait jalousement son rôle de contact de la CIA avec le Mossad.

Pourtant, malgré tout cela, les allusions d'Andrew à propos d'Angleton font référence à un sujet qui a été abordé dans des douzaines, voire des centaines d'autres livres sur le complot du renseignement. D'une certaine façon, le rôle du Mossad et de son allié de la CIA, Angleton, est passé inaperçu dans cet énorme récit de complots du KGB qui, comme les histoires officielles voulaient nous faire croire, relevait directement des opérations quotidiennes de contre-espionnage d'Angleton à la CIA.

La preuve la plus flagrante de fraude caractérisée, à proprement parler, dans la mise en scène d'Andrew et Mitrokhine est sans doute la piètre et plutôt limpide tentative de dégager la CIA de toute implication dans l'assassinat de John F. Kennedy et, en même temps, de faire croire que les soi-disant » théories » liant la CIA au crime étaient exclusivement de la désinformation du KGB.

En fait, lorsque l'annonce du livre d'Andrew parue pour la première fois dans les principaux médias, la plupart des reportages mettaient l'accent - parfois exclusivement - sur la prétendue révélation selon laquelle c'était en fait le KGB qui était à l'origine de la théorie selon laquelle la CIA était impliquée dans l'assassinat du président. La plupart des gens qui lisaient les nouvelles relatant la sortie du livre n'en avaient probablement pas appris beaucoup plus, compte tenu de la nature des reportages en question.

Le livre d'Andrew prétendait que les données du KGB que Mitrokhine avait dissimulées révélaient qu'une lettre, soi-disant écrite par Lee Harvey Oswald avant l'assassinat, et adressée à un « M. Hunt" (vraisemblablement E. Howard Hunt de la CIA), était en fait une contrefaçon du KGB. Selon Andrew, la lettre a été fabriquée au milieu des années 70 après que le nom de Hunt eut attiré l'attention du public sur son implication dans le scandale du Watergate, puis envoyée à des chercheurs indépendants qui enquêtaient sur l'assassinat de JFK.

Dans le cadre de cet effort visant à défendre la CIA, s'appuyant sur l'histoire de la prétendue falsification du KGB, Andrew dépense beaucoup d'énergie à tisser une toile littéraire autour de l'accusation selon laquelle le pionnier de l'enquête sur l'assassinat de JFK, Mark Lane, a été un outil involontaire ou non du KGB dans son écriture de *Rush to Judgment*, la critique révolutionnaire de Lane sur le rapport de la Commission Warren sur l'assassinat du président Kennedy.

Andrew connecte Lane à la théorie selon laquelle "la CIA a tué JFK", mais omet d'aviser ses lecteurs que dans *Rush to Judgment* Lane n'affirme jamais que la CIA a été impliqué dans l'assassinat du président.

Et le livre de Lane n'a jamais, de quelque manière que ce soit, fait référence à la lettre apparemment falsifiée « Cher M. Hunt », si largement annoncée dans les communiqués de presse consacrés au livre d'Andrew.

Alors que la thèse de Lane sur l'implication de la CIA était soulignée dans son livre de 1993, *Plausible Denial,* en partie basé sur l'information provenant de la défense de

Lane en 1985 pour le journal *The Spotlight* contre une poursuite en diffamation intentée par E. Howard Hunt, la lettre "Cher M. Hunt" ne joua *aucun rôle* non plus dans le scénario décrit dans *Plausible Denial*.

De plus, dans *Plausible Denial*, Lane développe des preuves solides démontrant que la CIA elle-même a fabriqué un scénario reliant Oswald à un officier du KGB au Mexique.

Étant donné que cette opération de la CIA a eu lieu plus d'un mois avant la mort du président Kennedy, cette preuve, à elle seule, démontre que la CIA n'était pas seulement impliquée dans le camouflage post-assassinat, mais aussi dans la planification du crime lui-même et dans le coup monté du bouc émissaire. Inutile de dire qu'Andrew n'aborde aucune de ces questions.

En fait, la lettre "Cher M. Hunt" était très probablement une contrefaçon, mais la question de savoir "qui" a concocté la contrefaçon reste en suspens, nonobstant les prétentions de Christopher Andrew.

Andrew, naturellement, soutient que le KGB était responsable, mais dans *Jugement Final* je suggère très clairement que la lettre était une contrefaçon et que les preuves en fait désignent James J. Angleton le haut fonctionnaire de la CIA comme ayant été le responsable présumé, notant qu'Angleton a également joué un rôle majeur dans la divulgation (autour de la même période) de ce qui était censé être un mémorandum interne de la CIA suggérant que Hunt était à Dallas le jour de l'assassinat du président.

Tout cela explique peut-être pourquoi Andrew est si déterminé à étouffer les faits en visant Mark Lane qui, singulièrement, a tant fait pour révéler la vérité sur la complicité de la CIA.

Andrew affirme catégoriquement que Lane a reçu des fonds du KGB au moment où il écrivait *Rush to Judgment*, laissant ainsi les lecteurs conclure que son travail faisait essentiellement partie d'une initiative de désinformation du KGB.

Pourtant, dans le même temps, enterré dans l'énorme note de bas de page du livre, Andrew lui-même reconnaît que lorsque Lane aurait reçu une maigre somme de 1 500$ du bureau du KGB à New York, "il n'y a aucune preuve que Lane se soit rendu compte de la provenance du financement", bien que, dans le texte même du livre, Andrew affirme que le KGB "soupçonnait qu'il aurait pu deviner d'où il venait".

En fait, Lane n'a jamais reçu de contribution substantielle de cette ampleur de quiconque, et à aucun moment en rapport avec son travail sur l'assassinat de JFK. Sa plus grande contribution à l'époque était un don unique de 50$ du célèbre humoriste Woody Allen.

Andrew prétend que "le même intermédiaire" a versé 500$ pour un voyage que Lane a fait en Europe en 1964. Ce n'est pas vrai.

En outre, Andrew affirme que pendant qu'il était en Europe Lane a tenter de se rendre à Moscou pour discuter de ses découvertes à propos de l'affaire JFK. Encore une fois, c'est faux. Au cours de ce voyage, Lane s'est exprimé ouvertement contre la censure soviétique et les violations des droits de l'homme lors d'une visite en Bulgarie, où il avait été invité à prendre la parole lors d'une conférence internationale d'avocats. Lane offusqua tellement ses hôtes par ses remarques anti-soviétiques qu'ils lui dirent que sa meilleure option était de quitter le pays immédiatement - ce qui est rarement le genre de conseil réservé à quelqu'un apprécié par le KGB.

Ce qui est le plus révélateur de la campagne évidente de désinformation de la part d'Andrew contre Lane, (digne des meilleurs du KGB) c'est le fait même qu'aucun des livres de Lane (sur l'assassinat de JFK ou tout autre sujet) n'a jamais été traduit et publié sous l'égide soviétique.

Des douzaines d'auteurs américains ont littéralement reçu des bénéfices considérables des publications de leurs livres parrainées par l'Union soviétique derrière le Rideau de Fer, mais pas Mark Lane. Si les Soviétiques avaient vraiment été intéressés par la promotion de Lane, ils auraient pu publier ouvertement n'importe lequel des sept livres de Lane (dont deux ont été des best-sellers) tout comme ils ont publié d'autres livres, sans sourciller.

Cependant, Christopher Andrew a fait de fausses allégations sur la soi-disant "connexion KGB" de Lane. Les allégations constituent une tentative délibérée de salir la réputation de Lane et une tentative de réfuter les preuves de la complicité de la CIA dans l'assassinat du président Kennedy.

Par conséquent, il n'est pas injuste de noter que l'enseignement et les conférences d'Andrew ont, en fait, été subventionnés en partie par la CIA, un fait que la jaquette de la biographie d'Andrew ne mentionne pas, mais qui est mentionné en termes élogieux dans les supports promotionnels qui ont été distribués par son éditeur. Les motivations d'Andrew (et ses liens avec la communauté du renseignement) doivent certainement faire réagir compte tenu des éléments que nous avons examinés ici.

LE PLAISIR DES COUPS TORDUS

Le 21 décembre 1998, l'ADL a publié un communiqué de presse (qui a également été publié sur Internet) attaquant un groupe connu sous le nom de Conseil des Citoyens Conservateurs (CCC). Le communiqué de presse de l'ADL a noté que j'ai pris la parole lors de la réunion de la section de la capitale nationale du CCC à Washington D.C. et m'a ensuite accusé d'avoir fait des "commentaires antisémites" dans mon discours (ce qui, soit dit en passant, n'est tout simplement pas vrai). Quoi qu'il en soit, voici les faits :

Le 12 décembre 1998, j'ai été invité à prendre la parole dans le cadre d'un forum public organisé à Arlington, en Virginie, et parrainé par le CCC. Je n'avais aucune association antérieure avec le CCC, ni à l'époque, ni après-coup. Peu de temps après, cependant, le CCC a fait la une des journaux nationaux parce que plusieurs membres républicains du Congrès s'étaient également adressés au groupe et que ses critiques l'avaient qualifié de "raciste".

La vérité, c'est que le CCC, à mon avis, est obsédé par les questions raciales, mais ce n'était pas le sujet de mon discours devant le CCC, pas plus que je n'avais prévu de parler de " l'Holocauste " lorsque l'ADL a utilisé cette question pour saborder mon projet de discours en Californie à l'automne 1997. Ma position est que je parlerai à *tout* groupe qui m'invitera.

Quoi qu'il en soit, lorsque j'ai pris la parole devant le CCC, un "enquêteur" du Southern Poverty Law Center (SPLC) - allié avec l'ADL - était présent (sous couverture) à la réunion et, peu après, le SPLC publia un rapport sur l'événement qui comprenait les commentaires suivants au sujet de ma prestation ce jour-là :

> Le suivant est Michael Collins Piper, correspondant du tabloïd antisémite *The Spotlight* qui explique qu'Israël était en fait derrière l'assassinat de Kennedy. Piper s'énerve progressivement lorsqu'il parle des Juifs qui, dit-il, contrôlent Hollywood... Piper est accompagné d'un garde du corps noir, membre de la Nation suprémaciste noire de l'Islam, assis tranquillement dans le fond, les yeux et l'identité protégés par de sombres lunettes de soleil. Piper dit à son auditoire qu'il n'est pas anti-noir, en faisant un geste vers son garde du corps, qui sourit et hoche la tête au moment opportun. Il est la seule personne de couleur présente... Piper conclut en expliquant à quel point il est fatigué d'entendre parler de l'Holocauste et comment il se moque du nombre de Juifs qui sont morts.

Lorsque j'ai téléphoné au SPLC et qu'ensuite je leur ai écrit une lettre les informant qu'ils avaient publié plusieurs mensonges éhontés au sujet de mes actions et de mes paroles ce jour-là, je peux vous assurer qu'ils étaient particulièrement mal à l'aise d'apprendre que j'avais une vidéo de l'événement qui prouvait quels menteurs ils étaient.

Tout d'abord, mon garde du corps - mon ami afro-américain - n'était pas et n'a jamais été membre de la Nation de l'Islam et ni moi ni lui n'avons jamais dit qu'il l'était. En fait, mon garde du corps était le père d'un petit garçon qui se trouve être mon filleul. Deuxièmement, bien que mon garde du corps porte des lunettes de soleil, c'est parce qu'il dort de façon chronique, ce qui rend ses yeux vulnérables aux lumières vives. Troisièmement, je n'ai jamais dit à l'auditoire que je n'étais "pas anti-noir". En fait, c'est une autre personne à la réunion qui a utilisé ces mots et fait un geste à mon garde du corps. Ce n'était pas du tout moi. Cependant, le SPLC a fait croire à ses lecteurs que mon garde du corps était une sorte de « Stepin Fetchit » qui regardait le public comme un oncle Tom, simple d'esprit.

Pour finir, je ne me suis pas progressivement énervé en parlant des "Juifs qui contrôlent Hollywood". En fait, je n'en ai pas vraiment discuté. Comme le montre la bande vidéo de l'événement, je me suis progressivement fâché en discutant de la façon dont les chercheurs en charge de l'affaire JFK ont essayé de réprimer mon livre. Cependant, quand un membre de l'auditoire a fait un commentaire au sujet de l'influence juive à Hollywood, je suis passé à côté du commentaire, faisant remarquer en riant : « C'est *Vous* qui le dites. Pas moi." *Ce n'est sans doute pas une coïncidence, la personne qui a fait le commentaire sur l'influence juive à Hollywood est apparue plus tard comme étant un informateur du SPLC et du FBI.*

Cependant, le rapport du SPLC a été ensuite posté sur Internet - pour que le monde entier puisse le voir - non seulement par le SPLC, mais aussi par d'autres parties intéressées à me diffamer. Ce qui est intéressant, c'est qu'une fois que j'ai osé confronter le SPLC avec les faits, ils ont rapidement modifié leurs allégations.

À juste titre, le SPLC craignait le cirque évident qui aurait éclaté si mon garde du corps les avait traduits en justice à Washington où ce groupe autoproclamé "antiraciste" aurait été contraint d'expliquer à ce qui serait presque certainement un jury majoritairement noir pourquoi ils avaient malicieusement abusé d'un afro-américain innocent dont le seul crime était d'agir comme garde du corps de son ami (le parrain de son fils) qui avait été menacé par la Ligue de défense juive.

Ce qui est particulièrement fascinant au sujet de cet événement du CCC si faussement commémoré par le SPLC, c'est que l'un des dirigeants nationaux du CCC, Jared Taylor, a boycotté l'événement, manifestement offensé par mes suggestions selon lesquelles Israël et la CIA avaient fait quelque chose de déplaisant.

Ça ne m'a pas surpris. Vers la fin août 1993, un ami de Taylor, Theodore J. O'Keefe, m'avait dit qu'une fois, lorsqu'il rendait visite à M. Taylor et à sa femme chez eux, les Taylor avaient reçu un appel d'Irwin Suall, alors directeur de l'enquête de l'ADL. Le membre moyen du CCC devrait se demander pourquoi Taylor recevait des appels de l'ADL à son domicile, ce qui, par ailleurs salit *le membre moyen du CCC.*

Pour résumer : il me semble que même si l'ADL fait officieusement du trafic avec des personnes perçues comme "racistes", cela ne les dérange pas vraiment d'être "racistes" tant qu'elles soutiennent la ligne de propagande de l'ADL en ce qui concerne Israël.

Peut-être que l'ADL (qui s'oppose également à l'action positive, tout comme le CCC) a un projet plus important en marche. Après tout, on sait depuis des années que le FBI a permis à ses informateurs du Ku Klux Klan de se livrer à des agissements anti-Noir, mais il y avait, en même temps, depuis longtemps, un ordre selon lequel ils ne pouvaient pas critiquer les Juifs ou Israël. C'est donc très révélateur.

Quoi qu'il en soit, lorsque le journal du CCC a publié une très brève critique de *Jugement Final*, le journal n'a jamais mentionné le fait que le livre relie le Mossad à l'assassinat de JFK, ne faisant qu'une sombre allusion aux « autres agences » aux côtés du Syndicat de Lansky qui auraient pu être impliquées.

Voici la chute : *Depuis, j'ai appris que l'organisateur du CCC qui a organisé la réunion où j'ai pris la parole était très probablement une sorte d'agent des services de renseignements, probablement au service du renseignement britannique, ce qui soulève des questions quant à la raison pour laquelle j'ai été invité à prendre la parole.*

LE RETOURNEMENT MÉDIATIQUE ACTUEL

La façon dont les médias ont rendu compte de l'affaire JFK au cours des dernières années est bien illustrée par deux rapports similaires publiés dans le journal "conservateur" *Washington Times* le 5 juin 1998 et le lendemain dans le *Washington Post*, l'homologue "libéral" du *Times* dans la capitale nationale.

L'article du *Times*, intitulé "L'idée de Garrison sur le complice a été rejetée par la veuve Oswald", a été écrit par Hugh Aynesworth, un vieux passionné de la Commission Warren, qui travaille maintenant pour le *Times*. L'article rapportait qu'une transcription de 79 pages du témoignage de 1968 de Mme Oswald devant un grand jury convoqué par le procureur de la Nouvelle-Orléans, Jim Garrison, venait d'être publiée par la Commission de révision des dossiers d'assassinats de Washington et que la transcription révélait que Mme Oswald croyait que son mari avait agi seul dans l'assassinat.

Le lendemain, le 6 juin 1998, le *Washington Post* rapportait essentiellement la même histoire sous le titre, « La veuve d'Oswald Rejette le Complot, Documents à l'appui ». Le lecteur occasionnel en concluait que Mme Oswald acceptait l'affirmation de la Commission Warren selon laquelle son mari était bien l'assassin de JFK et qu'il avait agi seul.

Sur les deux articles, cependant, le rapport du *Post* était techniquement le plus honnête. Le dernier paragraphe du rapport du *Post* a vendu la mèche : "Au fil des années, cependant, elle a changé d'avis sur la culpabilité d'Oswald et a fini par accepter les théories du complot."

Pendant cette même période, le magazine *Parade* a rejoint le vieil adage selon lequel le crime organisé était responsable de l'assassinat de JFK. Un communiqué de presse du *Parade* daté du 4 juin 1998 annonçait que "Bobby Kennedy croyait que la mafia avait tué JFK", citant Jack Newfield, vieil associé de RFK, comme source.

Il convient de rappeler que Newfield a écrit l'article du 14 janvier 1992 dans le *New York Post* (illustré dans la section photo de *Jugement Final*) mettant en avant l'histoire fort improbable que le patron des Teamsters Jimmy Hoffa avait utilisé ses relations "mafieuses" pour arranger l'assassinat de JFK.

Que *Parade* ait rejoint le cortège de la mascarade n'est pas une surprise. Le supplément du dimanche est une voix médiatique de la puissante famille Newhouse (dirigée par S.I. « Si » Newhouse) et Stephen Birmingham, le chroniqueur mondain affirme qu'elle est la deuxième famille juive la plus riche en Amérique. Dans son numéro de mars/avril 1995, le magazine *Spy*, aujourd'hui disparu, a publié un article étonnant intitulé "Spy Révèle la connexion entre Kennedy et Newhouse", écrit par John Klotz, avocat à New York. En voici un extrait :

> Si Newhouse sait-il quelque chose à propos de l'assassinat de Kennedy ?
> Depuis plus de 30 ans, Newhouse et son empire médiatique ont joué un rôle unique dans la controverse entourant les événements à Dealey Plaza...

Une enquête sur l'assassinat de Bobby Kennedy a curieusement été détournée par l'empire Newhouse. Dans *The Assassination of Robert F. Kennedy*, les auteurs présentent des preuves convaincantes d'un complot.

Selon le co-auteur et ancien agent du FBI William Turner, après que l'éditeur du livre, Random House, ait été acquis par Newhouse, la société a pris des mesures musclées pour retirer sa publication...

Plus récemment, Random House a publié *Case Closed*, qui appuie la théorie de la Commission Warren selon laquelle Oswald a agi seul. Compte tenu du fait que l'auteur Gerald Posner se fie à des " sources de renseignements confidentielles ", certains ont laissé entendre que *Case Closed* est une propagande typique de la CIA.

Enfin, en juin [1995] Random House doit publier un nouveau livre de Norman Mailer, dans lequel il devrait se rétracter quant à sa croyance maintes fois affirmée qu'un complot a tué JFK.

Selon le biographe de Newhouse Thomas Maier, l'homme qui a d'abord présenté Mailer à Newhouse et Random House était Roy Cohn. Qu'est-ce qui a motivé l'engouement de Newhouse pour Kennedy ?

"Que sait Si Newhouse et quand l'a-t-il su ? »

En fait, « l'engouement de Newhouse à l'égard des dissimulations concernant Kennedy" a peut-être été stimulé par sa vieille amitié avec Roy Cohn, qui, comme nous l'avons mentionné plus tôt, était un investisseur privé de la Permindex, l'exploitation du Mossad.

Et nous serions négligents de ne pas remarquer que c'est un journal de Newhouse, *The New Orleans Times-Picayune*, dominant la presse dans la ville natale de Clay Shaw, membre du conseil d'administration de la Permindex, qui demandait la tête de Jim Garrison sur un plateau lorsque le procureur du district de Crescent City a omis de condamner Shaw pour son rôle dans le complot d'assassinat de JFK.

Il n'est donc pas surprenant que la presse de Newhouse se précipite pour présenter la dernière version de Jack Newfield sur la théorie selon laquelle "La Mafia a tué JFK", suggérant que c'était le point de vue de Robert Kennedy.

Newfield a également émergé comme l'une des voix promouvant l'idée que les frères Kennedy étaient amoureux d'Israël. Juste au moment où *Parade* mettait en avant le "*Bobby and the Mafia*" de Newfield, le *Jewish Bulletin of Northern California* a publié un article le 29 mai 1998 proclamant que « Selon le journaliste, le pro-sémite RFK a surmonté son éducation ».

L'article citait Newfield affirmant que l'assassinat de JFK affectait tellement RFK qu'il "s'identifiait à toute autre personne frappée, blessée ou en deuil de quelque façon que ce soit... [et que RFK] avait une place spéciale dans son cœur pour les Juifs et Israël... Au fil du temps Bobby devint très pro-sémite et s'efforça de s'entourer de Juifs."

Dans sa biographie critique de RFK, David Heymann, qui s'est auto-proclamé ancien agent du Mossad, avait un autre point de vue : "Un certain nombre de personnes ont accusé RFK d'utiliser la terminologie [antisémite] lorsqu'il discutait en privé des Juifs. Selon Truman Capote, "Il a souvent qualifié les Juifs de « youpins » ou de « feujs ».

Selon l'une de mes sources, qui entretenait des relations de travail étroites avec un ami intime et un ami politique de la famille Kennedy, RFK avait la réputation lorsqu'il parlait des Juifs dans les restaurants et d'autres endroits où il pouvait être entendu, d'appeler les Juifs "les libéraux".

Dans tous les cas, cela laisse à penser qu'il y a dorénavant une démarche concertée de la part des médias - depuis la publication de *Jugement Final* et la connaissance grandissante de ses révélations concernant la relation difficile entre JFK et Israël - pour dépeindre les frères Kennedy comme de fervents sionistes, alors que rien n'est plus loin de la vérité.

Cette campagne de propagande a atteint son apogée lorsque, le 3 juin 1998, au cours d'une semaine de célébration du 50e anniversaire de la naissance d'Israël à Union Station, à Washington D. C., il y a eu une émission spéciale : « En souvenir à Robert Kennedy", parrainée par la Ligue Anti-Diffamation. L'émission a indiqué que "cet événement est un hommage au lien fort entre la famille Kennedy et l'État d'Israël."

On est tenté de se moquer du culot et de l'histoire révisionniste à l'œuvre ici, mais il est clair que les faits concernant la famille Kennedy et Israël sont vraiment inconfortables pour Israël.

LES KENNEDY, CES ENFANTS TERRIBLES...

Parallèlement, les médias mettent en avant un nouveau coup de théâtre sur l'assassinat de Kennedy, suggérant que Jack et Bobby Kennedy étaient fondamentalement responsables de leurs propres assassinats pour avoir osé s'impliquer dans le complot de la CIA contre Castro et d'autres pendant l'administration de JFK.

La famille Kennedy est également accusée d'avoir contribué à stimuler les théories du complot liées à JFK au lendemain de l'assassinat.

Dans un article d'opinion paru dans *Newsweek* le 12 octobre 1998, Gerald Posner, le détracteur favori de la CIA a déclaré que "les Kennedy avaient alimenté la machine à conspiration par inadvertance" en disant que le résultat principal de la publication de milliers de documents concernant l'assassinat de JFK par la Commission de révision des dossiers d'assassinats "prouve qu'il y avait effectivement une dissimulation, mais pas de l'assassinat." Le camouflage, selon M. Posner, était dû aux méfaits des frères Kennedy avant l'assassinat de JFK.

Dans le même registre, Max Holland, auteur d'une nouvelle histoire (relativement favorable) de la Commission Warren, a avancé l'idée dans le numéro du Boston

Sunday Globe du 6 décembre 1998 que "la CIA n'était pas un éléphant solitaire, mais plutôt l'instrument personnel du président Kennedy, par bonheur ou par malheur, pendant la guerre froide".

Le premier ouvrage mettant en avant la théorie selon laquelle la manipulation de la CIA par les frères Kennedy était finalement responsable de la tragédie de l'assassinat de JFK est apparu dans le livre de Gus Russo, *Live by The Sword*, paru en 1998. La thèse de Russo, si elle peut se résumer ainsi, est essentiellement celle-ci :

- John F. Kennedy et son frère, le procureur général Robert Kennedy, étaient liés et déterminés à tuer Fidel Castro. Les frères Kennedy prirent le contrôle total de la CIA et cette agence devint un véritable fief de la famille Kennedy, Bobby agissant lui-même comme assassin en chef responsable des complots pour tuer Castro.

- Selon Russo, les éléments anti-castristes connectés à la CIA à la Nouvelle-Orléans autour de l'associé d'Oswald, David Ferrie, travaillaient en fait pour Bobby Kennedy - un coup de théâtre en effet fascinant !

- Pendant ce temps, Lee Harvey Oswald - qui était un disciple engagé du dictateur cubain Castro et qui n'était aucunement sous le contrôle de la CIA - était occupé à promouvoir la cause de Castro.

- Puis bizarrement Oswald le marxiste a décidé de devenir Oswald l'assassin. Que Oswald ait agi au nom de Castro (ou avec l'aide silencieuse du dictateur cubain), Russo n'en est pas tout à fait certain.

- Puis, après la mort de JFK, Bobby Kennedy et la CIA ont tout fait pour effacer leurs traces et cacher le fait que Jack et Bobby Kennedy complotaient pour tuer Castro.

- John Foster Dulles - le directeur de la CIA licencié par JFK après le fiasco de la Baie des Cochons - apparaît dans le livre de Russo comme un homme décent dont l'intérêt premier à dissimuler la vérité sur l'assassinat était de protéger ses bons amis Jack et Bobby Kennedy et leur guerre secrète contre Fidel Castro. (Ça n'est pas une plaisanterie. Russo a peint Dulles comme un loyaliste de Kennedy !)

- À la suite de toutes ces rumeurs de la part de la CIA et du camouflage subséquent de la Commission Warren, selon Russo, les théoriciens du complot se sont déchaînés et ont supposé que le camouflage était une initiative de la CIA pour dissimuler sa propre complicité dans le crime alors que, en fait, la CIA essayait de protéger les Kennedy.

Globalement, du point de vue de Russo, Jack Kennedy a vécu par l'épée et donc mourut par l'épée, d'où le titre de la fantaisie embrouillée de Russo. « Si les présidents choisissent de vivre dangereusement, comme l'a fait John F. Kennedy, conclut Russo, cela pourrait leur coûter la vie. »

Alors, finalement, JFK a eu exactement ce qu'il méritait - ou plutôt Russo aimerait qu'on y croit. Et c'est la ligne de propagande continue à propos de JFK (et de Bobby, aussi) que nous réservent les " médias grand public " qui se réjouissent tant des méfaits de la famille Kennedy.

Ce qui est révélateur, cependant, au sujet du livre de Russo, c'est qu'il semble qu'il ait réussi à trouver des " témoins " longtemps cachés (en particulier des agents de la CIA dont les noms restent anonymes) qui, d'une manière ou d'une autre, semblent n'avoir jamais été contactés par aucun auteur auparavant. Et cela rappelle en soi l'autre défenseur cher à la Commission Warren, Gerald Posner. Nous devons donc nous demander si le livre de Russo n'est pas en fait une désinformation de la CIA soigneusement conçue, de la plus grande sorte.

Je m'empresse de faire une remarque au sujet du livre de Russo, étant donné qu'il prétend que Bobby (et Jack) Kennedy étaient en fait les instigateurs des machinations anti-castristes de David Ferrie et des autres agents de la CIA circulant autour de Lee Harvey Oswald à la Nouvelle-Orléans :

La seule chose que Russo n'a jamais abordée, c'est la possibilité que Bobby Kennedy lui-même ait orchestré une provocation à l'encontre de Castro sous forme d'une tentative d'assassinat "fictif" (éventuellement par Lee Harvey Oswald, un "agitateur pro-Castro") contre son propre frère (utilisant les agents de la CIA qui selon Russo travaillaient pour Bobby) et que cette tentative "fictive" ait été usurpée par d'autres - et je fais référence à des alliés du Mossad au sein de la CIA comme James Angleton et Frank Sturgis - et qu'en fin de compte, cet assassinat "fictif" a peut-être été transformé en réalité.

Considérant tout ce que nous avons découvert dans les pages de *Jugement Final*, ce scénario effrayant n'est pas si éloigné du domaine des possibles. Donc, en ce sens, Bobby Kennedy a peut-être eu une vraie surprise le 22 novembre 1963.

LA VERSION OFFICIELLE

Quoi qu'il en soit, la guerre pour défendre le rapport de la Commission Warren n'est pas encore terminée. Le coup d'envoi de la défense contre cette imposture a été tiré le 22 novembre 1964 lorsque, comme nous l'avons noté à l'annexe 4, le *Washington Post* a publié une critique élogieuse du rapport de la Commission Warren, accompagnée d'analyses négatives de plusieurs ouvrages critiques du rapport. L'auteur était Eugene Rostow, alors doyen de la faculté de droit de Yale - et personnage important du lobbysme israélien - qui a écrit :

> Le rapport est un document d'État magistral et convaincant. Il a le grand vernis de la rédaction juridique dans toute sa splendeur, soigneusement composé, lapidaire, sobre et méticuleux. Sur un ton détaché et judicieux, il traite de tous les aspects de l'affaire, en examinant et en évaluant les fondements des conclusions auxquelles est parvenue la Commission et en rejetant les diverses théories contraires avancées.

Malgré toutes ces compresses d'amour, ni le *Washington Post* ni Rostow n'ont mentionné que *c'était Rostow lui-même qui avait été la première personne à suggérer au président Johnson qu'une commission telle que la Commission Warren soit créée* !

Comme indiqué précédemment, Rostow et le *Post* ont pu s'en sortir avec cette imposture à l'époque, au moins, car le rôle central de Rostow dans la création de la Commission Warren n'a été approfondi que de nombreuses années après l'assassinat de JFK. Mais cela en dit long sur la manière dont la presse met en avant la ligne "officielle" sur l'assassinat de JFK, en particulier quand on considère le rôle haut placé de Rostow au sein du lobby israélien en Amérique qui a une influence considérable sur les médias américains.

Ceci est d'autant plus pertinent ici que, comme nous l'avons souligné, le lobby israélien a déployé des efforts concertés pour réprimer *Jugement Final* alors même que les grands médias américains étaient déterminés - dans la mesure du possible - à ne pas donner plus d'écho que nécessaire à la thèse de ce livre.

En fait, une controverse récente entourant *Jugement Final* a ramené la thèse du livre dans le courant dominant, et elle a également mis à nu un effort ardu (bien que raté) de réfuter la théorie du livre.

L'AFFAIRE SCHAUMBURG

Pendant les cinq premiers mois de l'an 2000, la banlieue chic de Schaumburg à Chicago, par ailleurs tranquille, a été prise dans un débat houleux sur la censure et la liberté d'expression, centré sur *Jugement Final*, rappelant la querelle qui a fait rage pendant plus d'un an dans le comté d'Orange, en Californie (décrite dans l'avant-propos) après que j'ai été invité à parler de mon livre lors d'un séminaire universitaire sur l'assassinat de JFK.

La frénésie de Schaumburg a commencé en janvier lorsqu'un mécène de la bibliothèque locale, Christopher Bollyn, a été tellement impressionné par le livre qu'il s'est attaché à en donner un exemplaire à la bibliothèque municipale du canton de Schaumburg (STDL). Il a estimé que le livre serait un ajout admirable à la bibliothèque qui avait déjà de multiples exemplaires d'un livre largement diffusé de Gerald Posner qui dit qu'il n'y avait pas de "conspiration" et qui fait écho à la théorie longtemps discréditée du rapport de la Commission Warren selon laquelle Lee Harvey Oswald était un "fou solitaire".

L'appui de Bollyn a été significatif : formé aux études du Moyen-Orient, et ancien résident d'Israël (où il était marié à une israélienne), Bollyn parle couramment l'hébreu et l'arabe. En outre, sa défunte mère était l'une des fondatrices de la bibliothèque, sa femme était bénévole à la bibliothèque, et Bollyn lui-même avait effectivement travaillé à la bibliothèque quand il était jeune.

Malgré tout, la bibliothèque a rejeté le don, affirmant qu'elle ne pouvait trouver aucune critique "professionnelle" du livre. J'ose dire, cependant, que si les bibliothécaires avaient vérifié s'il y avait une critique du rapport de la Commission Warren, ils auraient trouvé celle d'Eugene Rostow dans le *Washington Post*.

Je suppose que cela aurait justifié l'inclusion du rapport Warren dans la bibliothèque. Mais mon livre n'a pas reçu ce genre de critiques favorables, et cela n'est pas vraiment surprenant.

L'ADL, UNE FOIS DE PLUS

Quoi qu'il en soit, lors d'une audience du conseil d'administration de la bibliothèque, un scandale éclata lorsque Bollyn fit remarquer que plusieurs directeurs étaient partisans d'Israël, suggérant que le livre avait été rejeté en raison des fervente objections du lobby israélien à propos du livre.

Lorsque Bollyn fit part de ses inquiétudes au sujet du Premier Amendement, une partisane pro-israélienne, Debbie Miller, le congédia, en déclarant plutôt franchement : « Le Premier Amendement nous appartient, » mais ne disant pas qui était « nous », bien que quiconque ayant quelconque compréhension des réalités de la " liberté d'expression " des temps modernes en Amérique ait pu tirer ses propres conclusions.

Déjà impliqué officieusement, le bureau de l'ADL de Chicago est intervenu publiquement, le porte parole de l'ADL Richard Hirschhaut déclarant : "Nous croyons qu'il s'agit d'un stratagème cynique, une tentative de créer un problème autour du Premier amendement comme subterfuge pour exploiter la bonne volonté et l'impartialité du système des bibliothèques publiques. La bibliothèque ne devrait pas être obligée de se mettre en position d'être un entrepôt ou une adresse centrale pour chaque bigot avec une mission."

Précédemment basé au bureau de l'ADL à San Francisco, Hirschhaut n'a pas mentionné à la presse qu'il avait des comptes à régler avec moi et avec mon employeur d'alors, *The Spotlight*. Hirschhaut, en fait, avait été l'un des fonctionnaires de l'ADL faisant l'objet d'une enquête criminelle par le FBI et la police de San Francisco en 1993 pour espionnage intérieur illégal.

À l'époque, le grand espion de l'ADL Roy Bullock révéla qu'un article du *Spotlight* du 30 juin 1986 que j'avais écrit avait déclenché les événements qui avaient mené au scandale de l'ADL. Hirschhaut fut transféré à Chicago par l'ADL quand l'agence d'espionnage était occupée à essayer de nettoyer le désordre causé par l'affaire.

Quoi qu'il en soit, le brouhaha qui en a résulté a attiré l'attention des médias et pas moins de cinq journaux régionaux et la station de radio affiliée de PBS rapporta la controverse qui s'est éternisée pendant les cinq mois suivants.

Bollyn a essayé d'obtenir que le soi-disant « Bureau de la Liberté Intellectuelle " (OIF) de l'American Library Association (ALA) prenne position, mais la directrice de l'OIF, Judith Krug, a refusé de condamner la censure.

Cela ne m'a pas surpris. Sept ans plus tôt, Krug s'était rangée du côté de l'ADL lorsque le lobby israélien avait soulevé des protestations après qu'un bibliothécaire de Chicago ait parrainé une résolution - approuvée par la convention nationale de l'ALA - condamnant la censure israélienne. Avec le soutien de Krug, la résolution a été abandonnée.

Alors que de plus petits journaux locaux me contactaient, Carri Karuhn, la journaliste du "grand" *Chicago Tribune*, refusait de me rappeler. Le *Tribune* a également refusé de publier une lettre que j'ai écrit à l'éditeur, en réponse à sa couverture.

Malgré la pression, Bollyn ne changea pas d'avis. Cela posa un problème au conseil de la STDL (Schaumburg Township District Library) qui ordonna un nouveau processus de sélection des livres, en vertu duquel le directeur de la bibliothèque nomma une équipe de trois bibliothécaires pour étudier *Jugement Final*. Le conseil d'administration avait alors la possibilité de donner suite à la recommandation du trio.

La question était déjà réglée : l'équipe était dirigée par Uri Toch, le traducteur en hébreu de la STDL, la langue officielle d'Israël. Toch a concocté une critique diffamatoire très incendiaire de cinq pages à propos de *Jugement Final*.

Cette "critique" a été divulguée à la presse avec l'annonce apparemment contradictoire que la bibliothèque allait quand même mettre le livre en rayon, malgré la critique négative.

Le trio de la STDL a déclaré que, puisque le débat sur le livre était "en grande partie une question politique", il recommandait que *Jugement Final* soit ajouté à la bibliothèque, même s'ils disaient que le livre était, entre autres, "mal écrit, répétitif[et] basé sur des méthodes et des sources de recherche discutables". Ils ont accusé Piper de citer des sources hors contexte déclarant qu'il citait sélectivement des sources qui correspondaient à sa thèse et ignoré celles qui n'y répondaient pas.

Le trio a entériné la thèse de la Commission Warren, affirmant que seuls les « amateurs » croient qu'il y avait une conspiration dans l'assassinat de JFK.

Bien que j'aie été amusé par l'allégation selon laquelle le livre était "mal écrit", les autres accusations étaient beaucoup plus graves et, en réponse, j'ai compilé une réponse de 88 pages bien documentée (et je pense qu'elle a été dévastatrice), qui a éviscéré la critique malveillante.

Dans le titre de ma réponse, j'ai (à juste titre) baptisé la critique de la bibliothèque "Le Jugement de l'Inquisition", en me référant aux tribunaux anglais du XVIIe siècle qui se réunissaient en secret, explorant de violents moyens de peines arbitraires pour ceux qui osaient contester le pouvoir de la couronne britannique. L'analogie visait juste.

Ce qui est intéressant (mais pas surprenant) c'est que le traducteur de langue israélienne et son équipe se sont donné beaucoup de mal pour essayer de réfuter la thèse du livre.

DES METHODES D'ÉTAT POLICIER

Pendant ce temps, les partisans pro-israéliens du conseil d'administration de la bibliothèque publiaient une déclaration affirmant que les bibliothécaires avaient été "professionnels" et "élégants" quant à leur attaque malveillante à mon encontre et à celle du livre.

Puis, à un moment, le traducteur israélien a essayé de faire arrêter Bollyn. Parlant à Toch au téléphone, Bollyn a demandé à Toch (en hébreu) où Toch avait vécu en Israël. Toch appela la police, criant qu'il se sentait « menacé ».

C'en était assez. Le 21 mai 2000, après avoir décidé une fois de plus de confronter mes critiques, je me suis rendu à Schaumburg et j'ai pris la parole à la bibliothèque devant environ 150 personnes présentes.

On notera que les trois bibliothécaires étaient absents, mais ils avaient au moins un fervent sympathisant qui s'était présenté. Au moment où Christopher Bollyn déclara la réunion ouverte, il y eu un peu de grabuge quand une personne identifiée comme étant membre de la communauté juive locale tenta de perturber l'événement, en criant avec colère : « *Case Closed* de Gerald Posner dit la vérité sur l'assassinat de JFK. C'est disponible ici à la bibliothèque." L'admirateur de Posner sortit de la réunion, fier et satisfait, bien qu'il ne soit jamais resté pour défendre son postulat ou pour débattre de ma thèse.

Il s'avère que l'ADL avait déjà contacté la police de Schaumburg pour les "informer" à mon sujet. En réponse au briefing de l'ADL, le chef de la police de Schaumburg, Richard Casler, a fait savoir que l'un des meilleurs nazis d'Amérique arrivait en ville et que ce gros bonnet nazi avait invité "ses partisans" à venir à son rassemblement. Pour préserver la paix, le chef Casler ordonna à cinq policiers supplémentaires en service de m'empêcher de perturber le petit Schaumburg et de provoquer peut-être un autre Holocauste.

Quand j'ai appris que ce policier dur à cuire faisait de la lèche à l'ADL, j'ai téléphoné à son bureau pour lui parler, mais Casler ne voulait pas me répondre. Au lieu de cela, il envoya son adjoint, le capitaine Thomas Ostermann, qui refusa d'admettre ou de nier que leur bureau était en contact avec l'ADL, disant que j'étais "juste une voix au téléphone". "Richard Hirshhaut de l'ADL n'était qu'une voix au téléphone aussi, et vous avez écouté tout ce qu'il avait à dire sur moi."

Nul doute qu'Ostermann, habitué à ordonner les piétons indisciplinés de Schaumburg et à être surnommé "monsieur" par ces mécréants, fut un peu surpris et exaspéré par la façon dont je m'occupais de lui et finit par dire qu'il était "juste un flic ordinaire qui travaillait dur".

Je lui ai dit que je n'en doutais pas, mais qu'il rendrait un bien meilleur service aux habitants de Schaumburg en veillant sur les violeurs et les meurtriers plutôt qu'en poursuitent "un gros avec des lunettes dont le seul crime était d'écrire un livre". L'agent n'a rien répondu et je comprends pourquoi.

Quand (et par qui) a-t-il été déterminé que l'ADL n'était pas seulement l'ultime arbitre qui décide de ceux qui sont autorisés à prendre la parole n'importe où sur un sujet donné, mais aussi le contact officiel des autorités policières qui décide des méthodes que la police devrait utiliser pour protéger les communautés dont elle est responsable ? Si quelqu'un a la réponse à cette question, j'aimerais l'entendre maintenant.

Quoi qu'il en soit, en parlant à la bibliothèque, je suis rentré chez moi avec les points suivants :

- La critique faite par les bibliothécaires avait effectivement été l'initiative la plus énergique jamais entreprise pour tenter de démolir la thèse de *Jugement Final*, mais elle est tombée pathétiquement à plat, les bibliothécaires ayant eu recours à de piètres mensonges et tromperies.
- Les contribuables de Schaumburg devraient se demander pourquoi leurs bibliothécaires étaient si enthousiastes et ont clairement suivi les ordres de l'ADL.
- L'ADL refuse de débattre avec moi, mais ils se sont fiés aux bibliothécaires pour essayer de réfuter le livre, mais le trio a bâclé le travail.

J'ai également fait remarquer que, malgré ma réfutation de la critique des bibliothécaires, vous pouvez être sûr que l'ADL citera cet critique malveillante à l'avenir comme « preuve » que de « sérieux bibliothécaires » de l'une des bibliothèques les plus prestigieuses du pays ont trouvé le livre « douteux », « mensonger », « de mauvais goût » et « sans intérêt » - d'après les termes choisis.

Les bibliothécaires de la STDL ont manifestement reconnu (à juste titre, j'ajouterai) que la question du conflit entre JFK et Ben-Gurion au sujet des ambitions nucléaires d'Israël était une question très sensible en effet, et par conséquent, dans leur critique, ont piètrement tenté de discréditer la thèse générale de mon livre en essayant de dépeindre le conflit comme étant moins important qu'il ne l'était réellement. Les bibliothécaires ont écrit ce qui suit :

> Piper prétend que la "raison principale" de la démission de David Ben-Gourion en tant que Premier ministre d'Israël était son "incapacité à faire pression sur JFK pour qu'il accepte les demandes d'Israël". Il cite The Samson Option de Seymour Hersh comme preuve. Comme Hersh l'indique clairement, et cela est clairement évident dans la citation que Piper produit pour prouver que "l'option nucléaire" était la "raison principale", c'était juste "un autre facteur ».

Pour les non-initiés - qui comprend la plupart de ceux qui lisent la critique de la bibliothèque, sans avoir lu *Jugement Final* (ou le livre d'Hersh) - cela peut sembler un acte d'accusation accablant.

Mais la vérité, c'est que si d'autres facteurs ont joué un rôle dans la démission de Ben-Gurion, la dernière confrontation avec JFK au sujet de la bombe nucléaire a été la fameuse « goutte d'eau qui a fait déborder le vase" et, clairement, la "raison principale" derrière la démission de Ben-Gurion.

Comme l'affirment tous les comptes rendus "sérieux" et "grand public" du programme israélien de bombes nucléaires, la volonté de construire une bombe nucléaire n'était pas seulement un objectif majeur de la politique de défense israélienne (peut-être même son fondement) mais aussi un intérêt particulier de Ben-Gourion.

Le fait est que les révélations de Seymour Hersh sur JFK et Ben-Gurion ont été facilement éclipsées par un ouvrage plus récent sur le même sujet - celui écrit par Avner Cohen, un savant israélien.

Lorsque Cohen a publié son livre en 1999 *Israel and the Bomb* (New York : Columbia University Press), le livre a fait sensation en Israël, au point que le journaliste Tom Segev, écrivant dans le journal israélien *Ha'aretz*, a déclaré que "le livre de Cohen nécessitera la réécriture de toute l'histoire d'Israël".

À ce stade-ci, avant d'entrer dans ce que Cohen a à dire, il m'incombe d'aviser les lecteurs que Cohen a dit en privé à un intervieweur (qui me l'a ensuite raconté) qu'il (Cohen) avait été choqué de découvrir *Jugement Final* alors qu'il faisait une recherche sur Internet pour trouver de l'information sur son propre livre.

M. Cohen a également raconté à une autre personne, mon critique susmentionné, James K. Olmstead - qui a posté le commentaire de M. Cohen sur Internet sur un forum de discussion dédié à JFK - qu'il (Cohen) trouvait "inconcevable" que le premier ministre israélien David Ben-Gurion ait eu quoi que ce soit à voir avec la mort de JFK.

Cela étant dit, jetons un coup d'œil à ce que Cohen dit de Ben-Gourion et sa relation des plus difficile avec JFK sur la question de la bombe nucléaire israélienne.

Dans les premières pages de son livre, Cohen écrit longuement sur l'intérêt particulier de Ben-Gourion pour la fabrication d'une bombe nucléaire israélienne et le raisonnement qui la sous-tend.

Ce qui suit sont des citations pertinentes des pages 10 à 14 du livre de Cohen, mais veuillez noter que j'ai réorganisé les citations afin que ces citations soient plus fluides dans le contexte de ce que Cohen a écrit. Cohen écrit :

> Imprégné des leçons de l'Holocauste, Ben-Gourion a été consumé par les craintes pour la sécurité d'Israël…
>
> Dans ses discours publics et ses écrits en tant que premier ministre, Ben-Gourion a rarement parlé de l'Holocauste. Cependant, lors de conversations et de communications privées avec des dirigeants étrangers, il revient sans

cesse sur les leçons de l'Holocauste. Dans sa correspondance avec le président John F. Kennedy, en 1963, il établit un lien entre l'hostilité arabe envers Israël et la haine d'Hitler à l'égard des Juifs :

"En tant que Juif, je connais l'histoire de mon peuple, et je garde avec moi les souvenirs de tout ce qu'il a enduré pendant trois mille ans, et les efforts accomplis dans ce pays au cours des dernières générations... Monsieur le Président, mon peuple a le droit d'exister, tant en Israël que partout où il peut vivre, et cette existence est en danger"...

L'angoisse au sujet de l'Holocauste s'étendait au-delà de Ben Gourion et avait infusé la pensée militaire israélienne. La destruction d'Israël a défini l'horizon ultime de la menace contre Israël. Les planificateurs militaires israéliens ont toujours envisagé un scénario dans lequel une coalition militaire arabe unie lançait une guerre contre Israël dans le but de libérer la Palestine et de détruire l'État juif. C'est ce qu'on appelait au début des années 50 le mikre hkol, ou "scénario catastrophe". Ce type de planification était propre à Israël, car peu de pays ont des plans d'urgence militaires visant à prévenir l'apocalypse.

Ben-Gourion n'avait aucun scrupule à savoir si Israël avait besoin d'armes de destruction massive... Ben Gourion considérait l'hostilité arabe envers Israël comme profonde et durable... Le pessimisme de Ben-Gourion... a influencé la politique étrangère et de défense d'Israël pendant des années. La vision du monde de Ben-Gourion et son style de gouvernement décisif ont façonné son rôle critique dans le lancement du programme nucléaire israélien...

Ben-Gourion croyait que la science et la technologie avaient deux rôles dans la réalisation du sionisme : faire avancer l'État d'Israël spirituellement et matériellement, et assurer une meilleure défense contre ses ennemis extérieurs..."

La détermination de Ben-Gourion à lancer un projet nucléaire est le fruit d'une intuition stratégique et de craintes obsessionnelles, et non d'un plan bien pensé. Il a estimé qu'Israël avait besoin d'armes nucléaires comme assurance s'il ne pouvait plus rivaliser avec les Arabes dans une course aux armements et comme arme de dernier recours en cas d'extrême urgence militaire. Les armes nucléaires pourraient également persuader les Arabes d'accepter l'existence d'Israël, conduisant à la paix dans la région.

Le 27 juin 1963, onze jours après l'annonce de sa démission, Ben Gourion adresse aux employés de l'administration chargée du développement de l'armement un discours d'adieu dans lequel, sans se référer aux armes nucléaires, il justifie le projet nucléaire :

"Je ne connais aucune autre nation dont les voisins déclarent vouloir y mettre fin et non seulement déclarer, mais s'y préparer par tous les moyens à leur disposition. Il ne faut pas se faire d'illusions sur le fait que ce qui est déclaré chaque jour au Caire, à Damas, en Irak, ne sont que des mots. C'est cette pensée qui guide les dirigeants arabes... Je suis confiant... la science est capable de nous fournir l'arme qui assurera la paix et dissuadera nos ennemis. »

Pour résumer cette très longue citation : « *L'option nucléaire* » *n'était pas seulement au cœur de la vision* **personnelle** *du monde de Ben-Gourion, c'était le fondement même de la politique israélienne de sécurité nationale*. Les Israéliens étaient fondamentalement disposés, si nécessaire, à « faire sauter le monde » - eux y compris - s'ils devaient le faire pour détruire les voisins arabes qu'ils détestent tant.

Seymour Hersh note que c'est ce que les responsables nucléaires israéliens considéraient comme « l'option Samson » - comme le Samson de la Bible, après avoir été capturé par les Philistins, qui a fait tomber le temple de Dagon à Gaza et s'est suicidé avec ses ennemis. Comme l'a dit Hersh, à la page 137 de son livre, "Pour les partisans du nucléaire israélien, l'option Samson est devenue une autre façon de dire " plus jamais ça "(en référence à la prévention d'un autre Holocauste).

Vinrent ensuite les bibliothécaires de la STDL qui voulaient débattre de la question de savoir si la pression exercée par JFK sur Israël au sujet des armes nucléaires était "la" raison principale ou "une" raison principale ou "l'une" (parmi plusieurs) des raisons de la démission de Ben-Gourion. Ils ont laissé entendre que j'avais cité Hersh hors contexte (et que je l'avais fait délibérément) parce qu'ils se sont rendu compte, en toute connaissance de cause, que toutes les preuves, réunies ensemble, démontrent clairement que c'était bien un effort déterminé de JFK de désamorcer " l'option Samson " qui était la principale cause de la démission de Ben-Gourion.

Ce qu'il faut retenir c'est qu'en 1963 la question du conflit de JFK avec Ben-Gourion était un secret pour le public israélien et le public américain, et il l'est resté pendant plus de 20 ans au moins et l'est encore en grande partie, malgré la publication du livre de Hersh, suivi de *Jugement Final* et ensuite du livre d'Avner Cohen.

En effet, dans le *New York Times* du 31 octobre 1998, Ethan Bronner, a décrit le livre de Cohen sur le conflit entre JFK et Ben-Gourion et la question générale du programme israélien de bombes nucléaires, comme étant " un sujet férocement caché ".

Maintenant que la vérité émerge, certains arrivent essentiellement à la même interprétation que moi. Les bibliothécaires voudraient faire croire aux gens que je suis le seul à avoir cette interprétation. Ce n'est pas du tout le cas. À titre d'exemple, le Dr Gerald M. Steinberg, professeur de sciences politiques au Centre d'études stratégiques de BESA de l'Université Bar-Ilan à Tel Aviv, a écrit sur le conflit entre JFK et Ben-Gourion au sujet des ambitions nucléaires d'Israël.

Son essai, "*Israel and the United States : Can the Special Relationship Survive the New Strategic Environment*" a été publié dans le numéro de décembre 1998 de *The Middle East Review of International Affairs* publié à Bar-Ilan. Steinberg a écrit :

> Entre 1951 et 1963, l'administration Kennedy a exercé beaucoup de pression sur Ben-Gourion pour obtenir l'acceptation d'une inspection internationale de Dimona et l'abdication israélienne de l'option des armes nucléaires. Cette pression n'a apparemment pas modifié la politique israélienne, mais elle a contribué à la démission de Ben-Gourion en 1963. [Souligné par Michael Collins Piper]

J'ai lu ce que le Dr Steinberg affirme : la pression de JFK sur Israël à propos de la bombe nucléaire a été un "facteur qui a contribué à la démission de Ben-Gourion". Cependant, pour me répéter, la " grande pression de JFK sur Ben-Gourion " (aux dires de Steinberg) n'était pas connue du grand public (que ce soit en Israël ou aux États-Unis) avant la parution du livre de Seymour Hersh qui se concentrait assez largement sur le conflit. Mais ce n'est pas tout.

Le nouveau livre très poignant d'Avner Cohen confirmait essentiellement tout ce que Hersh avait écrit, dans un sens ou dans l'autre, mais il allait encore plus loin et nous allons revoir ce que Cohen a dit en détail plus tard. Mais pour le moment, continuons à disséquer ce que les bibliothécaires de la STDL ont fait pour déformer les paroles de Seymour Hersh. Ils ont écrit :

> En fait, Hersh affirme que les facteurs nationaux... semblaient plus que suffisants pour convaincre Ben-Gourion de quitter la vie publique... et la santé de Ben-Gurion... était toute aussi importante ou plus importante.

Les critiques de la STDL prêtaient à Hersh des propos qu'il n'avait pas tenus ! Hersh n'a jamais dit que les facteurs nationaux cités "étaient aussi importants ou plus importants". La façon dont les bibliothécaires ont structuré cette phrase dans leur critique donnait une tournure différente à ce qu'Hersh avait vraiment dit. Hersh n'a jamais dit que ces autres facteurs "étaient aussi importants ou plus importants." Ce sont les mots des bibliothécaires, et non ceux de Seymour Hersh.

ISRAËL "MENACÉE" PAR JFK

Voici ce qu'Avner Cohen ajoute à l'histoire de la démission de Ben-Gourion dans *Israel and the Bomb*. Cohen décrit comment le conflit entre JFK et Ben-Gourion avait atteint son apogée en 1963 et comment, le 16 juin de cette année-là, JFK envoya une lettre au dirigeant israélien, qui d'après Cohen à la page 134 de son livre, était « le message le plus dur et le plus explicite » à ce jour. Cohen a ajouté :

> L'objet de la lettre était de solidifier les termes des visites américaines [à Dimona] de telle façon que les conditions minimales sur lesquelles la communauté du renseignement insistait soient conformes.

Pour forcer Ben-Gourion à accepter les conditions, Kennedy a exercé le levier le plus utile dont dispose un président américain pour traiter avec Israël : la menace qu'une solution insatisfaisante compromettrait l'engagement et le soutien du gouvernement américain envers Israël...

L'épreuve de force que Ben-Gourion essayait d'éviter semblait maintenant imminente. Ben-Gourion n'a jamais lu la lettre. Elle a été télégraphiée à [L'Ambassadeur des États-Unis en Israël, Walworth Barbour] le samedi 15 juin, avec instruction de le remettre en mains propres à Ben-Gourion le lendemain, mais ce dimanche-là, Ben-Gourion a annoncé sa démission.

Notez les mots de Cohen : "un affrontement [entre JFK et Israël] semblait imminent." Cohen aborde ensuite la question : "La pression de Kennedy sur Dimona a-t-elle joué un rôle dans la démission de Ben-Gourion ?" À la page 135, il écrit :

Ben-Gurion n'a jamais fourni d'explication à sa décision, à l'exception de "raisons personnelles". À ses collègues du Cabinet Ben-Gourion a déclaré qu'il "devait" démissionner et qu'"aucun problème ou événement de l'État n'en était la cause".

C'est intéressant, en soi, parce que - si le récit de Cohen est correct - Ben-Gourion n'a jamais précisé aucune raison particulière, étrangère ou nationale. Cela ne réfute pas *Jugement Final*, mais cela a pour effet de diminuer l'argument des bibliothécaires de la STDL selon lequel le conflit avec JFK au sujet de la bombe n'était qu'un "autre facteur". Cohen a ajouté :

Le biographe de Ben-Gourion a laissé entendre qu'il n'y avait pas de raison politique précise, mais que c'est son état mental général - manifesté par une série d'actions alarmistes, voire paranoïaques - des dix semaines précédentes qui ont amené le dirigeant de soixante-seize ans à démissionner.

Le fait que Cohen, comme je l'ai fait dans *Jugement Final*, parle de la paranoïa apparente de Ben-Gourion est intéressant. Les paranoïaques font des choses inexplicables. Ils commettent même des meurtres.

Il convient de noter, à ce stade, qu'en se basant sur ce que nous venons de considérer, Avner Cohen a dit très clairement que la construction d'une bombe nucléaire pour Israël était, en fait, un problème très personnel de David Ben-Gurion pendant de nombreuses années.

Ben-Gourion pensait que l'accès d'Israël aux armes atomiques était crucial pour la survie d'Israël - et Ben-Gourion était le "grand monsieur" d'Israël. Cohen note que plusieurs proches de Ben-Gourion estimaient que la démission n'avait rien à voir avec la question nucléaire. Mais Cohen poursuit en soulignant que :

D'autres, cependant, y compris les ministres au sein du cabinet de Ben-Gourion... pensaient que la décision de Ben-Gourion était en partie liée à la pression exercée par Kennedy sur Dimona. Israël Galili, le chef de la faction "Unité du travail" d'*Achdut Ha-Avodah*, était convaincu que le sentiment d'échec et de frustration de Ben-Gourion dans ses rapports avec Kennedy sur la question de Dimona était l'une des raisons qui avait conduit à sa démission.

C'est aussi le point de vue de Yuval Ne'eman, [meilleur spécialiste israélien en terme de nucléaire], qui, en 1963, était... impliqué dans les concertations concernant les réponses aux demandes de Kennedy. L'ambassadeur Barbour laisse également entendre que les lettres de Kennedy et la démission de Ben-Gourion auraient pu être liées. Dans son télégramme à propos de la démission de Ben-Gourion, il faisait remarquer : "Bien qu'il ne s'agisse probablement pas d'une cause majeure de dissension, cette question n'était pas sans susciter des controverses lorsque Ben-Gourion l'a présentée à ses collègues avant d'envoyer sa lettre le 27 mai."

Page 136 Cohen a ajouté que Ben-Gourion avait "conclu qu'il ne pouvait pas dire la vérité sur Dimona aux dirigeants américains, pas même en privé". Et cela en dit long, compte tenu des efforts déployés par les critiques de *Jugement Final* pour dire qu'Israël et les États-Unis étaient des " alliés si proches " que les Israéliens ne penseraient jamais à faire quelque chose de méchant à un président américain, même s'il était fermement déterminé à empêcher Israël d'établir un système de défense nucléaire que les dirigeants de la nation considéraient comme essentiel à sa survie.

Malheureusement, nos amis bibliothécaires de la STDL n'avaient pas encore terminé sur ce point. Continuons avec ce que les bibliothécaires ont dit...

> Hersh souligne également que « la pression persistante de Kennedy sur Israël découlait de sa conviction qu'Israël n'avait pas encore développé d'armes nucléaires. Il y a des preuves qu'une fois qu'Israël a commencé à fabriquer des bombes - comme les Français l'avaient fait - le Président était prêt à être aussi pragmatique qu'il le fallait »

À ce stade, les bibliothécaires de la STDL se livraient à une sorte d'interprétation historique bien à eux, citant un bref passage du livre de Hersh hors contexte... Il ne fait aucun doute, si l'on se fie à la quantité massive de données figurant dans le livre d'Hersh (et l'étude plus récente dudit Avner Cohen) que JFK était déterminé surtout à empêcher Israël de construire une bombe nucléaire.

Les bibliothécaires de la STDL essayaient de prédire ce que JFK aurait fait s'il avait vécu. En gros, ils disaient que parce que JFK était indulgent avec les Français sur la question nucléaire, il serait certainement aussi indulgent avec les Israéliens une fois qu'ils suivraient les Français dans la production de bombes nucléaires (contre l'opposition de JFK). Mais comme nous le verrons, ce n'est pas vrai.

JFK S'EST CONCENTRÉ SUR ISRAËL…

Dans *Jugement Final*, j'ai souligné que JFK avait adopté une nouvelle politique à l'égard de la campagne française en faveur des armes nucléaires, qui était décrite dans un mémo à l'époque « top secret », daté du 22 novembre 1963.

Mais les bibliothécaires n'ont cependant aucun moyen de suggérer que parce que JFK a changé sa politique envers la France qu'il changerait aussi sa politique envers les ambitions nucléaires d'Israël.

Peut-être que JFK aurait été "pragmatique" (comme le dit Hersh) mais cela ne veut pas dire qu'il n'essayait pas d'empêcher Israël de construire une bombe nucléaire - *et c'est de ce souci dont il était question au départ avec Ben-Gourion et Israël.*

Le fait est que toutes les relations que JFK avait avec la France sur la question nucléaire étaient insignifiantes comparées à l'amertume entre JFK et Israël sur la même question. En introduisant cette question des Français, les bibliothécaires de la STDL essayaient de brouiller les pistes.

Le fait est qu'Israël était une cible privilégiée de JFK en ce qui concerne la prolifération nucléaire. A la page 99 de son livre, Avner Cohen souligne la pression particulière de JFK sur Israël :

> Aucun président américain n'était plus préoccupé par le danger de prolifération nucléaire que John Fitzgerald Kennedy. Il était convaincu que la prolifération des armes nucléaires rendrait le monde plus dangereux et porterait atteinte aux intérêts des États-Unis. Il considérait que son rôle était de placer la maîtrise des armements nucléaires et la non-prolifération nucléaire au centre de la politique étrangère américaine… Kennedy a rappelé à ses conseillers que l'enjeu était plus important qu'un bout de papier - sans accord, la course aux armements continuerait et les armes nucléaires proliféreraient vers d'autres pays. *Le seul exemple que Kennedy avait l'habitude de donner était Israël.* [Souligné par Michael Collins Piper]

Notez attentivement les mots de Cohen : "Le seul exemple que Kennedy avait l'habitude de donner était Israël." Pas les Français ou les Arabes. ***Seulement Israël.***

Le livre de Cohen montre aussi très clairement que les Français, qui avaient été les principaux facilitateurs étrangers du programme secret d'armement nucléaire israélien, avaient retiré leur soutien après le retour au pouvoir de l'ancien président français Charles De Gaulle en 1958. Cohen écrit aux pages 73-74 :

> En juin, De Gaulle avait pris conscience de ce qu'il appelait plus tard "la collaboration militaire inappropriée établie entre Tel-Aviv et Paris après l'expédition de Suez, qui plaçait définitivement les Israéliens à tous les niveaux des services français", et il était déterminé à y mettre fin. De Gaulle fut stupéfait quand il apprit la manière peu orthodoxe dont les relations étaient conduites... Il aura fallu près de deux ans pour traduire la détermination de De Gaulle en une nouvelle politique nucléaire française vis-à-vis d'Israël.

Cohen signale cependant que l'ami d'Israël en France, le ministre de l'énergie atomique Jacques Soustelle, démissionna et De Gaulle apprit alors que l'aide française à Israël s'était poursuivie malgré ses ordres. C'est ainsi qu'en 1960, "De Gaulle réclama à nouveau la fin de cette coopération." ajoute Cohen :

> La décision française a semé la consternation au sein des proches de Ben-Gourion. La fin de l'aide française mettait en péril l'ensemble du projet Dimona. La décision de De Gaulle était un revirement radical par rapport aux obligations écrites et non écrites de ses prédécesseurs... De Gaulle a reconnu à quel point l'accord [entre Israël et la France] était sans précédent et, pour cette raison, a refusé de l'accepter, réticent à proposer à Israël une option nucléaire. *La France tentait de reprendre sa place dans le monde arabe et la coopération nucléaire avec Israël n'était pas utile à cet égard.* [Souligné par l'auteur]

Selon Cohen, un compromis a été conclu. Israël a formellement annoncé des "intentions pacifiques" (bien qu'Israël avait clairement l'intention de construire une bombe nucléaire) et De Gaulle a permis aux entreprises françaises de continuer à travailler avec les Israéliens, mais le gouvernement français a retiré son soutien direct.

Bien sûr, le revirement de De Gaulle sur la question de ce qui était clairement le soutien français indispensable aux ambitions nucléaires d'Israël est très significatif, en particulier au vu de ce qui est documenté dans *Jugement Final* concernant la Permindex parrainée par le Mossad, mise en évidence lors de l'enquête sur l'assassinat de Jim Garrison et qui avait été publiquement liée à au moins une tentative d'assassinat sur De Gaulle avant l'assassinat du président Kennedy.

LA PRESSION DE JFK SUR ISRAËL CONTINUE...

Cependant, la démission de Ben Gourion n'a pas mis fin au conflit entre JFK et Israël. Ce qui s'est passé entre JFK et le nouveau Premier ministre israélien, Levi Eshkol, est peut-être encore plus intéressant.

Immédiatement après la succession d'Eshkol, JFK a écrit une lettre au nouveau Premier ministre qui était évidemment encore plus virulente (du moins du point de vue israélien) que les précédentes communications de JFK avec Ben Gourion. À la page 155, Avner Cohen écrit :

> Jamais depuis le message d'Eisenhower à Ben-Gourion au milieu de la crise de Suez en novembre 1956, un président américain n'avait été aussi brutal avec un premier ministre israélien. Kennedy a déclaré à Eshkol que l'engagement et le soutien des États-Unis envers Israël " pourraient être sérieusement compromis " si Israël ne laissait pas les États-Unis obtenir des " informations fiables " sur ses actions menées dans le domaine nucléaire... **Les demandes de Kennedy étaient sans précédent. Elles constituaient en fait un ultimatum.** [Souligné par l'auteur]

Cohen a noté à la page 159 que, du point de vue d'[Eshkol], les demandes de Kennedy semblaient diplomatiquement inappropriées ; elles étaient incompatibles avec la souveraineté nationale. *Il n'y avait pas de fondement juridique ni de précédent politique pour de telles demandes'*, (souligné par Michael Collins Piper.) Cohen souligne également que "la lettre de Kennedy a précipité une situation de crise dans le bureau du premier ministre".

La pression de Kennedy sur Israël ne s'est donc pas arrêtée avec la démission de Ben-Gourion. Ainsi, les efforts des bibliothécaires de la STDL pour déterminer si la pression de JFK sur Ben-Gourion était la raison "principale" de la démission du dirigeant israélien ou si elle n'était qu'un facteur parmi d'autres étaient en fait insignifiants dans l'ensemble. *Au contraire, la pression de JFK sur Israël s'est intensifiée.*

À la page 172, Cohen décrit une "réunion secrète" qui s'est tenue à Washington D.C. huit jours avant l'assassinat du JFK (du 13 au 14 novembre) entre les Israéliens et les Américains, notant qu'Israël "avait un objectif plus ambitieux"... que ce dont les États-Unis étaient prêts à discuter." Pourtant, note Cohen, à la page 173, "Dimona n'a jamais été mentionné dans ces pourparlers. Les deux parties se sont comportées comme si le problème Dimona n'existait pas."

Bref, la question nucléaire était si délicate que lors de réunions secrètes entre responsables américains et israéliens lorsqu'ils discutaient d'autres questions entre les deux pays, le sujet de la bombe nucléaire israélienne n'a pas été abordé. La question était à ce point litigieuse. Elle a été laissée de côté - en fait, elle n'a jamais été abordée - en vue d'une discussion future. Mais JFK a été assassiné huit jours plus tard, et la dynamique des relations américano-israéliennes a radicalement changé en conséquence.

Cohen conclut son analyse des années JFK à la page 174 comme suit :

> Quoi qu'il en soit, à la fin de l'année 1963, Israël et les États-Unis, Kennedy et Eshkol, ont trébuchés sur le chemin de l'opacité nucléaire. Les deux pays auraient-ils continué sous Kennedy comme sous Johnson ?

Qu'aurait fait Kennedy en ce qui concerne le programme nucléaire israélien s'il avait vécu et été réélu, et dans quelle mesure l'histoire nucléaire israélienne aurait-elle été différente ? On ne répondra jamais à ces questions avec certitude.

Ni Avner Cohen, ni Michael Collins Piper, ni les bibliothécaires de la STDL ne peuvent répondre à ces questions avec certitude. Mais la réaction en Israël aux révélations de Cohen sur la guerre secrète de JFK avec Israël sur la question nucléaire était en effet intéressante.

« SI KENNEDY AVAIT SURVÉCU… »

Le journal israélien *Ha'aretz* a publié une critique du livre de Cohen le 5 février 1999, l'appelant "une bombe de livre". (Et cette critique peut être consultée en anglais dans son intégralité sur le site web de Cohen, aux Archives de la sécurité nationale de l'Université George Washington. La critique du *Ha'aretz*, par Reuven Pedatzur, est assez intéressante. Elle se lit en partie comme suit :

> L'assassinat du président américain John F. Kennedy a mis fin brusquement à la pression massive exercée par l'administration américaine sur le gouvernement israélien pour qu'il mette un terme au programme nucléaire.
> Cohen démontre longuement les pressions exercées par Kennedy sur Ben-Gourion. Il apporte le fascinant échange de lettres entre les deux, dans lequel Kennedy indique clairement au premier ministre israélien qu'il ne consentira en aucun cas à ce qu'Israël devienne un État nucléaire.
> Le livre sous-entendait que, si Kennedy avait survécu, il est peu probable qu'Israël ait eu une option nucléaire de nos jours. Cohen conclut également que la décision de *Ben Gourion de démissionner en 1963 a été prise en grande partie dans le contexte de l'énorme pression que Kennedy exerçait sur lui concernant la question nucléaire.* [Souligné par Michael Collins Piper]

Je n'aurai pas fait mieux. Le journaliste israélien Reuven Pedatzur a bien résumé les révélations explosives qui figurent dans le livre d'Avner Cohen. Si c'était un procès, je pourrais dire, à ce stade, que la défense se retire. »

LES BIBLIOTHÉCAIRES MENTEURS

Mais les critiques de la STDL ne se sont pas contentés de citer *Jugement Final* hors contexte (ou de citer Seymour Hersh hors contexte). Les bibliothécaires ont carrément menti en déclarant : "Piper déclare également qu'après l'assassinat de Kennedy,

Johnson a 'immédiatement' renversé la position de Kennedy sur le programme de bombardement israélien."

Les dossiers indiquent que les critiques mentaient. À la page 59 de *Jugement Final*, j'ai écrit que Johnson "a rapidement annulé la politique de Kennedy au Moyen-Orient". [L'accent est mis ici, pas dans *Jugement Final*]. Je n'ai pas dit dans *Jugement Final*, comme les critiques l'affirment, que Johnson a "immédiatement" renversé la position de Kennedy sur le programme de bombardement israélien.

La position du Président Kennedy contre les armes nucléaires israéliennes n'était qu'une des nombreuses positions politiques qui étaient perçues par Israël comme contraires à ses intérêts et cela est documenté dans *Jugement Final*. La politique de Kennedy sur le Moyen-Orient était beaucoup plus importante que le programme israélien de bombes nucléaires et *Jugement Final* l'indique clairement, malgré les critiques de la STDL.

Cela est également confirmé par le fait que lors de la réunion secrète de la mi-novembre, décrite plus haut, la question nucléaire n'a même pas été abordée. Il y avait beaucoup d'autres questions à examiner. Les critiques de la STDL sont donc bien les menteurs que j'ai décrit.

Les critiques ont également tenté de suggérer que Lyndon Johnson avait exercé tout autant de pression sur les Israéliens pour qu'ils réduisent leur programme de bombes nucléaires, citant une référence de Seymour Hersh. *Mais ce qu'ils ne soulignent pas, c'est ce que Hersh a également dit dans son livre* à la page 143 en référence à l'attitude de LBJ envers Israël et les armes atomiques :

> **Au milieu des années 60, le jeu était réglé : le président Johnson et ses conseillers prétendaient que les inspections américaines [de la centrale d'armement nucléaire Dimona en Israël] constituaient la preuve qu'Israël ne construisait pas la bombe, laissant le soutien sans faille de l'Amérique nouvellement réaffirmé à la non-prolifération nucléaire.**

Aux pages 188 et 189, Hersh fournit également un compte rendu éclairant qui illustre bien l'effort déterminé de Johnson pour éviter de faire face à la question. Hersh décrit comment le psychanalyste de la CIA Carl Duckett avait conclu qu'Israël avait finalement construit une bombe nucléaire et soumit ce fait à l'attention du directeur de la CIA Richard Helms qui répondit à Duckett qu'il transmettrait personnellement l'information au président Johnson. Selon Hersh :

> **Helms a introduit l'information de Duckett dans le Bureau ovale et l'a fourni au Président. Plus tard Helms raconta à Duckett que Johnson avait explosé, et avait exigé que le document soit enterré : "Ne le dites à personne d'autre, ni au [secrétaire d'État] Dean Rusk ni au [secrétaire à la Défense] Robert McNamara". Helms a fait ce qu'on lui a dit, mais pas sans appréhension :"Helms savait qu'il aurait des ennuis avec Rusk et McNamara s'ils apprenaient qu'il l'avait caché."**

Le but de Johnson en chassant Helms - et ses renseignements - était clair : il ne voulait pas savoir ce que la CIA essayait de lui dire, car une fois qu'il aurait accepté cette information, il devrait agir en conséquence. En 1968, Helms, Duckett... et quelques autres membres du gouvernement américain finirent pas comprendre que le président n'avait pas l'intention de faire quoi que ce soit pour arrêter la bombe israélienne.

Le président Johnson savait de toute évidence à quel point le sujet du programme israélien de bombes nucléaires était brûlant - et il ne voulait pas être forcé de prendre des mesures qui le mettraient dans la même position que son prédécesseur, JFK. Selon Hersh, Johnson "explosa" sur le sujet et exigea qu'il soit tenu secret même de la part de deux membres du cabinet.

LBJ était l'ultime négociateur politique, le politicien du politicien, mais il avait clairement peur de la question de la confrontation avec Israël à propos de la bombe nucléaire. Alors que le programme israélien de bombes nucléaires était une préoccupation majeure (comme il aurait dû l'être), l'administration américaine dirigée par Johnson n'a jamais pris de mesures concrètes pour empêcher Israël de poursuivre son vieil objectif, à savoir la création d'une arme de destruction massive. Certes, il y avait des déclarations privées, mais AUCUNE ACTION. D'après ce que nous savons qui a été présenté dans *Jugement Final*, nous pouvons certainement comprendre pourquoi.

Nous pourrions également avoir une bonne idée quant à une autre raison pour laquelle Lyndon Johnson a décidé de ne pas être candidat aux élections de 1968. Peut-être que la question nucléaire israélienne était - j'ose le dire - « un autre facteur », peut-être même la raison « principale », pour laquelle LBJ a décidé de se retirer.

Peut-être que les "facteurs nationaux" tels que les troubles provoqués par la guerre du Vietnam n'étaient que les questions d'intérêts public dont nous avions entendu parler dans la presse - car nous n'avons certainement jamais entendu parler d'Israël et de la bombe. C'est de la spéculation, bien sûr, mais c'est une spéculation tout à fait raisonnable.

L'ISRAËL ET LA BOMBE : DE JFK À LBJ

Mais arrêtons là la spéculation. Voyons ce que l'écrivain israélien Avner Cohen a dit plus récemment sur la transition de JFK à LBJ et son impact sur le programme israélien d'armement nucléaire : À la page 195, Cohen écrit :

Le 22 novembre 1963, John F. Kennedy a été assassiné et Lyndon B. Johnson est devenu président. La transition de Kennedy à Johnson a rappelé aux Israéliens la transition de Ben-Gourion à [son successeur] Eshkol... Il a aussi profité au programme nucléaire israélien. »

A la page 196, Cohen ajoutait que Johnson "n'avait pas l'intérêt de Kennedy pour la prolifération nucléaire en plus de ses raisons personnelles et politiques pour soutenir Israël", soulignant qu'"une confrontation avec Israël sur la question des armes nucléaires était donc moins probable qu'elle ne l'avait été pendant les années Kennedy". Cohen a également souligné à la page 177 que "La transition des administrations Kennedy à Johnson a changé de manière significative le caractère et la fonction des [inspections de la centrale nucléaire Dimona en Israël]". À la page 193, il décrit cela plus en détail :

> Le président Johnson a également été plus souple que Kennedy sur les règles des inspections de Dimona. Les Israéliens ont pu déterminer les règles des visites, et l'administration Johnson a choisi de ne pas confronter Israël sur la question, craignant qu'Israël ne mette fin à l'arrangement. [L'inspecteur] Culler rappelle qu'à l'époque, il supposait que les restrictions avaient été convenues au plus haut niveau dans les deux pays. Kennedy menaçait à la fois Ben-Gourion et Eshkol que le non-respect de sa demande pouvait "mettre en péril l'engagement américain envers la sécurité et le bien-être d'Israël", mais Johnson ne voulait pas risquer une crise israélo-américaine sur la question... Contrairement à Kennedy, Johnson cherchait un compromis qui servirait les intérêts des deux nations." [Souligné par Michael Collins Piper]

Comme nous l'avons vu plus haut, ce que Hersh a affirmé (cité par les bibliothécaires de la STDL) n'est pas en contradiction avec la thèse de *Jugement Final*. D'autres documents publiés dans le livre d'Hersh coïncident certainement avec des faits découverts par l'historien israélien Avner Cohen et ne contredisent aucunement ce que les bibliothécaires appelaient mes "théories de conspiration".

En résumé : JFK était farouchement déterminé à empêcher Israël de construire la bombe nucléaire. LBJ a simplement fermé les yeux. La mort de JFK s'est en effet avérée bénéfique aux ambitions nucléaires d'Israël et les preuves le prouvent.

TANT PIS pour les efforts des bibliothécaires pour réfuter ce qu'ils percevaient à juste titre comme le fondement de la thèse de *Jugement Final* - à savoir que le refus de JFK de soutenir les efforts d'Israël en faveur de la bombe atomique - a entraîné la participation du Mossad au complot d'assassinat de JFK. La seule action énergique pour réfuter la thèse est lamentablement tombé à plat.

Bien que Tom Holmberg, l'un des critiques de la STDL, ait posté plus tard sur amazon.com une méchante calomnie anonyme à propos de l'auteur, il a finalement eu le courage de signer la critique de son nom. Cependant, les critiques favorables de *Jugement Final* l'emportent largement sur les ravages de Holmberg, d'Uri Toch et de ses amis.

LES ESPRITS NON-CORROMPUS PÈSENT DANS LA BALANCE

Avec tout cela à l'esprit, nous pouvons comprendre pourquoi le lobby israélien est si déterminé à réprimer *Jugement Final*. C'est vraiment un livre "dangereux", du moins de leur point de vue. Le lobby israélien s'inquiète du fait que les gens puissent croire que la théorie présentée dans *Jugement Final* ait du sens.

Le fait est que lorsque j'ai pu présenter ma thèse sans encombre, à ceux qui n'avaient pas lu le livre, les gens disent que la théorie a du sens. Un bon exemple en est qu'au printemps 1999 (un an avant l'affaire Schaumburg), j'ai été invité à prendre la parole devant un cours d'honneur accéléré en sciences politiques pour personnes âgées au lycée Thomas Worthington près de Columbus, en Ohio. Bien que Tom Molnar, le professeur qui m'a invité, était conscient de la frénésie précédente qui avait éclaté dans le sud de la Californie, Molnar, à son honneur, était imperturbable. Malgré toute cette controverse - ou peut-être à cause d'elle - Molnar m'a quand même invité à prendre la parole.

Au cours des années précédentes, l'ADL s'était opposée aux autres orateurs que Molnar avait invités. Cependant, lorsque Molnar a offert à l'ADL la possibilité de participer au débat avec ces orateurs, ils ont refusé de débattre. Il a également refusé de " désinviter " les conférenciers. L'ADL a abandonné.

Les critiques écrites des élèves à propos de ma présentation étaient en contraste flagrant avec les vociférations et les délires anti-intellectuels de l'ADL et de ses compères à la bibliothèque municipale du canton de Schaumburg. Voici un échantillon de ce que quatre de ces esprits intelligents, jeunes, sincères et intègres ont dit :

> **Michael Piper… semble cultivé et expert en histoire. Il a adopté ses convictions de connexions qu'il a établies au cours de son enquête.**
>
> **M. Piper semble être une bonne personne et il ne semble pas avoir de mauvaises intentions envers les Juifs ou les étrangers. Plusieurs de ses idées semblent avoir un sens, mais je pense que certaines de ses connexions semblent trop compliquées pour être vraies. Il admet également qu'il n'existe pas de preuves tangibles et que nous ne connaîtrons peut-être jamais la vérité derrière la plus célèbre conspiration américaine.**

> *Michael était évidemment bien informé pour créer un recueil aussi approfondi, complet et crédible d'événements dans son livre. Le discours et les idées de Michael m'intéressaient beaucoup. La seule pensée que son histoire puisse être vraie m'a fait douter de toutes les autres versions que j'ai entendues. J'ai apprécié sa tentative de révéler la vérité sans porter atteinte à la réputation des gens de façon déraisonnable. J'espère lire le livre Jugement Final et le lire attentivement.*

M. Piper a été très honnête et a dit que toute sa théorie n'est qu'une théorie et que nous ne connaîtrons probablement jamais toute la vérité. En fait, j'ai eu le sentiment qu'il pourrait y avoir une possibilité que le Mossad soit coupable, car ils sont tellement liés à tous ceux qui ont apparemment été impliqués dans l'assassinat.

Au début, j'ai eu du mal à comprendre son raisonnement quant à l'accusation du Mossaa, mais j'ai rapidement commencé à voir la possibilité de son interprétation du meurtre de JFK. il a expliqué combien de personnes avaient interprété l'événement et en quoi sa version était plus pertinente, et j'étais d'accord. J'ai apprécié M. Piper. Il était très intelligent et sa théorie était tout à fait possible et compréhensible.

C'est précisément à cause des critiques aimables d'étudiants intelligents comme celui-ci que l'ADL a été si déterminée à me faire taire. Et je suis heureux de dire que, selon M. Molnar, plusieurs des élèves ont effectivement lu le livre, malgré les objections de l'ADL.

En fin de compte, cette question très inconfortable des armes nucléaires israéliennes est une question qui ne disparaîtra jamais. Le 2 mai 2000, Hugh Dellios, le correspondant à l'étranger du *Chicago Tribune*, a rapporté que "fatigué de deviner l'étendue de la capacité nucléaire israélienne, l'Égypte et d'autres pays arabes ont lancé une campagne déterminée pour démasquer définitivement le programme nucléaire secret d'Israël. À New York, les responsables du Moyen-Orient pressent une conférence des Nations Unies sur le désarmement nucléaire cette semaine afin d'identifier officiellement Israël comme étant une puissance nucléaire et de l'obliger à ouvrir ses installations aux inspecteurs internationaux."

Le *Tribune* a qualifié cette situation d'« inconfortable » pour les États-Unis qui ont essayé de décourager la course aux armements entre l'Inde et le Pakistan mais en ignorant l'accumulation d'armes nucléaires d'Israël, notant que l'affaire "pourrait embarrasser Israël comme le seul pays de la région qui refuse de signer le Traité [de non-prolifération nucléaire]. " Le *Tribune* a déclaré que "les responsables israéliens, qui pour la première fois ont refusé d'assister à la conférence en tant qu'observateurs, disent qu'ils ne changeront pas leur politique, qu'ils maintiennent comme la pierre angulaire de la survie d'Israël dans une région hostile".

Dans le *Bulletin of Atomic Scientists* de septembre / octobre 1998 (avant la publication de son livre, *Israël and the bomb*), Avner Cohen a résumé la nature de la volonté nucléaire israélienne en affirmant : « Le programme nucléaire était probablement le projet le plus compliqué d'Israël. Le programme nucléaire a été le projet sioniste par excellence, conçu pour assurer l'existence physique de l'État d'Israël. "

Maintenant, cependant, « ce projet sioniste ultime » (qui a joué un rôle si important dans la conspiration de l'assassinat de JFK) fait l'objet d'une attention mondiale.

BILL CLINTON INTERVIENT - À LA MANIERE DE JFK

Pour sa part, le vieil admirateur de JFK, le président Bill Clinton, a osé s'attirer la colère du lobby israélien au printemps 1999 en abordant publiquement la bombe "secrète" d'Israël.

Le 14 mai 1999, l'influent hebdomadaire juif *Forward* a publié un article dans lequel il exprimait son indignation et sa préoccupation : "Le président Clinton soulève pour la première fois des questions d'intérêt public au sujet du programme nucléaire israélien. L'article soulignait que quelque 35 membres du Congrès des États-Unis avaient écrit une lettre à Clinton dans laquelle ils exprimaient leurs préoccupations au sujet de l'ingénieur nucléaire israélien emprisonné Mordechai Vanunu, qui était le premier à avoir exposer publiquement le programme israélien de production de bombes nucléaires.

Répondant dans une lettre datée du 22 avril 1999 à la représentante Lynn Rivers (D-Mich.), le président Clinton a fait plus qu'exprimer ses propres préoccupations au sujet de la détresse de Vanunu. Clinton a aussi dit que " je "... partage vos préoccupations au sujet du programme nucléaire israélien. Nous avons à maintes reprises exhorté Israël et d'autres États non parties au Traité sur la non-prolifération des armes nucléaires à adhérer au Traité et à accepter les garanties globales de l'Agence internationale de l'énergie atomique."

Forward rapporta que "les dirigeants juifs avaient été choqués à la nouvelle que M. Clinton était intervenu à propos de M. Vanunu et du programme nucléaire israélien", et a cité la réaction du directeur de l'ADL Abe Foxman (un critique virulent de *Jugement Final*) qui a également attaqué Clinton, disant : "Je ne peux pas croire que le président enverrait une telle lettre. Ce sont des questions très délicates. C'est tellement réprobateur. »

Cependant, le dégoût de Foxman envers le président Clinton n'était pas unique. Malcolm Hoenlein, vice-président exécutif de la Conférence des présidents des principales organisations juives américaines, a déclaré : "La référence du président au programme nucléaire israélien est surprenante et inquiétante, pour autant que nous sachions qu'elle est sans précédent.

Du jamais vu - en public. Mais pas en privé. Pour avoir adopté une position privée similaire, le héros de Clinton, John F. Kennedy, a payé de sa vie.

L'AFFAIRE LEWINSKY

Ironiquement, le fait est que Bill Clinton lui-même a peut-être été victime du complot du Mossad lors de la fameuse affaire Lewinsky qui a mené à sa destitution.

Beaucoup de conservateurs américains qui détestaient Bill Clinton ont été franchement troublés lorsque j'ai écrit dans le numéro du 23 février 1998 de l'hebdomadaire *Spotlight* : « Hillary Clinton a peut être raison, il y a une "conspiration de droite" pour détruire son mari.

Cependant, j'ai certainement contrarié les partisans d'Israël quand j'ai ajouté : "Mais ne comptez pas sur Hillary pour vous dire quelle « droite" est derrière cette conspiration - et comment le scandale est utilisé pour manipuler la politique américaine au Moyen-Orient."

L'argument d'Hillary Clinton selon lequel une " conspiration de droite " en Amérique était à l'origine du scandale sexuel et de parjure qui pouvait renverser son mari présentait un gros défaut : Après tout, ce sont les principaux médias de l'Amérique - sous la direction du *Washington Post* et de *Newsweek*, auxquels se sont joints le *New York Times* et le magazine *Time*, ainsi que les grands réseaux de télévision - qui étaient à l'origine du scandale et qui laissaient entendre que ce serait la fin de Bill Clinton.

Newsweek recruta George Stephanapolous, depuis longtemps confident de Clinton pour écrire sur la "trahison" de Clinton et le jeune Stephanapolous, maintenant commentateur bien payé pour ABC, est même passé à l'antenne pour soulever les possibilités de résignation et de destitution.

Et personne n'avait jamais accusé aucune de ces grandes voix médiatiques d'être la voix de la "droite' - ou du moins de la "droite" en Amérique.

LA "DROITE" DE QUI ?

Cependant, la première dame a peut-être mis le doigt sur quelque chose lorsqu'elle a prétendu qu'une "conspiration de droite" était en train d'alimenter le scandale du "Monica-gate". Mais la Première Dame n'osa pas (du moins publiquement) faire naître la suspicion que ce n'étaient pas seulement certains éléments de la droite américaine qui avaient contribué à faire connaître le scandale au grand public.

En fait, au milieu du scandale Lewinsky, on pouvait facilement trouver une connexion qui reliait la « droite » extrémiste en Israël au « Monica-gate » à Washington D. C.

Ce n'est donc peut-être pas un hasard si, pendant que les partisans américains de droite d'Israël - le bloc du Likoud - lançaient une campagne de relations publiques majeure (et amère) contre le président Clinton, les principaux médias américains prenaient l'initiative et se mettaient soudainement à proférer des allégations au sujet d'une autre "sexcapade" de Clinton.

Voici quelques faits essentiels (rapportés par les grands médias eux-mêmes) qui se sont en quelque sorte retrouvés enfouis au milieu de toute la frénésie suscitée par les allégations qui ont fait couler beaucoup d'encre.

Tout d'abord, bien que les médias se soient concentrés sur l'ancienne employée de la Maison-Blanche Linda Tripp et son amie militante new-yorkaise Lucianne Goldberg, comme étant les principales instigatrices du "Monica-gate", le 28 janvier le *Washington Post* a souligné de façon assez détournée dans un article dissimulé à la fin du journal que les avocats de Paula Jones, la jeune femme qui poursuivait le président pour harcèlement sexuel] "a reçu plusieurs conseils anonymes que Lewinsky aurait eu une relation sexuelle avec le président."

Apparemment, ce n'est visiblement qu'après cela que les avocats de Paula Jones contactèrent Mlle Lewinsky, informant le président que sa relation avec Lewinsky avait été révélée.

On peut supposer que ni ladite Tripp ni ladite Goldberg n'étaient les sources, dans la mesure où elles avaient d'autres intérêts à exploiter dans le coup Clinton-Lewinsky. En fait, Tripp s'est plutôt adressée directement au procureur spécial Kenneth Starr. Par conséquent, la grande question était la suivante : qui a informé les avocats de Paula Jones qu'il pouvait y avoir une « preuve irréfutable » dans la relation du président avec Monica Lewinsky ?

Monica Lewinsky était une loyaliste de Clinton et ce n'est évidemment pas Mlle Lewinsky qui a divulgué l'histoire aux avocats. *Donc, quelqu'un de proche - ou qui espionnait les proches du président - a dû dire aux avocats de Jones que la relation du président avec Mlle Lewinsky avait été révélée aux avocats de Jones.*

Bien que Michael Isikoff de *Newsweek* (publié par l'empire Meyer-Graham, qui est également propriétaire du *Washington Post*) ait été le premier journaliste à "fouiller" officiellement dans l'histoire, il s'avère maintenant, selon le *Post*, signalant le 28 janvier en passant, que William Kristol - décrit généralement comme "rédacteur en chef du *Weekly Standard*"- fut l'un des premiers à "mentionner publiquement" les allégations.

Le rôle de Kristol en tant que l'un des "premiers" à faire circuler l'histoire en public, voyez-vous, est essentiel pour comprendre la situation dans son ensemble. Non seulement Kristol est le chef de file du magnat milliardaire des médias Rupert Murdoch, un allié majeur du radical Likoud israélien, mais Kristol est le fils du journaliste Irving Kristol et de l'historienne Gertrude Himmelfarb, deux "ex-marxistes" autoproclamés qui sont apparus comme des figures « néo conservatrices" ayant des liens étroits avec le "droit anticommuniste" d'Israël" depuis longtemps.

Le jeune Kristol est, comme ses parents, un "Likoudnik" et a critiqué sévèrement la décision du président Clinton de "tourner le dos" à Israël. Il est également important de noter que Kristol, comme Clinton, a été initié au sein du Groupe Bilderberg, le conclave d'élite de haut niveau de la politique étrangère dominé par les familles Rockefeller et Rothschild, bien que Kristol (évidemment) soit identifié avec le parti "républicain" de Bilderberg.

Et le 26 janvier, alors que l'affaire Lewinsky commençait à prendre de l'ampleur et à engloutir Clinton, Kristol publia une lettre à Clinton, pressant le président de lancer une attaque militaire contre l'ennemi détesté d'Israël, l'Irak. Une foule d'autres célèbres partisans américains de la "droite" israélienne avaient signé la lettre avec Kristol.

Au vu de la connexion entre Kristol et Murdoch, il est donc intéressant de noter que la chaîne Fox de Murdoch était essentiellement celle qui mène le jeu dans les médias de la classe dirigeante forçant les autres chaînes à se faire concurrence.

La chaîne Fox News Channel a diffusé l'histoire presque sans interruption 24 heures sur 24. Même lorsque d'autres reportages étaient diffusés, ils pouvaient être interrompus en raison de l'évolution de la situation du scandale Clinton, indépendamment de leur banalité.

LA PRESSION DES MÉDIAS SUR CLINTON

Un jour, un programme de la Fox a même fait venir un spécialiste du "langage corporel" pour visionner une vidéo de la rencontre entre Clinton et Miss Lewinsky dans une ligne de réception, après quoi le soi-disant spécialiste a déclaré que Clinton traitait la jeune fille comme si elle était "la première dame".

De plus, il n'est pas surprenant de constater que certaines des histoires les plus sordides qui ont fait éclater le scandale sont parues dans le *New York Post*, ainsi que dans d'autres journaux de Murdoch. Mais le fait est que ce n'était pas seulement la "presse à scandales" qui faisait pression. Les éléments "responsables" de la presse "grand public" - y compris le *New York Times* et le *Washington Post* - ont également fait partie de la lutte contre Clinton.

Pendant ce temps, dans son effort pour " rester aux côtés de son homme ", la première dame a nommé le prédicateur de télévision Jerry Falwell et son ami, le sénateur Jesse Helms (R. N. C.), parmi ceux qui faisaient partie de la " conspiration de droite " qui cherchait à faire tomber son président.

Ce qu'Hillary n'a pas mentionné, c'est que Falwell et Helms étaient tous deux particulièrement proches - encore une fois - du Likoud, le bloc extrémiste "de droite » en Israël et qu'ils sont tous deux catégoriquement opposés au soutien présumé du président Clinton au parti travailliste israélien beaucoup plus favorable au processus de paix.

Clinton n'était pas un partisan de Binjamin Netanyahu du Likoud lors des élections israéliennes qui ont porté la coalition extrémiste du Likoud au pouvoir et a donc été embarrassé politiquement lorsque Netanyahou a gagné en battant les libéraux dirigés par Shimon Peres, apparemment plus modéré. Ce dernier prêchait la paix ; Netanyahou, lui, était intransigeant.

En fait, avant même sa rencontre officielle avec le président Clinton, le premier ministre israélien avait déjà rencontré le révérend Jerry Falwell, l'un des critiques les plus véhéments de Clinton, et il avait déjà participé à un rassemblement pro-Likoud en sa compagnie. Même le *Washington Post* avait révélé le 22 janvier qu'" un haut responsable de Netanyahou avait déclaré que le chef israélien était prêt à répondre à l'opposition de la Maison-Blanche en démontrant ses « propres munitions » dans les cercles politiques américains " - à savoir Falwell et le bruyant « droit chrétien » pro-sioniste.

En Israël même, selon le *Post* du 24 janvier, la presse avait " rapporté les allégations de Clinton ". Le *Post* affirme que "l'intérêt semblait particulièrement vif parce que Monica Lewinsky est juive."

Dans le numéro du 22 janvier 1998 du quotidien israélien *Yedioth Aharonoth*, Nahum Barnea commente avec ironie : "Nous pensions que le sort du processus de paix était entre les mains d'une juive née à Prague, Madeleine Albright. Apparemment, le destin du processus de paix est, à un degré non moindre, entre les mains d'une autre juive, Monica Lewinsky, 24 ans, originaire de Beverly Hills, qui a passé un joyeux été il y a trois ans comme stagiaire à la Maison-Blanche."

Ce qui est intéressant, c'est qu'au moment où les propos de Barnea ont été reproduits dans le numéro du 2 février 1998 de *Newsweek*, qui consacrait un numéro spécial au scandale, *Newsweek* avait soigneusement édité les propos de Barnea de telle sorte qu'ils se lisent comme suit : « Il s'avère que le sort du processus de paix dépend d'une femme différente. »

En fait, le scandale a contraint le président à se retirer en ce qui concerne Israël. Le 27 janvier 1998, le *Washington Post* a encore une fois vendu la mèche lorsqu'il a rapporté que "la semaine passée, Clinton a démontré qu'il ne pouvait pas contraindre les Israéliens à assumer leurs responsabilités quant à un nouveau retrait militaire. Cette semaine [à la suite du scandale] il en est encore moins capable, ne serait-ce que parce que les gens de son propre parti, sans parler des républicains, ne soutiendront pas une politique de pression plus forte sur Israël. »

CHANTAGE DU MOSSAD ?

Ce n'était peut-être pas vraiment surprenant quand, le 3 mars 1999 - alors que le scandale Lewinsky était en train d'éclater - le radical sioniste *New York Post* cria au scandale titrant : " Le scoop du téléphone Rose de Monica ", annonçant qu'un nouveau livre, *Gideon's Spies*, de Gordon Thomas, auteur respecté et aguérri, avait révélé qu'" Israël faisait chanter Bill avec les vidéos de Monica ".

L'histoire, qui figure dans le livre de Thomas, prétend que le Mossad avait eu accès à des séances de sexe enregistrées sur bande vidéo entre le président et Mlle Lewinsky et qu'il avait utilisé l'information pour forcer Clinton à annuler une enquête prioritaire du FBI sur une taupe du Mossad au plus haut niveau de la sécurité nationale.

Vrai ou faux, la publication de l'histoire a été utilisée par les critiques de Clinton (beaucoup pour le plus grand plaisir de ses ennemis en Israël) pour justifier l'allégation selon laquelle les peccadilles personnelles de Clinton constituaient une menace potentielle pour la sécurité nationale et une autre raison de sa destitution.

LE CRAN D'ARRÊT D'HILLARY ?

En sachant tout ça, est-ce vraiment extraordinaire de se demander si, au beau milieu de la controverse Lewinsky, la raison pour laquelle la Première Dame Hillary Clinton a appelé à la création d'un État palestinien était sa façon d'avertir les Israéliens de ce qui pourrait arriver s'ils ne cessaient pas de soutenir les éléments qui essayaient de chasser son mari du pouvoir ?

Le monde des gros durs de la politique est un sale monde en effet, et Hillary peut jouer avec les meilleurs d'entre eux, son défi apparent à Israël en témoigne bien. C'était presque comme si Hillary sortait un cran d'arrêt dans une affreuse (et très publique) bagarre de rue.

Au bout du compte, bien sûr, Bill Clinton a bien sûr survécu au procès de destitution, mais il ne fait aucun doute que le complot israélien était derrière les circonstances qui ont mené à la destitution. Nous avons donc vu un autre président américain, en l'occurrence Bill Clinton, faire face à une autre forme d'"assassinat" de la part d'Israël.

Ce n'est nullement une défense de Clinton, mais c'est un résumé des faits pertinents qui donnent un aperçu intéressant des modes de la politique du pouvoir à Washington, en ce qui concerne l'influence d'Israël.

LE MENTOR DE CLINTON

Bill Clinton lui-même était un protégé du sénateur J. William Fulbright de l'Arkansas, et ceci, en soi, peut nous en dire un peu plus sur Clinton. Lorsque Fulbright prit position contre la guerre du Vietnam, les principaux médias ont salué Fulbright pour sa "franchise". Pourtant, quand il a pris une position similaire contre l'agression israélienne au Moyen-Orient, on l'a traité d'"antisémite". Le 15 avril 1973, Fulbright a déclaré à *Face the Nation* de la CBS :

> Israël contrôle le Sénat américain. Le Sénat est asservi, beaucoup trop ; nous devrions nous préoccuper davantage des intérêts des États-Unis, plutôt que d'obéir aux ordres d'Israël. La grande majorité du Sénat des États-Unis - environ 80 pour cent - est entièrement en faveur d'Israël ; tout ce qu'Israël veut, Israël l'obtient. Cela a été démontré à maintes reprises, et cela a rendu la [politique étrangère] difficile pour notre gouvernement.

Après un grand tapage médiatique sur les propos du sénateur, de grandes quantités d'argent juif affluèrent dans l'Arkansas et Fulbright fut vaincu pour la réinvestiture. Et ce n'est probablement pas une coïncidence - tout bien considéré - que 1) les plus grands collecteurs de fonds juifs ont aidé à financer l'adversaire républicain d'Hillary Clinton dans sa course au Sénat en 2000, et que 2) Hillary a gagné le vote juif de justesse au même moment où son allié du parti démocrate, Al Gore, remportait le vote juif par une majorité écrasante de 80% sur George W. Bush. ***Soyez assurés que le lobby israélien ne fera jamais confiance à Hillary Clinton.***

Pourtant, en même temps, la prise de conscience croissante du pouvoir d'Israël par les Américains de base qui n'ont pas peur de discuter du sujet est une réalité à laquelle Israël et son lobby américain doivent faire face. Le fait que *Jugement Final* est désormais « sorti » et qu'il touche un nombre croissant de ces Américains - et bien d'autres - est un ingrédient supplémentaire dans le mélange.

LE RABBIN contre LE GÉNÉRAL

Il n'y a pas de doute là-dessus : la nouvelle au sujet de *Jugement Final* est de plus en plus répandue. Le 29 octobre 1998, le *Washington Jewish Week* signalait que le rabbin Abraham Cooper, autoproclamé "doyen associé" du centre Simon Wiesenthal de Los Angeles, s'était plaint dans un de ses interminables communiqués de presse que "dans une interview accordée à la télévision syrienne, le ministre syrien de la Défense, le général Mustafa Tlas, affirmait que le « sionisme international » était responsable de l'assassinat du président américain John F. Kennedy."

Le rabbin a exigé que les Syriens fournissent des éclaircissements officiels " sur la question de savoir si ces opinions exprimées par l'une des figures les plus puissantes de la Syrie reflètent ou non la vision officielle syrienne de l'histoire américaine ", bien que pour le moment, les Syriens ne se soient pas encore précipités pour présenter des excuses. Quoi qu'il en soit, un de mes amis syriens m'a informé que le général Tlas lui avait dit qu'il (le général) avait lu *Jugement Final* et qu'il était d'accord avec ses conclusions.

Plus tôt, le rabbin Cooper avait attaqué ceux qui étaient venus à ma défense quand j'avais été attaqué par la Ligue Anti-Diffamation en Californie du Sud. Cooper dit : "Ils n'ont pas besoin de prouver que les Israéliens ont participé à l'assassinat de JFK ; ils n'ont qu'à semer le soupçon que ça aurait pu être ainsi."

Jugement Final a semé la suspicion, mais seulement parce que les faits rassemblés dans ce livre dépeignent un scénario plausible qui est tout aussi crédible que d'autres thèses avancées sur ce sujet très controversé. C'est pourquoi le rabbin Cooper, l'ADL et les autres sont si mal à l'aise.

LE DERNIER FRÈRE...

Juste au moment où la cinquième édition de *Jugement Final* était prête pour l'imprimeur, une chose étrange s'est produite. J'étais en fait en train de travailler sur la version finale, et tard dans la nuit du 14 juin 2000 (vers 23h30), j'ai reçu un appel d'un ami qui m'a dit que le sénateur Edward M. Kennedy et un groupe de personnes étaient en train de « faire les cons » aux tables extérieures du Hawk & Dove, une boîte de nuit populaire près de mon bureau sur Capitol Hill à Washington. Mon ami m'a proposé de donner une copie de *Jugement Final* au sénateur. « Pourquoi pas ? » ai je pensé. "Il en a probablement entendu parler d'une façon ou d'une autre."

J'ai dédicacé le livre au sénateur Kennedy et je l'ai remis à mon ami qui s'est ensuite adressé avec précaution au sénateur. Regardant le grand Afro-Américain aux lunettes de soleil sombres qui l'approchait, Kennedy lui demanda :"Puis-je vous aider, monsieur ?" Mon ami a remis le livre à Kennedy en disant : "Un de mes amis m'a demandé de vous donner ce livre. C'est à propos du Mossad." Le dernier frère Kennedy tenait le livre entre ses mains, regardant la couverture (pendant que ses compagnons s'efforçaient de voir de quoi il s'agissait).

Après un moment, en remettant le livre à mon ami, Kennedy dit : "Merci, mais non merci. Que Dieu vous bénisse et bonne soirée." Mon ami accepta le livre en disant : "Dieu vous bénisse, vous aussi" et il s'en alla. Cette triste petite histoire en dit tellement long que je me sens un peu coupable d'avoir soumis le sénateur à cette expérience, car après tout, c'est du meurtre de son grand frère dont nous parlons ici.

Mais le fait est que *Jugement Final* présente effectivement une thèse que beaucoup d'Américains croient correcte - et c'est quelque chose que le sénateur et sa famille doivent accepter.

S'il y a quelqu'un qui sait à quel point le scénario est plausible, c'est bien Ted Kennedy. Il ne peut tout simplement pas nous dire qu'il ignorait les efforts de son frère pour empêcher Israël de construire la bombe nucléaire ou qu'il ignorait l'amertume qui s'est manifestée. Peu importe à quel point Ted Kennedy proclame que lui et sa famille ont été de fervents partisans d'Israël, les faits démontrent le contraire. Et les Israéliens aussi le savent très bien.

Nous comprenons pourquoi le sénateur Kennedy se sent obligé de dire et de faire ces choses, mais nous espérons aussi que le sénateur comprend pourquoi nous ne croyons pas vraiment qu'il soit sincère.

Mais je vous laisse avec ceci : l'un des partisans les plus enthousiastes de *Jugement Final* est un certain gentleman qui est un ami proche de la famille d'une des figures les plus connues du cercle intérieur de la Maison-Blanche de JFK. Et même si je ne peux pas révéler son nom, ça en dit long.

LE LIVRE QUI NE DISPARAITRA PAS

Quelle est ma propre analyse finale de *Jugement Final* ? J'espère en particulier que *Jugement Final* sera reconnu comme il le mérite et que les gens qui ont lu le livre feront davantage d'efforts pour examiner les allégations qui y sont faites. J'espère que les gens seront en mesure de fournir des documents ou d'autres renseignements qui confirmeront des choses sur lesquelles je ne pourrais que spéculer.

Peut-être qu'en fin de compte, la publication de *Jugement Final* amènera de nouveaux témoins qui pourront nous dire des choses que nous n'avons jamais sues auparavant. Je ne prétends pas être l'arbitre final de l'assassinat de JFK (malgré le titre peut-être présomptueux de mon livre), mais je crois qu'il se rapproche de tout ce qui a été écrit pour résumer l'ensemble de la conspiration. J'ai hâte de voir comment les futurs efforts d'enquête sur le sujet seront affectés par ce que j'ai décrit dans *Jugement Final*.

Je l'ai déjà dit, mais ça mérite d'être répété. Je crois que j'ai jeté un nouveau regard sur un très grand puzzle qui montre une image remarquablement complexe et un peu floue. Concernant le puzzle, vous voyez devant vous tous les divers groupes et individus qui ont été impliqués dans le complot d'assassinat de JFK - un tableau extrêmement confus.

Cependant, lorsque vous retournez le puzzle, vous trouvez une image complète - et c'est un grand tableau très clair du drapeau israélien. Tous les autres drapeaux sur le devant du puzzle sont, dans le jargon du renseignement, de "fausses bannières", et *Jugement Final* en est la preuve.

Jugement Final peut à juste titre être appelé "le livre qu'ils ont essayé d'interdire". Mais, plus important encore, en fin de compte, *Jugement Final* résume une thèse qu'ils ne peuvent discréditer. Le génie est sorti de la lampe et ni *Jugement Final* ni la thèse qu'il présente ne sont sur le point de s'envoler.

- **MICHAEL COLLINS PIPER**

INDEX

A

Adams, *55, 292, 293*

ADL, *21, 23, 24, 28, 29, 32, 34, 35, 36, 37, 38, 39, 40, 42, 43, 48, 52, 88, 102, 116, 127, 162, 163, 164, 166, 167, 174, 178, 188, 218, 219, 225, 244, 245, 250, 266, 287, 290, 291, 300, 301, 320, 321, 322, 329, 330, 331, 332, 346, 347, 348, 354, 368, 369, 370, 383*

Agnew, *104, 105, 106, 186*

Alsop, *132*

Anderson, *20, 174*

Angleton, *39, 40, 73, 74, 75, 78, 80, 81, 85, 86, 87, 95, 96, 97, 98, 99, 100, 101, 102, 103, 109, 115, 121, 133, 148, 160, 166, 174, 184, 192, 201, 204, 209, 212, 215, 216, 233, 234, 235, 236, 237, 238, 239, 240, 241, 242, 247, 261, 262, 265, 267, 268, 282, 304, 309, 310, 313, 317, 318, 319, 327, 367, 384*

Anson, *113, 186*

B

Ball, *53, 161, 175, 176, 186*

Banister, *24, 28, 34, 35, 36, 37, 38, 40, 44, 54, 71, 116, 117, 124, 126, 166, 211, 212, 213, 218, 219, 229, 233, 236, 241, 243, 244, 245, 249, 250, 253, 254, 263, 266, 292, 309, 316, 375, 376, 383*

Bauer, *178*

Begin, *144, 227*

Belin, *50, 371, 372*

Ben-Gourion, *21, 128, 137, 147, 148, 149, 154, 168, 215, 227, 230, 232, 234, 236, 239, 265, 332, 333, 334, 335, 336, 337, 338, 339, 340, 341, 342, 344, 345*

Bernhard, *60, 61, 62*

Biegun, *202*

Bilderberg, *61, 62, 63, 275, 350*

Billings, *186, 267*

Bishop, *111, 259, 304*

Blakey, *59, 155, 156, 160, 186, 221, 254, 255*

Bloomfield, *53, 59, 128, 201, 202, 219, 273, 286*

Bocca, *121*

Boggs, *54*

Bollyn, *328, 329, 330, 331*

Botnick, *36, 37, 38, 166, 218, 244, 383*

Bradlee, *96, 97, 98, 99, 100, 101*

Brown, *69, 70, 71, 186, 189, 191, 246, 373*

Brussell, *284, 285, 306*

Buckley, *15, 29, 31, 32, 62, 156, 195, 304*

Bullock, *52, 245, 246, 329*

Burros, *23, 24, 25, 26, 28, 31, 32, 33, 250*

Bush, *13, 14, 15, 16, 17, 18, 19, 20, 21, 22, 40, 75, 81, 82, 95, 162, 195, 252, 258, 259, 290, 354*

C

Callahan, *112*

Casey, *82, 84, 85, 86*

Castro, *14, 17, 18, 22, 32, 40, 54, 61, 87, 92, 108, 116, 120, 127, 174, 189, 190, 201, 221, 224, 231, 233, 236, 237, 238, 240, 241, 242, 244, 249, 254, 255, 262, 266, 304, 325, 326, 327, 376, 377*

Challe, *144*

Chamish, *153, 187, 226, 227, 293, 294, 312*

Cherne, *81, 82*

Chomsky, *176, 177, 178, 181*

CIA, *13, 14, 15, 16, 17, 18, 19, 20, 22, 24, 29, 30, 31, 32, 34, 37, 39, 40, 42, 43, 44, 45, 46, 51, 53, 54, 60, 62, 71, 73, 74, 75, 76, 77, 78, 79, 80, 81, 82, 84, 85, 86, 87, 92, 93, 94, 95, 96, 97, 98, 99, 100, 101, 102, 103, 108, 109, 112, 113, 114, 115, 116, 117, 118, 119, 120, 121, 122, 124, 125, 128, 132, 133, 134, 135, 136, 146, 148, 155, 156, 160, 162, 166, 169, 171, 174, 176, 179, 180, 184, 186, 190, 191, 192, 193, 194, 200, 201, 203, 204, 205, 209, 210, 211, 212, 213, 214, 215, 216, 221, 223, 224, 228, 231, 232, 233, 234, 235, 236, 237, 238, 239, 240, 241, 242, 243, 245, 246, 247, 248, 250, 251, 252, 253, 254, 255, 257, 259, 261, 262, 263, 264, 265, 266, 267, 268, 269, 270, 271, 272, 273, 274, 275, 280, 281, 282, 284, 288, 289, 290, 294, 299, 303, 304, 306, 307, 308, 309, 310, 313, 314, 315, 316, 317, 318, 319, 320, 322, 324, 325, 326, 327, 343, 344, 367, 373, 375, 376, 377, 383, 384*

Clark, *175, 252, 311, 312, 384*

Clinton, *84, 125, 348, 349, 350, 351, 352, 353*

Cohen, *113, 187, 232, 271, 272, 310, 314, 333, 335, 336, 337, 338, 339, 340, 341, 342, 344, 345, 347*

Cohn, *304, 324*

Colby, *73, 74, 75, 76, 77, 78, 79, 86, 103*

Coleman, *54, 55, 202, 203, 230, 275, 276*

Connally, *50, 104, 106, 107, 108, 242, 276, 305, 383*

Cooper, *277, 278, 279, 354*

Cornfeld, *32, 85, 91, 92, 214*

Costello, *190*

Courtney, *34, 35, 36, 38, 39, 40, 41, 44*

Crenshaw, *117*

D

Dalitz, *21, 59, 85, 86, 155, 376, 382*

Dash, *102*

Davis, *31, 95, 96, 97, 98, 99, 100, 101, 126, 187, 254, 283, 383*

De Camp, *78, 79, 187*

De Gaulle, *126, 144, 187, 189, 191, 210, 211, 212, 215, 228, 281, 282, 313, 339, 340*

De Lannurien, *184, 209, 215, 234, 264, 265, 268, 281*

De Lillo, *114*

De Mohrenschildt, *16, 246, 247, 248*

De Shishmareff, *36*

Decker, *205*

Dennis, *60, 188*

Deutch, *77, 78*

Dewey, *195*

Di Eugenio, *41, 51, 116, 165, 166, 187, 274*

Dornan, *174*

Dulles, *16, 97, 134, 238, 239, 326, 377, 383*

E

Earl Ray, *287, 288, 289, 291, 292*

Eisenberg, *18, 50, 58, 60, 63, 131, 142, 143, 144, 145, 148, 149, 188*

Elliott, *114*

Ely, *56*

Emory, *217, 284, 286*

Epstein, *115, 247, 248*

Ewing, *128*

F

FBI, *13, 20, 26, 27, 28, 29, 30, 31, 32, 34, 36, 37, 38, 56, 93, 112, 114, 117, 121, 125, 156, 174, 189, 194, 203, 211, 216, 219, 221, 242, 243, 245, 255, 258, 268, 287, 288, 289, 290, 299, 306, 307, 322, 324, 329, 352, 375, 378, 380, 382*

Findley, *106, 188, 206, 207, 208, 209, 212*

Fisher, *56, 57, 58, 59, 60, 62, 63, 143*

Flammonde, *41*

Ford, *47, 51, 56, 57, 58, 60, 61, 62, 63, 75, 81, 143, 188, 260*

Frankhauser, *23, 24, 25, 26, 27, 28, 29, 30, 31, 32, 218, 219, 250*

Fratianno, *187*

Frogue, *174, 301*

G

Garrison, *41, 42, 110, 111, 113, 115, 116, 124, 125, 160, 165, 188, 189, 190, 201, 202, 214, 230, 252, 253, 276, 285, 286, 305, 307, 309, 314, 315, 323, 324, 340, 367, 379, 381*

Gatlin, *126*

Giancana, *187, 189, 257*

Greer, *276, 277, 278, 279*

Griffin, *21, 54, 195*

Groden, *112, 122, 260*

Gruber, *271, 272*

H

Haig, *96, 102, 106*

Haldeman, *88, 93, 94, 189*

Haman, *107*

Harris, *32, 302, 303, 309*

Hart, *56, 89, 90, 108, 109, 189, 383*

Helms, *14, 93, 343, 344, 351*

Hemming, *125, 240, 250*

Hersh, *74, 119, 127, 128, 129, 133, 134, 135, 136, 161, 173, 190, 204, 206, 208, 218, 306, 332, 333, 335, 336, 338, 339, 342, 343, 344, 345*

Heymann, *292, 293, 294, 295, 325*

Hoffa, *114, 175, 193, 195, 221, 323*

Holt, *39, 108, 190, 193, 260*

Hooker, *24, 66, 218*

Hoover, *13, 14, 32, 38, 39, 56, 87, 89, 189, 190, 195, 258, 259, 274*

Hosty, *37, 38*

Hubert, *54, 88, 194*

Hugel, *85*

Hunt, *20, 22, 29, 32, 42, 51, 74, 80, 87, 92, 93, 95, 114, 122, 156, 163, 200, 216, 219, 233, 236, 238, 250, 251, 259, 260, 261, 262, 266, 301, 318, 319*

Hurt, *113, 190, 211*

I

Inman, *84, 86*

Iran, *45, 51, 83, 85, 141, 188, 192, 194*

Irgoun, *219*

Irvine, *178*

Israël, *18, 19, 20, 21, 22, 34, 39, 40, 43, 44, 45, 48, 49, 50, 51, 53, 54, 57, 58, 59, 60, 63, 64, 71, 73, 74, 75, 76, 77, 78, 80, 81, 82, 83, 84, 85, 86, 87, 88, 89, 90, 91, 92, 95, 96, 97, 98, 99, 101, 102, 103, 105, 107, 108, 109, 113, 118, 119, 121, 126, 128, 130, 131, 133, 134, 135, 136, 137, 138, 139, 140, 141, 142, 143, 144, 145, 146, 147, 148, 149, 150, 151, 152, 153, 154, 156, 157, 159, 160, 161, 162, 164, 165, 167, 168, 169, 170, 171, 172, 174, 175, 176, 178, 179, 181, 198, 202, 203, 204, 206, 208, 209, 210, 211, 212, 213, 214, 215, 216, 217, 218, 219, 221, 222, 224, 225, 226, 227, 229, 230, 231, 232, 233, 234, 235, 236, 238, 239, 240, 241, 248, 251, 255, 256, 257, 264, 269, 270, 273, 274, 281, 282, 288, 289, 290, 292, 293, 294, 295, 299, 300, 302, 303, 304, 305, 306, 309, 310, 311, 312, 313, 314, 317, 321, 322, 324, 325, 328, 329, 330, 331, 332, 333, 334, 335, 336, 337, 338, 339, 340, 341, 342, 343, 344, 345, 347, 348, 349, 350, 351, 352, 353, 354, 355, 367, 368, 371, 374, 377, 378, 379, 381*

J

Jenner, *53, 54, 102*

Johnson, *44, 47, 58, 71, 98, 121, 130, 132, 133, 134, 148, 173, 237, 248, 251, 252, 303, 328, 341, 343, 344, 345, 367*

K

Kahane, *189*

Kenan, *190*

Kennedy, *13, 16, 17, 19, 20, 21, 22, 23, 29, 30, 31, 35, 36, 41, 43, 46, 47, 50, 53, 55, 56, 58, 61, 64, 65, 66, 68, 69, 70, 73, 79, 80, 81, 86, 87, 90, 91, 92, 93, 94, 98, 101, 103, 108, 109, 111, 113, 114, 115, 116, 117, 119, 120, 122, 126, 127, 128, 129, 130, 131, 132, 133, 134, 136, 140, 145, 146, 147, 148, 150, 151, 152, 154, 160, 162, 163, 164, 165, 167, 169, 170, 171, 172, 173, 175, 176, 179, 180, 181, 182, 183, 185, 186, 187, 188, 189, 192, 193, 195, 196, 198, 200, 202, 203, 206, 208, 215, 217, 219, 223, 224, 227, 228, 229, 230, 232, 234, 235, 236, 237, 238, 239, 240, 242, 244, 248, 249, 251, 261, 265, 267, 272, 274, 276, 277, 280, 284, 286, 287, 292, 293, 294, 295, 298, 299, 300, 302, 304, 306, 309, 312, 316, 318, 319, 320, 321, 323, 324, 325, 326, 327, 334, 336, 337, 338, 339, 340, 341, 342, 343, 344, 345, 348, 354, 355, 367, 369, 376, 377, 380, 381, 384*

Kent, *34, 35, 38, 39, 40, 41*

KGB, *61, 81, 97, 115, 121, 125, 140, 157, 237, 238, 257, 262, 316, 317, 318, 319, 320*

King, *30, 214, 252, 287, 288, 289, 290, 291, 292, 378*

Kirkwood, *115, 190*

Kissinger, *76, 89, 90, 99, 106*

Kutner, *174, 255*

L

Lane, *13, 14, 15, 17, 42, 43, 111, 112, 114, 122, 127, 161, 162, 163, 191, 198, 200, 201, 204, 207, 215, 216, 224, 229, 237, 259, 260, 261, 284, 287, 306, 318, 319, 320, 386*

Lansky, *17, 18, 21, 22, 47, 56, 59, 60, 71, 85, 86, 108, 109, 146, 155, 160, 162, 165, 166, 170, 174, 176, 188, 191, 192, 204, 205, 206, 210, 211, 214, 218, 219, 220, 221, 224, 228, 230, 231, 236, 240, 254, 255, 264, 265, 271, 274, 282, 286, 288, 313, 314, 322, 367, 376, 382*

Laulicht, *51*

Ledun, *183, 184, 185*

Letelier, *32, 92, 156*

Lewis, *117, 191*

Liddy, *29, 95, 174*

Liebeler, *54*

Lifton, *117*

Lilienthal, *161, 162, 192*

Livingstone, *122, 123, 271*

Loman, *32*

Lorenz, *17, 31, 156, 228, 240, 255, 261, 268*

Luciano, *189*

M

Mafia, *97, 102, 120, 160, 187, 188, 190, 192, 195, 205, 206, 254, 255, 257, 264, 290, 291, 324*

Marcello, *85, 187, 206, 229, 245, 254, 255, 287, 291*

Marchetti, *16*

Marrs, *65, 66, 67, 71, 112, 165, 192, 220, 221, 263, 271, 272, 273, 383*

Marwell, *157, 158, 159*

McClellan, *192, 251, 252*

McCloy, *47, 61, 63, 64*

McCone, *14, 133, 134, 238, 239*

McCord, *95, 100*

McDonald, *121*

Meagher, *112*

Meir, *189*

Menninger, *117*

Mertz, *228, 384*

Meyer, *97, 98*

Milan, *192*

Milchiker, *385*

Milteer, *249, 250, 304*

Minutemen, *23, 24, 25, 26, 29, 30, 31, 38, 41, 249, 250*

Molnar, *346, 347*

Monroe, *113, 271, 272, 310*

Moore, *121*

Morrock, *218, 219*

Morrow, *92, 105, 114, 120, 121, 160, 186, 187, 189, 190, 193, 194, 196, 219, 384*

Mosk, *51*

Mossad, *17, 18, 19, 21, 32, 35, 40, 41, 42, 43, 45, 46, 47, 48, 49, 51, 52, 53, 54, 56, 58, 60, 61, 63, 64, 71, 73, 81, 83, 85, 86, 88, 92, 95, 99, 101, 102, 103, 109, 119, 121, 130, 131, 138, 140, 141, 142, 143, 144, 145, 146, 147, 148, 149, 153, 154, 156, 157, 158, 159, 160, 162, 167, 168, 169, 170, 171, 174, 176, 179, 180, 181, 183, 184, 185, 193, 200, 201, 202, 204, 205, 206, 207, 208, 209, 211, 212, 213, 214, 215, 216, 217, 219, 220, 222, 223, 224, 226, 227, 228, 229, 230, 231, 232, 233, 234, 235, 237, 238, 239, 240, 241, 244, 245, 247, 248, 250, 252, 253, 254, 255, 257, 262, 264, 265, 266, 267, 268, 269, 270, 272, 273, 274, 275, 279, 281, 282, 283, 286, 287, 288, 290, 291, 292, 293, 294, 295, 302, 303, 304, 305, 306, 307, 308, 309, 310, 311, 312, 313, 314, 315, 317, 318, 322, 324, 325, 327, 340, 345, 347, 348, 352, 355, 367, 373, 374, 375, 376, 377, 378, 379, 380, 381, 382, 384*

Mullins, *24, 71, 193, 217*

Murphy, *205*

N

Nagy, *273*

Nasser, *138, 140, 184, 198*

Newfield, *175, 221, 323, 324*

Newhouse, *323, 324*

Newman, *193, 242, 243*

Nixon, *39, 40, 56, 70, 87, 88, 89, 90, 91, 93, 94, 95, 96, 99, 100, 101, 102, 103, 104, 105, 106, 107, 132, 144, 189, 192, 214, 258, 270*

Nugent, *187, 271*

O

OAS, *121, 126, 144, 189, 210, 211, 212, 214, 219, 228, 233, 241, 281, 282, 313, 383*

Ober, *97, 99, 100, 101, 103*

Ochsner, *40*

Oglesby, *87, 91, 94, 95, 113, 193*

OSS, *97*

Ostrovsky, *193, 239*

Oswald, *16, 19, 23, 24, 28, 29, 30, 31, 32, 33, 34, 36, 37, 38, 40, 41, 44, 45, 46, 48, 50, 53, 54, 79, 80, 92, 111, 112, 114, 115, 116, 117, 118, 120, 123, 124, 125, 126, 127, 165, 166,*

177, 184, 186, 191, 193, 199, 201, 207, 211, 231, 233, 237, 238, 240, 241, 242, 243, 244, 245, 246, 247, 248, 249, 250, 251, 252, 253, 255, 256, 257, 259, 261, 262, 266, 267, 268, 272, 286, 289, 299, 304, 309, 316, 318, 319, 323, 324, 326, 327, 328, 371, 375, 378, 379, 383

P

Paine, *29, 30, 248*

Paisley, *73, 79, 80, 81, 82, 83, 84, 86*

Palti, *164*

Parrott, *20*

Pearson, *194*

Pepper, *193, 287, 288, 289, 290*

Permindex, *21, 32, 41, 53, 58, 59, 86, 92, 113, 115, 116, 131, 142, 144, 160, 162, 165, 167, 201, 202, 208, 211, 212, 214, 219, 220, 226, 230, 233, 252, 253, 265, 273, 274, 275, 285, 286, 304, 305, 308, 309, 310, 312, 313, 315, 324, 340, 367, 376*

Phillips, *236, 238, 259, 267, 304*

Plausible Denial, 13, 15, 17, 112, 128, 162, 191, 200, 201, 204, 215, 216, 237, 259, 260, 318, 319

Pollak, *52*

Posner, *37, 110, 111, 123, 124, 125, 126, 127, 158, 159, 324, 325, 327, 328, 331*

Praeger, *91, 189, 190*

Pratt, *256, 257*

Pritikin, *174, 175, 176*

Prouty, *17, 119, 194*

Q

QJ/WIN, *384*

R

Rabin, *150, 151, 152, 153, 154, 187, 226, 227, 294*

Rafizadeh, *194*

Ragano, *221*

Rankin, *49, 52*

Redlich, *49, 50, 52*

Roberts, *118, 124, 316*

Rosenbaum, *32, 58, 59, 60, 61, 62, 85, 86, 92, 131, 142, 143, 201, 202, 211, 214, 219, 220, 265, 286, 290, 311, 376*

Rosselli, *194*

Rostow, *47, 48, 327, 328, 329*

Rothschild, *58, 62, 71, 92, 274, 275, 350*

Ruby, *19, 20, 32, 38, 48, 54, 126, 156, 166, 174, 186, 190, 255, 256, 257, 261, 266, 268, 271, 272, 283, 285, 288, 299, 300, 371, 380, 381, 383, 384*

Rush, *14, 111, 112, 127, 163, 174, 191, 198, 207, 229, 318, 319*

Rusk, *132, 133, 343*

Russell, *35, 55, 80, 81, 133, 194, 211, 237, 246, 248, 249, 289*

S

SAVAK, *51, 120, 121, 384*

Scheim, *160, 174, 195, 221, 222, 254, 255*

Scobey, *55*

Scott, *28, 29, 53, 87, 113, 130, 131, 133, 166, 167, 192, 195, 245, 375, 376, 377*

SDECE, *209, 215, 264, 268, 281, 282, 289*

Seal, *45*

Shackley, *17, 18*

Shaffer, *56*

Shah d'Iran, *51*

Shamir, *176, 184, 209, 215, 227, 228, 234, 239, 264, 265, 282*

Shapiro, *51, 135, 136*

Shapolsky, *159, 160, 192, 195, 270, 290*

Shaw, *41, 44, 54, 110, 114, 115, 116, 124, 127, 158, 160, 162, 165, 166, 167, 190, 201, 202, 211, 212, 213, 214, 229, 230, 231, 233, 252, 253,* *254, 265, 266, 273, 276, 285, 286, 292, 305, 307, 308, 309, 310, 314, 315, 324, 367, 376, 379, 384*

Sheridan, *41, 42, 51, 95, 116, 165, 166, 187, 189, 195, 219*

Slawson, *55*

Smith, *117, 195*

Sonneborn, *59*

Soustelle, *340*

Specter, *50, 55, 77, 125*

Spotlight, *18, 19, 42, 43, 61, 62, 67, 68, 69, 76, 77, 81, 82, 163, 191, 200, 208, 216, 217, 221, 227, 259, 261, 262, 278, 290, 312, 313, 319, 321, 329, 349*

Steamshovel, *217, 218*

Stern, *36, 40, 41, 43, 44, 51, 54, 116, 127, 165, 166, 231*

Stone, *95, 113, 119, 155, 162, 164, 165, 189, 194, 200, 201, 220, 221, 224, 234, 270, 274, 311, 314, 367*

Sturgis, *29, 32, 51, 54, 95, 109, 223, 228, 233, 236, 255, 261, 262, 268, 327, 375, 376*

Sullivan, *38, 378, 379*

Summers, *112, 113, 124, 195*

T

Tempelsman, *171, 272*

Ten Brink, *168*

Thomas, *286*

Thompson, *29, 112, 195, 229*

Tippit, *124, 268*

Tlas, *354*

Touchstone, *36, 37, 41, 231*

Tower, *384*

Townley, *32, 92, 156*

Trafficante, *20, 108, 206, 221, 228, 229*

Trento, *261*

Truman, *172, 196, 325*

V

Vanunu, *348*

Vesco, *90, 91, 92, 93, 190*

W

Walker, *13, 14, 74, 248, 249*

Wallace, *252*

Warner, *231*

WDSU, *40, 54, 116, 127, 165, 231*

Wean, *113, 196, 205, 272, 273, 384*

Weberman, *186, 202, 203, 230, 260, 291*

Weinreb, *52*

White, *280, 281*

Willens, *52*

Woodward, *96, 97, 100, 101, 103*

Voici un modèle de lettre que vous pouvez écrire à votre journal local pour aider à promouvoir « *Jugement Final* ».

Au rédacteur en chef :

Un nouveau livre détonant accuse le Mossad, l'agence de renseignement israélienne, d'avoir collaboré avec la CIA et la pègre dans l'assassinat de John F. Kennedy car JFK s'opposait aux efforts d'Israël pour construire un arsenal nucléaire.

« Jugement Final » de Michael Collins Piper, n'est pas disponible en librairie, mais il est toujours apparu comme un « best-seller clandestin ». Voici ce que contient « Jugement Final » :

Lorsque le procureur de la Nouvelle-Orléans Jim Garrison a inculpé l'homme d'affaires Clay Shaw pour participation au complot d'assassinat de JFK, Garrison est tombé sur la connexion entre le Mossad et l'assassinat du président Kennedy.

Shaw a siégé au conseil d'administration d'une société fantôme connue sous le nom de Permindex qui fonctionnait comme façade du Mossad pour l'"acquisition d'armes liée aux opérations de blanchiment d'argent de Meyer Lansky basées en Suisse, le chef du Syndicat du crime international qui a coopéré étroitement sur de nombreux fronts avec la CIA américaine.

Dans "Jugement Final", la connexion entre Israël et l'assassinat de JFK est exposée de façon terrifiante - et pleinement documentée. Par exemple, saviez-vous que :

- JFK était engagé dans un conflit secret acharné avec Israël au sujet de la politique américaine au Moyen-Orient et que le premier ministre israélien a démissionné, dégoûté par la position de JFK qui menaçait la survie même d'Israël ?
- le successeur de JFK, Lyndon Johnson, a immédiatement renversé la politique américaine envers Israël ?
- les plus grandes figures de la mafia souvent accusées d'être derrière l'assassinat de JFK n'étaient que des hommes de paille pour Meyer Lansky ?
- James Angleton, l'agent de liaison de la CIA avec le Mossad, était l'instigateur du camouflage de l'assassinat de JFK ?

Pourquoi Oliver Stone n'en a-t-il pas parlé dans son film "JFK" ? Il s'avère que le principal soutien financier du film de Stone était Arnon Milchan le plus grand trafiquant d'armes d'Israël, un membre de longue date du Mossad.

Un militant pour la paix juif israélien approuve *Jugement Final*

Voici le message de soutient remarquable et clairement sincère à propos de *Jugement Final* publié sur *amazon.com* le 5 septembre 2000 par David L. Rubinstein, l'Israélien-américain de Tel-Aviv en Israël.

La merveilleuse critique de M. Rubinstein détruit le vieux mythe fatigué - propagé par la radicale Ligue Anti-Diffamation (ADL) du B'nai B'rit - selon lequel *Jugement Final* est en quelque sorte de la "propagande haineuse antisémite". La critique est présentée ci-après :

Le terrorisme d'État israélien exposé - Un livre étonnant

« Un livre de référence pour l'histoire américaine moderne qui devrait être dans la bibliothèque de tout historien sérieux ainsi que de tous les Américains concernés. Permettez-moi de donner mes raisons.

"Ce livre est un exploit extraordinaire du journalisme d'investigation. Les informations et les faits que Piper découvre sont utilisés d'une manière extrêmement puissante pour révéler toute une série d'actions israélo-juives aboutissant à l'assassinat de JFK (qui était un opposant implacable au programme israélien d'armement nucléaire du début des années 60 et 50).

"La profondeur et la rigueur du journalisme d'investigation de Piper sont à couper le souffle. Le livre est à la fois très facile à suivre et à comprendre car Piper construit méthodiquement sa thèse accablante pour montrer la profondeur de l'implication israélienne dans l'assassinat de JFK.

"Une fois que j'ai commencé à lire ce livre, je ne pouvais littéralement pas m'arrêter avant d'avoir fini. Je recommande vivement ce livre comme un moyen d'élargir son esprit au-delà des limites des médias modernes qui ont sévèrement réprimé ce livre, c'est en fait presque un tabou pour les libraires grand public de l'avoir en stock.

"En tant qu'activiste pacifiste israélo-américain, je salue ce livre. Ce livre est d'autant plus actuel aujourd'hui que la recherche de la paix au Moyen-Orient se poursuit. En tant qu'Israéliens et juifs du monde qui se soucient de notre pays, je crois qu'il est juste et approprié d'engager un débat éclairé et vigoureux sur les actes répréhensibles de notre gouvernement d'une manière ouverte et éclairée. C'est la seule façon de freiner les pires excès du sionisme. Ce livre nous offre à tous une telle opportunité."

David L. Rubinstein
Tel Aviv, Israël

Pourquoi le lobby israélien rejette-t-il quarante ans d'enquêtes bien intentionnées menées par des chercheurs en matière d'assassinat de JFK ?

Bien que certains chercheurs en matière d'assassinat de JFK comme Debra Conway et John Judge aient rapidement condamné *Jugement Final* et apporté leur soutien personnel aux efforts déployés par la Ligue Anti-Diffamation (ADL) du B'nai B'rith pour agir de la sorte, le fait est que l'ADL n'a eu que des remarques sarcastiques de chercheurs sincères qui ont travaillé à faire ressortir la vérité sur l'assassinat.

Par exemple, dans un rapport de l'automne 2003 intitulé *Unraveling Anti-Semitic 9-11 Conspiracy Theories (Démêler les théories antisémites de la conspiration des attentats du 11 septembre)* - qui n'avait rien à voir avec l'assassinat de JFK - l'ADL a comparé les questions actuelles soulevées au sujet des attentats du 11 septembre aux questions soulevées au sujet de l'assassinat de JFK. L'ADL a désigné les chercheurs comme étant parmi ces "théoriciens du complot"- un terme dérisoire dans le lexique de l'ADL - qui perturbent la société. Selon l'ADL :

> Un reportage initialement erroné corrigé par la suite devient une "histoire vraie" qui plus tard a été "dissimulée". De plus, pratiquement tous les aspects inexpliqués ou contradictoires d'un événement peuvent servir de "preuves". Dans le cas de l'assassinat de John F. Kennedy, les conspirationnistes estimaient que les coups de feu dirigés contre JFK s'étaient produits trop rapidement ensemble pour avoir été tirés par une seule personne.

En bref, en quelques phrases (mais très sérieusement intentionnées), l'ADL rejette 40 ans de travail acharné de peut être des centaines - voire des milliers de gens (Debra Conway et John Judge inclus) - qui ont osé contester la ligne de la Commission Warren/ADL concernant l'affaire JFK.

Dans la version tordue de l'histoire de l'ADL, les seuls doutes au sujet de l'assassinat de JFK proviennent du fait que « les conspirationnistes estimaient que les coups de feu dirigés contre JFK s'étaient produits trop rapidement ensemble pour avoir été tirés par une seule personne". C'est insultant et absurde - une attaque malveillante à la fois contre des chercheurs sincères et contre les millions de personnes qui sont convaincues que la théorie officielle de la Commission Warren/ADL du « cinglé isolé », est un mensonge.

Cependant, pour la personne moyenne exposée aux mensonges de l'ADL - y compris un grand nombre de journalistes, d'enseignants du secondaire, de leaders civiques et autres -, la présentation erronée par l'ADL des preuves très réelles de l'assassinat de JFK pourrait être très trompeuse.

Et cela soulève bien sûr la question de savoir pourquoi l'ADL est si déterminée à apporter son soutien au camouflage de l'assassinat de JFK. *Debra Conway et John Judge devraient découvrir pourquoi.*

« Une autre coïncidence » impliquant Israël ? Le Rabbin de Jack Ruby et la Commission Warren.

Il s'avère que le rabbin de Jack Ruby, Hillel Silverman, était la « source » principale en ce qui concerne le jugement final de la Commission Warren selon lequel Jack Ruby était un simple gardien de boîte de nuit - un peu fou - qui a tué Lee Oswald par pitié pour la famille de JFK. Et nous savons maintenant pourquoi la Commission Warren a pris à cœur les affirmations de Silverman.

L'histoire de la connexion entre la Commission Warren et Silverman est racontée par Dave Reitzes, qui a été salué par le prestigieux journal juif *Forward*, le 28 novembre 2003, pour avoir aidé à établir ce que *Forward* appelait les théories "loufoques" sur l'assassinat de JFK, décrivant la théorie de *Jugement Final* - bien que ne mentionnant pas ce livre par son nom - comme étant des "plus sinistre".

Sur son site web **jfk-online.com**, Reitzes cite les pages 35 à 37 de *Final Disclosure*, les mémoires de David Belin, le meilleur avocat de la Commission Warren, le principal défenseur de la théorie selon laquelle Oswald était un "désaxé solitaire" et que Ruby ne faisait pas partie d'un complot. Selon Reitzes :

> Le rabbin Silverman fut l'un des confidents de Ruby après son arrestation, le rencontrant pour la première fois le 25 novembre, puis environ une ou deux fois par semaine par la suite jusqu'à ce que Silverman déménage à Los Angeles en Juillet 1964.
>
> *Silverman s'est également lié d'amitié avec David W. Belin, jeune avocat de la Commission Warren. Les deux hommes se sont rencontrés au cours de l'été 1963, lors d'une mission d'étude en Israël.*
>
> Lors d'un des premiers voyages de Belin à Dallas au nom de la commission, il a demandé à Silverman son avis sur la question de savoir si Ruby faisait partie d'une conspiration. 'Jack Ruby est absolument innocent de toute conspiration', répondit sans hésiter Silverman. [Souligné par Michael Collins Piper.]

Cette "bizarrerie" ne "prouve" rien. CEPENDANT, quelles sont les chances *qu'au cours d'une période où peu d'Américains se rendaient en Israël*, un rabbin de Dallas et un avocat juif de Des Moines se retrouvent ensemble en Israël pour une "mission d'étude" et que, dans les six mois, un des membres de la congrégation rabbinique assassine le présumé assassin d'un président américain et que l'un des avocats qui enquêtent sur ce crime, parmi tous les avocats, sans parler des avocats juifs, dans le pays - soit l'avocat de Des Moines ?

Les critiques diront que le fait de soulever cette question est "antisémite", mais le fait est que personne n'a jamais osé (en raison de la crainte d'être qualifié d'"antisémite") signaler le conflit d'intérêts évident pour David Belin en raison de sa relation religieuse pré-assassinat avec le conseiller religieux personnel d'une des figures clés de la controverse JFK.

Comment le Mossad s'est habilement caché à la vue de tous : « L'empreinte incontournable » dans le complot JFK

Le regretté G. K. Chesterton (1874-1936) a fourni un moyen de comprendre le rôle du Mossad au sein du complot JFK dans l'histoire de son détective fictif, *Father Brown*, contrecarrant un crime lors d'un dîner dans un élégant hôtel. Dans *The Queer Feet*, le méchant a infiltré la fête et s'est envolé avec l'argenterie en présence d'une poignée de serveurs et d'invités distingués. Comme les serveurs et les convives étaient vêtus de tenue de soirée, le voleur s'habilla de la même façon. Sa capacité à agir et à poser en conséquence, malgré son costume singulier, a rendu son crime possible.

Dans la salle à manger, le criminel prit la pose d'un serveur habile, se déplaçant rapidement, avec précision - un « employé servile » - gardant sa distance, les yeux fuyants. Se déplaçant ailleurs, le voleur a adopté les gestes faciles, les manières désinvoltes - "l'insolence distraite"- d'un ploutocrate de la société, ignorant le domestique alors qu'il se déplaçait parmi eux.

Heureusement, le père Brown se trouvait à l'hôtel et, pendant que le crime était en cours, il entendit « les étranges pas », c'est-à-dire le brusque changement de bruit de pas du bandit qui se glissait dans la salle à manger et en sortait, changeant son personnage à la vitesse de l'éclair, passant d'un "serveur" qui marchait rapidement à un aristocrate tranquille. Le père Brown captura le criminel et fut le héros du jour.

Le père Brown expliqua :"Un crime est comme n'importe quelle autre œuvre d'art. Toute œuvre d'art, divine ou diabolique, a une marque incontournable - le centre de l'œuvre est simple, peu importe combien l'accomplissement peut être compliqué. Chaque crime intelligent est fondé en fin de compte sur un fait assez simple - un fait qui n'est pas lui-même mystérieux. La mystification vient en le dissimulant, en éloignant les pensées des hommes."[335] *Il en est ainsi avec le meurtre de JKF.*

En raison de sa capacité à infiltrer et/ou manipuler ou collaborer avec des groupes aussi divers que la CIA, le crime organisé, certaines personnes et organisations de la "droite" américaine, les exilés anti-castristes, posant en conséquence, faisant écho aux craintes que ces éléments nourrissaient à propos de JFK, le Mossad a revêtu une couleur protectrice, opérant derrière les autres conspirateurs et agissant pourtant efficacement au grand jour, cachés à la vue de tous, comme ils disent.

---

[335] Je rejoins George O'Toole qui a été le premier a cité les remarques du père Brown dans le cadre de la conspiration de JFK, bien que, naturellement, O'Toole ne se soit pas référé au Mossad.

En tant que tel, le rôle du Mossad et son mobile dans l'action contre JFK - son effort pour empêcher Israël de construire des armes nucléaires - se sont perdus dans les multiples théories du complot apparemment déconnectées et en apparence concurrentes qui ont émergé à la suite de l'assassinat.

Appelons-le le "chaînon manquant" ou "l'image cachée inscrite au verso du puzzle" ou l'"empreinte incontournable" désignant l'auteur du crime, la conclusion, aussi inconfortable qu'elle puisse être pour certains, est que, dans l'assassinat de JFK, la connexion du Mossad est inéluctable.

Le groupe sans lendemain des exilés cubains était il une façade du Mossad ? L'histoire étrange de Paulino Sierra et Peter Dale Scott

L'examen *approfondi* de l'exilé cubain Paulino Sierra qui a surgi en avril 1963, les poches pleines, offrant de "réunir" les factions en exil sous la bannière d'un nouvel organisme de sa propre création, la Junte du Gouvernement cubain en exil (JGCE), pourrait bien être une explication possible du mystère de la façon dont le Mossad a utilisé les "fausses bannières" de l'exil cubain dans la conspiration de JFK. De nombreux chercheurs ont fait référence aux agissements de Sierra, tout comme la Commission d'enquête des assassinats des années 70. Comme nous le verrons, il y a beaucoup plus à dire.

Une chose est certaine : selon le livre *Deadly Secrets* de Warren Hinckle, le Sierra de Chicago était "une valeur inconnue pour les exilés de Miami". Selon Sierra « les milieux du jeu de Las Vegas et de Cleveland » le finançaient et, en effet, un montant d'argent "considérable" était acheminé via l'employeur de Sierra à Chicago, l'Union Tank Car Company, bien que l'Union ait désavoué connaitre la source *réelle* des fonds.

Alors que le FBI montrait peu d'intérêt pour le riche Sierra, *deux jours avant l'assassinat de JFK* la CIA nota que Sierra "demeure un homme mystérieux quant à ses moyens de subsistance, mais également ses objectifs à long terme. Peut-être que ses mystérieux soutiens financiers lui fournissent assez d'argent pour laisser bouillir la marmite pour le moment." [Souligné par l'auteur].

Bien que Sierra ait distribué des fonds à de nombreux exilés, il a été dit que "l'argent partait en fumée sans qu'on sache exactement où." Cela n'était pas nécessairement vrai. En fait, Sierra et ses "mystérieux commanditaires" ont financé le camp d'entraînement des exilés cubains de la Nouvelle-Orléans dirigé par Frank Sturgis, un vieil agent du Mossad, où les assassins de JFK Guy Banister, David Ferrie et Lee Oswald et/ou son "double" ont été vus en 1963. En fin de compte, à peine plus d'un mois après les événements de Dallas, Sierra a fermé boutique en janvier 1964 et, comme le dit Hinckle, "il ne fallait plus en entendre parler". Il semble que l'objectif de Sierra ait été atteint.

En fait, c'est Sierra qui a financé la vente d'armes - mentionnée à la première page de la préface de *Jugement Final* - à propos de laquelle un informateur fédéral au sein des groupes cubains (un certain Thomas Mosley) lui avait dit : "Nous avons maintenant beaucoup d'argent - nos nouveaux soutiens financiers sont les Juifs - dès qu'ils se seront occupés de JFK".

Aujourd'hui, comme nous l'avons montré dans *Jugement Final*, la plupart des écrivains ont soigneusement supprimé l'expression "les Juifs" lorsqu'ils décrivaient cet incident, et/ou ont changé le mot "ils" en "nous" ou esquiver le sujet en notant qu'il n'était pas clair si c'était "nous" ou "eux" qui allaient "s'occuper" de Kennedy, la totalité des mystères entourant Sierra - couplés aux documents de *Jugement Final* - pointent à nouveau vers un probable "nous". Voici pourquoi :

Vu que Sierra était financé par « les milieux du jeu de Las Vegas et de Cleveland », cela nous oriente incontestablement vers Morris Dalitz (anciennement basé à Cleveland), le principal contact de Lansky à Las Vegas, qui était un actionnaire de l'agent du Mossad Tibor Rosenbaum de la Permindex qui, comme nous l'avons vu, a joué un rôle central dans la conspiration JFK.

En d'autres termes, si - comme nous le prétendons ici - l'organisation sans lendemain de Sierra était une "façade" du Mossad destinée à financer et à manipuler les opérations de la Nouvelle-Orléans utilisées pour orchestrer l'assassinat de JFK via les activités de Frank Sturgis, Guy Banister et David Ferrie, sans parler de Clay Shaw, membre du conseil d'administration de la Permindex, l'argent a été fourni par les entreprises de jeu du Syndicat de Lansky, qui, comme indiqué, étaient liées à la Permindex du Mossad.

En outre, comme l'a montré l'ancien membre du personnel du Conseil de sécurité nationale, Roger Morris, dans *The Money and the Power*, son historique des manigances de Las Vegas - dans lequel il souligne notamment les multiples connexions israéliennes des personnages impliqués dans le crime - les casinos de Lansky et Dalitz étaient très impliqués dans le blanchiment d'argent lié aux activités secrètes de la CIA et aussi, bien que Morris ne le dise certainement pas - celles du Mossad, qui croisaient dans de nombreux pays du Moyen-Orient les machinations de la CIA.

Peter Dale Scott semble particulièrement préoccupé par les circonstances entourant l'histoire selon laquelle "nos nouveaux commanditaires sont les Juifs" et affirme que cela a été concocté dans le cadre d'un plan d'action des vrais conspirateurs derrière l'assassinat (que Scott ne nomme jamais) pour lancer une campagne de relations publiques accusant "les Juifs" de l'assassinat de JFK. *Le problème, bien sûr, c'est que même si les antisémites ont fait de telles allégations, leurs remarques n'ont jamais été une seule fois crédibilisées ou promues en dehors des cercles antisémites ! La théorie selon laquelle "les Juifs" étaient à l'origine de l'assassinat n'avait aucun intérêt public.* Il va sans dire que Scott - et d'autres personnes qui font cette allégation - ignorent ce fait tout à fait pertinent.

Cependant, comme on dit, le complot s'épaissit. Il y a beaucoup plus à dire. Scott affirme en outre que l'histoire suggérant que le groupe de Sierra - prétendument financé par des "Juifs"- a été impliqué dans l'assassinat faisait partie d'un complot plus subtil des vrais conspirateurs (que Scott ne nomme jamais) pour forcer Robert Kennedy à bloquer toute enquête sérieuse sur le meurtre de son frère.

À cet égard, Scott affirme que Sierra était en fait un facilitateur des opérations anti-castristes menées en "parallèle" par Robert Kennedy (au nom de son frère) alors même que JFK adressait des recommandations de bonne conduite à Castro. En fait, l'opération de Sierra faisait *peut-être* partie de l'action menée - un certain Enrique Ruiz Williams, aurait été le point de contact entre RFK et Sierra. L'essentiel, dans le scénario de Scott, est que la possibilité d'implication du groupe de Sierra dans l'assassinat a forcé RFK à renoncer à enquêter sur le meurtre de JFK parce que cela pouvait se retourner contre lui, exposant les complots de la famille Kennedy contre Castro.

Cependant, comme le souligne Scott, en avril 1963, au moment où il établit sa « Junta » suspecte, Sierra rencontre Allen Dulles, l'ancien directeur de la CIA, Lucius Clay, l'associé principal de Lehman Brothers, le célèbre cabinet bancaire juif "Our Crowd" et l'avocat Morris Liebman. Ce que Scott ne mentionne pas, c'est que Liebman a joué un rôle important dans plusieurs grandes institutions reliées au renseignement, qui font partie intégrante de ce qu'on appelle aujourd'hui le réseau " néoconservateur ", connu pour sa détermination à placer la sécurité d'Israël au centre des préoccupations de toute la politique étrangère américaine. Les contacts de Sierra allaient donc bien au-delà de son rôle d'agent pour RFK.

Ce que Scott souhaite ardemment éviter, c'est la probabilité que le Mossad ait été le véritable maître d'œuvre de Sierra ou que le Mossad ait coopté des agents de bas étage dans un complot secret d'assassinat commandité par Kennedy contre Castro et qu'il les ait utilisés dans le but du Mossad, à savoir l'assassinat de John F. Kennedy.

Le Mossad aurait certainement vu le brio d'utiliser une entreprise de la famille Kennedy top-secrète (et potentiellement scandaleuse) comme "couverture" de son propre plan visant à éliminer JFK de la Maison-Blanche.

Peter Dale Scott aurait parait-il été farouchement hostile envers ceux qui osaient mentionner *Jugement Final* en sa présence. Nous pouvons comprendre pourquoi. *Jugement Final* rassemble les pièces manquantes du puzzle de JFK - ces aspects que Scott (et d'autres comme lui) préfèrent éviter ou supprimer *pour des raisons connues seulement d'eux*.

Le lien du Mossad avec les renseignements généraux de la Nouvelle-Orléans ; l'histoire longtemps étouffée de Fred (Efraim) O'Sullivan

Les critiques qui affirment que *Jugement Final* est de la "propagande antisémite et anti-israélienne" auront du mal à expliquer les révélations qui ont paru dans l'édition du 3 décembre 2004 de l'édition internationale du *Jerusalem Post*, dans un article écrit par Arieh O'Sullivan, correspondant militaire du *Post*, l'un des journaux les plus éminent d'Israël. Dans son article, "Les secrets de Dallas : 41 ans après JFK, ce que mon père ne veut toujours pas me dire", nous apprenons que l'auteur est le fils de Fred O'Sullivan, qui, alors âgé de 26 ans et détective de la brigade des mœurs de la police de la Nouvelle-Orléans, a témoigné le 7 avril 1964 devant la Commission Warren.

L'aîné O'Sullivan avait grandi à un pâté de maisons de Lee Harvey Oswald et s'était assis en face d'Oswald en cours, leurs noms de famille commençant tous les deux par la lettre "O" et plus tard avait recruté Oswald pour se joindre à une unité de patrouille aérienne civile (CAP) à la Nouvelle-Orléans à l'époque où David Ferrie opérait à la CAP.

Rétrospectivement, le témoignage et les déclarations d'O'Sullivan au FBI et à la Commission Warren et aux enquêteurs de la Commission d'enquête des assassinats semblent quelque peu (et peut-être délibérément) vagues à certains égards, en ce qui concerne les liens précis entre Ferrie et Oswald. Et nous pourrons comprendre dans un instant pourquoi c'est le cas.

Dans le *Jerusalem Post*, le jeune O'Sullivan affirme que son père - qui est maintenant dans une maison de retraite au Mississippi, le cerveau affaibli par des accidents vasculaires cérébraux - a exprimé l'opinion que "Lee" avait tué JFK « tout seul » mais a ajouté que, "Bon, j'ai ma petite idée sur qui l'a aidé". O'Sullivan affirme : "Mon père a toujours laissé entendre que c'était une longue histoire et que les complots pour tuer JFK et le militant des droits des Noirs Martin Luther King Jr... se croisaient à la Nouvelle-Orléans." C'est là que tout cela devient intéressant, du moins en ce qui concerne la probabilité d'un lien du Mossad avec l'assassinat de JFK et son camouflage.

Il s'avère que le détective Fred O'Sullivan a fini comme commandant des renseignements généraux de la police à la Nouvelle-Orléans, puis plus tard, comme l'écrit le jeune O'Sullivan, "a jeté notre sapin de Noël, allumé la grande ménora en laiton et s'est envolé pour la terre de Sion." En d'autres termes, O'Sullivan se convertit au judaïsme et partit avec sa famille pour Israël où il devint "Efraim"- et non plus "Fred".

Le jeune O'Sullivan décrit comment son père aurait "garder les secrets mieux que quiconque". Il écrit : "Une fois je suis tombé sur un permis de conduire libanais à son nom, avec sa photo dans le tiroir de son bureau. Il l'a ignoré en me disant que c'était pour mon bien que je ne sache pas. J'ai été élevé à ne pas répéter."

De toute évidence, l'ancien chef de l'escadron des renseignements généraux de la Nouvelle-Orléans, Fred O'Sullivan, est allé travailler pour le Mossad israélien. O'Sullivan nous explique ça sans nous le dire directement. Et aujourd'hui, le fils de ce fiable policier américain catholique irlandais, converti au judaïsme, installé en Israël et travaillant pour l'agence de renseignements israélienne, est devenu correspondant militaire - sans aucune position obscure - pour le journal le plus prestigieux du pays.

Est-ce que tout ça « prouve » quoi que ce soit ? Non, mais c'est une autre pièce étrange du puzzle de JFK qui a une connexion particulière avec Israël. La question est de savoir jusqu'à quel point O'Sullivan était favorable au Mossad et/ou recruté par le Mossad et ce qu'il a fait, le cas échéant, en tant qu'agent haut placé des renseignements généraux pour entraver, par exemple, les enquêtes de Jim Garrison sur David Ferrie et Clay Shaw lié au Mossad.

Le fait que l'individu même qui a recruté Lee Harvey Oswald dans la patrouille aérienne civile (où Oswald a rencontré David Ferric, son premier contact important dans la communauté du renseignement) soit allé travailler pour le renseignement israélien est effectivement provocateur.

Penn Jones, un chercheur chevronné et respecté, a déclaré : Le Mossad « une question complètement négligée » dans l'affaire JFK

Le regretté journaliste texan Penn Jones, éditeur coriace et sans fioritures du *Midlothian Mirror*, l'un des premiers critiques les plus virulents du rapport de la Commission Warren, a longtemps été vénéré comme une tour d'intégrité par de nombreux chercheurs indépendants. Même l'omniprésent juge John - qui a été un odieux critique de *Jugement Final* et de son auteur - a qualifié Jones de "journaliste honnête" qui "a fait beaucoup de recherches inédites sur l'affaire".

La vérité, c'est que, dès 1968, soit seize ans avant la première publication de *Jugement Final*, Penn Jones suggérait que les chercheurs en charge de l'affaire JFK commencent à examiner les liens du Mossad en ce qui concerne le complot de JFK.

Oui, c'est exact. *Penn Jones* - pas Michael Collins Piper - l'a dit. C'est un point que ceux qui admirent Jones - mais qui craignent de mentionner "le Mossad" en relation avec l'assassinat de JFK - auront du mal à reconnaître, car cela peut suggérer, après tout, que le *Jugement Final* peut être sur la bonne voie.

Dans une chronique du *Midlothian Mirror* (datée du 18 janvier 1968) et publiée à la page 51 de l'édition 1969 du volume III de la série de Jones '*Forgive My Grief*, Jones a écrit :

> Jack Ruby était proche des membres de la police de Dallas et d'autres forces de l'ordre américaines, ainsi que de l'organisation israélienne de contre-espionnage. Son ancienne employée, Nancy Zeigman Perrin Rich, était également proche de ces mêmes forces. L'identification de Ruby et Nancy comme étant impliqués dans les services secrets israéliens ouvre une zone complètement négligée concernant l'assassinat du président Kennedy.

La révélation de Jones semble en quelque sorte avoir été perdue dans tous les détails entourant les enquêtes sur l'assassinat de JFK Quelques années plus tard, dans une chronique du *Midlothian Mirror* (datée du 24 février 1972) et re publiée à la page 54 de l'édition de 1974 du volume IV de la série '*Forgive My Grief* de Jones, Jones a écrit plus loin :

> Ruby a certes été utilisé par le FBI dans le cadre d'une collecte d'informations de petite envergure, mais il semble avoir été un agent plus important pour une autre agence ou un autre pays...
>
> Il y a de nombreuses indications dans les audiences de la Commission Warren et ailleurs que Ruby, et « Honest Joe » Goldstein étaient d'une certaine manière des agents de renseignement pour quelqu'un. Et le Colony Club d'Abe Weinstein semble avoir parfois servi de "planque" aux agents.
>
> Et compte tenu de ce que nous savons maintenant des multiples connexions israéliennes à Dallas et au Texas (comme indiqué dans les nouvelles données des

premières pages de *Jugement Final*), il est fort probable que ces trois entrepreneurs juifs ont effectivement travaillé pour le Mossad, de la même façon que Jones l'a laissé entendre concernant Ruby.

Nous devons beaucoup au regretté Penn Jones, un chercheur intrépride, qui n'a pas hésité à oser évoquer "Israël" dans un contexte plutôt négatif, en l'occurrence, la participation à l'assassinat de John F. Kennedy. Encore une fois, nous trouvons dans les livres sur JFK une "connexion israélienne" peu remarquée, qui a été en quelque sorte « égarée ». "Et cela nous rappelle que même le procureur de la Nouvelle-Orléans, Jim Garrison, était également tombé sur la connexion avec le Mossad, mais même les admirateurs de Garrison n'aiment pas le reconnaître.

S'il semble que nous ne cessions de parler de la connexion israélienne, c'est parce que c'est ce que nous faisons. C'est parce que *personne d'autre ne le fera, malgré toutes les preuves qui existent.*

Un défi aux lecteurs....

Après que tous les indices aient été disséminés devant les lecteurs, les auteurs des romans-policiers Ellery Queen lancèrent "le défi au lecteur" de trouver la solution au crime avant que le détective ne rassemble tous les suspects dans le salon pour révéler le meurtrier.

Mon défi aux lecteurs est un peu différent. Maintenant que vous avez lu le livre et êtes au courant de mon discours dans son intégralité, je mets au défi les lecteurs de me montrer toute erreur factuelle ou tout raisonnement tordu ou toute citation prise hors contexte ou toute fausse interprétation qui pourrait (une fois exposée) réfuter la théorie exposée dans ce volume.

A ce jour je suis au courant des quinze erreurs factuelles ou inexactitudes suivantes parues dans les éditions précédentes de *Jugement Final* et qui ont été corrigées. Ces erreurs antérieures étaient (pour mémoire) :

(1) Dans les première et deuxième éditions, j'ai cité une source qui a rapporté à tort qu'aucun Juif n'est mort lorsque le Mossad israélien a orchestré le bombardement du restaurant Goldenberg à Paris le 9 août 1982. Cette erreur a été corrigée dans la troisième édition, à ce moment-là j'ai noté que l'erreur avait été portée à mon attention par une amie (qui se trouve être Juive) dont la tante était en visite à Paris au moment du crime du Mossad et qui l'avait évité de justesse. Alors que son compagnon (qui était Juif) était allé au restaurant et mourut dans l'attentat à la bombe, la tante de mon amie était allée ailleurs et avait ainsi survécu. Cette erreur a donc été corrigée, même si elle n'avait rien à voir avec la thèse de *Jugement Final* ou même avec l'assassinat de JFK lui-même.

(2) Dans la troisième édition de *Jugement Final* j'ai cité le livre de l'ancien membre du FBI William Roemer, *War of the Godfathers*, comme source de ma déclaration selon laquelle Morris Dalitz, un ancien syndicaliste de Lansky, avait été abattu dans les rues de Las Vegas et empoisonné à mort dans sa chambre d'hôpital. En fait, Dalitz n'est pas mort comme le décrit le livre de Roemer. Dalitz, apparemment, est mort de causes naturelles.

En guise d'explication, il semble que, bien que Roemer ait écrit quelques "non-fictions" sur l'histoire du crime organisé, son livre, qui contenait cette description (fausse) de la mort de Dalitz, incluait également une liberté littéraire de la part de Roemer. D'après Roemer, *War of the Godfathers* était "une œuvre constituée principalement de faits", mais que "dans les portions limitées qui sont romancées, la base sous-jacente est soit une réalité, soit une projection inférentielle de celui-ci".

Quoi qu'il en soit, en me rappelant que Dalitz était bel et bien décédé - et en me rappelant, alors que je préparais la troisième édition de *Jugement Final*, que le livre de Roemer avait fourni une description graphique de son décès -, je me suis fié à tort à une partie du livre que Roemer qualifierait de "romancée". Je m'excuse de me fier à la réputation de Roemer en tant qu'autorité en matière de mafia. Cependant, mon erreur (basée sur le fantasme de Roemer) a été corrigée à partir de la quatrième édition de *Jugement Final*. Je m'empresse cependant d'ajouter que cette erreur n'avait rien à voir avec la thèse de *Jugement Final* ou avec l'assassinat de JFK lui-même.

(3) et (4) Les troisième et quatrième erreurs apparentes (que j'ai moi-même découvertes) concernent la déclaration (dans les trois premières éditions de *Jugement Final*) selon laquelle le marchand d'armes du Texas Thomas Eli Davis III, associé de Jack Ruby, a été trouvé en possession de documents contenant le nom de Lee Harvey Oswald sur sa personne au moment où il (Davis) a été mis en détention en Algérie pour participation à la contrebande d'armes vers l'OAS française.

En fait, selon une nouvelle étude publiée en 1996 dans *Oswald Talked* de Ray et Mary LaFontaine, il s'avère que la référence à "Oswald" en possession de Davis était une lettre de recommandation au marchand d'armes établi à Madrid, Victor Oswald. Il semble également que Davis ait été détenu dans une prison marocaine, plutôt que dans une prison algérienne, comme je l'ai dit. Ma source pour les données incorrectes concernant les déboires de Davis était Jim Marrs, dans *Crossfire*.

Nonobstant les deux erreurs, le fait est que Davis était lié à Jack Ruby et qu'il était en effet impliqué dans les affaires israéliennes de l'OAS française en Afrique du Nord. Donc, encore une fois, je dirai ceci : ces erreurs ne réfutent pas la thèse de *Jugement Final*. De toute façon, c'était l'erreur de Jim Marrs, pas la mienne.

(5) Dans la première impression de la quatrième édition, j'ai accidentellement qualifié John Foster Dulles de directeur de la CIA licencié par JFK. Je savais, bien sûr, que c'était son frère, Allen Dulles, qui était le directeur de la CIA en question.

(6) Dans la première impression de la quatrième édition, j'ai dit que John Connally, l'ancien gouverneur du Texas, était décédé en 1995. En fait, il est mort en 1993.

(7) Dans les deux tirages de la quatrième édition, j'ai dit qu'un scandale avait forcé le sénateur Gary Hart à se retirer de la course à l'investiture présidentielle démocrate de 1984. En fait, c'était la campagne de 1988.

(8) Dans des éditions précédentes, en discutant de la relation étroite qui existe entre l'agent de la CIA Guy Banister et A. I. Botnick qui se décrit comme le " super chasseur de communiste ", du bureau de la Ligue Anti-Diffamation (ADL) de la Nouvelle-Orléans, je ne savais pas que Botnick avait quitté la Nouvelle-Orléans pour prendre un poste au bureau de l'ADL à Atlanta (avant qu'Oswald ne vienne à la Nouvelle-Orléans) et ne retourna pas au bureau de l'ADL de la Nouvelle-Orléans avant 1964. C'est Jerry Shinley, un de mes critiques qui a attiré mon attention là-dessus.

Cela n'a pas d'incidence sur la thèse de base de *Jugement Final*, ni n'enlève rien à ma spéculation (qui est clairement notée comme telle) selon laquelle il est possible que les activités de Lee Harvey Oswald en tant qu'enquêteur de Banister aient pu être contractées pour les associés de Botnick à l'ADL par Banister qui s'est joint à l'ADL dans la « l'enquête" relative à des groupes de gauche tels que le Fair Play for Cuba, le Comité d'aide à Cuba, avec lequel Oswald prétendait être affilié.

(9) Dans les éditions précédentes, j'ai déclaré que l'ancien détective de Los Angeles Gary Wean avait rencontré à Dallas l'ancien sénateur John Tower (R-Texas). La réunion a eu lieu à Ruidoso, au Nouveau-Mexique.

(10) Dans la quatrième édition, en discutant de la relation de Clay Shaw avec la CIA, j'ai dit que " dans la mesure où Shaw a plus tard servi, sans aucun doute, en tant que contact international privilégié de la CIA, faisant rapport à l'agence de ses opérations à l'étranger, il est certain que les rapports de Shaw auraient finalement finis sur le bureau de James J. Angleton. »

C'est tout à fait vrai. Cependant, j'ai exagéré en affirmant que "Shaw, en fait, était l'un des agents d'Angleton ". Bien qu'il n'y ait aucune preuve que Shaw était " l'un des agents d'Angleton " en soi, il est presque certain que les rapports de Shaw sont passés par le bureau d'Angleton ou de ses subalternes à un moment ou à un autre. Je suis heureux d'apporter cette clarification, après que le chercheur en matière d'assassinat de JFK Clark Wilkins m'ait fait part de cette exagération.

(11) Dans la 4e édition, je faisais référence à une photographie (largement discutée dans la recherche sur l'affaire JFK) qui prétendait montrer Clay Shaw avec David Ferrie. Depuis lors, d'autres ont déterminé (à ma grande satisfaction) que la personne avec Shaw n'est pas Ferrie. Il y a d'autres preuves, cependant, que les deux se connaissaient. Donc, encore une fois, cette erreur n'a pas d'incidence sur la thèse de *Jugement Final*.

(12) Dans les éditions précédentes, j'ai cité l'affirmation erronée de Robert Morrow selon laquelle un Pakistano-américain était la "deuxième arme " dans le meurtre de Robert F. Kennedy. L'accusé a incontestablement prouvé son innocence, mais cela ne remet pas en cause la thèse fondamentale de Morrow selon laquelle la SAVAK iranienne (une création de la CIA et du Mossad) aurait commis l'assassinat de RFK.

(13) Dans les éditions précédentes, j'ai cité des autorités suggérant que l'assassin sous contrat de la CIA QJ/WIN aurait pu être le Français Michael Mertz. Depuis lors, QJ/WIN a été identifié et cela a été précisé. Cependant, ce fait n'a évidemment pas d'incidence sur la thèse de base de *Jugement Final*.

(14) Dans les éditions précédentes, y compris la première impression de cette 6ème édition, j'ai suggéré que personne n'avait jamais vu les fameux dossiers Gemstone et que les gens n'avaient vu que la « Skeleton Key » (le passe) des fichiers. En fait, certaines personnes ont vu les dossiers. Cependant, cette erreur - encore une fois - n'a absolument rien à voir avec la thèse de *Jugement Final*.

(15) Dans la première impression de cette 6e édition, dans la rubrique « Bric à Brac » sur Jack Ruby, j'écrivais que la ville de Dallas n'était "guère un avant-poste de la culture juive". Au lieu de cela, comme le montre les nouvelles données dans la deuxième édition de la 6e édition, Dallas était, en 1963, un avant-poste majeur de la puissance juive, un point critique qui confirmait la thèse de *Jugement Final* et affaiblissait les autres théories entourant l'assassinat de JFK.

Ce sont donc les erreurs (et les plus mineures) qui apparaissent dans les éditions précédentes. Y en a-t-il d'autres ? Ai-je mal cité des sources publiées ou les ai-je sorties de leur contexte ? Suis-je coupable de raisonnement tordu ? Ai-je déformé les opinions de quelqu'un ou les faits présentés par d'autres ? S'il vous plaît, dites-le-moi. Je veux vraiment savoir.

Comme on l'a noté dans l'épilogue, le *Washington Jewish Week*, dans son édition du 28 avril 1994, m'accusait de "citer des sources secondaires hors contexte, d'établir des liens ténus improbables et d'affirmer des contrevérités à maintes reprises comme si leur répétition allait magiquement leur conférer de la validité". Un diplomate israélien a qualifié ma théorie d'absurdité. D'autres la trouvent "scandaleuse" et une femme, Marcia Milchiker, est allée jusqu'à dire que ma théorie était "scientifiquement impossible" comme si j'avais laissé entendre qu'elle pouvait être prouvée scientifiquement. C'est ce que disent les critiques.

D'où mon défi aux lecteurs : Montrez-moi où j'ai tort.

MICHAEL COLLINS PIPER

Maintenant, c'est à vous de décider...

Cher lecteur,

Les révélations de *Jugement Final* sont sorties au grand jour, au grand désarroi du lobby israélien. Le livre et sa thèse ne vont pas disparaître. L'attention du monde entier est désormais concentrée sur les armes nucléaires israéliennes, et *Jugement Final* a joué un rôle dans la réalisation de cet objectif.

Bien qu'il y ait eu de nombreux efforts publics pour me faire taire ou me dénoncer, soyez assurés que mes ennemis ont oeuvré avec malveillance et habileté contre moi en coulisses.

À un moment donné, "ils" ont déployé un atout pour infiltrer le bureau de mon éditeur : pour me détruire personnellement, saper le célèbre chercheur, Mark Lane (avocat de mon éditeur), et prendre le contrôle de la maison d'édition elle-même ! L'histoire n'a jamais été racontée, bien qu'un jour elle le soit peut-être.

Compte tenu de ce qui s'est passé, je ne peux m'empêcher de conclure que j'ai accompli quelque chose d'important avec *Jugement Final*, car ces forces corrompues, perverses et maléfiques ont été tellement déterminées à me blesser et à tenter de faire échouer la distribution de ce livre.

Vous pouvez donc comprendre pourquoi j'apprécie les témoignages de soutien continu provenant des bonnes gens.

J'attends toujours avec impatience les lettres et les critiques constructives de mes lecteurs. Continuez !

Sincerely,

Mike

MICHAEL COLLINS PIPER

AUTRES PUBLICATIONS

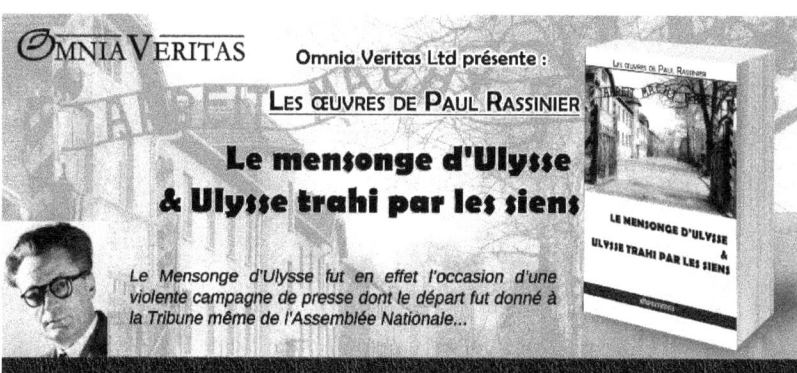

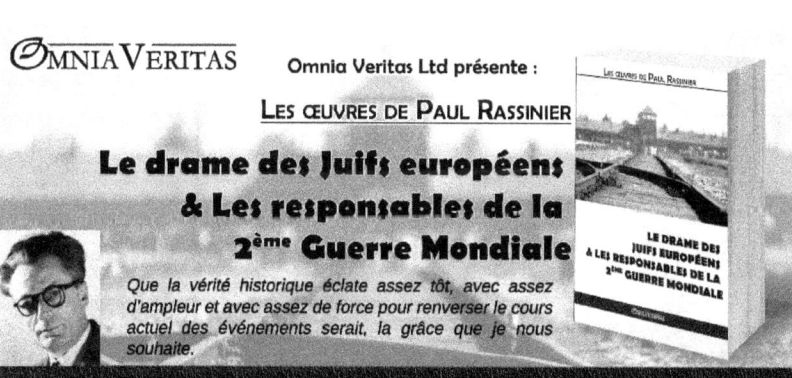

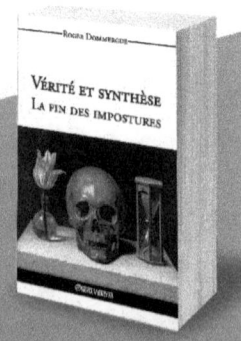

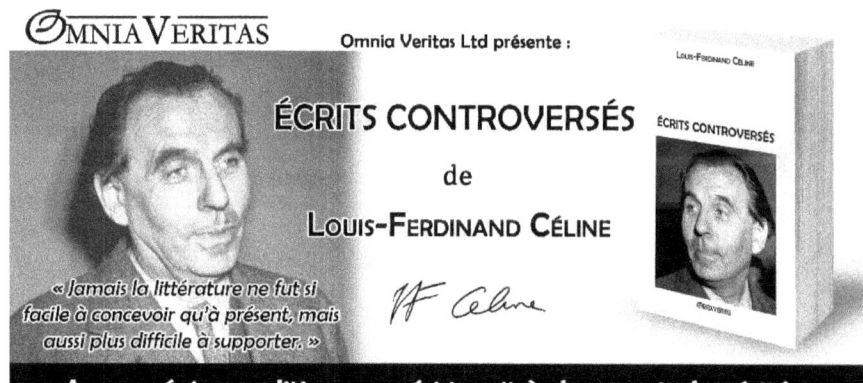

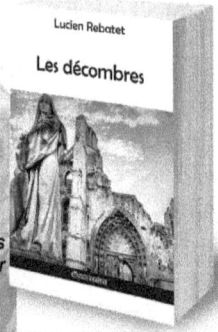

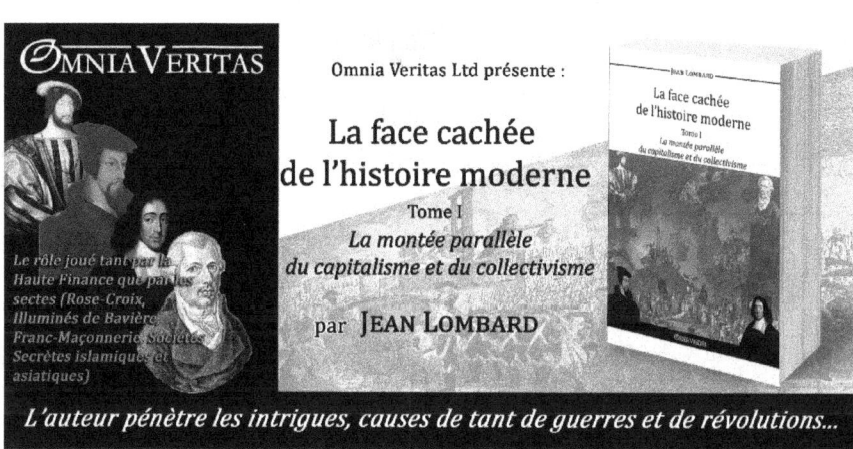

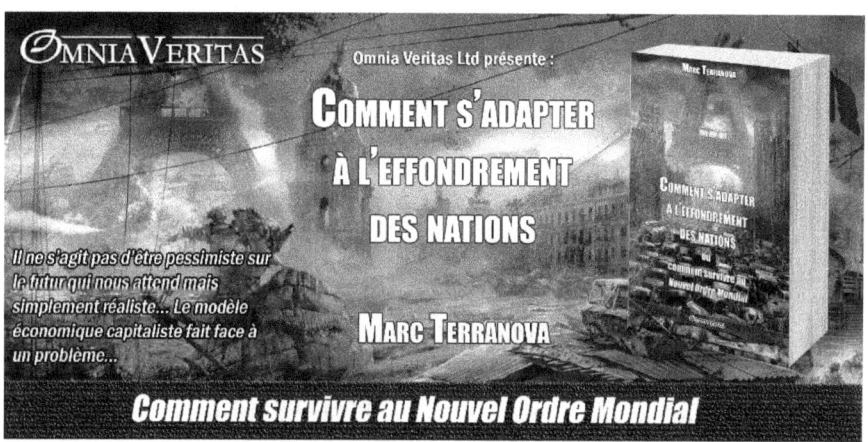

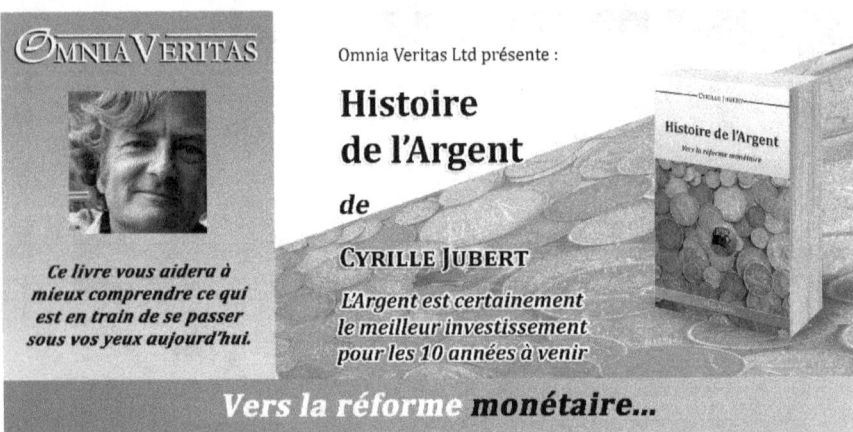

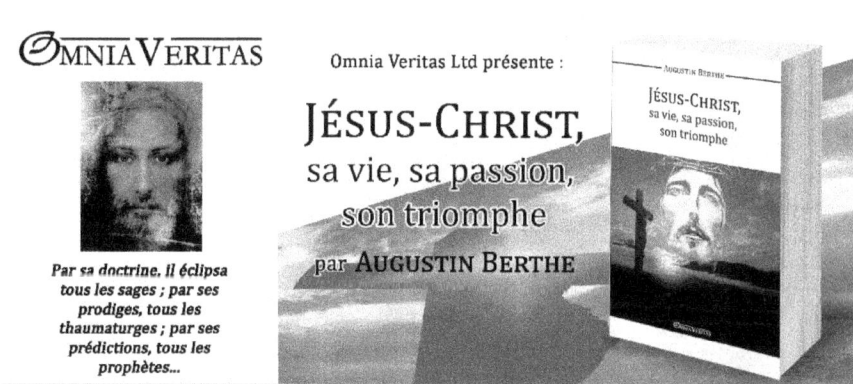

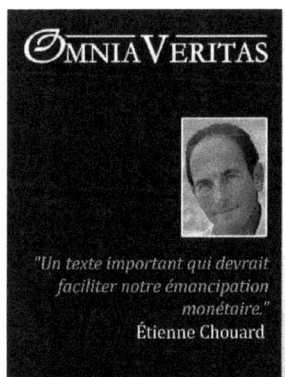

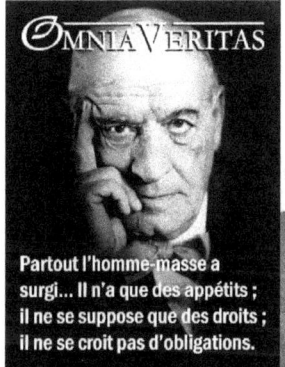

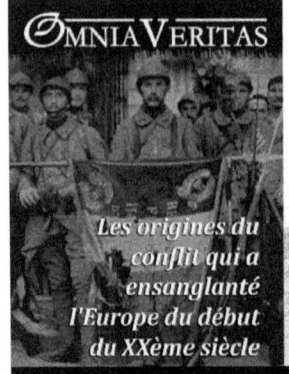
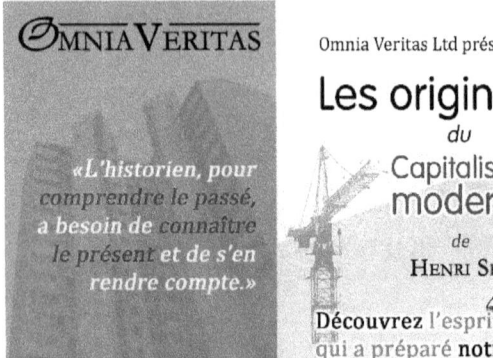

www.omnia-veritas.com

www.ingramcontent.com/pod-product-compliance
Lightning Source LLC
Chambersburg PA
CBHW071311150426

43191CB00007B/590